ECONOMICS

경제학맛보기(제3판)

박진석

비앤엠북스

경제학을 처음으로 공부하고자 하는

모든 분들께 이 책을 드립니다.

제3판 머리말

경제학 맛보기 개정판이 나온 지도 벌써 5년이 흘렀다. 지난 5년 동안 경제학 맛보기 개정판으로 수업, 특히 발표수업을 진행하면서 더 자세한 설명이 필요한 부분들이 있다는 생각이 들었고, 이를 보완하기 위해 제3판을 준비하였다. 따라서 경제학 맛보기 제3판에서는 개정판의 골격은 그대로 유지하고, 추가적인 설명이 필요한 부분들에 대한 설명을 더 자세하게 추가하는 데 중점을 두었다.

경제학 맛보기 제3판에서도 초판을 준비할 때의 초심은 그대로 유지하도록 노력하였다. 즉 교양과정의 경제학을 재미있고 이해하기 쉬운 교재, 경제학에 대한 전반적인 이해를 도우면서 한 학기에 편안하게 소화할 수 있는 분량의 교재를 만들고 싶다는 목적은 제3판에서도 변함이 없다. 또한, 경제이론을 설명함에 있어 가급적 수학적 표현방법을 사용하지 않으려고 부단히 노력하였다는 점 역시 다르지 않다. 제3판에서도 각 절의 주요 내용을 핵심포인트로 정리하였으며, 사례들과 알아두면 좋은 읽을거리는 각각 자세히 알아보기와 경제이야기에 포함하였고, 이 책을 사용하여 강의하시는 분들을 위한 강의용 프레젠테이션 자료도 만들었다.

경제학 맛보기 제3판에서도 경제학의 전반적인 흐름과 내용을 이해하는 데 필수적이라고 생각하는 내용들을 12개의 장으로 축약하였다. 제1부 제1장에서는 경제학을 공부하는 첫 단계로서 경제학을 소개하였다. 시장의 작동원리를 설명하기 위한 제2부는 비교우위 개념과 경제학적 표현방법을 다룬 제2장, 시장의 균형을 다룬 제3장 그리고 시장균형의 분석을 다룬 제4장으로 구성하였다. 미시경제학 분야에 해당하는 제3부에서는 소비자이론(제5장), 생산자이론(제6장) 그리고 시장이론(제7장)을 설명하였다. 마지막으로 거시경제학 분야에 해당하는 제4부에서는 국민경제의 변화와 측정을 제8장에서 설명하였으며, 국민경제의 장기적 변화인 경제성장을 제9장에서 다루었다. 또한 제10장에서는 화폐시장을 다루었고, 제11장에서는 국민경제의 균형을 다루었으며, 제12장에서는 경기변동과 경제안정정책을 다루었다.

경제학 맛보기 제3판을 준비하면서 많은 도움을 받았다. 비앤엠북스의 정광식 사장과 정경식 부장께 감사의 마음을 전하며, 교정과 편집 작업을 꼼꼼하게 도와주신 비앤엠북스 편집부의 노고에 감사한다.

2020. 2

연구실에서 저자

이 책으로 경제학을 공부하는 학생들에게

이 책을 사용하여 경제학을 공부하는 학생들에게 하고 싶은 말이 있다. 경제학에서 설명하는 내용들은 논리의 연속이고 누적적이다. 경제학 교재는 앞에서 읽은 내용을 이해하지 못하면 다음 내용은 당연히 이해하지 못한다. 이런 특성 때문에 경제학은 딱딱하고 어렵다고 한다. 경제학을 가장 쉽게, 가장 재미있게 공부하는 방법은 논리의 전개과정을 이해하려고 노력하는 것이다. 또한 읽은 내용을 나름대로 정리하는 습관을 들이는 것도 매우 효과적이다. 이런 방법 이외에 경제학을 쉽게 공부하는 방법은 없다.

영어단어 외울 때를 생각해 보라. 손으로 써 가며 외우지 않았던가? 눈으로 보아서만은 영어단어가 외워지지 않는다. 논리의 연속인 경제학도 마찬가지이다. 눈으로만 읽고 강의만 들어서는 경제학을 이해하기 쉽지 않다. 강의를 듣고, 책을 읽으면서 이해하려 노력하고, 읽은 내용을 요약해 보고, 요약한 내용을 핵심포인트와 비교해 보라. 자세히 알아보기에 제시된 사례들을 적용시켜 보라. 또한 각 장마다 연습문제를 풀어보고, 정답을 확인해 보라. 경제학을 제대로 공부하기 위해서는 이런 정도의 노력이 필요하다.

여러분이 경제학을 이해하는 데 이 책이 도움이 되기 바란다.

2020. 2

저자

개정판 머리말

경제학 맛보기가 세상에 나온 지 벌써 10년이 흘렀다. 경제학 맛보기 개정판을 준비해야겠다는 생각은 항상 가지고 있었으나 실행에 옮기지 못하고 있다가 이제야 개정판을 내놓게 되었다. 저자의 게으름을 스스로 탓하지 않을 수 없다. 무려 10년 만에 개정판을 내놓는다는 자책으로 책을 새로 쓰는 자세로 경제학 맛보기 개정판을 준비하였다.

경제학 맛보기 초판을 준비할 때의 초심은 개정판에서도 그대로 유지하도록 노력하였다. 즉 교양과정의 경제학을 재미있고 이해하기 쉬운 교재, 경제학에 대한 전반적인 이해를 도우면서 한 학기에 편안하게 소화할 수 있는 분량의 교재를 만들고 싶다는 목적은 개정판에서도 변함이 없다. 또한 경제이론을 설명함에 있어 가급적 수학적 표현방법을 사용하지 않으려고 부단히 노력하였다는 점 역시 초판과 다르지 않다. 그리고 개정판에서도 독자의 이해를 돕기 위해 각 절마다 주요 내용을 핵심포인트로 정리하였으며, 이 책을 사용하여 강의하시는 분들을 위해서는 강의용 프레젠테이션 자료를 따로 만들었다.

경제학 맛보기 개정판의 가장 큰 변화는 세 가지로 요약할 수 있다. 첫째, 교재의 전체적인 구성을 바꾸었다. 초판에서는 국제경제학 분야까지 포함하였으나 개정판에서는 국제경제학 분야는 생략하였으며, 특히 제2부 시장의 작동원리 맛보기와 제4부 거시경제학 맛보기는 초판과 차별화되도록 재구성함과 동시에 많이 보완하였다. 둘째, 사례를 가급적 많이 포함하도록 노력하였다. 학생들의 이해를 돕기 위해 가능한 한 많은 사례를 제시하였으며, 이 사례들은 자세히 알아보기에 수록하였다. 또한 알아두면 좋은 읽을거리는 경제이야기에 포함하였다. 셋째, 각 장에서 설명한 내용을 학생들이 연습할 수 있도록 연습문제를 많이 보완하였으며, 책의 마지막 부분에 연습문제 풀이를 매우 자세하게 제시하였다. 각 장의 내용을 학습한 후에 연습문제를 풀어 보고 풀이를 확인한다면 많은 도움이 될 것이다.

경제학 맛보기 개정판에서는 경제학의 전반적인 흐름과 내용을 이해하는 데 필수적이라고 생각하는 내용들을 12개의 장으로 축약하였다. 제1부 제1장에서는 경제학을 공부하는 첫 단계로서 경제학을 소개하고, 경제학적 표현방법에 관해 설명하였다. 시장의 작동원리를 설명하기 위한 제2부는 비교우위 개념을 다룬 제2장, 시장의 균형을 다룬 제3장 그리고 시장균형의 분석을 다룬 제4장으로 구성하였다. (*표시한 제2장의 제3절과 제4절, 그리고 제4장의 *표시한 부분은 생략하고 지나가도 다음 내용을 이해하는 데 아무런 지장이 없다.) 미시경제학 분야에 해당하는 제3부는 소비자이론을 다룬 제5장, 생산자이론을 다룬 제6장 그리고 생산물시장 이론을 다룬 제7장으로 구성하였다. 거시경제학 분야에 해당하는 제4부에서는 국민경제의 변화와 측정을 제8장에서 설명하였으며, 국민경제의 장기적 변화인 경제성장을 제9장에서 다루었다. 한편 국민경제의 단기적 변화를 설명하기 위해 제10장에서는 화폐시장을 다루었고, 제11장에서는 총수요-총공급모형을 이용한 국민경제의 균형을 다루었으며, 제12장에서는 경기변동과 경제안정정책을 다루었다.

경제학 맛보기 개정판을 준비하면서 많은 도움을 받았다. 비앤엠북스의 정광식 사장과 정경식 부장께 감사의 마음을 전하며, 편집작업을 꼼꼼하게 도와준 안옥자 선생의 노고에 감사한다. 그리고 개정판 초고의 작성과 교정을 도와준 오경숙 박사에게도 감사의 마음을 전한다.

2015. 1

연구실에서 저자

초판 머리말

이 책은 경제학을 처음 공부하는 사람들에게 경제학을 소개할 목적으로 만든 입문서이다.

흔히들 경제학은 어렵고 딱딱한 학문이라고 한다. 그동안 대학 교양과정의 경제학을 강의하면서 이해하기 쉽고 재미있게 강의하는 방법은 무엇일까, 어떤 교재를 선택해야 하나 등 많은 고민을 하였던 게 사실이다. 기존에 출판된 좋은 교재들이 많이 있지만 대부분의 교재들은 분량이 너무 많아 한 학기에 전체를 소화할 수 없거나, 경제학의 특성상 수식을 이용한 설명이 많아 경제학을 처음으로 공부하는 사람들이 쉽게 내용을 이해하기 어려울 것이라는 느낌을 지울 수 없었다.

어떻게 하면 경제학을 처음으로 공부하는 사람들에게 '경제학은 어렵고 딱딱하다'라는 인상을 주지 않으면서 쉽게 설명할 수 있을까? 또한 경제학에서 다루는 방대한 분량을 어느 정도로 줄여야 경제학에 대한 전반적인 이해를 도우면서 한 학기에 편안하게 소화할 수 있는 분량으로 만들 수 있을까? 오래전부터 내 자신에게 던져왔던 이러한 질문들이 이 책을 세상에 내놓게 하였으나, 막상 이 책의 출판을 앞둔 시점에서 생각하면 또 하나의 졸서를 세상에 내놓는 것 같아 부끄럽기 짝이 없다. 한 학기에 모두 소화할 목적으로 내용을 줄이다보니 많은 부분이 빠질 수밖에 없었고 그러다보니 혹시 꼭 필요한 개념임에도 빠진 내용은 없는지, 설명이 부족한 점은 없는지 걱정이 앞서는 것이 솔직한 심정이다. 그러나 이러한 우려는 추후 개정판에서 다소나마 해소하도록 노력할 것을 약속한다.

이 책의 특징은 크게 두 가지로 요약할 수 있다. 첫 번째 특징은 이 책에서는 경제이론을 설명함에 있어 가급적 수학적 표현방법을 사용하지 않으려고 부단히 노력하였다는 점이다. 이 책이 기존의 다른 경제학 입문서와 차별화되는 가장 큰 차이점이 바로 수학적 표현방법을 거의 사용하지 않았다는 점일 것이다. 두 번째 특징은 대학

교양과정의 경제학 입문서로서 포함해야 할 내용을 최대한으로 간결하게 요약하였다는 점이다. 이 책의 분량은 기존의 경제학 입문서들과 비교해 거의 절반 수준으로 축약하여 독자들로 하여금 분량에 대한 거부감 없이 경제학을 접할 수 있도록 하였다. 또한 이 책을 사용하여 강의하시는 교수님들을 위해서는 강의용 프레젠테이션 자료를 따로 만들었다. 이 강의용 프레젠테이션 자료는 학생들에게 전달할 내용을 일목요연하고 깔끔하게 정리하려고 노력한 결과이며, 교수님들의 강의에 상당한 도움이 되리라 확신한다.

이 책에서는 경제학의 전반적인 흐름과 내용을 이해하는 데 필수적이라고 생각하는 내용들을 10개의 장으로 축약하였다. 경제학을 공부하는 첫 단계로서 제1장과 제2장에서는 경제학의 성격과 시장경제의 기본논리인 수요와 공급, 그리고 시장의 균형을 다루었다. 제3장과 제4장은 미시경제학 분야로서 소비자와 생산자의 선택문제와 생산물시장에 관한 논의를 진행하였다. 제5장부터 제9장까지는 거시경제학 분야로서 각종 경제지표에 대한 설명, 국민소득과 물가수준이 결정되는 거시경제의 균형과 변화에 관한 논의, 그리고 경기변동과 경제성장에 관한 설명을 포함하였다. 마지막으로 제10장은 국제경제학 분야로서 국제무역과 외환시장 등 국제거래에 관한 내용으로 구성하였다.

이 책에서는 독자의 이해를 돕기 위해 각 절마다 주요 내용을 핵심 포인트로 정리하였으며, 추가적인 설명이 필요한 용어나 개념에 대해서는 자세히 알아보기에서 추가적으로 설명하였고, 알아두면 좋은 읽을거리는 생활 속의 경제, 경제학이라는 타이틀에 포함하였다. 또한 각 장마다 연습문제와 풀이를 통해 각 장에서 익힌 내용을 충분히 연습할 수 있도록 하였고, 본문의 설명에서 새로 소개되는 개념들은 그때마다 책의 옆면에 개념정리를 따로 하여 독자들의 이해를 돕도록 하였다.

이 책을 쓰면서 많은 도움을 받았다. 우선 이 책의 출판을 흔쾌히 허락한 비앤엠북스의 정광식 사장께 감사의 마음을 전하며, 결코 단순하지 않은 편집 작업을 묵묵히 진행하신 비앤엠북스의 정경식 부장과 장선옥 씨의 노고에 감사한다. 또한 이 책의 표지와 강의용 프레젠테이션 자료의 디자인을 맡아 준 조선대학교 디자인학부의 김병욱 교수께 감사의 마음을 전한다.

자식을 위해 한평생을 희생하신 것도 모자라 지금도 자식 걱정에 밤잠을 설치곤 하시는 어머님께 말로는 다 표현할 수 없는 감사와 사랑의 마음을 전해 드리고 싶다. 또한 항상 한결같은 마음으로 내 곁을 지키는 든든하고 사랑스러운 아내와 존재 그 자체로만도 나에게 삶의 기쁨을 선사하는 두 딸에게 무한한 사랑을 보낸다.

2005. 8

연구실에서 저자

제3부 미시경제학 맛보기

05 제5장 소비자이론
115p

06 제6장 생산자이론
133p

07 제7장 시장과 경쟁
147p

제4부 거시경제학 맛보기

08 제8장 국민경제의 변화와 측정
179p

제 1 부 경제학으로의 초대

제1장 경제학적 사고와 표현

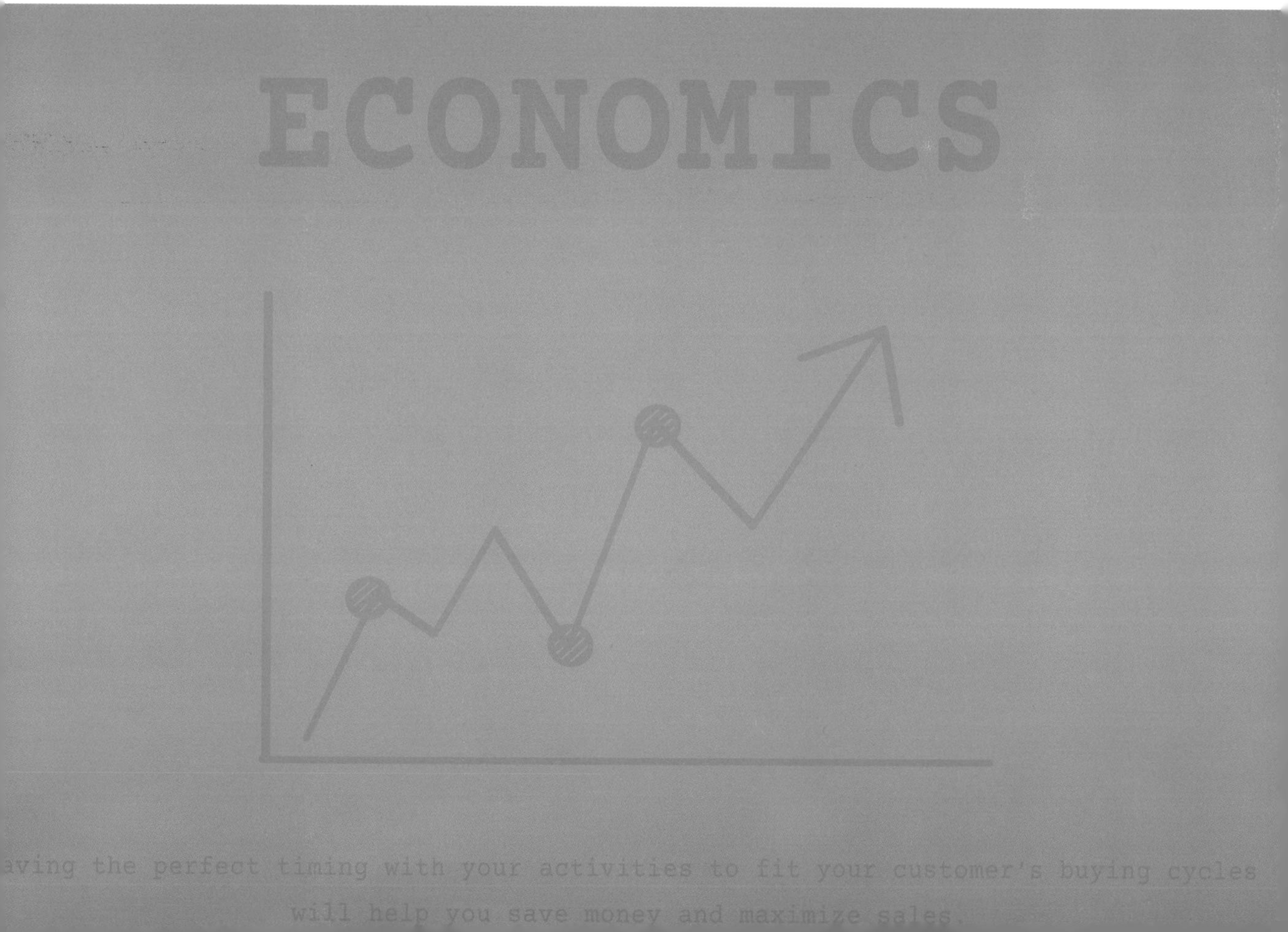

01

| 제1장 |

경제학적 사고와 표현

1 희소성과 선택 그리고 경제학

1.1 희소성과 경제문제

우리는 매일매일 생활을 영위하기 위해 많은 것들을 필요로 한다. 아침에 일어날 때부터 저녁에 잠들 때까지, 심지어는 잠을 자는 동안에도 우리가 필요로 하는 것들이 없으면 살아갈 수 없는 것이 사실이다. 우리의 생활에 필요한 것들 중에는 대가를 지불해야만 얻을 수 있는 것이 있는가 하면 대가를 지불하지 않고 얻을 수 있는 것도 있다. 공기와 같이 공급이 무한하여 대가를 지불하지 않고도 얻을 수 있는 것을 자유재(free goods)라 하고, 공급이 제한되어 대가를 지불해야만 얻을 수 있는 것을 경제재(economic goods) 혹은 경제적 자원(economic resources)이라 한다. 경제적 자원은 생산과정을 거쳐 사람들이 소비하기 원하는 상품(commodity)으로 변화된다. 상품은 사람들이 소비하기 원해 거래되는 모든 것을 의미하며, 눈에 보이는 물건인 재화(goods)와 눈에 보이지 않는 서비스(services)로 구분된다. 우리가 일상생활에서 필

자유재
공급이 무한하여 대가를 지불하지 않고도 얻을 수 있는 것

경제재
공급이 제한되어 대가를 지불해야만 얻을 수 있는 것

상품
사람들이 소비하기 원해 거래되는 모든 것

재화와 서비스
눈에 보이는 상품과 눈에 보이지 않는 상품

경제이야기 맑은 공기는 경제재?

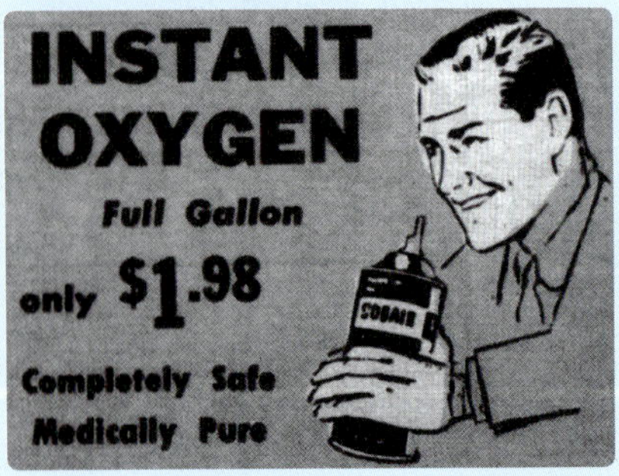

공기도 경제재일까? 무한하다고 생각했던 공기조차, 적어도 맑은 공기라는 차원에서는 더 이상 공짜로 사용할 수 없게 되고 있다. 요즘 지방자치단체에서 주도적으로 동네 주변의 하천을 잘 개발하고 있다. 경관으로서뿐 아니라 환경 보전을 통해 좋은 수질과 맑은 공기를 보존하기 위해서이다. 주민의 입장에서 보면 공짜로 맑은 공기를 향유할 수 있는 것처럼 보이지만, 주민세 등으로 재원이 조달된다는 점에서 절대 공짜가 아니다. 아래는 ㅇㅇ산소 광고이다.

"ㅇㅇ산소의 효과적인 섭취를 위하여 식전 30분이나 식후 90분 후 공복에 드시기 바랍니다. 하루에 세 번 드시되, 한 번 드실 때마다 15방울을 종이컵 한 컵 분량(150ml)에 타서 음용하시기 바랍니다. 한 병(60ml)을 구입하시면 하루 세 번 드시는 것을 기준으로 할 때 한 달간 드실 수 있습니다."

출처: **일반인을 위한 알기쉬운 경제이야기**, 한국은행(2013. 3)의 일부 내용 수정

요로 하는 옷, 음식, 집, 책, 스마트폰, 자동차 등과 같이 눈에 보이는 상품들이 재화에 속한다. 한편 눈에는 보이지 않지만 우리가 일상생활에서 필요로 하는 교육, 의료, 미용 등은 서비스에 속한다.

경제적 자원은 무한히 존재하지 않는다. 즉 경제적 자원을 원하는 인간의 물질적 욕구는 무한정 크지만 우리가 사용할 수 있는 경제적 자원은 한정되어 있으며 이를 자원의 희소성이라 한다. 자원의 희소성은 필연적으로 선택의 문제를 수반한다. 우리 모두가 원하는 만큼의 상품을 얻을 수 있다면 개인적인 차원에서 아무런 선택을 할 필요가 없고, 국가적인 차원에서의 제반 문제들도 우리의 일상생활에 아무런 영향을 주지 않을 것이기 때문이다. 자원의 희소성 때문에 발생하는 선택의 문제를 경제문제라 한다. 경제문제는 어떤 직업에 종사하는 것이 더 좋은가, 어떤 상품을 얼마나 구입할 것인가 등과 같이 개인적인 차원에서 발생하기도 하며, 실업이나 인플레이션 등과 같이 국가적인 차원에서 발생하기도 한다.

자원의 희소성
인간의 물질적 욕구는 무한한 데 반하여 사용가능한 자원은 한정되어 있는 현상

경제문제
인간의 물질적 욕구를 충족시키기 위해 발생하는 모든 문제

자원의 희소성 때문에 발생하는 경제문제에는 구체적으로 어떤 것들이 있을까? 경제문제라고 하면 기업이나 국가경제의 문제라는 인상을 받기 쉽다. 그러나 경제문제는 우리의 생활과 관련된 거의 모든 선택의 문제를 포함하기 때문에 그 예를 일일이 열거할 수 없을 정도로 많다. 경제문제 중에서 수입과 지출에 관련된 경제문제를 대학생, 가정, 기업, 정부의 경우로 구분하여 예를 들어 보기로 하자.

대학생의 경제문제

대학생의 경제문제를 살펴보자. 의·식·주와 관련된 거의 모든 문제를 부모님이 해결해 주는 대학생의 경우에도 한정된 용돈으로 어떻게 필요한 지출을 감당할 것인가, 아르바이트를 할 것인가 말 것인가 등의 경제문제를 해결해야 한다. 어떤 학생은 용돈의 대부분을 친구들과 어울리는 데 사용하기도 하며, 어떤 학생은 용돈의 대부분을 책을 구입하는 데 사용하기도 할 것이다. 이와 같이 주어진 용돈을 어떻게 사용하는 것이 자기에게 가장 좋은지에 관한 선택의 문제가 대학생이 해결해야 하는 경제문제 중 하나이다. 한편 가정형편이 어려워 학비나 용돈을 벌어야만 하는 학생의

경우에는 하루에 몇 시간이나 아르바이트를 할 것인가, 아르바이트 수입으로 학비, 식사비용 등에 어떻게 사용할 것인가 등 수입 및 지출에 관한 경제문제를 해결해야 한다.

가정의 경제문제

가정에서도 해결해야 할 경제문제가 많이 존재한다. 어떤 가정이든지 소득에 관한 선택의 문제를 해결해야 한다. 부부가 일할 것인가 혹은 한 사람만 일할 것인가, 어떤 직업을 선택할 것인가 등 그 가정의 소득을 결정하는 요인들에 관한 선택을 해야 한다. 지출에 관해서도 소득 중 얼마를 지출하고 얼마를 저축할 것인가, 저축은 어떤 방법으로 할 것인가, 지출 중 식료품비와 교육비는 얼마로 할 것인가 등의 경제문제를 해결해야 한다. 자녀를 몇 명이나 둘 것인가도 가정에서 해결해야 하는 중요한 경제문제 중 하나이다.

기업의 경제문제

생산요소
생산활동에 필요한 것들로 노동과 자본이 대표적인 생산요소임

기업도 많은 경제문제에 직면한다. 어떤 상품을 생산하여 판매할 것인가, 생산과정에서 노동과 자본의 생산요소는 어느 정도나 사용할 것인가, 어떤 판매 전략을 사용할 것인가 등 기업의 수입 혹은 이윤을 극대화하기 위한 경제문제를 해결해야 한다. 또한 벌어들인 수입을 어떻게 처분해야 하는지에 관해서도 선택을 해야 한다. 즉, 수입 중에서 주주에게는 얼마를 배당하며, 공장시설을 확대하고 새로운 기계를 도입하는 등 투자에는 얼마를 사용하고, 비상시를 대비한 자금(사내유보)은 얼마를 확보할 것인가 등 수입의 처분에 관한 경제문제도 해결해야 한다.

정부의 경제문제

정부도 수입과 지출에 관한 경제문제를 갖고 있다. 정부는 국민으로부터 세금을 걷어 국민의 안전과 생활에 필요한 각종 상품(재화와 서비스)을 제공함과 동시에 국방, 치안 등 국민의 안전도 보호해야 한다. 따라서 정부는 세금을 어떻게 얼마만큼

거둬들일 것인가, 즉 세입에 관한 경제문제를 해결해야 한다. 세입에 관한 정부의 경제문제에는 매년 필요한 지출을 충당할 수 있는 세금의 규모는 얼마인가, 세금의 규모가 결정되면 소득세·재산세·부가가치세 등 어떤 종류의 세금에서 얼마를 거둬들일 것인가 등이 해당된다. 또한 정부는 세출에 관한 경제문제, 즉 어디에 얼마를 사용할 것인가도 결정해야 한다. 정부의 세출에 관한 경제문제에는 국방비, 교육비, 사회간접자본 건설 등에 얼마를 지출해야 하는지 등이 해당된다.

1.2 선택과 경제학

경제문제는 개인으로부터 국가에 이르기까지 소득을 어떻게 얻을 것이며, 벌어들인 소득을 어떻게 사용할 것인지에 관한 선택을 해야 하는 모든 상황에 존재한다. 두말할 나위도 없이 선택의 문제는 사용가능한 자원이 한정되어 있기 때문에 발생한다. 경제문제를 해결하기 위해 선택을 한다면 그 다음 행동은 무엇일까? 대학생의 경우 아르바이트가 필요하다면 자기에게 맞는 조건의 아르바이트를 구하기 위한 노력을 시작할 것이고, 아르바이트를 구했다면 계약한 시간만큼 일을 할 것이다. 또한 자기에게 가장 적절한 지출계획을 세웠다면 그에 맞게 소비생활을 할 것이다. 이와 같이 모든 사람들은 경제문제를 해결하기 위한 선택을 한 후에는 그 선택에 맞추어 적절한 경제활동을 하게 된다.

경제활동
상품의 생산, 판매, 소비 등과 관련된 모든 행위

경제활동에는 어떤 것들이 있을까? 우리가 필요로 하는 상품은 우리나라에서 만들어진 것도 있으며 외국에서 만들어진 것도 있다. 우리가 어떤 상품을 소비하기 위해서는 누군가가 그 상품을 생산해야 하고, 우리가 쉽게 구매할 수 있어야 한다. 또한 소득이 있으면 반드시 세금을 납부해야 하고, 정부는 거둬들인 세금으로 국민의 생활과 안전에 필요한 상품을 제공한다. 이와 같이 경제활동은 상품의 생산, 판매, 소비 등과 관련된 모든 행위를 포함하며, 정부 및 외국과 관련된 모든 거래도 포함한다.

경제현상
경제활동의 결과로 나타나는 현상

그렇다면 경제활동의 결과는 무엇일까? 일반적으로 경제활동의 결과로 나타나는 현상들을 경제현상이라 한다. 예를 들어 특정 상품의 생산자와 소비자가 각기 최적의 선택을 하고 그 선택을 시장을 통해 경제활동에 옮김으로써 결정되는 가격과 거래량은 경제현상이다. 또한 한 국가 전체의 국민소득, 물가수준, 실업률 등도 모두 경제현상이다. 이와 같은 경제현상들은 항상 일정한 것이 아니라 변화한다. 왜 그럴까? 그 이유는 자명하다. 경제여건이 바뀌면 경제문제의 해결방법, 즉 선택의 대안이 바뀌고 경제활동이 달라지기 때문에 경제현상은 지속적으로 변화한다.

지금까지의 논의를 종합하면, 인간의 물질적 욕구는 무한정 크지만 경제적 자원은 한정되어 있기 때문에 경제문제에 직면한다고 하였다. 또한 경제문제는 필연적으로 선택의 문제를 수반하며, 선택 이후에는 경제활동을 하게 되고 경제활동의 결과로 나타나는 현상들을 경제현상이라고 하였다. 따라서 경제현상을 다루는 학문인 경제학에서 선택의 문제는 핵심적인 요소이며, 경제학(economics)은 다음과 같이 정의할 수 있다.

경제학이란 한정된 경제적 자원으로 인간의 무한한 물질적 욕구를 충족시키기 위해 어떻게 의사결정을 하며(선택의 문제), 의사결정에 따른 경제활동의 결과로 나타나는 경제현상은 어떤 질서체계(경제질서)를 보이는지 연구하는 학문이다.

한정된 경제적 자원 때문에 발생하는 경제문제를 해결하기 위해서는 선택의 문제에 직면하게 되므로 경제학에서는 개인적·사회적 차원에서 이루어지는 모든 선택의 문제에 관심을 갖는다. 이런 의미에서 경제학을 선택의 학문이라고도 한다. 즉 상품의 생산·교환·소비와 관련된 선택의 문제, 국가 사이의 거래에서 발생하는 선택의 문제를 비롯하여 가정의 경제학, 문화경제학, 스포츠경제학 등 선택과 관련된 모든 분야가 경제학의 분석대상이다.

경제학은 사회과학(social science)의 한 분야이며 사회 전체의 관점에서 경제현상을 분석하는 데 주력하는 학문이다. 경제학은 사회 전체적인 관점에서 현상을 바라본다는 점에서 정치학, 법학, 사회학 등의 사회과학 분야와 공통점을 찾을 수 있다. 한편 경영학과 행정학도 사회과학의 한 분야이지만 행정학에서는 중앙 및 지방정부라는 조직의 운영에 관한 사항들을 주로 다루며, 경영학에서는 기업이 더 많은 이윤

경제이야기 노벨경제학상

알프레드 노벨(Alfred Nobel)이 노벨상을 제정했을 때 노벨경제학상은 존재하지 않았다. 노벨이 자신의 유언장에서 언급한 노벨상의 분야는 문학, 물리, 화학, 생리, 평화의 다섯 개 부문이었다. 그런데 1968년 스웨덴 중앙은행은 설립 300주년 기념사업으로 노벨경제학상의 제정을 추진하기로 했으며, 1969년부터 노벨경제학상이 시상되었다. 따라서 노벨경제학상은 엄밀히 말하자면 노벨상은 아니고 '알프레드 노벨을 기념하기 위해 경제학자에게 수여되는 상'이다.

이런 이유로 노벨경제학상이 과연 노벨상인가 하는 다소의 논란이 있는 것은 사실이지만 현재에는 노벨경제학상은 다른 노벨상과 동일한 권위를 가지게 되었다. 나아가 허버트 사이먼(Herbert A. Simon, 1978년 수상), 엘리너 오스트롬(Elinor Ostrom, 2009년 수상)과 같은 정치학자와 대니얼 카너먼(Daniel Kahneman, 2002년 수상)과 같은 심리학자에게도 노벨경제학상이 수여됨으로써 노벨경제학상은 단순히 경제학뿐만이 아니라 사회과학 전체를 대표하는 최고의 상으로 자리를 잡게 되었다.

출처: **click 경제교육,** 한국개발연구원(2012. 12)의 일부 내용 수정

을 얻기 위한 인력관리와 마케팅 등을 주로 다루는데 주력하는 학문이라 할 수 있다. 따라서 행정학과 경영학은 사회 전체적인 관점에서 현상을 분석하는 것이 아니라 중앙 및 지방정부 혹은 기업이라는 조직의 관점에서 현상을 분석한다는 점에서 경제학과 차이가 있다.

핵심포인트

① 경제적 자원은 생산과정을 거쳐 사람들이 소비하기 원하는 상품으로 변화
- 상품은 눈에 보이는 물건인 재화와 눈에 보이지 않는 서비스로 구분

② 인간의 물질적 욕구는 무한정 큰 데 비해 사용가능한 경제적 자원은 한정되어 있기 때문에 경제문제가 발생
- 경제문제는 우리의 생활과 관련된 거의 모든 선택의 문제를 포함

③ 경제문제 해결을 위한 선택 이후에는 적절한 경제활동이 이루어지고, 경제활동의 결과로 경제현상이 나타남
- 경제여건이 달라지면 경제문제 해결을 위한 선택의 대안이 바뀌며, 경제현상은 지속적으로 변화함

2 경제학과 합리적 선택

2.1 편익과 비용: 합리적 선택의 판단기준

합리적 선택
편익이 비용보다 큰 선택, 혹은 한계편익이 한계비용보다 큰 선택

경제문제를 해결하기 위해서는 선택을 해야 한다고 하였는데 경제학에서 선택이란 합리적 선택을 의미한다. 합리적 선택이란 무엇인가? 합리적 선택이란 어떤 의사결정의 결과로 얻는 편익(benefit)이 소요되는 비용(cost)보다 큰 선택, 혹은 추가적으로 얻는 편익인 한계편익(marginal benefit)이 추가적으로 소요되는 비용인 한계비용(marginal cost)보다 큰 신택을 밀한다. 예를 들어 어떤 거피전문점의 연간 운영비용이 2억원인데 연간 매출액이 1억 8천만원이라면 이 커피전문점을 계속 운영하겠다는 의사결정은 합리적일 수 없다. 한편, 한계편익과 한계비용에 기초한 합리적 선택인지의 판단 사례는 뒤에 서술하는 〈한계적 변화와 합리적 선택〉을 참고하기 바란다.

합리적 선택은 경제주체의 합리성(rationality)에 기초한다. 우리 주위의 모든 사람이 합리적인 것은 아니지만 사회 전체적으로는 사람들이 합리적이라고 가정해도 무리가 없기 때문에 평균적인 의미에서 경제주체의 합리성을 가정한다. 또한 합리적 선택은 목표 혹은 목적의 합리성이 아닌 주어진 여건에서 설정된 목표를 달성하기 위한 수단의 합리성을 의미한다. 따라서 '어떤 목표를 추구하는 것이 합리적인가'라는 논의는 경제학과는 거리가 멀고, '어떤 수단을 사용해야 목표를 달성할 수 있는가'라는 논의가 경제학의 분석대상인 셈이다.

2.2 합리적 선택과 기회비용

합리적 선택 여부를 판단하기 위해서는 어떤 것들을 따져 보아야 할까? 합리적 선택이란 편익과 비용을 비교하여 편익이 비용보다 큰 선택이라고 하였다. 따라서 어떤 선택이 합리적인지 아닌지를 판단하기 위해서는 경제행위에 소요된 비용과 그 결과로 얻은 편익을 정확하게 알 수 있어야 한다. 특히 비용과 관련해서 회계비용,

기회비용, 매몰비용의 개념을 정확하게 파악하고 있어야 한다.

회계비용(accounting cost)이란 실제로 지출된 여러 가지 명목의 비용으로 명시적 비용이라고도 하며, 우리가 일상생활에서 상식적으로 생각하는 비용을 말한다. 즉 회계비용이란 가정에서는 가계부, 기업에서는 회계장부에 기록되는 비용이라 이해하면 된다. 기회비용(opportunity cost)이란 실제로 지출되지는 않는 비용까지도 포함시키는 포괄적 성격의 비용이다. 즉 기회비용은 실제로 지출하는 비용인 회계비용뿐만 아니라 어떤 경제행위를 선택함으로써 포기해야만 하는 여러 행위 중 가장 가치가 큰 행위의 가치로 측정되는 암묵적 비용도 포함한다. 즉, 기회비용은 회계비용와 암묵적 비용의 합으로 정의된다. 한편, 매몰비용(sunk cost)이란 한 번 지출된 후에는 다시 회수할 수 없는 비용을 말한다.

회계비용
실제로 지출된 여러 가지 명목의 비용

기회비용
회계비용과 암묵적 비용의 합

암묵적 비용
어떤 경제행위를 선택함으로써 포기해야만 하는 여러 행위 중 가장 가치가 큰 행위의 가치

매몰비용
한 번 지출된 후에는 다시 회수할 수 없는 비용

어떤 의사결정이 합리적인지 아닌지를 판단하기 위해서는 비용을 회계비용의 개념이 아니라 기회비용의 개념으로 파악해야 한다. 즉 회계비용과 어떤 의사결정으로 인해 포기한 금액인 암묵적 비용을 합한 비용을 적용해야 한다. 한편 어떤 의사결정이 합리적인지 아닌지를 판단하기 위해서는 매몰비용은 비용에서 제외시켜야 한다.

기회비용과 합리적 선택

어떤 선택이 합리적인지 아닌지를 판단하기 위해서 왜 기회비용의 개념을 적용해야 하는가? 다음과 같은 예를 들어 보자. 현재 연봉 3,000만원을 받는 정씨가 직장을

표 1-1 | 식당 운영의 (연간) 예상수입과 지출

수 입		비 용	
음식판매수입	25,000만원	재료값	8,000만원
		인건비	6,000만원
		이자비용	3,000만원
		건물임대료	3,000만원
		공공요금	1,000만원
		기타 공과금	2,000만원
수입합계	25,000만원	지출합계	23,000만원

그만두고 식당을 창업하고자 한다. 정씨가 창업을 위해 조사한 결과가 〈표 1-1〉과 같다고 하자. 〈표 1-1〉에 의하면 연간 음식판매수입은 2억 5,000만원이고, 총지출은 2억 3,000만원이므로 연간 2,000만원의 이윤을 얻을 수 있다. 이 경우 정씨는 다니던 직장을 그만두고 식당을 창업하는 것이 합리적 선택일까? 만일 정씨가 회계비용만 고려한다면 2,000만원의 소득이 발생하므로 직장을 그만두고 창업을 하는 것이 합리적 선택이라고 할 수 있다.

하지만 정씨가 직장을 그만두고 창업을 하는 것은 합리적 선택이 아니다. 정씨는 식당을 창업하기 위해 다니던 직장을 그만두어야 하는데, 직장을 그만두면 연봉 3,000만원을 포기해야 한다. 이 3,000만원은 정씨가 실제로 지출한 금액은 아니지만 식당을 창업하기 위해 포기한 소득이므로 당연히 비용의 일부로 고려되어야 한다. 따라서 기회비용 개념을 적용하면 식당 운영비용은 정씨가 직장을 그만둠으로 인해 포기한 연봉 3,000만원까지를 포함한 2억 6,000만원이 되고, 결국 수입보다 비

자세히 알아보기 기회비용 사례

희소성 때문에 모든 사람들은 선택을 하며 살고 있다. 모든 선택에는 기회비용이 발생한다. 따라서 경제현상을 분석할 때 비용은 기회비용 개념으로 계산하는 것이 올바르다. 기회비용은 보통 회계장부에 기록하는 명시적 비용은 물론 암묵적 비용을 모두 포함한다. 기회비용은 일반인들이 생각하는 정도 이상으로 큰 경우가 많다. 대학교육의 기회비용을 생각해 보자. 우선 등록금, 책값, 하숙비, 잡비 등의 명시적인 비용이 있다. 그러나 대학교육의 기회비용은 이것이 전부가 아니다. 여기에 대학을 다니지 않았을 경우 취직해서 벌 수 있는 돈을 포함시켜야 한다.

이번에는 공장 운영을 위해 자신 소유의 건물을 사용하는 경우를 생각해 보자. 이 경우 자신의 건물에 대해 임대료를 직접 내는 것은 아니지만 남에게 빌려 주면 받을 수 있는 임대료를 공장 운영을 위해 포기한 셈이므로 실질적으로는 비용이 발생한 것으로 보아야 한다. 따라서 포기한 임대료를 기회비용에 포함시켜야 한다.

출처: **일반인을 위한 알기쉬운 경제이야기**, 한국은행(2013. 3)의 일부 내용 수정

용이 더 크다. 따라서 정씨가 직장을 그만두고 창업을 하는 것은 합리적 선택이 될 수 없다.

매몰비용과 합리적 선택

어떤 선택이 합리적인지 아닌지를 판단하기 위해서는 매몰비용은 비용에서 제외시켜야 한다고 하였다. 매몰비용이 합리적 선택인지의 판단에 어떻게 영향을 주는지 예를 통해 알아보자. 프로야구 A팀의 열성팬인 유씨의 A팀 홈경기 관람의 편익이 10,000원이라고 하자. 유씨는 홈경기 관람을 위해 일주일 전에 7,000원을 지불하고 입장권을 예매하였는데 경기 당일 입장권을 집에 둔 채 경기장에 갔다. 경기 당일에도 입장권을 구입할 수 있다면 유씨는 입장권을 다시 사는 것과 입장권 구입을 포기하는 것 중 어느 것이 합리적 선택일까? 만일 유씨가 입장권을 2번 구입하는 비용 모

경제이야기 경제학이 제시하는 합리적 사고의 틀

우리의 삶은 선택으로 가득 차 있다. 아침에 울리는 자명종을 끄고 더 잘지 그냥 일어날지, 점심으로 무얼 먹을지, 두 모임 중 어디를 갈지 등과 같이 일상생활에서 겪는 선택에서부터, 장차 어떤 직업을 택해 진로를 밟을지, 가계 자금을 어떻게 운영할지, 지금 집을 살지 아니면 조금 더 기다릴지 등에 이르기까지 우리는 여러 가지 선택과 마주한다. 이러한 선택은 개인적 차원에서만 이루어지는 것이 아니다. 기업, 지역사회, 국가와 같이 규모가 큰 집단 역시 여러 가지 선택에 직면한다.

그렇다면 합리적인 선택을 위한 일반적인 원리는 무엇일까? 그것은 바로 편익과 비용에 근거하여 판단해야 한다는 것이다. 가령 A라는 일을 할지 말지 고민하는 경우라면, 그 일을 하지 않을 때는 편익과 비용이 모두 '0'이어서 순편익이 '0'이라고 볼 수 있으므로, A에 따른 순편익이 '0'보다 크면 그 일을 하고 '0'보다 작으면 하지 않는 것이 합리적이다. 만약 A와 B 중에서 골라야 하는 상황이라면 A와 B의 순편익을 비교하여 그 값이 큰 쪽을 택하는 것이 합리적이다. 어떤 행위 수준, 예를 들어 구매량이나 생산량 같은 변수의 수준을 결정하는 경우라면 어떨까? 역시 원리는 동일하다. 각 수준에 따른 편익과 비용을 계산하여 그 차이가 가장 큰 수준을 고르는 것이 합리적인 선택이다.

출처: **click 경제교육,** 한국개발연구원(2014. 1)의 일부 내용 수정

두를 비용이라고 생각한다면 야구관람 비용은 14,000원인데 편익은 10,000원이므로 입장권을 다시 사는 것은 합리적 선택이 아니라고 생각할 수도 있다. 그러나 유씨가 어떤 선택을 하든지 이미 지출한 입장권 구입비용 7,000원은 다시 회수할 수 없는 금액, 즉 매몰비용이므로 비용에서 제외시켜야 한다. 따라서 유씨의 야구관람 비용은 새로 구입한 입장권 비용 7,000원이고 편익은 10,000원이므로 입장권을 새로 구입하는 것이 합리적 선택이다. 이 예에서 보듯이 이미 지출했고 다시 회수할 수 없는 매몰비용을 비용에 포함시키면 합리적 선택을 하지 못하게 된다.

우리 주위에서는 매몰비용 때문에 합리적 선택이 이루어지지 못하는 경우를 심심치 않게 볼 수 있다. 특히 중앙정부나 지방정부에서 추진하는 몇몇 사업이 지금까지 투자한 비용(즉 매몰비용) 때문에 중단하지 못하고 적자를 감수하면서도 계속 진행하고 있다고 종종 보도된다. 독자들도 혹시 이런 사례를 본 경험이 있는지 생각해 보기 바란다.

한계적 변화와 합리적 선택

합리적 의사결정은 편익과 비용을 비교하여 편익이 비용보다 큰 경우로, 편익과 비용을 비교함에 있어 기회비용의 개념을 적용해야 한다. 그런데 경제주체가 의사결정을 할 때 편익과 비용을 비교하여 어떤 행위를 할 것인지 말 것인지를 결정하는 경우도 있지만 그렇지 않은 경우도 매우 많다. 즉, 일을 할지 말지를 선택하는 경우도 있지만 일하는 시간을 줄이거나 늘리는 선택을 하는 경우도 있을 수 있고, 어떤 상품을 구입할지 말지를 선택하는 경우도 있지만 그 상품의 구입량을 조정하는 선택도 있을 수 있다. 즉, 특정 경제변수의 수준을 조금씩 변화시키는 선택의 문제도 얼마든지 있을 수 있으며, 이런 경우에는 합리적 선택 여부를 어떻게 판단하는지 살펴보기로 하자.

월수입이 250만원인 직장인 황씨를 생각해 보자. 황씨는 이 소득으로 생활을 해야 하고, 결혼과 미래를 위한 저축도 해야 하며, 레저활동도 즐겨야 한다. 이 경우 황씨의 의사결정은 소득을 생활비, 저축 그리고 레저활동비로 어떻게 나누어 사용해야 가장 좋을지 결정하는 것이다. 즉 황씨의 의사결정은 '최소한의 생활비를 제외하고 나머지는 모두 저축하겠다.' 혹은 '저축은 포기하고 모든 소득을 생활비와 레저활동비로 사용하겠다.'라는 형태는 아닐 것이다. 오히려 황씨의 선택은 생활비를 조금 줄이고 레저활동비를 더 늘린다든지 혹은 레저활동비를 조금 줄이고 저축을 더 늘리는 형태의 의사결정일 것이다.

경제학에서는 이와 같은 작은 변화를 한계적 변화(marginal change)라고 한다. 그리고 한계적 변화로 편익이 발생한다면 추가적으로 얻는 편익의 증가분을 한계편익(marginal benefit)이라 하고, 한계적 변화로 비용이 발생한다면 추가된 비용의 증가분을 한계비용(marginal cost)이라 한다. 황씨의 경우 생활비를 줄임으로써 잃는 만족의 감소분(즉, 한계비용)보다 레저활동비를 늘림으로써 얻는 만족의 증가분(즉, 한계편익)이 더 크다면 생활비를 줄이고 레저활동비를 늘릴 것이다. 따라서 경제학에서 합리적 선택이란 편익과 비용을 비교하여 편익이 비용보다 큰 경우의 선택뿐 아니라 한계편익이 한계비용보다 더 큰 선택도 포함한다.

한계적 변화
경제변수의 매우 작은 변화

한계편익
한계적 변화로 인해 추가로 얻는 편익의 증가분

한계비용
한계적 변화로 인해 추가된 비용의 증가분

핵심포인트

① 합리적 선택이란 편익이 비용보다 더 큰 선택을 의미함
- 합리적 선택을 하기 위해서는 기회비용의 개념을 적용해야 하며, 매몰비용은 비용에서 제외시켜야 함

② 합리적 선택이란 한계편익이 한계비용보다 더 큰 선택을 의미하기도 함

3 국민경제의 구성과 자원배분

3.1 국민경제의 구성

경제주체별 구성

한 국가의 경제를 국민경제(national economy) 혹은 국가경제라고 하고, 경제활동

국민경제
한 국가의 경제

경제주체
경제활동을 영위하는 사람 혹은 집단

을 영위하는 사람 혹은 집단을 경제주체라 한다. 국민경제 안에 존재하는 경제주체는 가계(household), 기업(firm) 그리고 정부(government)의 세 가지로 구분한다. 여기에 해외부문(rest of the world)을 하나의 경제주체로 포함할 수도 있다. 특히 우리나라처럼 외국과 거래가 많은 나라에서는 해외부문이 경제주체로서 중요한 역할을 하는데, 본서에서는 논의의 편의를 위해 해외부문은 경제주체에 포함시키지 않기로 한다.

국민경제에서 이루어지는 경제활동을 한마디로 요약하면 상품을 생산하고, 교환하며, 소비하는 연쇄적인 순환과정이라 할 수 있다. 국민경제에서 가계는 기업의 생산활동에 필요한 노동, 자본의 생산요소를 공급하고, 그 대가로 받은 소득으로 기업이 생산한 상품의 소비를 담당하는 역할을 수행한다. 즉 가계는 생산자의 일원인 동시에 소비자의 역할을 수행한다. 또한 기업은 가계로부터 제공받은 노동과 자본 등

경제이야기 똑똑한 소비생활

해외항공권은 고무줄가격이다. 언제 어디에서 구매했는지에 따라 가격이 고무줄처럼 다르게 매겨지기 때문인데, 가격변동의 사유가 명확하게 납득되지 않는다면 소비자들의 반발을 살 수 있다. 명품이라고 불리는 사치성 소비재는 원가에 비해 높은 가격을 받는다. 일상에서 흔히 사용하는 상품 중에서도 비적정가격의 예는 많다.

불황과 유통환경의 변화에 따라 소비자들은 더 똑똑해졌다. 높은 가격을 좋은 품질의 척도로 여기고 고가의 사치품에 무조건 지갑을 열던 소비자들이 이제는 필요를 우선시하고, 실속있는 상품을 선택하며, 신속하게 구매 관련 정보를 찾아 가격거품을 없애고 있다. 해외 직접구매의 유행은 국내 유통의 혁명을 야기하는 소비자들의 반란으로 표현된다. 대한상공회의소의 2013년 조사에 의하면 1,650명 중 24.3%가 해외직구 경험이 있다고 답했으며, 2010년에 2,318억원이던 구매액은 2013년에는 1조 3천억원이 넘었을 것으로 추산된다. .

적정가격을 찾아가려는 소비자들의 움직임은 착한 브랜드를 만든다. 같은 돈을 지출하더라도 꼭 필요한 상품, 더 나은 상품을 선택해서 더 큰 만족을 느끼는 똑똑한 소비자의 선택은 기업의 공정한 경쟁을 독려하고 건전한 경제환경을 확산시키는 씨앗이다. 유통업계와 기업환경에 일시적 악영향이 있더라도, 좋은 기업을 키우고 경제를 튼튼하게 하는 것은 결국 소비자의 힘이며, 소비자의 힘은 개별 소비자의 구매력에서 나올 수 있다.

출처: **click 경제교육**, 한국개발연구원(2014. 3)의 일부 내용 수정

의 생산요소를 사용하여 상품을 생산·공급하는 역할을 수행한다.

정부는 가계와 기업으로부터 세금을 거둬들여 국민의 생활과 관련된 분야의 각종 사업을 수행하는 역할을 담당한다. 국방서비스, 치안서비스, 사법서비스, 의무교육 서비스 등은 기업이 제공하는 것이 바람직하지 않기 때문에 국가가 직접 서비스를 제공하며, 가계와 기업은 그 대가로 세금을 지불하는 셈이다. 국민경제에서 정부가 수행하는 또 하나의 중요한 역할로는 가계와 기업 사이의 거래가 자발적이고 공정하게 이루어지도록 도와주는 것을 들 수 있다. 앞으로 논의하겠지만, 독과점의 금지 등 시장에서 공정한 거래가 이루어지도록 한다든지, 마약이나 총기류 등 공익을 저해하는 상품의 거래를 금지시킨다든지 하는 것들이 그러한 예이다.

시장별 구성

국민경제에서 이루어지는 모든 거래는 시장(market)을 매개로 이루어진다. 시장은 대형마트나 전통시장 등 눈에 보이는 시장뿐 아니라 온라인 시장, 인력시장 등 눈에 보이지 않는 시장도 모두 포함한다. 즉 시장은 거래가 이루어지는 모든 장소적, 시간적, 개념적 공간을 포괄하는 개념이다. 가계, 기업 그리고 정부의 세 경제주체는 서로 필요에 따라 거래를 하며, 각 경제주체 사이의 거래가 〈그림 1-1〉에 표현되어 있다. 〈그림 1-1〉에서 보는 바와 같이 기업이 생산한 상품(재화와 서비스)이 거래되는 시장을 생산물시장이라 하고, 기업이 가계로부터 제공받는 노동, 자본의 생산요소가 거래되는 시장을 생산요소시장이라 한다. 생산요소시장은 노동시장과 자본시장으로 구분할 수 있다.

시장
거래가 이루어지는 모든 장소적, 시간적, 개념적 공간

〈그림 1-1〉을 자세히 보면 생산물시장에서 상품의 흐름 반대방향에는 상품 구입대금의 흐름이 있고, 생산요소시장에서도 생산요소의 흐름 반대방향에는 생산요소 구입대금의 흐름이 있다. 즉 생산물시장과 생산요소시장에서 거래가 이루어지기 위해서는 자금(흔히 돈)이 필요함을 알 수 있다. 결국 〈그림 1-1〉에는 명시되지 않았지만 국민경제에는 자금이 거래되는 또 하나의 시장이 존재하며 이를 화폐시장(혹은 자금시장)이라 한다.

그림 1-1 | 경제주체 사이의 거래와 시장

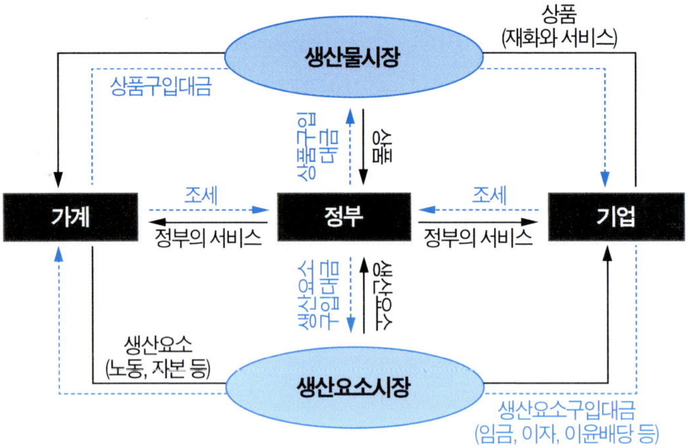

◆ 가계는 생산요소를 공급하여 얻은 소득으로 상품을 소비하는 역할을, 기업은 상품을 생산하여 공급하는 역할을 담당

◆ 정부는 가계와 기업으로부터 세금을 거둬들여 국민의 생활과 관련된 분야의 각종 사업을 수행하는 역할을 담당

3.2 국민경제의 주요과제와 자원배분

국민경제에는 기본적으로 해결해야 할 세 가지의 주요과제가 있다. 국민경제가 해결해야 하는 첫째 과제는 '무엇을 생산할 것인가' 하는 것이다. 즉 국민경제는 주어진 생산요소와 경제적 자원으로 어떤 상품을 생산할 것인지를 선택해야 한다. 다음으로 국민경제가 해결해야 하는 과제는 '어떤 방법으로 생산할 것인가' 하는 것이다. 자본에 비해 노동력이 풍부한 경제에서는 인력을 많이 투입하는 방법이 더 바람직할 것이며, 기계와 같은 자본설비가 잘 갖추어진 경제에서는 자본을 충분히 활용할 수 있는 생산방법이 더 바람직할 것이다. 마지막으로 국민경제가 해결해야 하는 과제는 '생산한 상품을 누구에게 배분할 것인가' 하는 것이다. 어떤 사람은 여러 가지 옷을 갖길 원하고, 어떤 사람은 책을 많이 읽기를 원하며, 어떤 사람은 외식을 자주 하기를 원하기도 한다. 이처럼 국민의 다양한 욕구를 채울 수 있도록 생산된 상품을 적절하게 배분하는 것도 국민경제가 해결해야 하는 중요한 과제이다.

경제학에서는 자원배분이라는 단어가 자주 등장한다. 자원배분은 한마디로 정의하면 위에서 제시한 국민경제의 세 가지 주요과제를 해결하는 과정이라고 할 수 있다. 그렇다면 자원배분에는 어떤 기준을 적용할 수 있을까? 자원배분을 논의할 때 사용되는 기준으로는 효율성과 형평성을 들 수 있다. 효율성(efficiency)이란 최소의 비용으로 최대의 효과를 추구하는 것을 말하며, 형평성(equity)이란 국민경제를 구성하는 모든 사람들이 비슷한 수준의 혜택을 누리도록 하는 것을 말한다. 또한 자원배분의 기준으로 자주성(independence)이 논의되기도 하는데, 자주성이란 경제활동의 독립성을 의미하며, 특히 국가 사이의 거래에서 자주 강조된다.

효율성
최소의 비용으로 최대의 효과를 추구하는 자원배분의 기준

형평성
모든 사람들이 비슷한 수준의 혜택을 누리도록 하는 자원배분의 기준

자주성
경제활동의 독립성을 추구하는 자원배분의 기준

자원배분이 바람직하게 이루어져 살기 좋은 사회가 되기 위해서는 어떤 기준이 중요할까? 이 질문에 명확하게 한마디로 대답하기는 어렵다. 일반적으로 국민경제에서 자원배분이 바람직하기 위해서는 효율성과 형평성이 적절하게 조화를 이루어야 하며, 효율성과 형평성 어느 하나만의 지나친 추구는 바람직하지 못하다고 할 수 있다. 우리 주위에서 발생하는 각종 분규와 갈등은 결국 자원배분의 효율성을 더 강조하느냐 혹은 형평성을 더 강조하느냐에서 비롯된다고 할 수 있기 때문이다.

핵심포인트

① 국민경제의 구성
- 가계, 기업, 정부의 세 가지 경제주체로 구성되며, 각 경제주체는 서로 필요에 따라 거래를 함
- 생산물시장, 노동시장, 자본시장, 화폐시장의 네 가지 시장으로 구성

② 국민경제의 세 가지 주요과제
- 무엇을 생산할 것인가
- 어떤 방법으로 생산할 것인가
- 생산한 상품을 누구에게 배분할 것인가

③ 국민경제의 세 가지 주요과제를 풀어 나가는 과정을 자원배분이라고 함
- 자원배분의 기준으로는 효율성과 형평성, 그리고 자주성이 있음
- 자원배분이 바람직하기 위해서는 효율성과 형평성이 적절하게 조화를 이루어야 함

4 경제학의 연구방법

4.1 경제이론

이론이라는 단어가 갖는 의미는 그 학문이 어떤 분야인지에 따라 차이가 있다. 물리학, 화학과 같은 자연과학 분야에서는 반복적인 실험을 통해 이론을 만들어 내며, 이 이론들은 같은 조건이라면 항상 똑같은 결과를 가져오는 불변의 진리와도 같은 성격을 갖는다. 그러나 사회과학 분야에서는 사람들의 의사결정과 그에 따른 행동의 결과를 다루기 때문에 자연과학 분야에서와 같이 실험을 할 수도 없으며, 같은 조건이라 하더라도 항상 같은 결과가 나오는 것도 아니다. 따라서 사회과학에서 이론은 현실을 체계적으로 이해하기 위해 현실에 존재하는 현상들 사이의 관계를 의도적으로 단순화한 것이라 정의할 수 있다.

경제이론
경제주체의 선택행위와 경제현상 사이의 인과관계를 분석하는 이론

경제학은 사회과학의 한 분야라고 하였다. 따라서 경제학에서 제시하는 경제이론이란 경제주체의 선택은 어떻게 이루어지며, 그 선택의 결과로 나타나는 경제현상들 사이에는 어떤 인과관계가 존재하는지를 규명하는 것이라 할 수 있다. 이와 같은 경제이론이 논리적 타당성을 갖기 위해서는 개인의 의사결정과 행동을 예측할 수 있어야 한다. 그러나 백인백색(百人百色)이란 말이 있듯이 각 경제주체는 다양한 개성을 갖기 때문에 각 경제주체의 행동에는 많은 불규칙성이 존재하고 따라서 개인의 의사결정과 행동을 정확하게 예측하는 것은 불가능하다. 비록 개인의 의사결정과 행동은 예측이 불가능하지만 많은 경제주체들이 모인 집단의 행동에는 뚜렷한 규칙성이 존재함을 짐작할 수 있다. 즉 집단의 행동에서는 평균적인 개념의 규칙성을 찾을 수 있다.

예를 들어 작년에 소득이 3,000만원이었다가 금년에 소득이 3,500만원으로 증가한 사람이 1,000명 있다고 생각해 보자. 소득이 500만원 증가한 1,000명 중에는 소비가 50만원 미만 증가한 사람도 있을 것이고, 소비가 500만원 가까이 증가한 사람도 있을 것이다. 물론 소득은 증가했지만 소비는 늘어나지 않았거나 심지어는 소비가 감

소한 사람도 있을 수 있다. 그러나 소득이 500만원 증가한 대다수 사람의 소비는 200만~400만원 정도 증가했을 것이라고 예상할 수 있다. 만일 소득이 500만원 증가한 1,000명의 평균 소비증가가 300만원이라고 한다면 평균적인 의미에서 소득과 소비 사이에는 일정한 인과관계가 존재한다고 할 수 있다. 즉 평균적인 의미에서 소득의 증가로 인해 소비가 증가했다고 할 수 있다.

이와 같은 논리는 대수의 법칙(law of large numbers)이라는 말로 알려져 있다. 대수의 법칙이란 통계학에서 사용되는 이론으로서 각 개인의 불규칙한 측면들이 모두 상쇄되어 많은 개인들로 구성된 집단 전체에서는 규칙성을 발견할 수 있다는 내용이다. 따라서 다양한 개인의 의사결정을 기본단위로 삼는 경제학에서도 경제현상들 사이의 뚜렷한 규칙성을 발견할 수 있으며, 이 규칙적인 관계를 이론으로 정립한 것이 경제이론이다.

대수의 법칙
많은 개인들로 구성된 집단 전체에서는 일정한 규칙성을 발견할 수 있다는 법칙

미시경제학과 거시경제학

분석대상에 따라 경제학을 가장 기초적으로 분류하면 미시경제학과 거시경제학으로 구분할 수 있다. 미시경제학(microeconomics)은 가계, 기업 그리고 정부 등 각 경제주체가 어떻게 의사결정을 하며, 상품이 거래되는 생산물시장과 생산에 필요한 생산요소가 거래되는 생산요소시장 등 개별시장에서 어떻게 거래가 이루어지는지 등을 분석대상으로 하는 분야를 말한다. 즉 미시경제학은 〈그림 1-1〉에 제시된 각 경제주체의 의사결정 과정, 각각의 시장 등 국민경제를 구성하는 각 경제주체와 시장을 하나씩 떼어 내어 분석하는 분야이다.

거시경제학(macroeconomics)은 각 경제주체 사이의 거래가 이루어져 국민경제 전체적으로 나타나는 경제현상을 분석하는 분야이다. 즉 거시경제학은 〈그림 1-1〉 전체를 분석대상으로 하며, 주로 관심을 갖는 경제변수로는 국민소득, 물가(인플레이션), 실업률 등을 들 수 있다. 또한 우리나라와 같이 외국과 거래가 많은 국가에서는 외국과의 거래도 매우 중요한데, 외국과의 거래를 분석대상으로 하는 분야를 국제경제학(international economics)이라 한다. 국제경제학은 외국과 상품과 자본의 거

래가 어떻게 발생하며, 그로 인한 효과와 영향은 무엇인지 등을 분석하는 분야이다.

실증경제학과 규범경제학

가치판단의 유무에 따라 경제학을 분류하면 실증경제학과 규범경제학으로 구분할 수 있다. 실증경제학(positive economics)은 현실에서 관찰되는 있는 그대로의 경제현상을 분석하는 데 초점을 맞추는 분야이고, 규범경제학(normative economics)은 어떤 경제현상이 바람직한지 아닌지 등 가치판단에 초점을 맞추는 분야이다. 본서에서 설명하는 모든 경제이론은 규범경제학이 아닌 실증경제학의 관점에서 제시된 것이다.

자세히 알아보기 경제이론의 구분 사례

아래의 표현들은 각각 경제학의 어떤 분야에 해당하는지 살펴보자.

① AI(조류인플루엔자) 발병으로 돼지고기 수요량이 급증하였다.
② 단통법(이동통신단말장치 유통구조 개선에 관한 법률) 시행 이후 스마트폰 가격은 오히려 상승했다.
③ 공정거래위원회는 브랜드 교복업체의 담합이 적발되어 과징금을 부과했다고 발표했다.
④ 경기를 부양하기 위해 정부는 통화공급을 증가시키는 양적완화를 추진한다고 발표했다.
⑤ 국제유가가 상승하여 국내물가의 상승압력이 높아지고 있다.
⑥ 경기침체의 지속으로 실업률이 상승하였다.
⑦ 담배가격 인상으로 서민의 부담이 가중되니 바람직하지 않다는 의견과 담배를 끊는 사람들이 많아질 것이므로 바람직하다는 의견이 엇갈리고 있다.
⑧ 국민경제의 안정을 위해 우선 실업률을 낮추어야 한다는 의견과 물가부터 잡아야 한다는 의견이 팽팽히 맞서고 있다.

①부터 ③의 내용은 각각 돼지고기시장, 스마트폰시장, 교복시장에서 발생한 경제현상을 설명하는 내용이므로 실증경제학이면서 미시경제학 분야이다. 또한 ④부터 ⑥까지의 내용은 각각 경기(국민경제 전체의 생산활동), 물가(국민경제 전체의 가격수준), 실업률에 관한 경제현상을 설명하는 내용이므로 실증경제학이면서 거시경제학 분야이다. 한편 ⑦과 ⑧은 어떤 경제현상이 더 바람직한지의 판단에 관한 문제이므로 규범경제학에 속한다.

4.2 경제이론과 경제모형

경제모형

경제학에서는 복잡하고 다양한 현실의 경제현상을 분석하기 위해 보편적이고 합리적인 가정을 통해 분석의 틀을 설정하며, 설정된 분석의 틀을 이용하여 경제변수들 사이의 인과관계를 규명한다. 복잡하고 다양한 현실경제를 단순화함으로써 경제가 어떻게 움직이는지 이해하기 쉽게 만든 분석의 틀을 경제모형(economic model)이라 한다. 경제모형은 문장으로 서술되기도 하고, 수학적 방법으로 표현되기도 하며, 그림을 이용하여 제시되기도 한다. 수학적 표현방법은 경제모형을 논리적이고 간결하게 표현할 수 있는 장점이 있고, 그림을 통한 표현방법은 경제모형을 쉽게 설명하고 이해할 수 있는 장점이 있다. 본서에서는 경제모형을 표현함에 있어 가급적 수학적 표현방법은 자제하고, 그림과 서술을 이용할 것이다.

경제모형
현실경제를 단순화하여 이해하기 쉽게 만들어 놓은 분석의 틀

경제모형은 여러 가지 구성요소를 필요로 하는데 경제변수, 가정, 가설이 가장 핵심적인 역할을 담당한다. 경제변수(economic variable)란 경제현상의 측정 결과인데 여러 가지 다른 값을 가질 수 있으며, 일반적으로 영어의 대·소문자로 표현한다. 우리가 일상생활에서 흔히 듣는 가격, 거래량, 국민소득, 물가, 실업률, 이자율, 환율 등이 모두 경제변수이다. 가정(assumption)은 복잡하고 다양한 현실경제를 단순화하기 위해 필요하며, 가정이 없으면 경제모형의 설정 자체가 불가능하다. 가설(hypothesis)은 경제모형을 분석함으로써 얻어지는 명제를 뜻하며, 흔히 '○○하면 ○○한다.'라는 조건부(conditional)적인 형태를 갖는다.

경제변수
가격, 거래량, 국민소득, 실업률, 이자율, 환율 등

가설
경제모형을 분석함으로써 얻어지는 명제

소고기 수요이론을 예로 들어 경제모형을 설명해 보자. 소고기 수요이론을 표현하는 세 가지의 방법은 다음과 같다. '소고기 가격이 상승하면 소고기 수요는 감소한다.'는 소고기 수요이론을 문장으로 서술한 것이다. 또한 소고기 수요이론은 소고기 수요량과 소고기 가격이라는 두 경제변수 사이에 존재하는 '마이너스'의 함수관계로 표현할 수도 있으며, 소고기 가격과 소고기 수요량을 각각 세로축과 가로축으로 하는 평면에 '마이너스' 기울기를 갖는 그림으로 표현할 수도 있다.

소고기 수요에 영향을 주는 요인들에는 어떤 것들이 있을까? 소고기 가격은 물론, 그 외에 소비자의 소득수준, 돼지고기나 닭고기의 가격, 광우병이 발생했다는 뉴스 보도 등 다양한 요인들도 소고기 수요에 영향을 줄 것이다. 따라서 소고기 수요이론이라는 경제모형에서 필요한 경제변수는 위에서 열거한 모두가 포함된다. 또한 '소고기 가격이 상승하면 소고기 수요는 감소한다.'라고 표현하기 위해서는 소고기 가격 이외에 소고기 수요에 영향을 주는 다른 모든 요인들은 변화하지 않는다는 전제조건이 필요하며, 이 전제조건이 가정이다. 한편 '소고기의 가격이 상승하면 소고기 수요는 감소한다.'라는 표현은 'ㅇㅇ하면 ㅇㅇ한다.'라는 조건부적인 가설임을 쉽게 알 수 있다.

생산가능곡선

생산가능곡선
주어진 생산요소와 생산기술을 사용하여 최대한 생산할 수 있는 상품의 조합을 나타내는 곡선

경제모형의 두 번째 예로서 생산가능곡선에 대해 알아보기로 하자. 생산가능곡선(production possibility curve)은 주어진 생산요소와 생산기술을 사용하여 최대한 생산할 수 있는 상품의 조합을 나타내는 곡선이라고 정의한다. 일반적으로 국민경제에서는 수없이 많은 상품이 생산되지만 설명의 편의를 위해 쌀과 자동차만 생산하는 어떤 국민경제를 가정하면, 생산가능곡선은 〈그림 1-2〉와 같이 표현할 수 있다.

〈그림 1-2〉의 생산가능곡선은 주어진 생산요소와 생산기술로 최대한 생산할 수 있는 쌀과 자동차의 조합을 나타낸다. 만일 모든 생산요소를 쌀 생산에만 사용한다면 쌀은 1,200톤을 생산할 수 있지만 자동차는 한 대도 생산하지 못하며, 반대로 모든 생산요소를 자동차 생산에만 사용한다면 자동차는 1,000대를 생산할 수 있지만 쌀은 전혀 생산하지 못할 것이다. 생산요소를 쌀과 자동차 생산에 분산하여 사용하는 경우에는 〈그림 1-2〉의 A점 혹은 B점과 같이 쌀과 자동차를 모두 생산할 수 있다. 물론 A점 혹은 B점과 같은 생산가능곡선 위의 어느 한 점을 선택하느냐의 문제는 그 경제가 필요로 하는 쌀과 자동차의 양에 달려 있다. 만일 자동차보다 쌀이 더 많이 필요하다면 A점과 같이 쌀의 생산이 더 많은 상태를, 반대로 자동차가 더 많이 필요하다면 B점과 같이 자동차의 생산이 더 많은 상태를 선택할 것이다.

그림 1-2 | 생산가능곡선

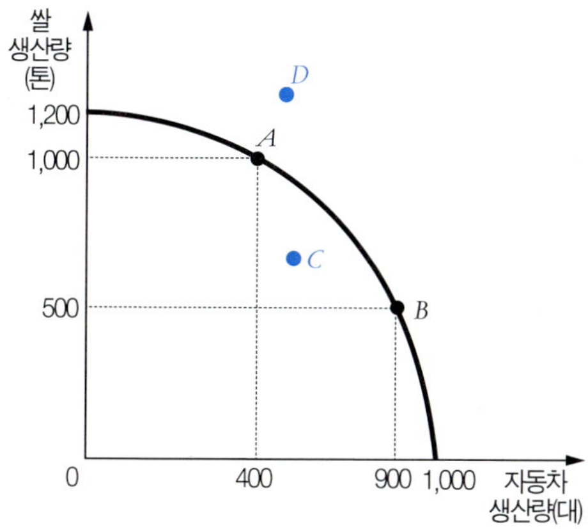

- *A*점 혹은 *B*점: 국민경제가 보유한 생산요소와 생산기술이 가장 효율적으로 사용되는 경우에 생산할 수 있는 쌀과 자동차의 조합
- *C*점: 생산요소 혹은 생산기술을 효율적으로 사용하지 못하여 쌀과 자동차를 충분히 생산하지 못하는 상황
- *D*점: 주어진 생산요소와 생산기술로는 생산할 수 없는 쌀과 자동차의 조합
- 생산가능곡선이 원점에 대해 오목한 이유: 자동차 생산이 많아질수록 자동차 추가 생산에 따른 쌀의 포기량이 많아지기 때문

〈그림 1-2〉의 *A*점 혹은 *B*점과 같은 생산가능곡선 위의 점은 국민경제가 보유한 생산요소와 생산기술이 가장 효율적으로 사용되는 경우에 생산할 수 있는 쌀과 자동차의 조합을 의미한다. 물론 각 상품의 생산량은 생산가능곡선 위에서만 선택할 수 있는 것은 아니며, 선택 가능한 생산량은 생산가능곡선 아랫부분까지를 포함한다. 다만 〈그림 1-2〉의 *C*점과 같은 생산가능곡선 아래의 점은 생산요소 혹은 생산기술을 효율적으로 사용하지 못하여 쌀과 자동차를 충분히 생산하지 못하는 상황을 의미하므로 바람직한 선택이 아닐 뿐이다. 그러나 현실적으로는 모든 국민경제가 생산가능곡선 아래의 한 점을 선택하고 있다고 보아야 한다. 왜냐하면 어떤 국민경제이든지 모든 생산요소를 100% 사용하고 있지는 않으며(즉 잉여 노동력과 유휴 설비가 존재하며), 생산기술도 100% 효율적으로 활용되고 있다고 보기는 어렵기 때문이다. 한편 〈그림 1-2〉의 *D*점과 같은 생산가능곡선 밖의 점은 주어진 생산요소와 생산기술로는 생산할 수 없는 쌀과 자동차의 조합을 나타낸다.

〈그림 1-2〉에 제시된 생산가능곡선은 원점에 대해 오목하게 그려져 있는데 그 이유에 대해 알아보기로 하자. 어느 국민경제이든지 상당히 많은 수의 경제주체가 존재하며, 경제주체 중에는 쌀 생산에 더 적합한 기술을 보유한 사람이 있는가 하면 자

동차 생산에 더 적합한 기술을 보유한 사람이 있기 마련이다. 〈그림 1-2〉의 *A*점은 쌀 생산에 더 많은 노동력이 투입된 상태이고, *B*점은 자동차 생산에 더 많은 노동력이 투입된 상태이다.

〈그림 1-2〉의 *A*점과 *B*점에서 같은 양만큼 자동차 생산을 늘리고자 하는 경우를 살펴보자. *A*점에서는 많은 사람들이 쌀의 생산에 종사하고 있으며 이 중에는 쌀 생산보다는 자동차 생산에 더 적합한 기술을 보유한 사람도 있을 것이다. 따라서 *A*점에서 자동차 생산을 늘리고자 한다면 자동차 생산에 더 적합한 기술을 보유한 사람을 우선적으로 자동차 생산에 투입할 것이므로 포기해야 하는 쌀의 생산량은 그다지 많지 않을 것이다. 한편 *B*점에서는 많은 사람들이 자동차 생산에 종사하고 있으며 자동차 생산에 더 적합한 기술을 보유한 사람은 거의 대부분 자동차 생산에 종사하고 있을 것이다. 따라서 *B*점에서 자동차 생산을 늘리고자 하는 경우 자동차 생산에 더 적합한 기술을 보유한 사람을 자동차 생산에 투입하기는 어렵고 쌀 생산에 더 적합한 기술을 보유한 사람을 투입해야 하므로 포기해야 하는 쌀의 생산량은 많을 것이다. 즉 *B*점에서 자동차 생산을 늘리고자 하는 경우에는 *A*점에서 자동차의 생산을 늘리고자 하는 경우보다 포기해야 하는 쌀의 생산량이 더 많을 것이다. 결국 *A*점보다는 *B*점에서 자동차의 추가 생산에 따른 쌀의 포기량이 더 많고 따라서 생산가능곡선의 기울기는 더 가팔라진다.

만일 자동차 생산량을 늘리기 위해 포기해야 하는 쌀의 생산량이 항상 일정하다면 〈그림 1-2〉의 생산가능곡선은 어떻게 바뀌어야 할까? 생산가능곡선이 원점에 대해 오목한 형태인 이유는 자동차의 생산량 수준이 높아짐에 따라 자동차 생산에 따른 쌀의 포기량이 많아지기 때문이었으므로 만일 자동차의 생산수준에 관계없이 자동차 생산에 따른 쌀의 포기량이 일정하다면 〈그림 1-2〉의 생산가능곡선은 직선으로 표현되어야 한다. 즉 〈그림 1-2〉에서 세로축의 1,200과 가로축의 1,000을 잇는 직선이 될 것이다.

생산기술과 생산요소의 양이 고정된 특정 시점에서 한 경제가 최대한 생산할 수 있는 상품의 조합을 그림으로 표현한 것이 〈그림 1-2〉와 같은 생산가능곡선이라고 하였다. 그런데 시간이 지날수록 자본량은 증가하고 인구증가에 따라 노동력도 많아지는 등 생산요소의 양은 증가하며 생산기술도 발전하기 마련이다. 이와 같이 시간이 흐름에 따라 생산기술이 발전하거나 생산요소의 양이 늘어나면 국민경제가 생산할 수 있는 능력도 커지게 된다. 국민경제의 생산능력이 확대되면 생산가능곡선은 바깥쪽으로 이동하게 되며 이를 경제성장(economic growth)이라 한다.

경제성장
국민경제의 생산능력이 확대되는 현상

그림 1-3 | **생산가능곡선의 변화**

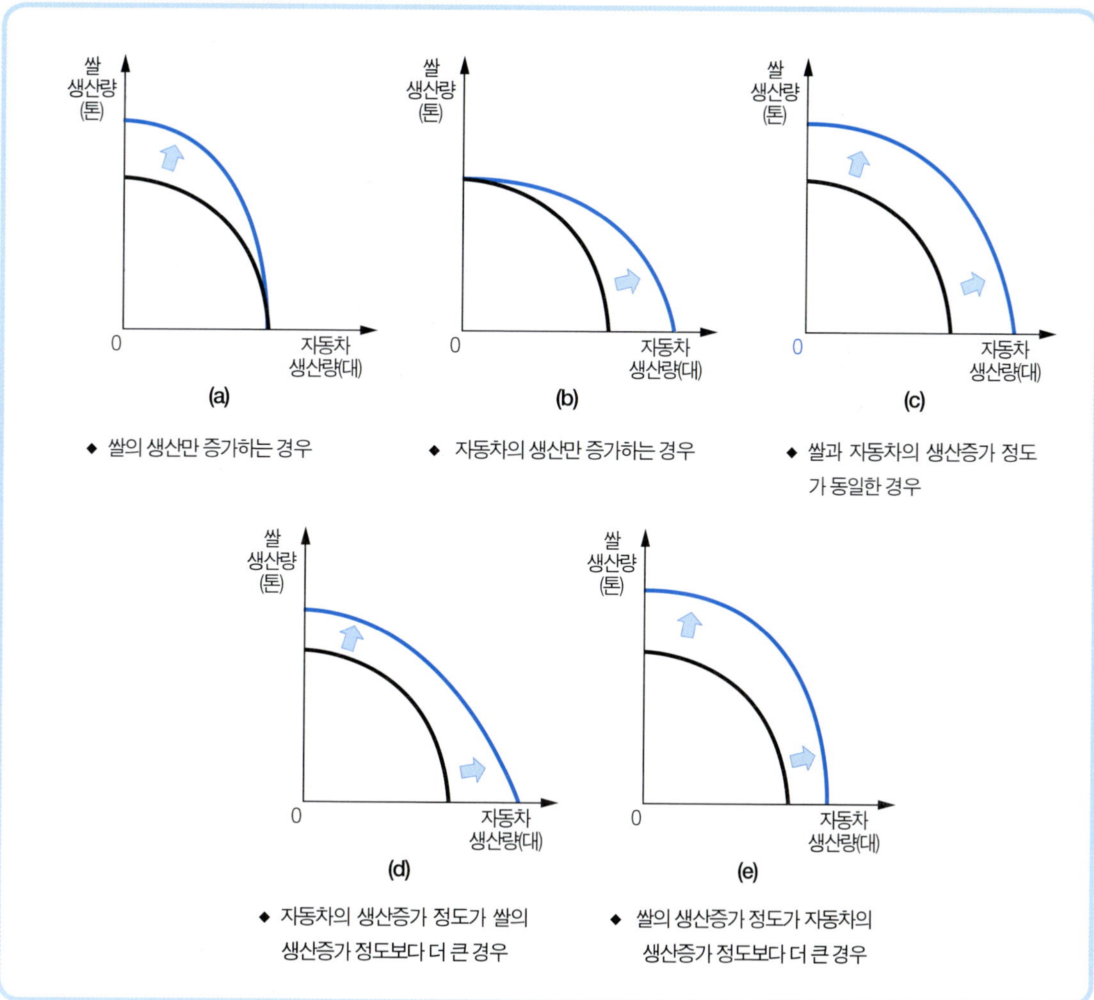

◆ (a) 쌀의 생산만 증가하는 경우

◆ (b) 자동차의 생산만 증가하는 경우

◆ (c) 쌀과 자동차의 생산증가 정도가 동일한 경우

◆ (d) 자동차의 생산증가 정도가 쌀의 생산증가 정도보다 더 큰 경우

◆ (e) 쌀의 생산증가 정도가 자동차의 생산증가 정도보다 더 큰 경우

〈그림 1-3〉에는 경제성장으로 생산가능곡선이 변화할 수 있는 다섯 가지 형태의 그림을 제시하였다. 〈그림 1-3〉의 (a)는 생산기술의 발전 혹은 생산요소의 증가가 쌀 생산만 증가시키는 경우의 생산가능곡선 변화이며, (b)는 생산기술의 발전 혹은 생산요소의 증가가 자동차 생산만 증가시키는 경우의 생산가능곡선 변화이다. 그리고 〈그림 1-3〉의 (c)는 생산기술의 발전 혹은 생산요소의 증가가 쌀과 자동차의 생산 모두를 증가시키며, 쌀과 자동차의 생산증가 정도가 동일한 경우의 생산가능곡선 변화이다. 한편, 〈그림 1-3〉의 (d)와 (e)는 생산기술의 발전 혹은 생산요소의 증가가 쌀과 자동차의 생산을 모두 증가시키지만 쌀과 자동차의 생산증가 정도가 다른 경우의 생산가능곡선 변화를 나타내고 있다.

핵심포인트

① 경제이론의 구분
- 분석대상에 따른 구분: 미시경제학, 거시경제학
- 가치판단의 유무에 따른 구분: 실증경제학, 규범경제학

② 경제이론을 정립하기 위해서는 경제모형이 필요
- 경제모형에서는 경제변수, 가정, 가설이 가장 핵심적인 역할을 담당

③ 생산가능곡선
- 생산가능곡선 위의 점은 주어진 생산기술과 생산요소로 최대한 생산할 수 있는 상품의 조합을 의미
- 생산가능곡선 아래의 점은 주어진 생산기술과 생산요소를 효율적으로 사용하지 못하여 상품을 충분히 생산하지 못하는 상황을 의미
- 생산가능곡선 밖의 점은 주어진 생산기술과 생산요소로는 생산할 수 없는 상품의 조합을 의미
- 생산가능곡선이 원점에 대해 오목한 형태인 이유는 특정 상품의 생산이 많아질수록 그 상품의 추가 생산에 따른 다른 상품의 포기량이 많아지기 때문
- 기회비용이 일정하다면 생산가능곡선은 직선으로 표현됨
- 생산기술의 발전, 생산요소의 질적 향상, 생산요소의 양적 증가가 이루어지면 생산가능곡선은 바깥쪽으로 이동하며, 이를 경제성장이라 함

연습문제

01 아래 용어의 개념을 간략하게 설명하라.

① 자원의 희소성 ② 합리적 선택
③ 기회비용 ④ 매몰비용
⑤ 한계적 변화 ⑥ 대수의 법칙
⑦ 경제모형 ⑧ 생산가능곡선
⑨ 기회비용체증의 법칙 ⑩ 인과관계

02 *C*대학 4학년인 이경제 군은 *A*회사로부터 연봉 2,000만원의 입사제의를 받았음에도 불구하고 대학원에 진학하여 석사학위를 취득하기로 결정하였다. 이경제 군이 합리적인 선택을 하였다고 가정할 경우, 이경제 군은 어떤 계산 결과에 의하여 이와 같은 결정을 하였을까?

03 대학에서 4년 동안 교육을 받기 위해 지불해야 하는 비용에는 어떤 것들이 있을까? 기회비용의 관점에서 항목들을 열거하라.

04 아래의 세 가지 경우에 기회비용은 얼마인지 계산하라. 단, 세 가지 경우 모두 부대비용이 따르지 않고 금전의 가치만 계산한다. (문제출처: 한국개발연구원, http://www.kdi.re.kr)

① 어떤 구두쇠가 100만원을 갖고서 이 돈을 어떻게 활용할 것인가에 대하여 심각한 고민에 빠져 있다고 한다. 100만원으로 국채를 매입하면 7만원의 이자를 얻게 되고, 친구에게 빌려 주면 이자 8만원을 받게 되고, 정기예금을 하면 6만원의 이자를 얻게 된다. 그는 여러 사람의 의견을 들은 후 친구에게 빌려 주기로 결정하였다. 이 경우 기회비용은 얼마일까?

② 아르바이트를 하면 시간당 2,000원을 벌 수 있는 어떤 친구가 왠지 답답하여 일을 하지 않고 시간당 1,000원을 주고 PC방에서 게임을 했다. 이 친구가 2시간 게임을 하는 데 드는 기회비용은 얼마일까?

③ 명석이가 고등학교를 졸업하고 취업을 하면 1년에 1,000만원의 소득을 얻을 수 있으나, 그가 대학에 진학하면 1년에 600만원의 비용이 든다고 가정하자. 명석이가 대학 진학을 선택할 때, 1년간의 기회비용은 얼마일까?

05 매몰비용을 생각하였기 때문에 합리적 선택에 이르지 못하는 예를 들어 보라.

06 국가의 경제가 건실하여 국민들의 물질적 욕구를 잘 충족시키기 위해서는 어떤 조건들이 필요할지 제시하라.

07 어느 나라 경제이든 성장에 초점을 맞추느냐 혹은 분배에 초점을 맞추느냐가 중요한 문제이다. 이를 자원배분의 기준을 적용하여 비교해 보라.

08 경제학에서는 소비자가 어떤 의사결정을 하는지 분석하여 '어떤 상품의 가격이 올라가면 그 상품에 대한 수요량이 감소한다.'는 결론에 도달한다. 여기에서 설정한 가설은 무엇이며, 어떤 가정이 필요하고, 또 어떤 변수들이 사용되었는가?

09 어떤 나라가 생산하는 상품은 소비재와 자본재로 구분할 수 있으며, 이 나라의 생산가능곡선이 아래와 같은 경우 다음의 질문에 답하라.

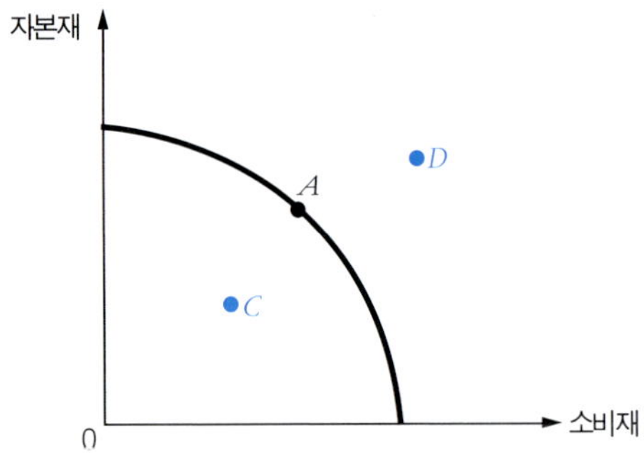

① A, C, D점은 각각 어떤 상황을 의미하는가?

② 생산가능곡선을 원점에 대해 오목하게 그리는 이유는?

③ C점과 같이 생산가능곡선 안쪽의 어떤 점을 선택할 수밖에 없는 상황에 이르게끔 하는 이유들을 제시해 보라.

④ 생산기술의 발전으로 인해 자본재의 생산이 증가한다면 생산가능곡선은 어떤 모양을 갖게 되는지 그림으로 제시해 보라. (단, 소비재의 생산은 증가하지 않는다고 가정한다.)

⑤ 생산기술의 발전으로 인해 소비재의 생산이 증가한다면 생산가능곡선은 어떤 모양을 갖게 되는지 그림으로 제시하라. (단, 자본재의 생산은 증가하지 않는다고 가정한다.)

⑥ 생산기술의 발전으로 인해 소비재와 자본재의 생산이 모두 증가한다면 생산가능곡선은 어떤 모양을 갖게 되는지 그림으로 제시해 보라.

제2부 시장의 작동원리 맛보기

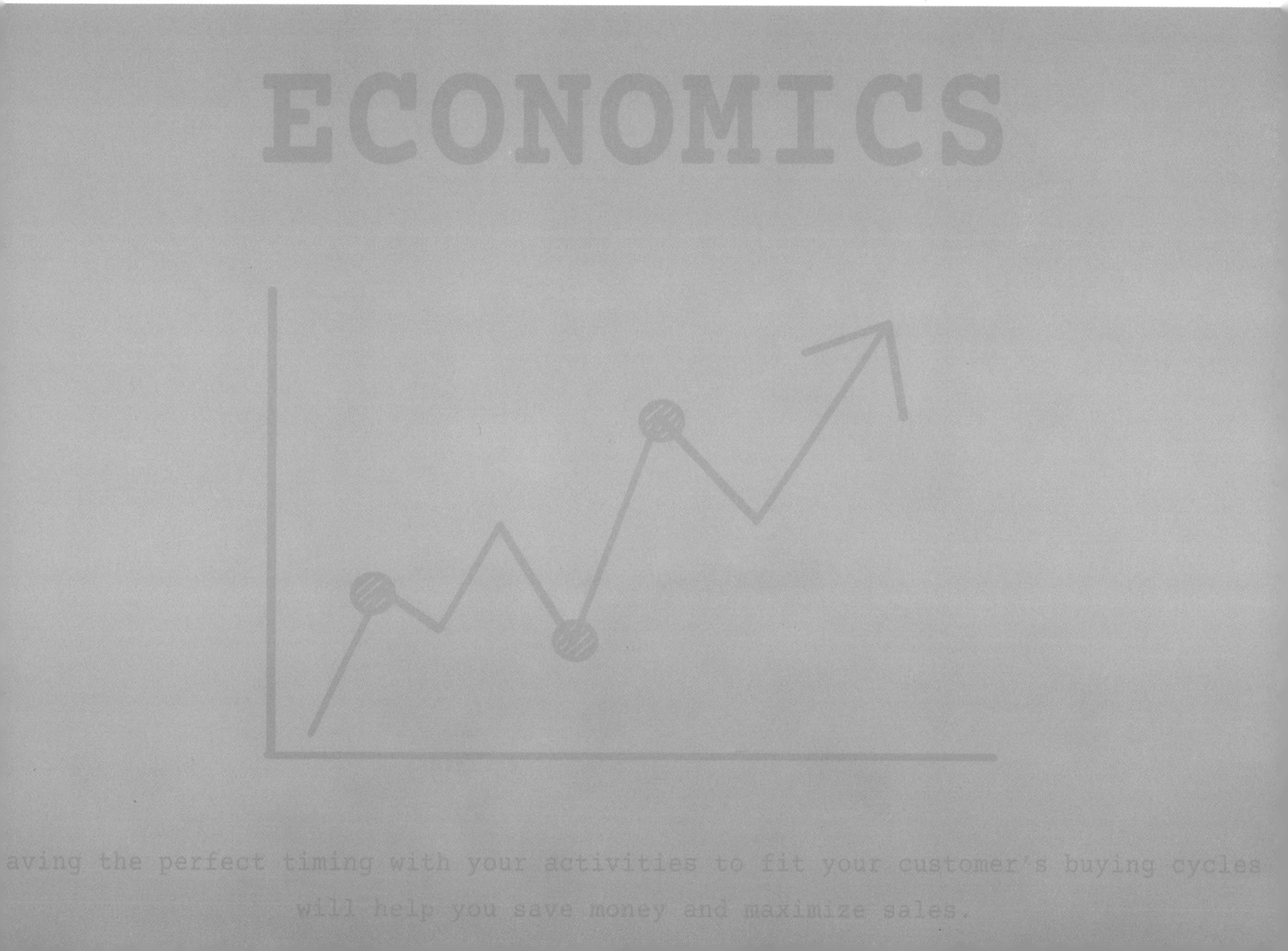

| 제2장 |

시장과 교환의 이득

1. 시장과 시장경제
2. 비교우위와 절대우위
3. 교환의 이득
4. 경제변수 사이의 인과관계 표현방법

1 시장과 시장경제

교환의 이득
자발적 거래로 얻어지는 물질적 이득

비교우위에 의한 특화
상대적으로 더 잘할 수 있는 분야에 집중하는 것

시장(market)이란 상품을 팔려는 사람과 사려는 사람의 모임, 즉 자발적 교환이 이루어지는 곳을 말한다. 시장에서 자발적인 교환이 이루어지면 교환에 참여하는 모든 경제주체는 물질적 이득을 보게 되는데 이를 교환의 이득이라 한다. 교환의 이득은 각 경제주체가 상대적으로 더 잘할 수 있는 분야에 집중함으로써 경제 전체의 생산량이 많아지기 때문에 발생한다. '상대적으로 더 잘할 수 있는 분야에 집중'하는 것을 비교우위(comparative advantage)에 의한 특화(specialization)라 하며, 비교우위에 의한 특화로 교환의 이득이 발생하는 기본원리는 다음 절부터 자세히 설명할 것이다.

비교우위에 의한 특화에 따라 생산하고, 교환이 이루어지면 교환에 참여하는 사람 모두가 물질적 이득을 얻는다고 하였다. 그렇다면 시장에서 교환은 어떻게 이루어지는가? 시장에서 교환이 이루어지도록 하는 핵심적 역할은 가격이 담당한다. 시장에서 가격에 의해 거래가 이루어지는 것을 가격기구(price mechanism)에 의한 자원배분이라 하며, 경제학자 아담 스미스(Adam Smith)는 가격기구의 역할을 '보이지 않는 손(invisible hand)'에 비유하였다.

가격의 기능

가격은 어떤 기능을 갖고 있기에 시장에서 교환이 이루어지도록 하는 핵심적 역할을 수행한다고 할까? 가격이 갖고 있는 중요한 기능으로는 다음의 두 가지를 들 수 있다. 첫째, 신호(signal)의 전달 기능이다. 시장에서 결정된 가격은 가격이 높고 낮음에 따라 얼마나 많은 소비자가 그 상품을 원하고 있는지 혹은 생산에 필요한 비용은 어느 정도나 되는지 등의 정보를 제공해 준다. 둘째, 유인(incentive)의 제공 기능이다. 만일 어떤 상품의 가격이 상승한다면 생산자는 더 많은 이득을 볼 수 있으므로 그 상품을 더 많이 생산할 유인을 제공한다. 또한 특정 기술을 보유한 사람에게 더 많은 보수가 지급된다면 사람들로 하여금 그 기술을 배우도록 하는 유인을 제공하

경제이야기 아담 스미스

아담 스미스(Adam Smith)는 스코틀랜드 세무 관리의 아들로 태어났다. 그는 1740년 옥스퍼드 대학에 입학하였으나 1746년에 자퇴하였다. 1748년에 에딘버그에서 공개강의를 하게 되었고, 강의에 대한 호평이 계기가 되어 1751년 글래스고 대학 논리학 강좌의 교수가 되었다. 1750년경 데이비드 흄을 만났으며 돈독한 관계를 유지하게 된다.

아담 스미스는 1764년부터 1766년까지 프랑스 귀족의 가정교사로 일하게 되면서 프랑스로 이주하였다. 이곳에서 아담 스미스는 케네 등의 중농주의 학자, 볼테르 등의 계몽주의 철학자들과 교류할 수 있는 기회를 갖게 되었다. 이를 계기로 아담 스미스는 국가의 부, 자유 등에 대한 성찰의 기회를 갖게 되었고, 이후 고향에 돌아온 아담 스미스는 이 시기의 깨달음, 자신의 생각과 경험 등을 바탕으로 10년간 『국부론』의 집필에 매달린다. 마침내 1776년 『국부론』을 출간하였는데, 이 책은 경제학 최초의 체계적 저서로 고전 중의 고전으로 평가받고 있다.

아담 스미스가 『국부론』을 출간할 당시는 사욕을 추구하는 것을 비윤리적인 것으로 간주하는 분위기가 팽배한 시기였다. 그러나 아담 스미스는 오히려 사욕을 충족시키는 행위가 궁극적으로 '보이지 않는 손'의 작용에 의해 사회적 공익을 달성하는 데 도움이 된다고 주장하였다. 즉 경제적 자유를 인간이 기본적으로 타고난 권리로 보아 경제적 결정을 개인에 맡김으로써 개인의 부는 물론 국가의 부도 증대될 수 있다고 주장한 것이다. 또한 국가의 부는 모든 생산물이며 생산물의 증대는 분업을 통한 생산성 향상에 의해 달성될 수 있다고 하여 분업을 중시하였다.

아담 스미스는 시장경제야말로 사는 사람과 파는 사람 모두에게 만족스런 결과를 낳으며, 사회의 자원을 적절하게 배분할 수 있다고 주장하였다. 그는 또한 다음과 같은 유명한 말을 남기기도 하였다. "우리가 저녁 식사를 기대할 수 있는 것은 푸줏간 주인, 술도가 주인, 빵집 주인의 자비심 덕분이 아니라, 그들이 자기 이익을 챙기려는 생각 덕분이다. 우리는 그들의 박애심이 아니라 자기애에 호소하며, 우리의 필요가 아니라 그들의 이익만을 그들에게 이야기할 뿐이다."

출처: **위키백과**(http://ko.wikipedia/wiki/)의 일부 내용 수정

기도 한다.

가격은 위의 두 가지 기능으로 인해 시장에서 교환이 이루어지도록 하는 중추적인 역할을 담당한다. 가격기구에 의한 자원배분, 즉 '보이지 않는 손'의 역할에 대해서는 제3장 제3절에서 자세히 설명할 것이다. 또한 시장에서 가격기구에 의한 자원배분이 이루어지면 상품을 생산하는 사람은 원했던 금액보다 더 많은 금액을 받게 되고, 상품을 소비하는 사람은 원했던 금액보다 더 적은 금액을 지불하게 된다. 이와

같은 이유 때문에 시장에서 가격기구에 의한 자원배분이 가장 효율적이라고 하며, 이에 관해서도 제3장 제3절에서 자세히 설명할 것이다.

시장경제의 특징

우리나라는 시장경제를 지향하는 국가이다. 그렇다면 시장경제의 특징은 무엇일까? 시장경제가 갖고 있는 여러 가지 특징 중에서 중요한 것들만 언급하면 다음과 같다. 첫째, 사유재산제이다. 시장경제에서는 경제적 자원의 개인 소유권을 인정함으로써 각 경제주체는 더 많은 재산을 갖기 위해 노력한다. 둘째, 교환의 자유와 특화이다. 모든 경제주체는 교환을 통해 이득을 얻게 되며, 더 많은 이득을 얻기 위해 각 경제주체는 자신이 가장 뛰어난 분야에 특화하게 된다. 셋째, 분산된 의사결정이다. 각 경제주체는 각자의 이득을 위해 의사결정을 하며, 각 경제주체의 의사결정은 시장에서 조화를 이루게 된다. 넷째, 물질적 유인체계이다. 시장경제에는 각 경제주체로 하여금 더 많은 이득을 얻기 위해 노력하도록 하는 물질적 유인체계가 존재하며, 이는 당연히 사유재산제에 기초한다.

핵심포인트

① 시장에서 교환이 이루어지도록 하는 가장 핵심적 역할은 가격이 담당
- 시장에서 가격에 의해 거래가 이루어지는 것을 가격기구에 의한 자원배분이라 함
- 시장에서 가격기구에 의해 자원배분이 이루어질 때 가장 효율적이며, 가격기구의 역할을 보이지 않는 손이라 함

② 가격의 기능
- 신호의 전달 기능
- 유인의 제공 기능

③ 시장경제의 특징
- 사유재산제
- 교환의 자유와 특화
- 분산된 의사결정
- 물질적 유인체계

2 비교우위와 절대우위

시장에서 자발적 교환이 이루어지면 교환에 참여하는 모든 경제주체는 물질적 이득을 보며, 이는 각 경제주체가 상대적으로 더 잘할 수 있는 분야에 집중함으로써 경제 전체의 생산량이 많아지기 때문이라고 하였다. 경제 전체의 생산요소가 더 많아진 것도 아닌데 단순히 더 잘할 수 있는 분야에 집중한다고 해서 어떻게 경제 전체의 생산량이 많아질 수 있다는 것인가? 이 원리를 이해하기 위해서는 절대우위와 비교우위라는 개념이 필요하다.

절대우위(absolute advantage)는 한 생산자가 어떤 상품을 생산하는 데 투입하는 생산요소의 양이 다른 생산자보다 더 적은 능력을 의미한다. 그리고 비교우위(comparative advantage)는 어떤 상품을 생산하기 위한 기회비용이 다른 생산자보다 더 적은 능력을 의미한다. 절대우위와 비교우위를 이와 같이 정의한다는 설명만으로는 이해하기 어려우리라 생각한다. 독자들의 이해를 돕기 위해 다음의 두 가지 예를 살펴보자

절대우위
어떤 상품을 다른 생산자에 비해 더 적은 생산요소로 생산하는 능력

비교우위
어떤 상품을 생산하기 위한 기회비용이 다른 생산자에 비해 더 적은 능력

남태평양의 외딴 섬(남섬이라 부르기로 하자)에는 최씨와 이씨가 살고 있는데 이들은 물고기 잡기와 과일 수확으로 생활하고 있으며, 최씨와 이씨가 사용하는 유일한 생산요소는 시간이다. 〈표 2-1〉에는 최씨와 이씨의 물고기 1kg 잡기와 과일 1kg 수확에 소요되는 시간을 제시하였다. 〈표 2-1〉에 의하면, 물고기 1kg을 잡기 위해 최씨는 60분을 필요로 하는 데 비해 이씨는 30분을 필요로 한다. 따라서 이씨는 물고기 잡기에 절대우위를 갖는다. 반면에 과일 1kg을 수확하기 위해 필요로 하는 시간은 최씨는 60분인 데 비해 이씨는 120분이나 된다. 따라서 과일 수확에는 최씨가 절대우위를 갖는다.

이번에는 위의 내용을 암묵적 비용 측면에서 따져 보자. 물고기 1kg 잡기를 포기할 때의 암묵적 비용, 즉 물고기 1kg을 잡을 시간에 수확할 수 있는 과일의 양을 살펴보면 최씨는 1kg인 데 비해 이씨는 1/4kg에 불과하다. 따라서 이씨의 물고기 잡기 암묵적 비용이 최씨보다 작으므로 이씨는 물고기 잡기에 비교우위를 갖는다. 반대로

표 2-1 | 남섬의 절대우위와 비교우위

	최씨	이씨	
물고기 1kg 잡기의 소요시간	60분	30분	이씨가 절대우위
과일 1kg 수확의 소요시간	60분	120분	최씨가 절대우위
물고기 1kg의 기회비용	과일 1kg	과일 1/4kg	
과일 1kg의 기회비용	물고기 1kg	물고기 4kg	
	과일 수확에 비교우위	물고기 잡기에 비교우위	

과일 1kg 수확을 포기했을 때의 암묵적 비용, 즉 과일 1kg을 수확할 시간에 잡을 수 있는 물고기의 양을 살펴보면 최씨는 1kg인 데 비해 이씨는 4kg나 된다. 따라서 최씨의 과일 수확 암묵적 비용이 이씨보다 작으므로 최씨는 과일 수확에 비교우위를 갖는다.

결과적으로 이씨는 물고기 잡기에 절대우위를 가짐과 동시에 비교우위도 갖는다. 최씨 역시 과일 수확에 절대우위를 가짐과 동시에 비교우위도 갖는다. 그러나 이와 같이 동일한 생산자가 동일한 상품의 생산에 절대우위와 비교우위를 동시에 가지지 않는 경우도 얼마든지 있을 수 있다. 다른 예를 들어 보자. 남섬에서 북쪽으로 10km 떨어진 또 다른 외딴섬(북섬이라 부르기로 하자)에는 오씨와 조씨가 살고 있으며, 이들 역시 물고기 잡기와 과일 수확으로 생활하고 있다. 오씨와 조씨가 사용하는 유일한 생산요소도 시간이며, 오씨와 조씨의 물고기 1kg 잡기와 과일 1kg 수확에 소요되는 시간을 〈표 2-2〉에 제시하였다.

〈표 2-2〉에 의하면 오씨는 물고기 1kg을 잡기 위한 시간과 과일 1kg을 수확하기 위한 시간이 각각 60분과 40분인 데 비해 조씨는 각각 80분과 100분이다. 따라서 오씨는 물고기 잡기와 과일 수확 모두에 절대우위를 갖는다. 한편 물고기 1kg 잡기를 포기했을 때의 암묵적 비용을 살펴보면, 오씨는 과일 3/2(=1.5)kg인 데 비해 조씨는 과일 4/5(=0.8)kg이므로 조씨가 물고기 잡기에 비교우위를 갖는다. 반대로 과일 1kg 수확을 포기했을 때의 암묵적 비용은 오씨가 물고기 2/3(=0.66)kg인 데 비해 조씨는 물고기 5/4(=1.2)kg이므로 오씨가 과일 수확에 비교우위를 갖는다. 즉 오씨가 물고기

표 2-2 | 북섬의 절대우위와 비교우위

	오씨	조씨	
물고기 1kg 잡기의 소요시간	60분	80분	오씨가 절대우위
과일 1kg 수확의 소요시간	40분	100분	오씨가 절대우위
물고기 1kg의 기회비용	과일 3/2kg	과일 4/5kg	
과일 1kg의 기회비용	물고기 2/3kg	물고기 5/4kg	
	과일 수확에 비교우위	물고기 잡기에 비교우위	

잡기와 과일 수확 모두에 절대우위를 갖는 경우에도 다른 생산자인 조씨가 물고기 잡기에 비교우위를 가질 수 있다.

핵심포인트

① 절대우위와 비교우위
- 절대우위는 같은 상품을 다른 생산자에 비해 더 적은 생산요소로 생산하는 능력임
- 비교우위는 같은 상품을 생산하기 위한 기회비용이 다른 생산자에 비해 더 적은 능력임

② 절대우위와 비교우위가 항상 일치하는 것은 아님

3 교환의 이득

3.1 비교우위에 의한 특화와 생산량의 증가

어떤 원리 때문에 비교우위에 의한 특화가 이루어지면 경제 전체의 생산량이 많아지는가? 누구든지 다른 사람에 비해 상대적으로 더 잘할 수 있는 분야가 있고, 상대적으로 더 잘할 수 있는 분야에 집중함으로써 경제 전체의 효율성이 더 높아지기 때문이다. 위에서 예로 든 남섬과 북섬의 경우 비교우위에 의한 특화가 경제 전체의 생산량을 어떻게 증가시키는지 살펴보기로 하자.

남섬에 사는 최씨와 이씨가 각각 자급자족하기로 결정하고, 물고기 잡기와 과일

수확에 각각 5시간씩 사용한다고 하자. 이 경우 〈표 2-3〉에서 보는 바와 같이 최씨는 물고기와 과일을 각각 5kg씩 생산할 수 있고, 이씨는 물고기 10kg와 과일 2.5kg을 생산할 수 있다. 따라서 특화 이전에는 남섬 전체적으로 물고기 15kg과 과일 7.5kg이 생산될 수 있다.

한편 〈표 2-1〉에서 살펴본 비교우위에 의해 최씨는 과일 수확에 그리고 이씨는 물고기 잡기에 각각 10시간 모두를 사용한다고 하자. 이 경우 최씨는 과일 1kg 수확에 60분이 소요되므로 10시간 동안 과일만 수확하면 과일 10kg을 생산할 수 있다. 그리고 이씨가 10시간 동안 물고기만 잡는다면 물고기 1kg 잡는 데 30분이 소요되므로 10시간이면 물고기 20kg을 생산할 수 있다. 따라서 비교우위에 의한 특화가 이루어지는 경우 〈표 2-3〉에서 보는 바와 같이 남섬 전체의 생산량은 자급자족하는 경우보다 물고기 생산은 5kg 증가하고, 과일 생산은 2.5kg 증가한다.

비교우위에 의한 특화가 생산량을 증가시키는 현상은 북섬에서도 확인할 수 있다. 먼저 북섬의 오씨와 조씨가 자급자족하기로 결정하고 물고기 잡기와 과일 수확

표 2-3 | 남섬에서의 특화와 생산량

	특화 이전			특화 이후			생산량의 증가분
	최씨	이씨	전체	최씨	이씨	전체	
물고기(kg)	5	10	15	0	20	20	+5
과일(kg)	5	2.5	7.5	10	0	10	+2.5

주 특화 이전은 최씨와 이씨 모두가 물고기 잡기와 과일 수확에 각각 5시간씩 사용하며, 특화 이후는 10시간 모두를 과일 수확에만 또는 물고기 잡기에만 사용하는 경우이다.

표 2-4 | 북섬에서의 특화와 생산량

	특화 이전			특화 이후			생산량의 증가분
	오씨	조씨	전체	오씨	조씨	전체	
물고기(kg)	5	3.75	8.75	2	7.5	9.5	+0.75
과일(kg)	7.5	3	10.5	12	0	12	+1.5

주 특화 이전은 오씨와 조씨 모두 물고기 잡기와 과일 수확에 각각 5시간씩 사용하며, 특화 이후는 오씨는 물고기 잡기에 2시간 그리고 과일 수확에 8시간을 사용하며, 조씨는 10시간 모두를 물고기 잡기에만 사용하는 경우이다.

에 각각 5시간씩 사용하는 경우, 〈표 2-4〉에서 보는 바와 같이 오씨는 물고기 5kg과 과일 7.5kg을 생산할 수 있고, 조씨는 물고기 3.75kg과 과일 3kg을 생산할 수 있다. 따라서 특화 이전에는 북섬 전체적으로 물고기 8.75kg과 과일 10.5kg이 생산될 수 있다.

다음으로 〈표 2-2〉에서 살펴본 비교우위에 의해 오씨가 물고기 잡기에 2시간을 사용하고 나머지 8시간은 과일 수확에 사용한다고 하자. 이 경우 오씨는 물고기 1kg 잡기에 60분이 소요되므로 2시간 동안 물고기를 잡으면 물고기 2kg을 생산할 수 있고, 과일 1kg 수확에 40분이 소요되므로 8시간 동안 과일을 수확하면 과일 12kg을 생산할 수 있다. 그리고 조씨는 물고기 잡기에만 10시간 모두를 사용하면 물고기 1kg 잡는 데 80분이 소요되므로 10시간이면 물고기 7.5kg을 생산할 수 있다. 따라서 〈표 2-4〉에서 보는 바와 같이 비교우위에 의한 특화가 이루어지는 경우 북섬에서도 경제 전체의 생산량이 증가한다. [〈자세히 알아보기: 비교우위에 의한 특화의 조건〉 참조]

자세히 알아보기 비교우위에 의한 특화의 조건

북섬에서 오씨와 조씨가 각각 과일 수확과 물고기 잡기에 10시간 모두를 사용하는 경우를 생각해 보자. 이 경우 아래의 표에서 보는 바와 같이 오씨는 과일 15kg을 생산할 수 있고, 조씨는 물고기 7.5kg을 생산할 수 있다. 따라서 오씨가 특화한 과일 수확에서의 생산량은 특화 이전보다 증가하지만 조씨가 특화한 물고기 잡기의 생산량은 특화 이전보다 오히려 감소한다. 왜 이런 현상이 발생하는가? 이는 오씨가 물고기 잡기와 과일 수확 모두에 절대우위를 갖기 때문이다. 즉 조씨가 오씨에 비해 물고기 잡기에 비교우위를 갖기는 하지만 오씨의 물고기 1kg 생산에 소요되는 시간이 조씨에 비해 더 적기 때문이다. 이와 같이 어떤 한 생산자가 두 가지 상품 생산 모두에 절대우위를 갖는 경우에는 모든 분야에 절대우위를 갖는 생산자는 특화하지 않는 상품의 생산에도 참여하는 조건으로 비교우위에 의한 특화를 해야만 두 상품 모두의 생산량이 증가할 수 있다.

	특화 이전			특화 이후			증가분
	오씨	조씨	전체	오씨	조씨	전체	
물고기(kg)	5	3.75	8.75	0	7.5	7.5	-1.25
과일(kg)	7.5	3	10.5	15	0	15	+4.5

3.2 비교우위에 의한 특화와 교환의 이득

비교우위에 의한 특화가 이루어지면 경제 전체의 생산량이 증가하고, 경제 전체의 생산량이 증가하면 교환을 통해 경제주체 각각이 소비할 수 있는 양도 당연히 증가할 것이다. 남섬과 북섬에서 비교우위에 의한 특화가 이루어지면 교환을 통해 이득이 발생할 수 있음을 확인해 보기로 하자.

남섬에서 비교우위에 의한 특화가 이루어지면 〈표 2-3〉에서 제시한 바와 같이 물고기는 20kg 생산되고, 과일은 10kg 생산된다. 최씨와 이씨가 물고기 1kg과 과일 1/2(=0.5)kg을 서로 맞바꾸기로 합의했다고 하자. 최씨는 자급자족할 때보다 과일을 더 먹고 싶은 생각에 생산한 과일 10kg 중에서 6kg은 남기고 4kg을 이씨에게 주겠다고 제안하고, 이씨도 이 제안을 받아들여 과일 4kg과 물고기 8kg을 교환하였다. 이와 같은 교환이 이루어지면 최씨는 물고기 8kg과 과일 6kg을 소비할 수 있고, 이씨는 물고기 12kg과 과일 4kg을 소비할 수 있다. 결과적으로 〈표 2-5〉에서 확인할 수 있는 바와 같이 최씨와 이씨 모두 비교우위에 의해 특화하고, 교환함으로써 자급자족할

표 2-5 | 남섬에서 교환전후의 소비량

	교환 이전		교환 이후		소비량의 증가분	
	최씨	이씨	최씨	이씨	최씨	이씨
물고기(kg)	5	10	8	12	+3	+2
과일(kg)	5	2.5	6	4	+1	+1.5

주 물고기 1kg과 과일 1/2(=0.5)kg의 교환비율을 적용한 경우이다.

표 2-6 | 북섬에서 교환전후의 소비량

	교환 이전		교환 이후		소비량의 증가분	
	오씨	조씨	오씨	조씨	오씨	조씨
물고기(kg)	5	3.75	5.5	4	+0.5	+0.25
과일(kg)	7.5	3	8.5	3.5	+1	+0.5

주 물고기 1kg과 과일 1kg의 교환비율을 적용한 경우이다.

자세히 알아보기 비교우위와 국제무역

무역은 절대우위 상품을 가진 나라들 사이에서만 발생하지는 않는다. 어떤 나라가 두 가지 상품 생산 모두에 절대우위를 가지고 또 다른 나라가 그 두 가지 상품 생산에 절대열위를 가지고 있다고 하더라도 두 나라는 무역을 통해서 이득을 얻게 된다. 이것이 바로 비교우위의 개념이다. 아래의 표에 의하면 우리나라는 외국에 비해 공산품 생산에 3배 효율적이고 농산물 생산에는 2배 효율적이라서 공산품과 농산물의 생산 모두 절대우위를 갖는다. 이 경우에도 우리나라와 외국은 무역을 통해 이득을 얻을 수 있다. 아래의 표에 의하면 우리나라는 공산품의 단위 생산비가 외국에 비해 1/3에 불과하므로 우리나라는 공산품의 생산에 비교우위를 갖고, 외국은 농산물의 생산에 비교우위를 갖는다.

우리나라에서 공산품 1단위를 생산하는 데 2원, 농산물 1단위를 생산하는 데 1원이 소요되므로 공산품 1단위의 가격은 농산물 2단위에 해당한다. 한편 외국에서는 공산품 1단위를 생산하는 데 6원, 농산물 1단위를 생산하는 데 2원이 소요되므로 공산품 1단위의 가격은 농산물 3단위에 해당한다. 따라서 우리나라에서 공산품 2단위 생산하여 1단위는 소비하고 나머지 1단위를 국내에서 농산물 2단위와 교환하는 대신 외국과의 무역을 통해 농산물 3단위와 교환한다면 농산물 1단위만큼의 이득이다. 외국의 경우에도 농산물 2단위를 생산하여 1단위는 소비하고 나머지 1단위를 우리나라와 교환한다면 공산품 1/2단위를 얻을 수 있어 무역을 하지 않을 경우 얻는 공산품 1/3단위보다 많은 양을 소비할 수 있어 무역을 통해 이득을 얻게 된다.

우리나라와 외국의 단위생산비(단위 : 원)

구분	우리나라	외국
공산품	2	6
농산물	1	2

출처: **경제교육**, 한국개발연구원(2004. 4)의 일부 내용 수정

때보다 더 많은 물고기와 더 많은 과일을 소비할 수 있다.

북섬에서도 비교우위에 의한 특화와 교환으로 더 많은 상품을 소비할 수 있다. 〈표 2-4〉에서 제시한 대로 북섬에서도 특화가 이루어지면 물고기는 9.5kg 생산되고, 과일은 12kg 생산된다. 오씨와 조씨가 물고기 1kg과 과일 1kg을 서로 맞바꾸기로 합의하고, 물고기 3.5kg과 과일 3.5kg을 서로 교환했다고 하자. 이 경우 오씨는 물고기 5.5kg과 과일 8.5kg을 소비할 수 있고, 조씨는 물고기 4kg과 과일 3.5kg을 소비할 수

있다. 결과적으로 〈표 2-6〉에서 확인할 수 있는 바와 같이 북섬에서도 오씨와 조씨 모두 비교우위에 의해 특화하고, 교환함으로써 자급자족할 때보다 더 많은 물고기와 더 많은 과일을 소비할 수 있다. 이와 같은 비교우위에 의한 특화와 교환의 이득은 개인 사이의 거래에만 적용되는 것은 물론 아니다. 국가 사이의 거래, 즉 국제무역도 비교우위에 의한 특화와 교환의 이득으로 설명할 수 있다. [〈자세히 알아보기: 비교우위와 국제무역〉 참조]

핵심포인트

① 비교우위에 의한 특화가 이루어지면 경제 전체의 생산량이 증가

- 한 생산자가 두 가지 상품 생산 모두에 절대우위를 갖는 경우에는 모든 분야에 절대우위를 갖는 생산자는 특화하지 않는 분야의 생산에도 참여하는 조건으로 비교우위에 의한 특화를 해야만 두 상품 모두 생산량이 증가할 수 있음

② 비교우위에 의한 특화와 교환이 이루어지면 교환에 참여하는 모든 경제주체는 교환의 이득을 얻음

4 경제변수 사이의 인과관계 표현방법

4.1 상관관계와 인과관계

변수들 사이에 뚜렷한 관계가 존재하는 경우 이 변수들은 서로 종속적(dependent)이라고 하며, 변수들 사이에 아무런 연관성을 찾을 수 없으면 서로 독립적(independent)이라고 한다. 변수들 사이에 종속적인 관계가 존재하는 경우, 영향을 주고받는 관계인지 아닌지에 따라 종속적인 관계를 다시 상관관계와 인과관계로 구분한다. 상관관계(correlation)란 변수들이 함께 커지고 함께 작아지는 등 변수들 사이에 체계적인 관계가 존재할 때를 일컫는다. 예를 들면 선풍기 판매량과 청량음료 판매량의 관계가 이에 속한다. 한편 인과관계(causation)란 한 변수에 생긴 변화가 원인이 되어 다른 변수의 변화가 유발되는, 즉 변수들이 원인과 결과의 관계일 때를 일컫는다. 예

상관관계
변수 사이에 존재하는 체계적인 관계

인과관계
변수 사이에 존재하는 원인과 결과의 관계

경제이야기 행복과 소득의 상관관계

"행복을 돈으로 살 수 있을까?" 월스트리트저널은 이 질문을 제목으로 한 기사에서 답변을 '대체로 그렇다'고는 하면서도, 부의 최종 만족도는 '어떻게 쓰느냐'로 좌우된다고 결론지었다. 행복과 소득간의 일반적인 상관관계는 미시건대학팀의 최근 설문조사를 인용했는데 '행복하다'고 답한 응답자의 비율은 소득과 비례했다. 연소득 1만달러 이하 군은 35%에 불과했지만, 3만~4만달러 군에선 55%로 과반을 넘었고, 50만달러 이상 군에선 100%이었다.

그러나 신문은 이 설문조사 결과를 좀 더 깊이 들여다볼 필요가 있다고 지적했다. "부=행복"이라는 피상적인 공식에 가려진 '지출용도'다. 브리티시콜럼비아대학 심리학과 엘리자베스 던 교수팀은 성인 630명으로 대상으로 개인의 수입과 소비행태가 행복에 미치는 영향을 조사했다. 그 결과 조사 대상자들은 수입과 상관없이 타인을 위해 돈을 쓸 때 더 큰 행복을 느끼는 것으로 나타났다.

또 다른 '행복한 지출'은 추억에 대한 지출이다. 긍정심리학저널 최신호에 따르면 여행 등 경험에 쓴 지출의 행복감이 일반적인 상품구입보다 오래 지속되는데, 그 이유로 전문가들은 '쾌락적응(hedonic adaptation)'을 꼽았다. 물질적인 것들을 습득함으로써 얻는 즐거움은 시간이 지날수록 희석된다는 개념이다. 예를 들어 좋은 차를 산 즐거움에는 곧 적응이 되지만, 히말라야를 등반한 기억은 두고두고 곱씹고 반복해서 꺼내보게 된다는 논리다.

출처: **LA중앙일보**(2014. 11. 11)의 일부 내용 수정

를 들면, 여름철 더위가 기승을 부릴수록 시원한 청량음료를 찾는 사람이 많아질 것이므로 무더위 지속일수와 청량음료 판매량 사이에는 원인과 결과로 귀착되는 인과관계가 존재한다.

어떤 학문분야이든지 변수들 사이에 아무런 연관성이 없는 독립적 관계는 분석의 대상이 되지 못하며, 변수들 사이에 연관성이 존재하는 종속적 관계가 분석의 대상이다. 특히 경제학, 즉 경제이론에서 규명하고자 하는 경제변수 사이의 관계는 모두 원인과 결과로 귀착되는 인과관계이다. 예를 들어 환율의 상승(원화의 평가절하)으로 인해 우리나라 상품이 국제시장에서 가격경쟁력이 상승해 수출이 증가한다든지, 국제유가의 상승으로 국내물가가 상승한다든지 하는 말들은 모두 경제변수 사이에 존재하는 인과관계를 표현하는 것이다.

4.2 그림을 이용한 인과관계 표현방법

경제변수 X가 경제변수 Y에 영향을 주는 인과관계를 그림으로 표현해 보자. 만일 X가 변화하기 때문에 그 영향을 받아 Y가 변화한다면 수학적 함수관계로 다음과 같이 표현한다.

$$Y=f(X)$$

경제변수들 사이의 인과관계가 위와 같이 수학적 함수관계로 표현된다는 것은 곧 경제변수들 사이의 인과관계가 그림(그래프)으로도 표현될 수 있음을 의미한다. X가 증가하기 때문에 그 영향을 받아 Y가 증가하는 경우를 생각해 보자. X의 증가 때문에 Y가 증가하는 '플러스' 인과관계의 그림은 〈그림 2-1〉에서 보는 바와 같은 세 가지 형태 중 하나일 것이다.[1] 〈그림 2-1〉의 (a)에 제시된 인과관계는 X의 변화시점

그림 2-1 | **플러스의 인과관계**

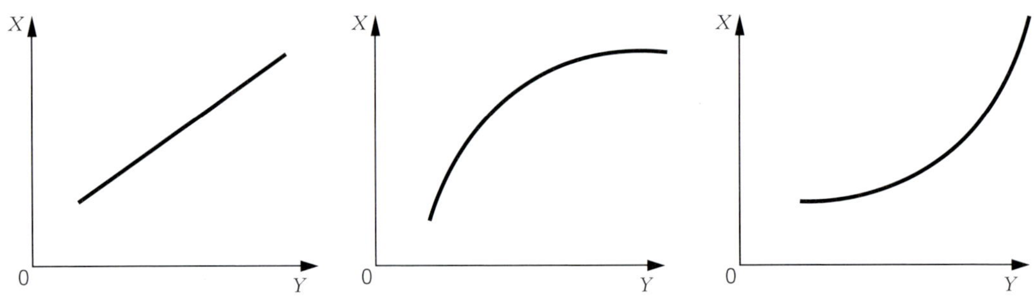

(a)

◆ X의 변화시점에 관계없이 X가 Y에 영향을 주는 정도가 일정한 경우

(b)

◆ X값이 커짐에 따라 X가 Y를 증가시키는 정도가 점점 커지는 경우

(c)

◆ X값이 커짐에 따라 X가 Y를 증가시키는 정도가 점점 작아지는 경우

1 일반적으로 함수관계를 그래프로 표현할 때에는 X와 Y를 각각 가로축과 세로축에 놓는다. 그런데 경제학에서는 시장모형의 그림을 그릴 때 가격을 세로축에 그리고 거래량을 가로축에 놓는다. 본서에서도 X와 Y를 각각 세로축과 가로축에 놓았다.

에 관계없이 *X*가 *Y*에 영향을 주는 정도가 일정한 경우이며, 〈그림 2-1〉의 (b)에 제시된 인과관계는 *X*값이 커짐에 따라 *X*가 *Y*를 증가시키는 정도가 점점 커지는 경우이다. 그리고 〈그림 2-1〉의 (c)에 제시된 인과관계는 *X*값이 커짐에 따라 *X*가 *Y*를 증가시키는 정도가 점점 작아지는 경우이다.

반대로 *X*가 증가하기 때문에 그 영향을 받아 *Y*가 감소하는 경우를 생각해 보자. *X*의 증가 때문에 *Y*가 감소하는 '마이너스' 인과관계의 그림 역시 〈그림 2-2〉에서 보는 바와 같은 세 가지 형태 중 하나일 것이다. 〈그림 2-2〉의 (a)에 제시된 인과관계에 의하면 *X*의 변화시점에 관계없이 *X*가 *Y*에 영향을 주는 정도가 일정한 경우이며, 〈그림 2-2〉의 (b)에 제시된 인과관계는 *X*값이 커짐에 따라 *X*가 *Y*를 감소시키는 정도가 점점 커지는 경우이다. 그리고 〈그림 2-2〉의 (c)에 제시된 인과관계는 *X*값이 커짐에 따라 *X*가 *Y*를 감소시키는 정도가 점점 작아지는 경우이다.

본서에서는 경제변수 사이에 '플러스'의 인과관계가 존재하는 경우는 거의 대부분 〈그림 2-1〉의 (a)와 같은 직선의 형태로 표현하기로 한다. 마찬가지로 경제변수들 사이에 '마이너스'의 인과관계가 존재하는 경우도 거의 대부분 〈그림 2-2〉의 (a)

그림 2-2 | **마이너스의 인과관계**

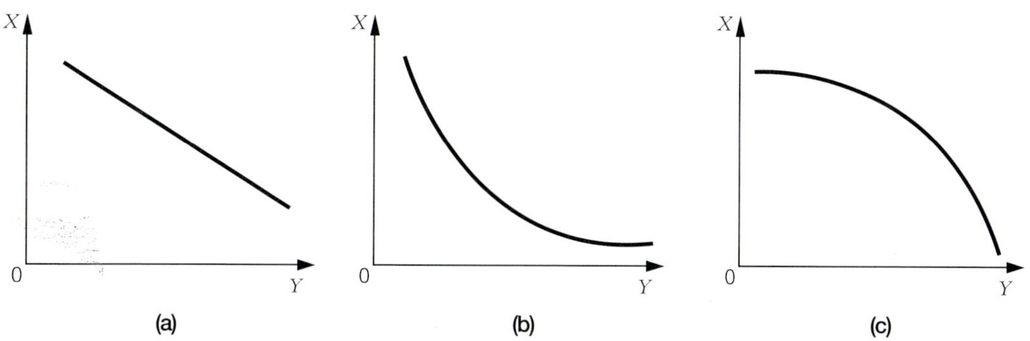

- *X*의 변화시점에 관계없이 *X*가 *Y*에 영향을 주는 정도가 일정한 경우
- *X*값이 커짐에 따라 *X*가 *Y*를 감소시키는 정도가 점점 커지는 경우
- *X*값이 커짐에 따라 *X*가 *Y*를 감소시키는 정도가 점점 작아지는 경우

와 같이 직선의 형태로 표현하기로 한다. 왜냐하면 본서에서 논의할 모든 경제이론은 '○○이 증가 혹은 감소한 영향을 받아 △△가 증가 혹은 감소한다'의 형태를 가질 것이기 때문이다. 즉 대부분의 경제이론은 경제변수들 사이에 존재하는 인과관계의 방향만 제시할 뿐이며, '얼마나' 영향을 받는지는 현실경제에서 관측되는 자료를 통해서 사후적으로 추정이 가능하기 때문이다. 따라서 앞으로 본서에서 언급되는 거의 모든 경제이론, 경제모형은 〈그림 2-1〉 혹은 〈그림 2-2〉의 (a)와 같은 직선의 형태로 표현하고 '○○곡선'이라 부를 것이다.

4.3 곡선 위의 운동과 곡선의 이동

곡선 위의 운동

어떤 경제변수이든지 특정 요인 하나에 의해서만 영향을 받는 경우는 거의 없다. 그렇다면 어떤 경제변수가 여러 가지 요인들에 의해서 영향을 받는 경우에는 그림을 이용하여 어떻게 인과관계를 표현할까? 예를 들어 보자. 경제변수 Y가 경제변수

그림 2-3 | 곡선 위의 운동

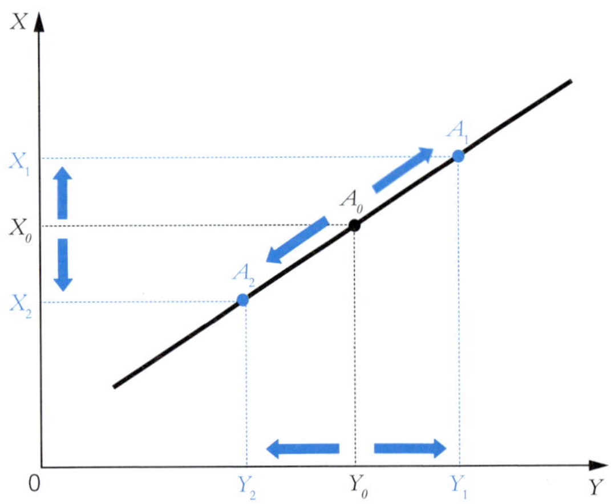

- X가 X_0에서 X_1으로 증가하면 Y는 Y_0에서 Y_1으로 증가하므로 A_0점에서 A_1점으로 운동
- X가 X_0에서 X_2로 감소하면 Y는 Y_0에서 Y_2로 감소하므로 A_0점에서 A_2점으로 운동
- X와 Y 사이의 인과관계를 표현한 곡선에서 X의 변화에 따른 Y의 변화는 곡선 위의 운동으로 표현

X, W, Z에 의해서 영향을 받는다면 다음과 같은 함수관계를 설정할 수 있다.

$$Y=f(X, W, Z)$$

위의 함수관계에서 W와 Z는 변화하지 않는데 오직 X만 변화한다면 물론 Y도 변화할 것이다. 이 경우에도 X와 Y 사이에 존재하는 인과관계를 〈그림 2-1〉 혹은 〈그림 2-2〉 중 하나로 표현할 수 있다. 위의 함수관계에서 W와 Z는 변화하지 않는다고 가정하고 밝혀낸 X와 Y 사이의 인과관계가 〈그림 2-3〉과 같다고 하자. 〈그림 2-3〉에서 보는 바와 같이 X가 X_0에서 X_1으로 증가하면 Y는 Y_0에서 Y_1으로 증가한다. 반대로 X가 X_0에서 X_2으로 감소하면 Y는 Y_0에서 Y_2로 감소한다. 즉 X의 변화에 따른 Y의 변화는 곡선 위의 A_0점에서 A_1점 혹은 A_2점으로의 이동을 의미한다. 따라서 X와 Y 사이의 인과관계를 표현한 그림에서 X의 변화에 따른 Y의 변화는 곡선 위의 운동으로 나타낸다.

곡선의 이동

Y가 X, W, Z에 의해서 영향을 받는데 W와 Z는 변화하지 않는다고 가정하고 X와 Y 사이의 인과관계를 표현한 그림, 즉 〈그림 2-3〉에서 W 혹은 Z가 변화하는 경우에는 어떻게 표현할까? 이를 알아보기 위해 W의 증가로 인해 Y가 증가한 경우를 생각해 보자. X와 Z의 변화는 없는데 W의 증가로 인해 Y가 증가하면 〈그림 2-4〉의 (a)에서 보는 것처럼 X_1에 대응하는 Y는 Y_1에서 Y_3로 바뀌며, X_2에 대응하는 Y는 Y_2에서 Y_1으로 바뀐다. 즉 W의 증가로 인한 Y의 증가는 〈그림 2-4〉 (a)의 A_1점은 AA_1점으로, A_2점은 AA_2점으로 이동함을 의미한다. 따라서 X와 Y 사이의 인과관계를 표현한 그림에서 W가 증가하여 Y가 증가하면 〈그림 2-4〉의 (b)에서 보는 것처럼 곡선 자체가 오른쪽으로 이동한다.

반대로 Y가 X, W, Z에 의해서 영향을 받는데 W와 Z는 변화하지 않는다고 가정하고 X와 Y 사이의 인과관계를 표현한 그림, 즉 〈그림 2-3〉에서 X와 Z의 변화는 없는데 W의 증가로 인해 Y가 감소한다면 그림으로는 어떻게 표현할 수 있을까? X와 Z

그림 2-4 | 곡선의 이동 1

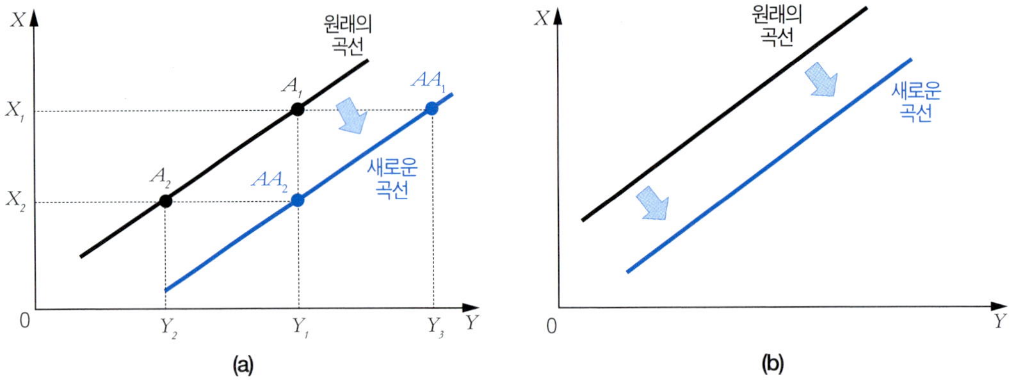

- X_1으로 고정된 상태에서 Y_1이 Y_3로 증가하므로 A_1점에서 AA_1점으로 이동
- X_2로 고정된 상태에서 Y_2가 Y_1으로 증가하므로 A_2점에서 AA_2점으로 이동

- X와 Y 사이의 인과관계를 표현한 '○○곡선'에서 X 이외의 다른 요인 변화 때문에 Y가 증가하면 '○○곡선'은 '오른쪽'으로 이동

의 변화는 없는데 W의 증가로 Y가 감소한다면 〈그림 2-5〉의 (a)에서 보는 것처럼 X_1에 대응하는 Y는 Y_1에서 Y_2로 바뀌며, X_2에 대응하는 Y는 Y_2에서 Y_3로 바뀐다. 즉 W의 증가로 인한 Y의 감소는 〈그림 2-5〉 (a)의 B_1점은 BB_1점으로, B_2점은 BB_2점으로 이동하게 된다. 결과적으로 X와 Y 사이의 인과관계를 표현한 그림에서 W의 증가로 인해 Y가 감소하면 〈그림 2-5〉의 (b)에서 보는 것처럼 곡선 자체가 왼쪽으로 이동하게 된다

일반적으로 X와 Y 사이의 인과관계를 표현한 그림에서 X 이외의 다른 요인 변화로 인해 Y가 증가하면 〈그림 2-4〉의 (a)와 (b)에서 보는 것처럼 '○○곡선'은 '오른쪽'으로 이동한다. 또한 X 이외의 다른 요인 변화로 인해 Y가 감소하면 〈그림 2-5〉의 (a)와 (b)에서 보는 것처럼 '○○곡선'은 '왼쪽'으로 이동한다. 지금까지 살펴본 '곡선 위의 운동'과 '곡선의 이동' 원리는 본서에서 제시되는 모든 그림에 적용될 것이므로 잘 기억해 두기 바란다. 또한 X와 Y 사이의 인과관계가 '마이너스'인 경우에

그림 2-5 | 곡선의 이동 2

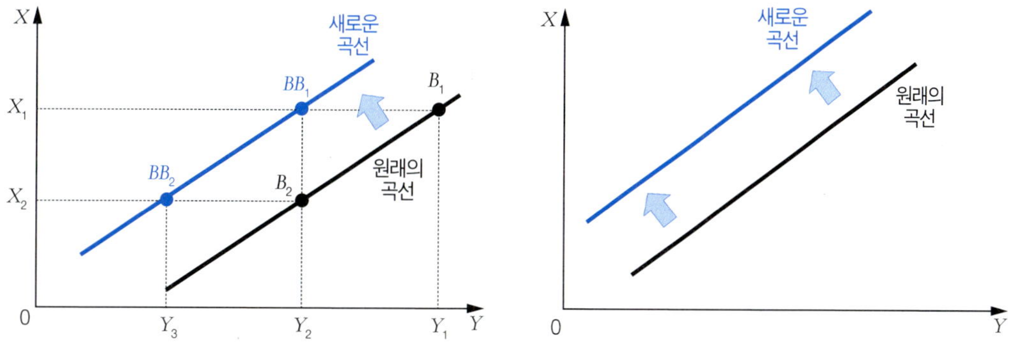

(a)

- X_1으로 고정된 상태에서 Y_1이 Y_2로 감소하므로 B_1점에서 BB_1점으로 이동
- X_2로 고정된 상태에서 Y_2가 Y_3로 감소하므로 B_2점에서 BB_2점으로 이동

(b)

- X와 Y 사이의 인과관계를 표현한 '○○곡선'에서 X 이외의 다른 요인 변화 때문에 Y가 감소하면 '○○곡선'은 '왼쪽'으로 이동

도 '곡선 위의 운동'과 '곡선의 이동'이 마찬가지 논리로 똑같이 적용됨을 기억해 두기 바란다. [연습문제 06번 참조]

핵심포인트

① 경제이론과 인과관계
- 상관관계: 변수 사이에 존재하는 체계적인 관계
- 인과관계: 변수 사이에 존재하는 원인과 결과의 관계
- 경제이론에서 규명하고자 하는 경제변수 사이의 관계는 모두 인과관계임

② 경제변수 사이에 존재하는 인과관계를 직선의 형태로 표현하고 '○○곡선'이라 부르기로 함

③ X와 Y 사이의 인과관계를 표현한 그림에서
- X의 변화에 따른 Y의 변화는 곡선 위의 운동으로 표현함
- X 이외의 다른 요인 변화로 인해 Y가 증가하면 '○○곡선'은 '오른쪽'으로 이동하고, Y가 감소하면 '○○곡선'은 '왼쪽'으로 이동함

연습문제

01 아래 용어의 개념을 간략하게 설명하라.

① 절대우위
② 비교우위
③ 비교우위에 의한 특화
④ 교환의 이득

02 갑과 을 두 사람만 존재하고, 두 사람 모두 사과와 쌀만 생산하여 소비하며, 두 사람의 유일한 생산요소는 노동인 경제를 가정하자. 갑은 사과와 쌀 1kg을 생산하는 데 각각 2시간을 필요로 하며, 을은 사과와 쌀 1kg을 생산하는 데 1시간과 4시간을 필요로 한다. 갑과 을 모두 총 10시간을 일하는 경우 아래의 질문에 답하라.

① 어떤 사람이 어떤 상품의 생산에 절대우위와 비교우위를 갖는가? 〈표 2-1〉과 같이 작성해 보라.
② 갑과 을이 사과와 쌀 생산에 각각 5시간을 사용하여 자급자족하는 경우 경제 전체의 생산량은?
③ 갑과 을이 비교우위에 의한 특화로 한 가지 상품의 생산에만 10시간 모두를 사용하는 경우 경제 전체의 생산량은 어떻게 변화하는가?
④ 갑과 을이 비교우위에 의한 특화를 하고, 사과 4kg과 쌀 2kg을 교환한다면 갑과 을의 소비에는 어떤 변화가 생기는가? 〈표 2-5〉와 같이 작성해 보라.

03 아래의 질문에 답하라. (문제출처: 맨큐의 경제학(제6판), 2012, 교보문고)

① 절대우위와 비교우위의 차이를 설명하라.
② 어떤 국가가 어떤 상품에 대해 비교우위가 있다면 그 국가는 이 상품을 수출할까 혹은 수입할까? 이유를 설명하라.
③ 어떤 국가가 어떤 상품에 대해 절대우위가 있다면 그 국가는 이 상품을 수출할까 혹은 수입할까? 이유를 설명하라.

04 아래의 주장이 맞는지 틀리는지 판단하고, 그 이유를 설명하라. (문제출처: 맨큐의 경제학(제6판), 2012, 교보문고)

① 어떤 국가가 모든 상품의 생산에서 다른 국가에 비해 절대우위가 있더라도 두 국가는 교역을 통해 모두 이득을 볼 수 있다.
② 유능한 사람은 다른 사람에 비해 모든 상품의 생산에서 비교우위가 있다.
③ 거래를 통해 한 사람이 이득을 본다면 다른 사람은 이득을 볼 수 없다.
④ 거래가 한 사람에게 이득이라면 다른 사람에게도 반드시 이득이다.
⑤ 교역이 어떤 국가에게 이득이면 그 국가의 모든 국민들에게도 이득이다.

05 어떤 경제변수 Y가 다른 경제변수 A, B, C에 의해 영향을 받는다고 한다. 즉 $Y=f(A, B, C)$의 함수관계가 존재하는 경우 아래의 질문에 답하라.

① B와 C는 변화하지 않는다고 가정하고 A의 변화에 따른 Y의 변화를 관찰할 결과 Y와 A 사이에는 '플러스'의 인과관계가 존재한다고 한다. 이 인과관계를 직선의 그림으로 표현해 보라.
② A의 증가에 따른 Y의 증가를 그림으로 표현해 보라. (단, B와 C는 변화하지 않는다고 가정한다.)
③ A와 C는 변화하지 않는데 B의 증가로 인해 Y가 증가한다면 어떤 변화가 생기겠는가? 그림으로 표현해 보라.
④ A와 B는 변화하지 않는데 C의 증가로 인해 Y가 감소한다면 어떤 변화가 생기겠는가? 그림으로 표현해 보라.

06 **어떤 경제변수 Y가 다른 경제변수 X, W, Z에 의해 영향을 받는다고 한다. 즉 $Y=f(X, W, Z)$의 함수관계가 존재하는 경우 아래의 질문에 답하라.**

① W와 Z는 변화하지 않는다고 가정하고 X의 변화에 따른 Y의 변화를 관찰한 결과 Y와 X 사이에는 '마이너스'의 인과관계가 존재한다고 한다. 이 인과관계를 직선의 그림으로 표현해 보라.

② W와 Z는 변화하지 않는다고 가정하고 X의 증가에 따른 Y의 감소를 그림으로 표현해 보라.

③ X와 Z는 변화하지 않는데 W의 증가로 인해 Y가 증가한다면 어떤 변화가 생기는지 그림으로 표현해 보라.

④ X와 W는 변화하지 않는데 Z의 증가로 인해 Y가 감소한다면 어떤 변화가 생기는지 그림으로 표현해 보라.

03

| 제3장 |
시장의 균형

1. 수요와 수요곡선
2. 공급과 공급곡선
3. 시장의 균형

1 수요와 수요곡선

1.1 수요의 결정요인

수요와 수요량

수요
어떤 상품을 구매하고자 하는 마음가짐

수요량
구매하고자 하는 상품의 양

상품을 구매하여 소비하기를 원할 때 그 상품을 수요한다고 한다. 이처럼 수요란 단어가 일상생활에서 많이 사용되는데 경제학에서는 수요와 수요량을 다음과 같이 정의한다. 수요(demand)란 소비자가 어떤 상품을 구매하고자 하는 마음가짐을 의미하며, 소비자가 구매하고자 하는 상품의 양을 수요량(quantity demanded)이라 한다. 주의할 점은 수요와 수요량은 모두 구매하고자 하는 의도와 의도된 양을 의미한다는 것이다. 즉 수요가 실제로 구매한 것을 의미하지는 않으며, 마찬가지로 수요량이 실제로 구매된 양, 혹은 실제로 거래된 양을 의미하지는 않음에 주의하기 바란다.

수요의 결정요인

상품의 수요 혹은 수요량은 어떤 요인에 의해서 영향을 받을까? 상품의 수요에 영향을 주는 요인은 여러 가지가 있을 수 있는데 상품의 수요에 영향을 주는 대표적인 요인들은 다음의 네 가지를 들 수 있다. 첫째, 상품의 수요는 그 상품의 가격에 의해 영향을 받는다. 일반적으로 가격이 올라가면 수요량은 감소하며, 가격이 떨어지면 수요량은 증가한다. 즉 가격과 수요량 사이에는 '마이너스'의 관계가 존재한다.

둘째, 상품의 수요는 다른 상품의 가격에 의해서도 영향을 받는다. 예를 들어 소고기 가격이 상승하면 상대적으로 돼지고기나 닭고기에 대한 수요가 증가하는 현상을 발견할 수 있다. 이와 같이 상품의 수요는 그 상품의 가격뿐 아니라 다른 상품의 가격에 의해서도 영향을 받는다.

셋째, 상품의 수요는 소비자의 소득수준에 의해서도 영향을 받는다. 우리가 소비하는 대부분의 상품은 소득수준이 높아짐에 따라 수요가 증가한다. 한편 소득수준이 높아짐에 따라 수요가 감소하는 상품도 있는데 연탄과 고무신 등 생활패턴의 변

자세히 알아보기 **수요의 결정요인 사례: 날씨**

중부지방은 장맛비가 쏟아진 반면 남부지방은 불볕더위가 기승을 부리는 '반쪽 장마'가 이어지면서 상품별 매출에 희비가 엇갈린 것으로 나타났다. 업계에 따르면 세븐일레븐이 지난 7월 1일부터 22일까지 지역별 매출을 분석한 결과 비가 내리는 지역에서 분말가루, 식용유 등 부침개 재료 매출이 전년보다 21.2% 증가한 것으로 나타났다. '비가 오면 부침개'라는 속설이 맞아떨어진 셈이다.

주류에서도 희비가 엇갈렸다. 중부지방에선 소주와 막걸리 매출이 각각 3.8%, 6.8% 증가한 반면 여름 인기상품인 맥주의 경우 8.4% 늘어나는 데 그쳤다. 남부지방에선 소주·막걸리 매출은 8.4% 줄었지만 맥주 매출은 39.1%나 껑충 뛰었다. 아이스제품, 음료 등도 상반된 모습을 보였다. 편의점 GS25에서도 같은 기간 남부지방의 컵아이스크림 매출은 312%나 껑충 뛰었다. 아이스커피(281%)나 얼음(92%)도 불티나게 팔렸다. 세븐일레븐도 남부지방에선 생수(24.7%), 탄산음료(27.0%), 스포츠음료(45.7%)가 잘 팔렸지만 중부지역에선 매출 증가세가 확연히 저조했다.

장마 덕을 본 상품도 있었다. GS25에서 초콜릿 매출이 전년 같은 기간보다 29% 증가했다. 아울러 우산과 제습제 매출은 전년 같은 기간보다 각각 27.7%, 26.8%나 늘어났다.

출처: **파이낸셜뉴스**(2013.07.24)의 일부 내용 수정

화와 관련된 상품들이 이에 속한다.

넷째, 상품의 수요는 경제적 요인 이외에도 소비자의 기호 혹은 유행에 의해서도 영향을 받는다. 유행에 민감한 상품을 생각하면 소비자의 기호변화가 수요에 적지 않은 영향을 준다는 사실을 쉽게 이해할 수 있을 것이다. 따라서 어떤 상품이든지 그 상품의 수요는 그 상품의 가격, 다른 상품의 가격, 소비자의 소득수준, 소비자의 기호 혹은 선호 등 여러 가지의 요인에 의해 영향을 받는다.

1.2 수요함수와 수요곡선

수요함수와 수요곡선

상품의 수요는 다양한 요인들에 의해 영향을 받는다고 하였다. 상품의 수요량

과 수요에 영향을 주는 결정요인들 사이의 인과관계를 수학적 함수관계로 표현할 수 있으며, 이를 수요함수(demand function)라 한다. 위에서 제시한 상품의 수요 혹은 수요량에 영향을 주는 네 가지의 대표적인 요인들을 이용하여 어떤 상품의 수요함수를 예시하면 다음과 같다.

수요함수
수요량과 수요의 결정요인 사이의 인과관계를 표현한 수학적 함수관계

수요량 = f(가격, 다른 상품의 가격, 소득수준, 소비자의 선호)

수요함수는 수학적 분석을 위해서는 편리하지만 수요에 영향을 주는 요인들이 많이 포함되어 있기 때문에 2차원 평면에 그림으로 표현하기는 불가능하다. 그러나 만일 위와 같은 수요함수에서 그 상품의 가격을 제외한 다른 요인들이 모두 변화하지 않는다고 가정할 수 있다면, 수요량과 가격 사이의 관계를 유도하여 가격과 수요량의 2차원 평면에 그림으로 표현할 수 있을 것이다. 이와 같이 수요에 영향을 주는 여러 가지 요인들 중에서 그 상품의 가격을 제외한 다른 모든 요인들은 변화하지 않는다고 가정하고 수요량과 가격 사이의 관계를 나타낸 것을 수요곡선(demand curve)이라 한다.

수요곡선
다른 모든 요인들은 변화하지 않는다고 가정하고 수요량과 가격 사이의 관계를 표현한 곡선

수요에 영향을 주는 다른 모든 요인들이 변화하지 않는다면 그 상품의 가격과 수요량 사이에는 '마이너스'의 관계가 존재함을 쉽게 유추할 수 있다. 따라서 수요곡선을 가격(세로축)과 수요량(가로축)의 평면에 표현하면 '마이너스' 기울기를 갖게 된다. 이와 같이 가격과 수요량 사이에 존재하는 '마이너스'의 관계, 즉 가격이 하락(상승)함에 따라 소비자가 그 상품을 더 많이(적게) 수요하는 현상을 수요의 법칙(law of demand)이라고 한다.

수요의 법칙
가격과 수요량 사이에 존재하는 '마이너스'의 인과관계

우리 주위에 존재하는 무수히 많은 상품들 중에서 수요의 법칙에 위배되는 상품은 없다는 사실을 독자들은 꼭 기억하기 바란다. 어떤 상품의 경우 유행을 타며 수요가 급속도로 증가하여 품귀 현상이 발생하고 가격이 오르는데도 수요는 감소하지 않는 현상을 예로 들어 보자. 이런 현상은 얼핏 보면 수요의 법칙에 위배되는 듯하지만 이런 유행과 그 상품의 품귀 현상은 영원히 지속되는 것이 아니라 단기적인 현상에 불과하다. 이런 경우는 가격이 수요량에 영향을 주는 정도가 유행이 수요량에 영향을

주는 정도에 의해 압도당하고 있는 것이며 이는 단기적인 현상에 불과하다. 다시 한 번 강조하지만 수요의 법칙에 위배되는 상품은 없다는 점을 독자들은 꼭 기억하기 바란다.

박씨의 돼지고기 수요를 예로 들어 수요함수와 수요곡선을 설명해 보자. 박씨의 돼지고기 수요에 영향을 주는 요인은 여러 가지가 있겠지만 편의상 돼지고기 가격, 소고기 가격 그리고 박씨의 소득수준 세 가지라고 하자. 이 경우 박씨의 돼지고기 수요함수는 아래와 같이 표현할 수 있다.

$$\text{돼지고기 수요량} = f(\text{돼지고기 가격, 소고기 가격, 소득수준})$$

수요함수에 포함된 돼지고기 수요의 결정요인 중에서 돼지고기 가격을 제외한 다른 모든 요인들이 일정하다고 가정하면 박씨의 돼지고기 수요곡선을 유도할 수 있다. 박씨의 돼지고기 수요량과 돼지고기 가격 사이에는 '마이너스' 관계가 존재하므로 박씨의 돼지고기 수요곡선은 〈그림 3-1〉에서 보는 바와 같이 '마이너스' 기울기를 가진다.

그림 3-1 | **박씨의 돼지고기 수요곡선**

- *A*, *B*, *C*점은 각각 돼지고기 가격에 대응하는 수요량을 의미
- *A*, *B*, *C*점은 각각 돼지고기 수요량에 대응하는 한계편익을 의미

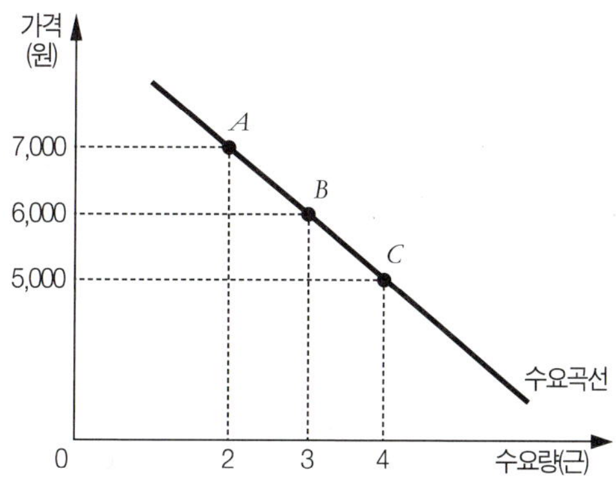

수요곡선의 의미

〈그림 3-1〉에 제시된 수요곡선 위의 점들은 두 가지 의미로 해석할 수 있다. 첫째, 수요곡선 위의 점은 그 상품의 가격에 대응하는 수요량을 의미한다. 예를 들어 〈그림 3-1〉에 제시된 수요곡선 위의 *A*, *B*, *C* 세 점은 각각 돼지고기 1근의 가격이 7,000원, 6,000원, 5,000원이면 박씨는 돼지고기를 2근, 3근, 4근까지 구매할 의사가 있음을 나타낸다. 이는 〈그림 3-1〉의 *A*, *B*, *C* 세 점을 세로축의 가격에 대응하는 가로축의 수요량으로 읽으면 더 명확해진다. 즉 〈그림 3-1〉의 *A*, *B*, *C* 세 점으로 표현된 박씨의 마음가짐은 다음과 같다. "돼지고기 1근의 가격이 각각 7,000원, 6,000원, 5,000원이면 나는 돼지고기를 2근, 3근, 4근 구입할 용의가 있어."

둘째, 수요곡선 위의 점은 각각의 수요량에 대응하는 지불할 용의가 있는 가격, 즉 소비자의 한계편익(marginal benefit)을 의미한다. 예를 들어 〈그림 3-1〉의 *A*, *B*, *C* 세 점은 박씨가 돼지고기를 2근째, 3근째, 4근째 소비할 때 지불할 용의가 있는 가격이 각각 7,000원, 6,000원, 5,000원임을 의미한다. 이 역시 〈그림 3-1〉의 *A*, *B*, *C* 세 점을 가로축의 수요량에 대응하는 세로축의 가격으로 읽으면 더 명확해진다. 즉 〈그림 3-1〉의 *A*, *B*, *C* 세 점으로 표현된 박씨의 마음가짐은 다음과 같다. "돼지고기를 2근째, 3근째, 4근째 구입할 때 나는 돼지고기 1근당 각각 7,000원, 6,000원, 5,000원까지 지불할 용의가 있어." 여기에서 지불할 용의가 있는 가격은 박씨가 각각의 돼지고기의 양을 소비함으로써 얻는 만족의 증가분, 즉 한계편익을 의미한다. 〈그림 3-1〉의 *A*점을 생각해 보자. 박씨가 돼지고기를 2근째 먹을 때 지불할 용의가 있는 금액이 7,000원이라는 의미는 박씨가 돼지고기를 2근째 먹을 때 느끼는 만족감의 증가분을 화폐가치로 표현하면 7,000원이라는 뜻이 된다. 이런 의미에서 수요곡선 위의 각 점들은 수요량에 대응하는 한계편익을 의미하기도 한다는 점을 반드시 기억하기 바란다.

1.3 수요의 결정요인 변화와 수요곡선

수요량과 수요의 결정요인들 사이의 인과관계를 수요함수라 하였다. 수요함수에 의하면 수요의 결정요인 변화는 곧 그 상품 수요량의 변화를 의미한다. 그렇다면 수요의 결정요인 변화로 인한 수요량 변화를 수요곡선으로는 어떻게 표현할 수 있을까? 결론부터 제시하면, 수요의 결정요인 변화로 인한 수요량 변화는 수요곡선을 이용하여 두 가지 방법으로 표현할 수 있다. 하나는 수요곡선 위의 운동이며, 다른 하나는 수요곡선의 이동이다. 앞에서 제시한 박씨의 돼지고기 수요함수를 이용하여 수요의 결정요인 변화로 인한 수요량의 변화를 수요곡선을 이용하여 어떻게 표현하는지 살펴보기로 하자.

수요곡선 위의 운동

수요곡선은 다른 결정요인들은 변화하지 않는다고 가정하고 가격과 수요량의 관계를 표현한 것이다. 다른 결정요인들은 변화하지 않는다는 가정을 그대로 유지한 상태에서 가격이 변화한다고 생각해 보자. 즉, 박씨의 돼지고기 수요함수에서 소고기 가격과 소득수준은 변화하지 않는데 돼지고기 가격만 변화한다고 생각해 보자. 이 경우 〈그림 3-2〉에서 보는 것처럼 돼지고기 1근의 가격이 6,000원이면 박씨의 돼지고기 수요량은 3근이다. 돼지고기 1근의 가격이 6,000원에서 7,000원으로 상승하

그림 3-2 | 수요곡선 위의 운동

- 돼지고기 1근의 가격이 6,000원에서 7,000원으로 상승 ⇨ 돼지고기 수요량 3근에서 2근으로 감소 ⇨ *B*점에서 *A*점으로 운동
- 돼지고기 1근의 가격이 6,000원에서 5,000원으로 하락 ⇨ 돼지고기 수요량 3근에서 4근으로 증가 ⇨ *B*점에서 *C*점으로 운동

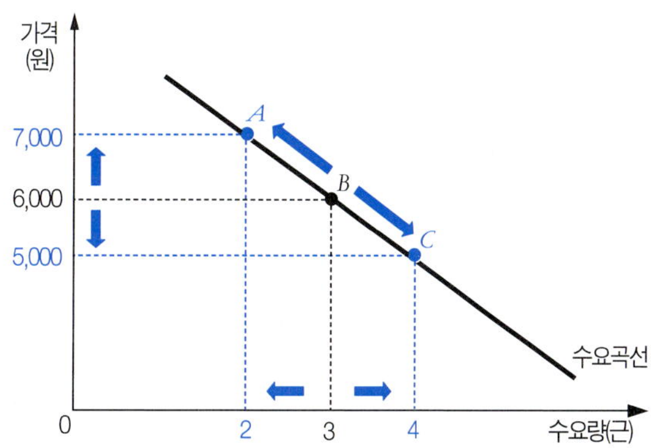

면 박씨의 돼지고기 수요량은 3근에서 2근으로 감소하고, 이는 〈그림 3-2〉의 *B*점에서 *A*점으로 옮겨감을 의미한다. 반대로 돼지고기 1근의 가격이 6,000원에서 5,000원으로 하락하면 박씨의 돼지고기 수요량은 3근에서 4근으로 증가하고, 이는 〈그림 3-2〉의 *B*점에서 *C*점으로 옮겨감을 의미한다. 이와 같이 어떤 상품의 수요함수에서 다른 결정요인들은 변화하지 않는데 그 상품의 가격만 변화하는 경우 가격 변화에 따른 그 상품의 수요량 변화는 수요곡선 위의 운동으로 표현한다.

수요곡선의 이동

수요함수에 포함된 결정요인들 중에서 가격을 제외한 다른 결정요인들도 물론 변화할 수 있다. 이 경우에는 수요곡선에 어떤 변화가 생길까? 박씨의 돼지고기 수요함수에서 돼지고기 가격과 소고기 가격은 변화하지 않는데 박씨의 소득이 증가한 경우를 예로 들어 보자. 돼지고기 가격은 그대로이지만 박씨의 소득이 증가하였으므로 박씨는 좋아하는 돼지고기를 더 많이 수요할 수 있다. 〈그림 3-3〉에서 보는 것처럼 돼지고기 1근의 가격이 7,000원인 상태에서 박씨의 소득이 증가하여 박씨의 돼지고기 수요량이 2근에서 4근으로 늘어났다면 돼지고기 1근의 가격이 7,000원인 상태

그림 3-3 | 수요곡선의 이동 1

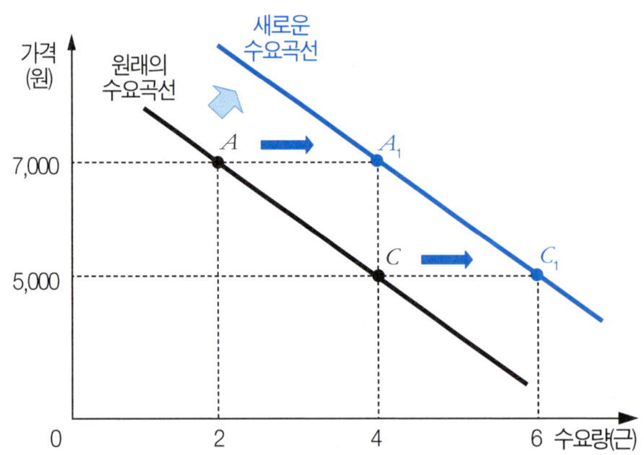

- 돼지고기 1근의 가격이 7,000원인 상태에서 돼지고기 수요량이 2근에서 4근으로 증가 ⇨ *A*점에서 A_1점으로 이동
- 돼지고기 1근의 가격이 5,000원인 상태에서 돼지고기 수요량이 4근에서 6근으로 증가 ⇨ *C*점에서 C_1점으로 이동
- 돼지고기 가격이 고정된 상태에서 다른 결정요인의 변화로 인해 돼지고기 수요량이 증가하면, 돼지고기 수요곡선은 '오른쪽'으로 이동

에서 박씨의 돼지고기 수요량은 A점의 2근이 아닌 A_1점의 4근이 된다. 마찬가지로 돼지고기 1근의 가격이 5,000원인 상태에서 박씨의 소득이 증가하여 박씨의 돼지고기 수요량이 4근에서 6근으로 늘어났다면 돼지고기 1근의 가격이 5,000원인 상태에서 박씨의 돼지고기 수요량은 C점의 4근이 아닌 C_1점의 6근이 된다. 결국 돼지고기 가격과 소고기 가격은 변화하지 않는 상태에서 박씨의 소득수준 향상에 따른 박씨의 돼지고기 수요량 증가는 〈그림 3-3〉에서 보는 것처럼 박씨의 돼지고기 수요곡선 자체를 '오른쪽'으로 이동시키게 된다.

이번에는 박씨의 돼지고기 수요함수에서 돼지고기 가격과 소득수준은 변화하지 않는데 소고기 가격이 상승하는 경우를 생각해 보자. 박씨는 소득수준은 변화가 없는데 소고기 가격이 상승한다면 상대적으로 더 비싸진 소고기를 예전만큼 소비하지 못할 것이고 오히려 돼지고기의 수요를 늘릴 것이다. 소고기 가격의 상승으로 돼지고기 1근의 가격이 각각 7,000원과 5,000원인 상태에서 박씨의 돼지고기 수요량이 각각 2근에서 4근으로, 4근에서 6근으로 증가했다고 하자. 이 경우에도 〈그림 3-3〉에서 보는 바와 같이 박씨의 돼지고기 수요곡선은 '오른쪽'으로 이동하게 된다.

지금까지 박씨의 돼지고기 수요곡선이 '오른쪽'으로 이동하는 두 가지 경우를 살펴보았다. 이제부터는 박씨의 돼지고기 수요곡선이 '왼쪽'으로 이동하는 경우를 살펴보기로 하자. 박씨의 돼지고기 수요함수에서 돼지고기 가격과 소고기 가격은 변화가 없는데 박씨의 소득수준이 감소했다고 하자. 박씨는 소득의 감소로 인해 좋아하는 돼지고기의 수요량을 줄여야만 하고, 돼지고기 1근의 가격이 7,000원과 5,000원인 상태에서 돼지고기 수요량을 각각 2근에서 1근으로, 4근에서 2근으로 줄였다고 한다. 이 경우 돼지고기 1근의 가격이 7,000원과 5,000원인 상태에서 박씨의 돼지고기 수요량은 각각 〈그림 3-4〉의 A점에서 A_2점으로, 그리고 C점에서 C_2점으로 이동하게 된다. 결과적으로 돼지고기 가격과 소고기 가격은 변화가 없는데 박씨의 소득 감소로 인한 돼지고기 수요량 감소는 박씨의 돼지고기 수요곡선 자체를 〈그림 3-4〉에서 보는 바와 같이 '왼쪽'으로 이동시킨다.

박씨의 돼지고기 수요함수에서 돼지고기 가격과 소득수준은 변화하지 않는데 소고기 가격이 하락하는 경우를 생각해 보자. 소득수준은 그대로이지만 소고기 가격이 하락하여 박씨는 돼지고기보다 더 좋아하는 소고기를 많이 사먹기 위해 돼지고기 수요를 줄일 것이다. 소고기 가격 하락으로 인해 박씨가 돼지고기 수요를 돼지고기 1근 가격이 7,000원인 상태에서 2근에서 1근으로, 돼지고기 1근 가격이 5,000원인 상태에서 4근에서 2근으로 줄였다고 하자. 이 경우에도 돼지고기 1근의 가격이 7,000원과 5,000원인 상태에서 박씨의 돼지고기 수요량은 각각 〈그림 3-4〉의 A점에서 A_2점으로, 그리고 C점에서 C_2점으로 이동하게 된다. 즉 돼지고기 가격과 소득수준은 변화하지 않는데 소고기 가격의 하락으로 인한 박씨의 돼지고기 수요량 감소는 박씨의 돼지고기 수요곡선을 '왼쪽'으로 이동시키게 된다.

지금까지 살펴본 바와 같이 박씨의 돼지고기 수요함수에서 돼지고기 가격을 제외한 소고기 가격과 소득수준의 변화로 인한 박씨의 돼지고기 수요량의 변화는 박씨의 돼지고기 수요곡선을 '오른쪽' 혹은 '왼쪽'으로 이동시킨다. 일반적으로 어떤 상품의 수요에 영향을 주는 여러 가지 결정요인들 중에서 그 상품의 가격 이외의 다른 요인이 변화하면 주어진 가격 수준에 대응하는 그 상품의 수요량 변화가 유발되고, 이러한 현상은 수요곡선의 이동으로 표현된다. 〈그림 3-5〉의 (a)에서 보는 바와 같이 소득

그림 3-4 | 수요곡선의 이동 2

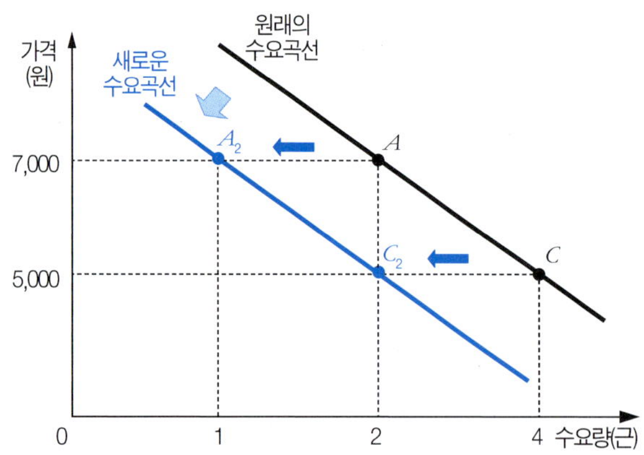

- 돼지고기 1근의 가격이 7,000원인 상태에서 돼지고기 수요량이 2근에서 1근으로 감소 ⇨ A점에서 A_2점으로 이동
- 돼지고기 1근의 가격이 5,000원인 상태에서 돼지고기 수요량이 4근에서 2근으로 감소 ⇨ C점에서 C_2점으로 이동
- 돼지고기 가격이 고정된 상태에서 다른 결정요인의 변화로 인해 돼지고기 수요량이 감소하면 돼지고기 수요곡선은 '왼쪽'으로 이동

그림 3-5 | 수요량의 변화와 수요곡선의 이동

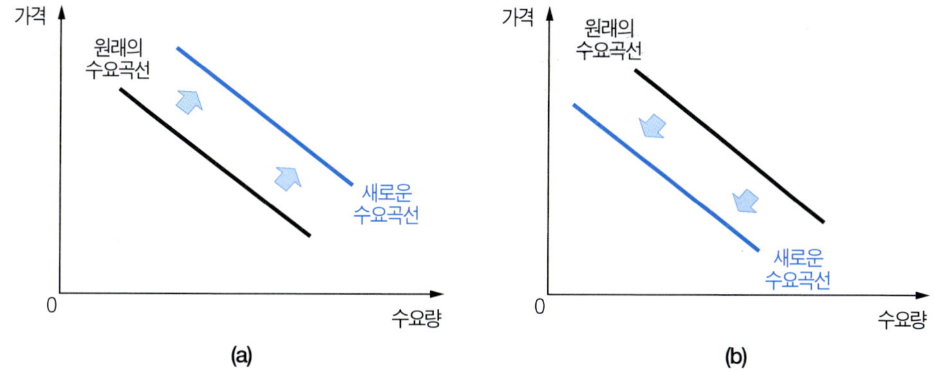

수준의 변화, 다른 상품의 가격변화, 유행의 변화 등 그 상품의 가격 이외의 다른 요인의 변화가 그 상품의 수요를 증가시키면 그 상품의 수요곡선은 '오른쪽'으로 이동한다. 반면에 그 상품의 가격 이외의 다른 요인의 변화가 그 상품의 수요를 감소시키면 〈그림 3-4〉의 (b)에서 보는 바와 같이 그 상품의 수요곡선은 '왼쪽'으로 이동한다.

핵심포인트

① 수요함수와 수요곡선
- 수요함수는 수요량과 수요의 결정요인 사이의 인과관계를 표현한 수학적 함수관계임
- 수요곡선은 다른 요인들은 변화하지 않는다고 가정하고 수요량과 가격 사이의 관계를 나타낸 곡선이며, 가격과 수요량 사이에는 '마이너스'의 관계가 존재함

② 수요곡선의 의미
- 수요곡선 위의 점은 가격에 대응하는 수요량을 의미
- 수요곡선 위의 점은 수요량에 대응하는 한계편익을 의미

③ 수요곡선 위의 운동과 수요곡선의 이동
- 가격 변화에 따른 그 상품의 수요량 변화는 수요곡선 위의 운동을 의미
- 가격 이외의 다른 요인 변화에 따른 수요량 변화는 수요곡선의 이동을 의미
- 가격 이외의 다른 요인 변화가 수요를 증가(감소)시키면 수요곡선은 '오른(왼)쪽'으로 이동

2 공급과 공급곡선

2.1 공급의 결정요인

공급과 공급량

공급
어떤 상품을 판매하고자 하는 마음가짐

공급량
판매하고자 하는 상품의 양

공급(supply)이란 생산자가 상품을 판매하고자 하는 마음가짐을 일컬으며, 판매하고자 하는 양은 공급량(quantity supplied)으로 표현한다. 앞에서 살펴본 수요, 수요량과 마찬가지로 공급과 공급량 역시 판매하고자 하는 의도와 의도된 양을 의미한다. 따라서 공급이 실제로 판매한 것을 의미하지 않으며, 마찬가지로 공급량이 실제로 판매된 양 혹은 거래된 양을 의미하지 않음에 주의하기 바란다.

자세히 알아보기 **공급의 결정요인 사례: 기후변화**

기후변화로 세계 식품공급이 타격을 받기 시작했다는 유엔 산하 기구의 분석이 나왔다. UN 정부간 기후변화위원회(IPCC)는 보고서를 통해 세계적으로 곡물 수확량의 증가세가 둔화되고 있다며 곡물 수확량이 인구증가 속도를 따라잡을 수 있을지 의문이 커지고 있다고 지적했다. 실제로 지난 10년간 파키스탄과 러시아, 캐나다 등에서 밀 수확은 2% 감소한 것으로 나타났다.

만일 2050년까지 지구 평균기온이 2℃ 상승한다면 옥수수와 밀, 쌀 등을 재배하는 경작지 10곳 중 1곳은 면적이 25% 이상 줄어들 것으로 예상됐다. 이렇게 되면 곡물가격은 적게는 3%에서 많게는 84%까지도 오를 수 있을 전망이다. 이번 보고서 작성에 참여한 마이클 오펜하이머 프린스턴대 교수는 '기후변화가 곡물 생산의 브레이크 역할을 하고 있다'며 '증가하는 수요에 맞춰 작물을 재배할 땅도 늘어나야 하지만 기후변화가 이를 막고 있다'고 말했다.

곡물뿐만 아니라 어획량도 감소할 것으로 예상됐다. 일부 열대지역과 극지방에서는 어획량이 50% 이상 감소할 수 있는 것으로 예상됐다. 데이비드 로벨 스탠포드대 식품안보센터 교수는 '기후변화의 충격은 미래의 문제만이 아니고 이미 세계 곳곳에서 감지되고 있는 문제'라며 '아직까지는 큰 영향이 없지만 앞으로의 트랜드는 매우 커질 수 있다'고 경고했다.

출처: **뉴스토마토**(2014. 3. 31)의 일부 내용 수정

공급의 결정요인

어떤 상품의 공급에 영향을 주는 요인도 여러 가지가 있을 수 있다. 일반적으로 상품의 공급에 영향을 주는 대표적인 결정요인으로는 다음의 네 가지를 들 수 있다. 첫째, 상품의 공급은 그 상품의 가격에 의해 영향을 받는다. 시장에서 상품의 가격이 올라갈수록 생산자는 더 많은 이득을 보기 위해 더 많이 공급하려 할 것이며, 가격이 내려간다면 공급량을 줄이려 할 것이다.

둘째, 다른 상품의 가격변화도 공급에 영향을 줄 수 있다. 만일 어떤 이유로 인해 소고기 가격이 대폭 상승한다면 상대적으로 돼지고기나 닭고기를 찾는 사람이 많아지리라고 예상할 수 있고, 돼지고기나 닭고기 생산자는 그 공급량을 늘리려 할 것이다.

셋째, 공급에 영향을 주는 또 다른 중요한 요인으로 생산요소의 가격을 들 수 있다. 어떤 상품을 생산하는 데 필요한 특수한 기계의 가격이 상승한다든지 혹은 필수적인 기술을 보유한 사람의 인건비가 상승한다든지 하면 그 상품의 가격이 오르지 않는 한 생산자의 이득은 감소하게 되므로 공급량을 줄이려 할 것이다.

넷째, 상품을 생산하는 데 필요한 기술수준이 급속히 향상된다면 비슷한 수준의 생산비용으로 더 많은 상품을 생산할 수 있기 때문에 그 상품의 공급량은 늘어날 것이다. 이와 같이 어떤 상품의 공급 혹은 공급량도 다양한 요인들에 의하여 영향을 받는다.

2.2 공급함수와 공급곡선

공급함수와 공급곡선

상품의 공급 역시 다양한 요인들에 의해 영향을 받는다. 상품의 공급량과 공급에 영향을 주는 결정요인들 사이의 인과관계를 수학적 함수관계로 표현한 것을 공급함수(supply function)라 한다. 위에서 제시한 상품의 공급 혹은 공급량에 영향을 주는 네 가지의 대표적인 요인들을 이용하여 어떤 상품의 공급함수를 예시하면 다음과

공급함수
공급량과 공급의 결정요인 사이의 인과관계를 표현한 수학적 함수관계

같다.

$$공급량 = f(가격, 다른상품의 가격, 생산요소 가격, 기술수준)$$

공급함수에서도 만일 그 상품의 가격을 제외한 다른 요인들이 모두 변화하지 않는다고 가정할 수 있다면 공급량과 가격 사이의 관계를 유도할 수 있을 것이고, 이 관계를 가격과 공급량의 2차원 평면에 그림으로 표현할 수 있을 것이다. 이와 같이 공급에 영향을 주는 여러 가지 결정요인들 중에서 그 상품의 가격을 제외한 다른 모든 요인들은 변화하지 않는다고 가정하고, 공급량과 가격 사이의 관계를 표현한 것을 공급곡선(supply curve)이라 한다.

공급곡선
다른 모든 요인들은 변화하지 않는다고 가정하고 공급량과 가격 사이의 관계를 표현한 곡선

공급에 영향을 주는 다른 모든 요인들이 변화하지 않는다면 그 상품의 가격과 공급량 사이에는 '플러스'의 관계가 존재함을 쉽게 유추할 수 있다. 따라서 공급곡선을 가격(세로축)과 공급량(가로축)의 평면에 표현하면 '플러스' 기울기를 갖게 된다. 이와 같이 가격과 공급량 사이에 존재하는 '플러스'의 관계, 즉 가격이 상승(하락)함에 따라 생산자가 더 많이(적게) 공급하는 현상을 공급의 법칙(law of supply)이라고 한다. 수요의 법칙과 마찬가지로 공급의 법칙은 모든 상품에 적용됨을, 즉 공급의 법칙에 위배되는 상품은 없다는 점을 기억하기 바란다.

공급의 법칙
가격과 공급량 사이에 존재하는 '플러스'의 인과관계

공급곡선을 설명하기 위해 양돈업자 김씨의 돼지고기 공급을 예로 들어 보자. 김씨의 돼지고기 공급에 영향을 주는 요인은 여러 가지가 있겠지만 편의상 돼지고기 가격과 돼지사료 가격 두 가지라고 하자. 이 경우 김씨의 돼지고기 공급함수는 아래와 같이 표현할 수 있다.

$$돼지고기\ 공급량 = f(돼지고기\ 가격, 돼지사료\ 가격)$$

공급함수에 포함된 김씨의 돼지고기 공급의 결정요인 중에서 돼지고기 가격을 제외한 다른 모든 요인들이 일정하다고 가정하면, 김씨의 돼지고기 공급곡선을 유도할 수 있다. 김씨의 돼지고기 공급량과 돼지고기 가격 사이에는 '플러스' 관계가 존재할 것이므로 김씨의 돼지고기 공급곡선은 〈그림 3-6〉에서 보는 바와 같이 '플러스'

그림 3-6 | 김씨의 돼지고기 공급곡선

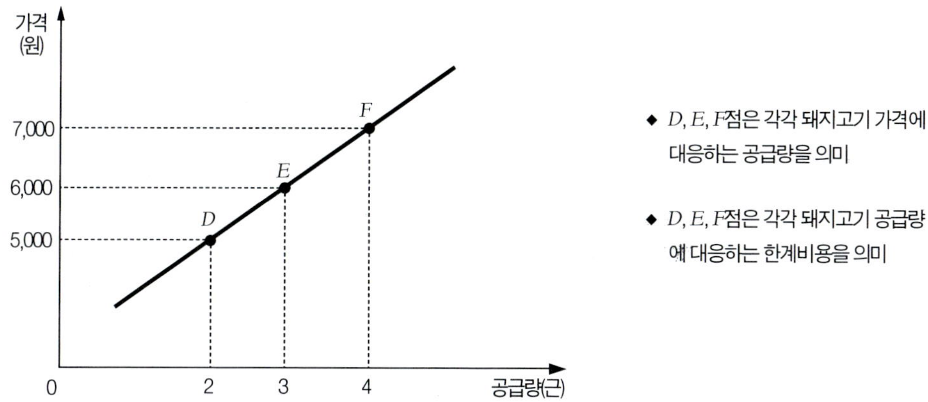

기울기를 갖는다.

공급곡선의 의미

〈그림 3-6〉에 제시된 공급곡선 위의 점들도 두 가지 의미로 해석할 수 있다. 첫째, 공급곡선 위의 점은 그 상품의 가격에 대응하는 공급량을 의미한다. 예를 들어 〈그림 3-6〉에 제시된 공급곡선 위의 D, E, F 세 점은 각각 돼지고기 1근의 가격이 5,000원, 6,000원, 7,000원이면 김씨는 돼지고기를 2근, 3근, 4근까지 공급할 의사가 있음을 나타낸다. 이는 〈그림 3-6〉의 D, E, F 세 점을 세로축의 가격에 대응하는 가로축의 공급량으로 읽으면 더 명확해진다. 즉 〈그림 3-6〉의 D, E, F 세 점으로 표현된 김씨의 마음가짐은 다음과 같다. "돼지고기 1근의 가격이 각각 5,000원, 6,000원, 7,000원이면 나는 돼지고기를 2근, 3근, 4근 판매할 용의가 있어."

둘째, 공급곡선 위의 점은 생산자가 최소한 받고자 하는 금액, 즉 돼지고기 공급의 한계비용으로 해석할 수도 있다. 예를 들어 〈그림 3-6〉의 D, E, F 세 점은 김씨가 돼지고기를 2근째, 3근째, 4근째 판매할 때 받고자 하는 최소한의 가격이 각각 5,000원,

6,000원, 7,000원임을 의미한다. 이 역시 〈그림 3-6〉의 D, E, F 세 점을 가로축의 공급량에 대응하는 세로축의 가격으로 읽으면 더 명확해진다. 즉 〈그림 3-6〉의 D, E, F 세 점으로 표현된 김씨의 마음가짐은 다음과 같다. "돼지고기를 2근, 3근, 4근째 판매할 때 나는 돼지고기 1근당 최소한 5,000원, 6,000원, 7,000원은 받아야겠어." 여기에서 김씨가 받아야 하겠다는 최소한의 가격은 김씨가 돼지고기를 판매하기 위해 지출한 생산비용의 증가분, 즉 한계비용을 의미한다. 어느 누구도 상품을 생산하는데 소요된 비용보다 낮은 가격으로 그 상품을 판매하려 하지는 않을 것이기 때문에 공급곡선 위의 각 점들은 공급량에 대응하는 한계비용을 의미하기도 한다.

2.3 공급의 결정요인 변화와 공급곡선

공급량과 공급의 결정요인들 사이의 인과관계를 공급함수라 하였으며, 공급함수에 의하면 공급의 결정요인 변화는 곧 그 상품 공급량의 변화를 의미한다고 하였다. 그렇다면 공급의 결정요인 변화로 인한 공급량의 변화를 공급곡선으로는 어떻게 표현할 수 있을까? 공급의 결정요인 변화로 인한 공급량 변화도 공급곡선을 이용하여 두 가지 방법, 즉 공급곡선 위의 운동과 공급곡선의 이동으로 표현할 수 있다. 앞에서 제시한 김씨의 돼지고기 공급함수를 이용하여 공급의 결정요인 변화로 인한 공급량의 변화를 공급곡선을 이용하여 어떻게 표현하는지 살펴보기로 하자.

공급곡선 위의 운동

공급에 영향을 주는 요인들 중에서 다른 요인들은 변화하지 않는다는 가정은 그대로 유지한 상태에서 가격이 변화한다고 생각해 보자. 즉, 김씨의 돼지고기 공급함수에서 돼지사료 가격은 변화하지 않는데 돼지고기 가격만 변화한다고 생각해 보자. 이 경우 〈그림 3-7〉에서 보는 것처럼 돼지고기 1근의 가격이 6,000원이면 김씨의 돼지고기 공급량은 3근이다. 돼지고기 1근의 가격이 6,000원에서 7,000원으로 상승하면 김씨의 돼지고기 공급량은 3근에서 4근으로 증가하고, 이는 〈그림 3-7〉의 E점

그림 3-7 | 공급곡선 위의 운동

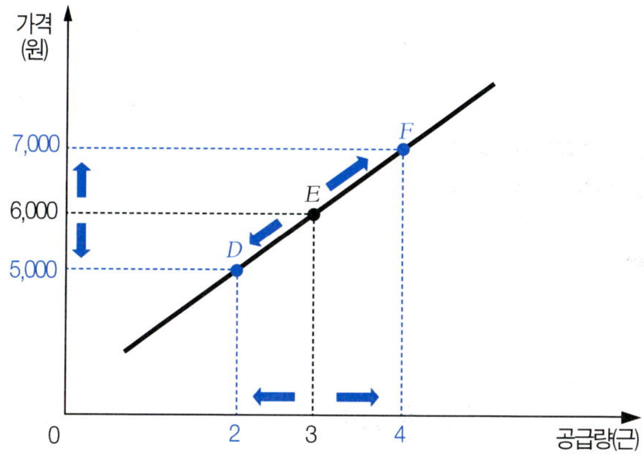

- 돼지고기 1근의 가격이 6,000원에서 7,000원으로 상승 ⇨ 돼지고기 공급량 3근에서 4근으로 증가 ⇨ *E*점에서 *F*점으로 운동
- 돼지고기 1근의 가격이 6,000원에서 5,000원으로 하락 ⇨ 돼지고기 공급량 3근에서 2근으로 감소 ⇨ *E*점에서 *D*점으로 운동

에서 *F*점으로 옮겨감을 의미한다. 반대로 돼지고기 1근의 가격이 6,000원에서 5,000원으로 하락하면 김씨의 돼지고기 공급량은 3근에서 2근으로 감소하고, 이는 〈그림 3-7〉의 *E*점에서 *D*점으로 옮겨감을 의미한다. 이와 같이 어떤 상품의 공급함수에서 다른 결정요인들은 변화하지 않는데 그 상품의 가격만 변화하는 경우 가격의 변화에 따른 공급량의 변화는 공급곡선 위의 운동으로 표현한다.

공급곡선의 이동

공급의 결정요인들 중에서 가격을 제외한 다른 결정요인들이 변화하는 경우 공급곡선은 어떤 영향을 받을까? 김씨의 돼지고기 공급함수에서 돼지고기 가격은 변화하지 않는데 돼지사료 가격이 하락하는 경우를 살펴보자. 돼지고기 가격은 그대로이지만 돼지사료 가격이 하락했으므로 김씨는 돼지고기를 더 많이 판매할수록 더 많은 이득을 볼 수 있을 것이다. 〈그림 3-8〉에서 보는 것처럼 돼지고기 1근의 가격이 7,000원인 상태에서 돼지사료 가격이 하락하여 김씨의 돼지고기 공급량이 4근에서 6근으로 늘어났다면 돼지고기 1근의 가격이 7,000원인 상태에서 김씨의 돼지고기 공급량은 *F*점의 4근이 아닌 F_1점의 6근이 된다. 마찬가지로 돼지고기 1근의 가격이

5,000원인 상태에서 돼지사료 가격이 하락하여 김씨의 돼지고기 공급량이 2근에서 4근으로 증가했다면 돼지고기 1근의 가격이 5,000원인 상태에서 김씨의 돼지고기 공급량은 D점의 2근이 아닌 D_1점의 4근이 된다. 결국 돼지고기 가격은 변화하지 않는 상태에서 돼지사료 가격의 하락에 따른 김씨의 돼지고기 공급량 증가는 〈그림 3-8〉에서 보는 것처럼 김씨의 돼지고기 공급곡선 자체를 '오른쪽'으로 이동시키게 된다.

이번에는 김씨의 돼지고기 공급함수에서 돼지고기 가격은 변화하지 않는데 돼지사료 가격이 상승했다고 하자. 이 경우 돼지사료 가격의 상승으로 인해 김씨의 돼지고기 생산비용이 상승할 것이므로 김씨는 돼지고기의 공급을 줄이려 할 것이다. 즉 김씨는 돼지고기 1근의 가격이 5,000원과 7,000원인 상태에서 돼지고기 공급량을 각각 2근에서 1근으로, 그리고 4근에서 2근으로 줄였다고 한다. 이는 〈그림 3-9〉에서 돼지고기 1근의 가격이 5,000원과 7,000원에 대응하는 공급량이 D점과 F점에서 각각 D_2점과 F_2점으로 이동했음을 의미한다. 결과적으로 돼지사료 가격의 상승으로 인한 김씨의 돼지공급량 감소는 김씨의 돼지고기 공급곡선을 〈그림 3-9〉에서 보는 바와 같이 '왼쪽'으로 이동시키게 된다.

일반적으로 어떤 상품의 공급에 영향을 주는 여러 가지 요인들 중에서 다른 상품

그림 3-8 | 공급곡선의 이동 1

- 돼지고기 1근의 가격이 7,000원인 상태에서 돼지고기 공급량이 4근에서 6근으로 증가 ⇨ F점에서 F_1점으로 이동
- 돼지고기 1근의 가격이 5,000원인 상태에서 돼지고기 공급량이 2근에서 4근으로 증가 ⇨ D점에서 D_1점으로 이동
- 돼지고기 가격이 고정된 상태에서 다른 결정요인의 변화로 인해 돼지고기 공급량이 증가하면 돼지고기 공급곡선은 '오른쪽'으로 이동

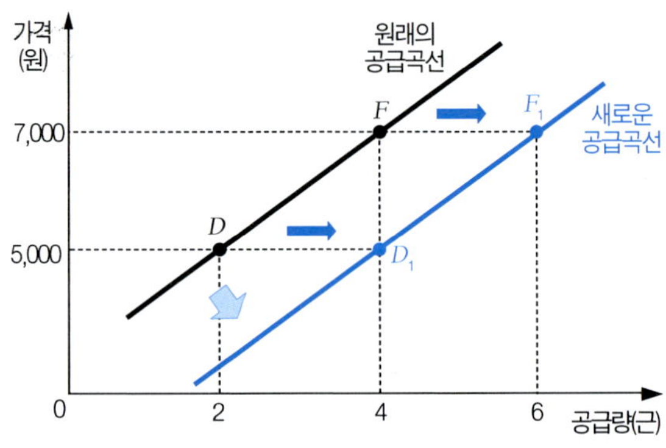

그림 3-9 | 공급곡선의 이동 2

- 돼지고기 1근의 가격이 7,000원인 상태에서 돼지고기 공급량이 4근에서 2근으로 감소 ⇨ F점에서 F_2점으로 이동
- 돼지고기 1근의 가격이 5,000원인 상태에서 돼지고기 공급량이 2근에서 1근으로 감소 ⇨ D점에서 D_2점으로 이동
- 돼지고기 가격이 고정된 상태에서 다른 결정요인의 변화로 인해 돼지고기 공급량이 감소하면 돼지고기 공급곡선은 '왼쪽'으로 이동

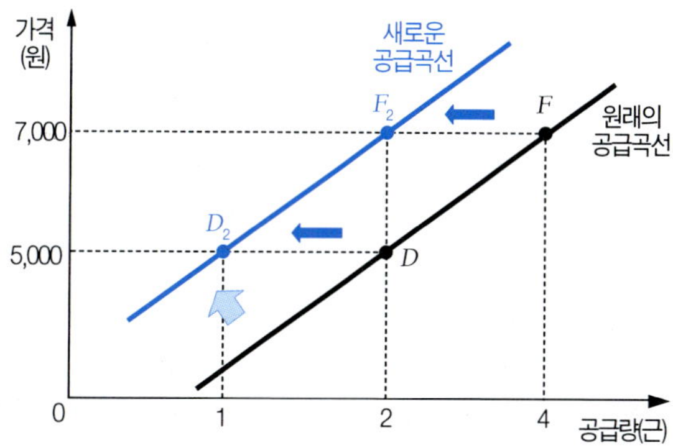

의 가격, 생산요소 가격, 기술수준 등 그 상품 가격 이외의 다른 요인이 변화하면 주어진 가격수준에서 공급량의 변화가 유발되고, 이러한 현상은 공급곡선의 이동으로 표현한다. 일반적으로 그 상품의 가격 이외의 다른 요인의 변화가 그 상품의 공급을

그림 3-10 | 공급량의 변화와 공급곡선의 이동

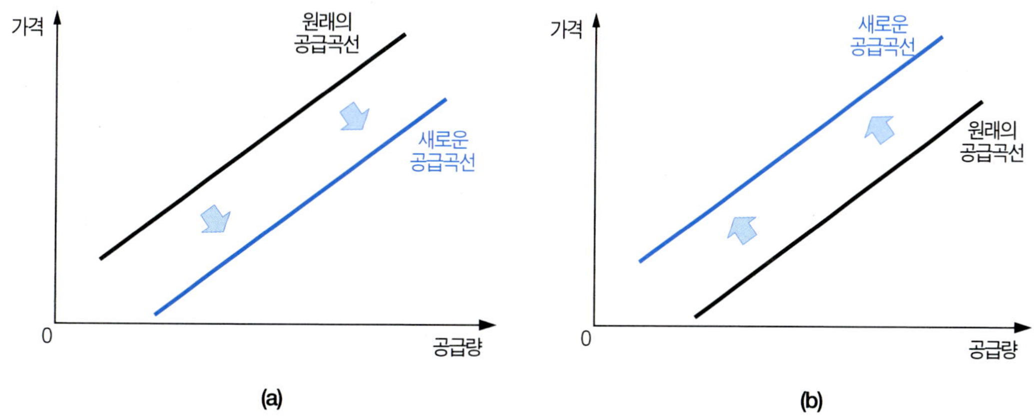

증가시키면 그 상품의 공급곡선은 〈그림 3-10〉의 (a)에서와 같이 '오른쪽'으로 이동하고, 그 상품의 공급을 감소시키면 〈그림 3-10〉의 (b)에서와 같이 '왼쪽'으로 이동한다.

핵심포인트

① 공급함수와 공급곡선
- 공급함수는 공급량과 공급의 결정요인들 사이의 인과관계를 표현한 수학적 함수관계임
- 공급곡선은 다른 요인들은 변화하지 않는다고 가정하고 공급량과 가격 사이의 관계를 표현한 곡선이며, 가격과 공급량 사이에는 '플러스'의 관계가 존재함

② 공급곡선의 의미
- 공급곡선 위의 점은 가격에 대응하는 공급량을 의미
- 공급곡선 위의 점은 공급량에 대응하는 한계비용을 의미

③ 공급곡선 위의 운동과 공급곡선의 이동
- 가격 변화에 따른 그 상품의 공급량 변화는 공급곡선 위의 운동을 의미
- 가격 이외의 다른 요인 변화에 따른 공급량 변화는 공급곡선의 이동을 의미
- 가격 이외의 다른 요인 변화가 공급을 증가(감소)시키면 공급곡선은 '오른(왼)쪽'으로 이동

3 시장의 균형

3.1 시장의 균형

제1절과 제2절에서는 어떤 상품의 수요와 공급에 대하여 자세히 살펴보았으며, 수요와 공급은 각각 상품을 구입하려는 사람들과 판매하려는 사람들의 마음가짐이라고 하였다. 물건을 구입하려 하는 사람들과 판매하려 하는 사람들의 모임을 시장(market)이라고 하였으며, 한 국가에는 여러 가지 형태의 시장이 존재한다고도 하였다. 여기에서 언급하는 시장은 생산된 상품이 거래되는 생산물시장이며, 생산물시장 중에서도 다수의 수요자와 공급자가 존재하는 완전경쟁시장이다. 또한 독자들이 잊지 말아야 할 사실은 시장에 참여하는 모든 경제주체들은 모두 자기의 이익만을

추구한다는 사실이다. 즉 수요자는 어떻게 하면 조금이라도 더 싸게 상품을 구입할 수 있을까, 공급자는 어떻게 하면 조금이라도 더 비싸게 상품을 판매할 수 있을까를 고민하며 시장에 참여하고 행동한다는 당연한 사실을 간과하지 말기 바란다.

시장의 수요와 공급

앞에서 논의한 수요와 공급은 박씨라는 소비자 개인의 돼지고기 수요와 수요곡선, 그리고 김씨라는 생산자 개인의 돼지고기 공급과 공급곡선이었다. 이와 같은 소비자 개인의 수요를 개별수요, 생산자 개인의 공급을 개별공급이라 한다. 한편 개별수요가 합쳐진 시장 전체의 수요는 시장수요라 하며, 개별공급이 합쳐진 시장 전체의 공급은 시장공급이라 한다.

개별수요와 시장수요
소비자 개인의 수요와 시장 전체의 수요

개별공급과 시장공급
생산자 개인의 공급과 시장 전체의 공급

어떤 상품이 거래되는 시장인지에 따라 소비자와 생산자의 수가 다른 것이 일반적이다. 그리고 소비자와 생산자의 수가 다르면 시장 전체의 수요와 공급도 다르게 되고, 시장에서의 거래양상이 달라질 것임은 당연하다. 시장의 작동원리를 설명하기

그림 3-11 | 개별수요·공급과 시장의 수요·공급

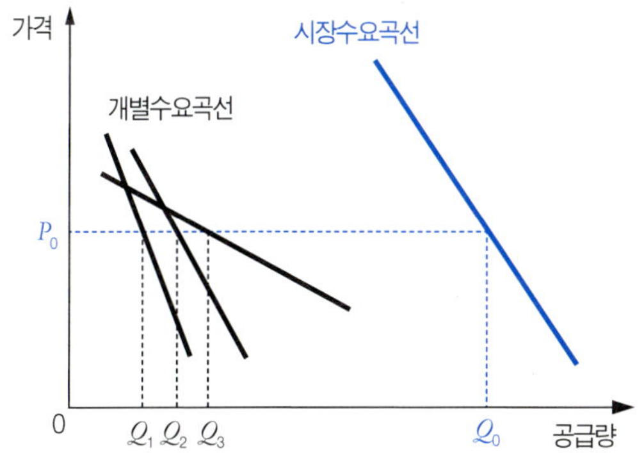

(a) 개별수요와 시장수요

- 소비자가 무수히 많음 ⇨ 시장수요는 소비자 개개인의 개별수요의 합

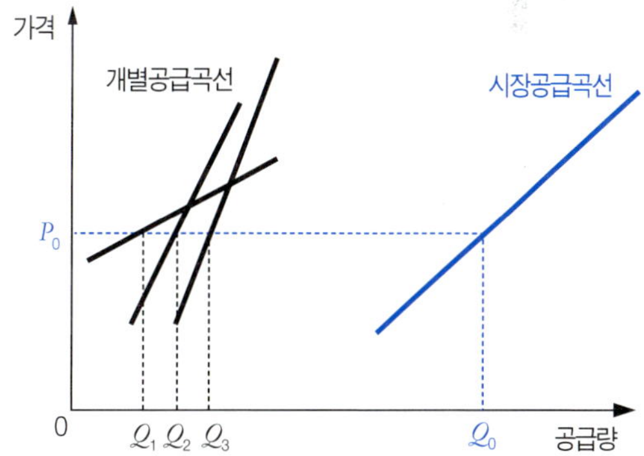

(b) 개별공급과 시장공급

- 생산자가 무수히 많음 ⇨ 시장공급은 생산자 개개인의 개별공급의 합

위해 제3장과 제4장에서 논의하는 시장은 여러 가지 형태의 시장 중에서 소비자와 생산자의 수가 무수히 많은 시장을 이용하기로 한다. 이와 같은 시장을 완전경쟁시장이라 하며, 시장의 종류와 성격에 관해서는 제7장에서 다룰 것이다.

소비자가 무수히 많다면 〈그림 3-11〉의 (a)에서 보는 바와 같이 소비자 개개인의 개별수요곡선을 수평방향으로 더함으로써 시장수요곡선을 구할 수 있다. 마찬가지로 생산자가 무수히 많고 일정한 조건이 충족된다면 〈그림 3-11〉의 (b)에서 보는 바와 같이 생산자 개개인의 개별공급곡선을 수평방향으로 더함으로써 시장공급곡선을 구할 수 있다. 따라서 지금부터 제4장까지의 모든 논의에서 수요곡선과 공급곡선은 각각 시장수요곡선과 시장공급곡선을 의미하기로 한다.

시장의 균형

균형
상반된 힘이 맞아떨어진 상태

시장의 균형
수요량과 공급량이 맞아떨어진 상태

시장에서 가격과 거래량이 결정되는 원리는 시장의 균형으로 설명할 수 있다. 경제학에서 균형(equilibrium)이란 상반된 힘이 맞아떨어진 상태를 말하며, 한 번 균형이 이루어지면 다른 교란요인이 없는 한 그 상태가 계속 유지되는 특징이 있다. 따라서 시장에서 이루어지는 시장의 균형이란 상품에 대한 수요의 힘과 공급이 힘이 맞

그림 3-12 | 시장의 균형

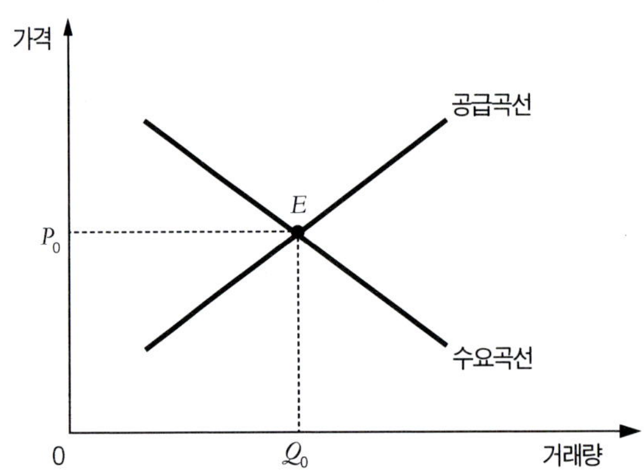

- 수요곡선과 공급곡선이 만나는 E점에서 시장은 균형을 이루고 균형가격(P_0)과 균형거래량(Q_0)이 결정됨
- 시장에서 균형이 이루어지면 균형가격 수준에서는 남아도는 상품도 없고 모자라는 상품도 없는 상태가 지속됨

아떨어진 상태, 즉 수요량과 공급량이 맞아떨어진 상태를 지칭한다. 또한 수요와 공급에 영향을 주는 요인들이 변화하지 않는 한, 한 번 이루어진 시장의 균형은 그대로 유지되는 경향을 보인다.

〈그림 3-12〉에서 보는 바와 같이, '마이너스' 기울기를 갖는 수요곡선과 '플러스' 기울기를 갖는 공급곡선을 하나의 그림에 동시에 그리면 반드시 한 점에서 만나게 된다. 수요곡선과 공급곡선이 만나는 점에서 시장은 균형을 이룬다고 하며 이때의 가격과 거래량을 각각 균형가격, 균형거래량이라 한다. 〈그림 3-12〉에 의하면, 이 시장은 E점에서 균형을 이루며, 균형가격과 균형거래량은 각각 P_0와 Q_0이다. 시장에서 균형이 이루어지면 균형가격 수준에서는 남아도는 상품도 없고 모자라는 상품도 없는 상태가 지속된다.

앞에서 다른 교란요인이 없는 한 시장의 균형은 그대로 유지된다고 하였다. 이 의미는 무엇일까? 여기에서 교란요인이란 수요곡선 혹은 공급곡선의 이동을 초래하는 모든 변화를 말한다. 즉 '다른 교란요인이 없는 한'의 의미는 수요함수에서 그 상품의 가격을 제외한 다른 모든 결정요인들, 그리고 공급함수에서 그 상품의 가격을 제외한 다른 모든 결정요인들의 변화가 없다는 의미이다. 이와 같이 수요곡선과 공급곡선의 이동을 초래하는 변화가 없다면 〈그림 3-12〉에서 보는 것처럼 수요곡선과 공급곡선은 그 자리에 그대로 있을 것이며, 균형점 E는 변화하지 않을 것이다. 만일 다른 교란요인이 발생하여 수요곡선 혹은 공급곡선이 이동하면 어떻게 될까? 이런 경우에는 당연히 균형점이 이동하며 이에 관해서는 제4장 제1절에서 다루게 될 것이다.

시장의 균형과 보이지 않는 손

어떤 상품이 거래되는 시장이든지 수요와 공급의 법칙이 성립하는 한 모든 시장은 균형에 도달한다. 즉 수요곡선이 '마이너스' 기울기를 갖고 공급곡선이 '플러스' 기울기를 갖는 한 〈그림 3-12〉에서와 같이 수요곡선과 공급곡선은 반드시 한 점에서 만나며 시장은 항상 균형에 도달한다. 그렇다면 지금 이 순간 우리 주위에 있는 모든

그림 3-13 | 시장의 균형과 보이지 않는 손

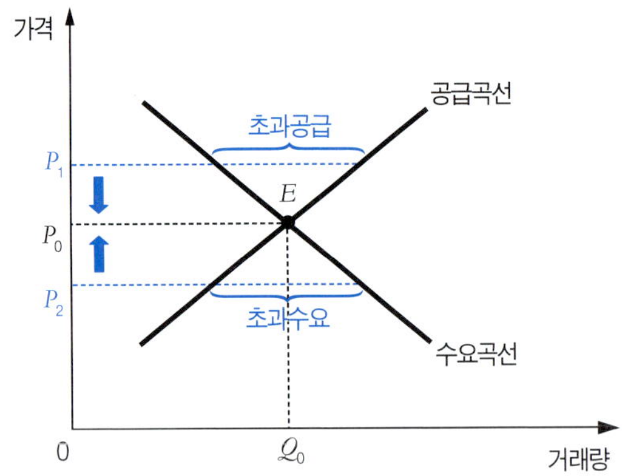

- 초과공급 상태 ⇨ 상품을 하나라도 더 팔기 위해 가격을 조금씩 낮추려 함 ⇨ 가격하락 ⇨ 가격하락은 초과공급이 완전히 해소될 때까지 지속 ⇨ 균형에 도달
- 초과수요 상태 ⇨ 조금 더 높은 가격을 지불하더라도 그 상품을 구입하려 함 ⇨ 가격상승 ⇨ 가격상승은 초과수요가 완전히 해소될 때까지 지속 ⇨ 균형에 도달

시장이 균형을 이루고 있을까? 이에 대한 대답은 당연히 '아니다'이다. 우리 주위에 있는 시장 중에서 지금 이 순간 균형을 이루고 있는 시장이 있을 수도 있지만, 이는 우연의 일치에 불과하다. 지금 이 순간 균형을 이루고 있는 시장은 없고, 다만 모든 시장이 균형을 향해 움직이고 있다고 하는 것이 가장 적절한 표현일 것이다. 시장이 지금 이 순간 균형을 이루고 있지는 않지만 균형을 향해 움직인다는 것은 '보이지 않는 손'이 작동되고 있음을 의미한다. 만일 시장이 균형을 이루고 있지 않다면, 가격수준은 〈그림 3-12〉의 P_0가 아닌 P_0보다 높거나 P_0보다 낮은 수준일 것이다.

'보이지 않는 손'이 작동되는 원리를 〈그림 3-13〉을 이용하여 설명해 보자. 시장이 균형을 이루고 있지 못하며 가격이 P_0보다 높은 수준인 P_1인 경우를 생각해 보자. P_1의 가격수준에서는 공급량이 수요량보다 더 많은 **초과공급**(excess supply) 상태에 있게 된다. 시장에서 초과공급 현상이 발생하면 생산자의 입장에서는 P_1의 가격에서는 팔리지 않는 상품을 하나라도 더 팔기 위해 가격을 조금씩 낮추려 할 것이다. 시장 전체적으로 이런 움직임이 확산된다면 가격은 조금씩 하락할 것이고, 가격하락은 초과공급이 완전히 해소될 때까지 지속될 것이다. 즉 가격하락은 균형가격인 P_0에 도달할 때까지 지속될 것이다. 결국 초과공급이 존재하여 균형을 이루고 있지 못하던

초과공급
공급량이 수요량보다 많은 상태

시장은 지속적인 가격하락으로 균형에 도달하게 되며, 초과공급이 완전히 해소되어 균형에 도달하면 더 이상의 가격하락은 없게 된다.

반대로 가격이 P_0보다 낮은 수준인 P_2인 경우 역시 같은 논리로 균형에 도달함을 쉽게 이해할 수 있다. 가격이 P_2라면 이 가격수준에서는 수요량이 공급량보다 더 많은 초과수요(excess demand) 상태에 있게 된다. 초과수요의 상태에서는, 즉 P_2의 가격수준에서는 소비자가 원하는 상품을 구입하기 어려우므로 소비자의 입장에서는 조금 더 높은 가격을 지불하더라도 그 상품을 구입하려 할 것이다. 시장 전체적으로 이런 움직임이 확산된다면 가격은 조금씩 상승할 것이며, 가격상승은 초과수요가 완전히 해소될 때까지 지속될 것이다. 결국 초과수요가 존재하던 시장은 지속적인 가격상승으로 초과수요가 해소되고 균형에 도달하게 된다.

초과수요
수요량이 공급량보다 많은 상태

지금까지 논의한 바와 같이 초과공급 혹은 초과수요가 해소되고 시장이 균형을 이루도록 하는 핵심적인 역할은 가격이 담당한다. 이를 가격기구에 의한 자원배분이라 하며, 이와 같은 가격의 역할을 표현한 것이 바로 '보이지 않는 손'이다.

3.2 시장과 사회적 이득

두 사람만 존재하는 경제에서도 비교우위에 의한 특화와 교환이 이루어지면 두 사람 모두 이득을 볼 수 있음을 제2장에서 살펴보았다. 일반적으로 상품을 소비하는 사람(소비자)과 상품을 생산하여 공급하는 사람(생산자)이 거래를 목적으로 시장에 참여하여 가격기구에 의한 거래, 즉 시장의 균형이 이루어지면 소비자와 생산자 모두 이득을 보게 된다. 경제학에서는 무수히 많은 소비자와 생산자가 자발적으로 교환에 참여할 때 시장이 가장 효율적이라고 한다. 그렇다면 시장에 참여하는 소비자와 생산자가 얻는 이득은 얼마나 되며, 사회 전체적으로는 얼마나 큰 이득이 발생하는가? 소비자와 생산자가 시장에 참여하여 얻는 이득을 각각 소비자잉여와 생산자잉여라고 하며, 시장에서 거래가 이루어짐으로 인해서 얻는 사회 전제적인 이득을 순사회편익이라 한다.

그림 3-14 | 소비자잉여

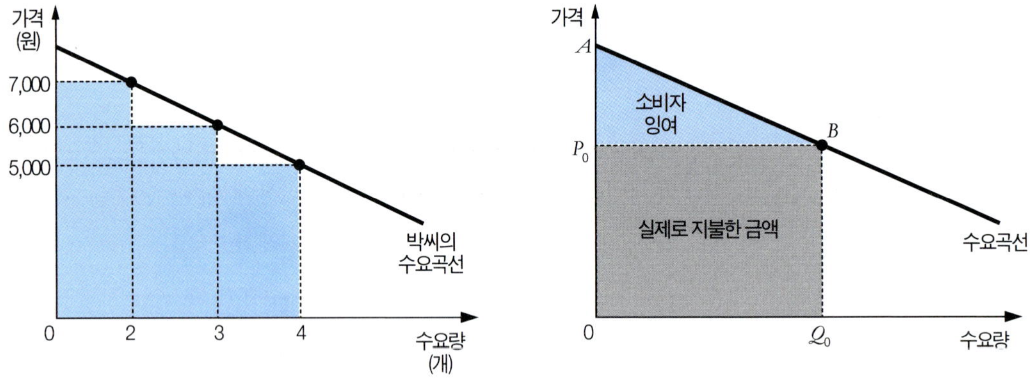

(a) 박씨의 돼지고기 수요곡선

- 돼지고기 2근, 3근, 4근째 소비할 때 얻는 한계편익은 파란색으로 표시된 직사각형에 해당함
- 수요곡선 아래의 면적은 수요량에 따라 지불하고자 하는 최대의 금액, 즉 한계편익임

(b) 돼지고기 시장의 소비자잉여

- 소비자잉여는 소비자가 지불할 용의가 있는 금액과 실제로 지급한 금액의 차이인 P_0AB임

소비자잉여

소비자잉여
상품을 구입하기 위해 지불할 용의가 있는 금액과 실제로 지급한 금액의 차이

소비자의 이득을 의미하는 소비자잉여(consumer surplus)는 소비자가 지불할 용의가 있는 금액과 실제로 지급한 금액의 차이로 정의된다. 소비자잉여를 설명하기 위해 제1절에서 예로 들었던 박씨의 돼지고기 수요곡선을 〈그림 3-14〉의 (a)에 다시 제시하였다. 〈그림 3-14〉의 (a)에 의하면 박씨는 돼지고기 가격이 7,000원이면 2근을, 6,000원이면 3근을 구입할 의사가 있다. 이는 박씨가 돼지고기 2근째 소비함으로써 얻는 한계편익이 7,000원이며, 3근째 소비함으로써 얻는 한계편익이 6,000원임을 의미한다고 이미 설명하였다. 따라서 박씨가 돼지고기 2근, 3근, 4근째 소비할 때 얻는 한계편익, 즉 지불할 용의가 있는 최대의 금액은 각각 〈그림 3-14〉의 (a)에서 파란색으로 표시된 직사각형에 해당된다. 이제 돼지고기 수요량을 아주 미세하게 나눈 경우를 상상해 보면, 〈그림 3-14〉의 (a)에 제시된 박씨의 돼지고기 수요곡선 아래의 면적이 바로 돼지고기 수요량에 따라 박씨가 지불하고자 하는 최대의 금액임을 쉽게

그림 3-15 | 생산자잉여

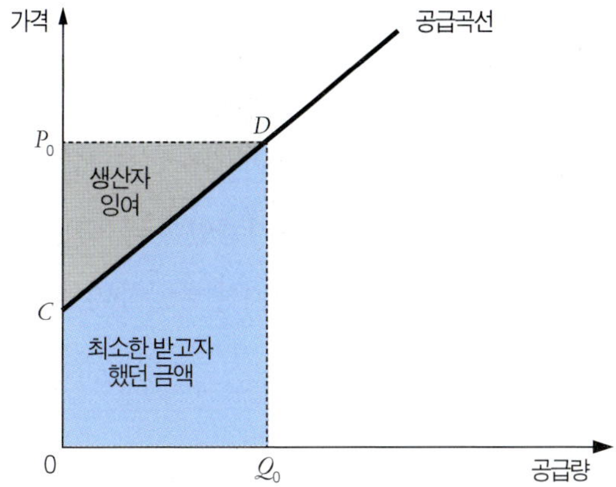

- 공급곡선 아래의 면적은 공급량에 따라 받고자 하는 최소의 금액, 즉 한계비용임
- 생산자잉여는 생산자가 실제로 받은 금액과 최소한 받아야겠다고 생각한 금액의 차이인 CP_0D임

이해할 수 있을 것이다.

돼지고기 시장 전체의 수요곡선은 〈그림 3-14〉의 (b)에 제시하였다. 돼지고기 가격이 P_0이고 Q_0만큼 거래된다면 소비자들이 지불하고자 했던 최대 금액은 수요곡선 아래의 면적인 $OABQ_0$에 해당한다. 그런데 소비자들이 Q_0만큼의 돼지고기를 거래하면서 실제로 지불한 금액은 OP_0BQ_0이다. 따라서 P_0AB에 해당하는 금액은 소비자들이 지불할 용의가 있었음에도 불구하고 지불하지 않은 금액 즉 소비자의 이득이며, 이를 소비자잉여라 한다.

생산자잉여

생산자가 얻는 이득은 생산자잉여(producer surplus)라고 하는데, 생산자가 실제로 받은 금액과 최소한 받아야겠다고 생각한 금액의 차이로 정의된다. 생산자잉여를 설명하기 위해 돼지고기 시장의 공급곡선을 〈그림 3-15〉에 제시하였다. 수요곡선 아래의 면적이 소비자들이 최대한 지불할 용의가 있는 금액을 나타낸다는 것과 마찬가지 논리로, 공급곡선 아래의 면적은 생산자들이 최소한 받아야겠다고 생각한 금액을 의미한다. 여기에서 생산자들이 최소한 받아야겠다고 생각한 금액이란 생산

생산자잉여
상품을 공급하면서 최소한 받아야겠다고 생각한 금액과 실제로 받은 금액의 차이

에 소요되는 최소의 비용과 같아야 함은 당연하다. 따라서 수요곡선 아래의 면적이 한계편익을 의미하듯이, 공급곡선 아래의 면적은 생산의 한계비용을 의미한다.

〈그림 3-15〉에서 돼지고기 가격이 P_0이고 Q_0만큼 거래된다면 생산자들이 받고자 했던 최소 금액은 공급곡선 아래의 면적인 $OCDQ_0$에 해당한다. 그런데 생산자들이 Q_0만큼의 돼지고기를 시장에서 거래한 결과 실제로 받은 금액은 OP_0DQ_0로 최소한 받아야겠다고 생각했었던 금액보다 크다. 이 두 금액의 차이인 CP_0D는 생산자들이 Q_0만큼의 돼지고기를 공급하면서 최소한 받아야겠다고 생각했었던 금액보다 더 받은 금액 즉 생산자의 이득이며, 이를 생산자잉여라 한다.

순사회편익과 시장의 효율성

시장에서 거래가 이루어져 발생하는 사회 전체적인 이득은 얼마나 될까? 두말할 나위 없이 시장에서 거래가 이루어져 발생하는 사회 전체적인 이득은 소비자와 생산자가 얻는 이득을 합한 것이며 이를 순사회편익(net social benefit)이라 한다. 즉 순사회편익은 시장에서 거래가 이루어져 발생하는 사회 전체적인 이득을 의미하며, 소비자잉여와 생산자잉여의 합으로 측정한다.

순사회편익
상품을 거래하여 얻어지는 사회 전체의 이득이며, 소비자잉여와 생산자잉여의 합으로 측정

돼지고기 시장의 수요와 공급곡선이 〈그림 3-16〉의 (a)와 같다고 하자. 돼지고기 시장에서 자발적인 거래가 이루어지면 〈그림 3-16〉 (a)의 E점에서 균형이 이루어질 것이다. 이때 소비자잉여는 P_0BE가 되고 생산자잉여는 AP_0E가 된다. 따라서 돼지고기 시장의 순사회편익은 소비자잉여와 생산자잉여를 합친 ABE이다.

시장에서 자발적인 거래가 이루어질 때 가장 효율적이라고 하는 이유를 〈그림 3-16〉의 (a)와 (b)를 이용하여 설명해 보자. 앞에서 언급하였듯이 수요곡선과 공급곡선 위의 점은 각각의 거래량에 대응하는 한계편익과 한계비용을 나타내므로 〈그림 3-16〉 (a)의 E점에서는 한계편익과 한계비용이 같다. 이와 같이 한계편익과 한계비용이 같을 때 돼지고기 시장의 순사회편익은 극대화되고 돼지고기 시장은 효율적이라고 한다. 여기에서 어떤 시장이 효율적이라는 의미는 그 시장에서 얻어지는 순사회편익이 가장 크다는 의미이기도 하다. 또한 한계편익과 한계비용이 같을 때 순사

그림 3-16 | 순사회편익과 시장의 효율성

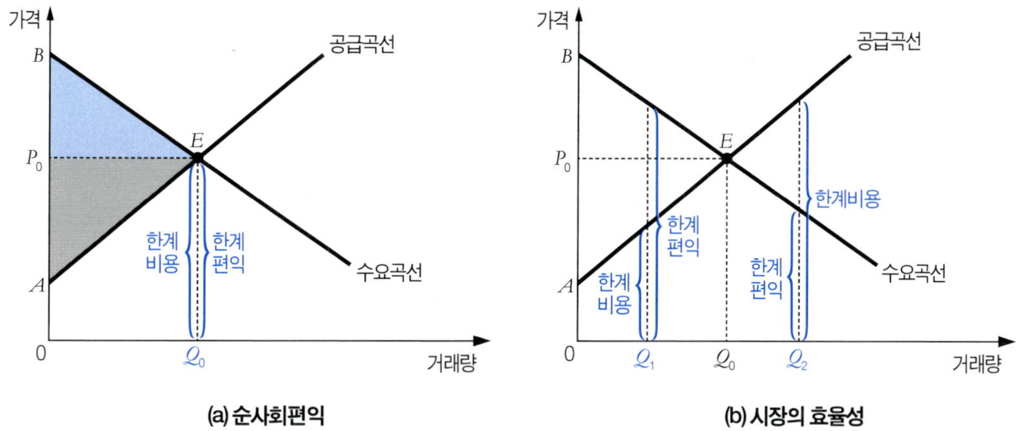

- 순사회편익은 소비자잉여와 생산자잉여의 합인 ABE임
- E점에서는 한계편익과 한계비용이 같으므로 시장은 효율적임

- 거래량이 Q_0보다 적으면 한계편익이 한계비용보다 크고, Q_0보다 많으면 한계편익이 한계비용보다 작으므로 효율적이지 못함

회편익이 극대화된다는 의미는 이어지는 〈그림 3-16〉의 (b)에 대한 설명을 참고하기 바란다.

돼지고기 시장이 균형을 이루고 있지 않는 경우를 생각해 보자. 만일 돼지고기의 거래량이 Q_0보다 적은 Q_1이라면 〈그림 3-16〉의 (b)에서 보는 것처럼 수요곡선 아래의 높이로 측정된 한계편익이 공급곡선 아래의 높이로 측정된 한계비용보다 크다. 이런 경우에는 돼지고기를 더 거래함으로써 추가적으로 얻는 한계편익의 증가분이 돼지고기의 추가적 생산에 소요되는 한계비용의 증가분보다 더 크기 때문에 Q_1의 거래량 수준은 효율적이지 못하다. 즉 이 경우에는 돼지고기 거래량을 늘림으로써 사회 전체적인 편익이 증가할 수 있기 때문에 Q_1의 거래량 수준은 효율적이지 못하다.

반대로 돼지고기의 거래량이 Q_0보다 큰 Q_2라면 돼지고기를 더 생산함으로써 추가적으로 얻는 한계편익의 증가분(수요곡선 아래의 높이)보다 돼지고기의 추가적 생산에 소요되는 한계비용의 증가분(공급곡선 아래의 높이)이 더 크기 때문에 Q_2의 거래량 수준 역시 효율적이지 못하다. 즉 이 경우에는 돼지고기 거래량을 줄임으로써 사회 전체적인 편익이 증가할 수 있기 때문에 Q_2의 거래량 수준은 효율적이지 못하다. 결국 돼지고기 시장이 효율적이기 위해서는 돼지고기를 소비함으로써 얻는 한계편익과 돼지고기의 생산에 소요되는 한계비용이 같은 Q_0의 거래량 수준이어야 한다.

핵심포인트

① 시장의 균형은 수요와 공급의 힘이 맞아떨어진 상태에서 이루어짐
- 균형 상태에서의 가격과 거래량을 각각 균형가격, 균형거래량이라 함
- 시장에서 균형이 이루어지면 다른 요인들이 변화하지 않는 한 시장의 균형은 그대로 유지됨

② 지금 이 순간 균형을 이루고 있는 시장은 없고, 다만 모든 시장이 균형을 향해 움직이고 있음
- 시장이 균형을 향해 움직인다는 것은 '보이지 않는 손'이 작동되고 있음을 의미
- 초과공급 혹은 초과수요가 해소되고 시장이 균형을 이루도록 하는 핵심적인 역할은 가격이 담당함

③ 교환의 이득은 순사회편익으로 측정
- 소비자잉여는 소비자가 지불할 용의가 있는 금액과 실제로 지급한 금액의 차이임
- 생산자잉여는 생산자가 실제로 받은 금액과 최소한 받아야겠다고 생각한 금액의 차이임
- 순사회편익은 소비자잉여와 생산자잉여의 합임

④ 한계편익과 한계비용이 같을 때 시장의 순사회편익은 극대화되고 시장은 효율적임

연습문제

01 아래 용어의 개념을 간략하게 설명하라.

① 수요곡선
② 수요의 법칙
③ 공급곡선
④ 공급의 법칙
⑤ 시장의 균형
⑥ 초과수요
⑦ 초과공급
⑧ 소비자잉여
⑨ 생산자잉여
⑩ 순사회편익

02 어떤 여학생의 아이스크림에 대한 수요곡선이 다음과 같을 때 질문에 답하라.

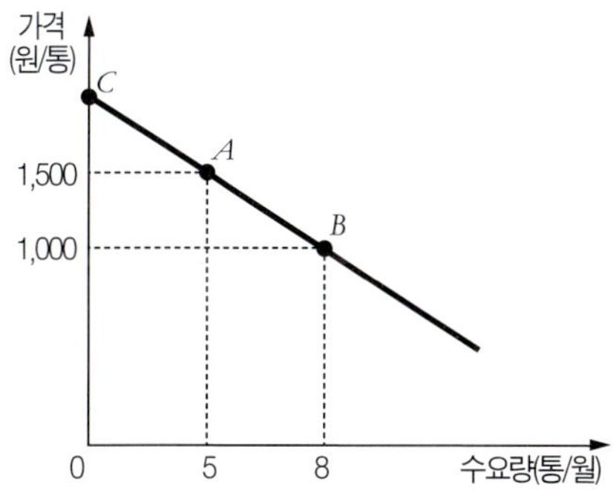

① A점의 의미를 설명하라.
② 아이스크림 1통의 가격이 1,000원에서 1,500원으로 상승한다면 이 여학생의 아이스크림 수요량은 어떻게 변화하는가? 또한 이와 같은 수요량 변화를 그림으로는 어떻게 표현하는가?
③ 이 여학생이 아르바이트를 해서 용돈이 증가했다면 아이스크림 수요량은 어떻게 변화하는가? 또한 이와 같은 수요량 변화를 그림으로는 어떻게 표현하는가? (단, 아이스크림 가격은 변화하지 않는다고 가정한다.)
④ 아이스크림 1통이 가격이 1,000원에서 1,500원으로 상승하여 이 여학생의 아이스크림 수요량이 변화하는 경우 이 여학생의 소비자잉여는 어떻게 변화하는가?

03 어떤 남학생의 이온음료에 대한 수요곡선이 다음과 같을 때 질문에 답하라.

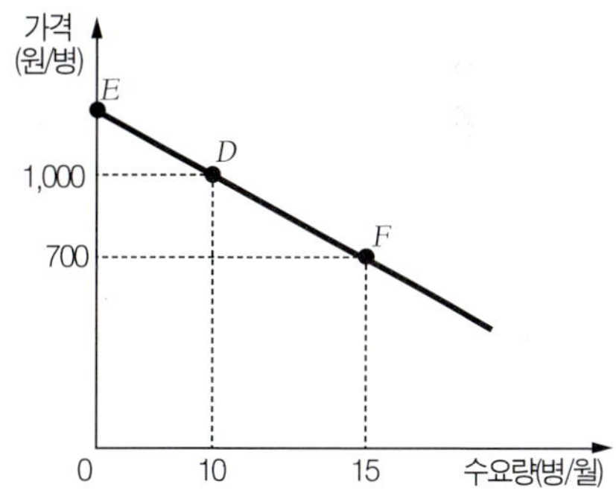

① D점의 의미를 설명하라.
② 이온음료 1병의 가격이 1,000원에서 700원으로 하락한다면 이 남학생의 이온음료 수요량은 어떻게 변화하는가? 또한 이와 같은 수요량 변화를 그림으로는 어떻게 표현하는가?
③ 이온음료 맛은 그대로 유지하면서 건강에 더 좋은 새로운 상품이 동일한 가격으로 판매된다면 이 남학생의 이온음료 수요량은 어떻게 변화하는가? 또한 이와 같은 수요량 변화를 그림으로는 어떻게 표현하는가?
④ 이온음료 1병의 가격이 1,000원에서 700원으로 하락하여 이 남학생의 이온음료 수요량이 변화하는 경우 이 남학생의 소비자잉여는 어떻게 변화하는가?

04 어떤 양계업자의 닭고기 공급곡선이 다음과 같을 때 질문에 답하라.

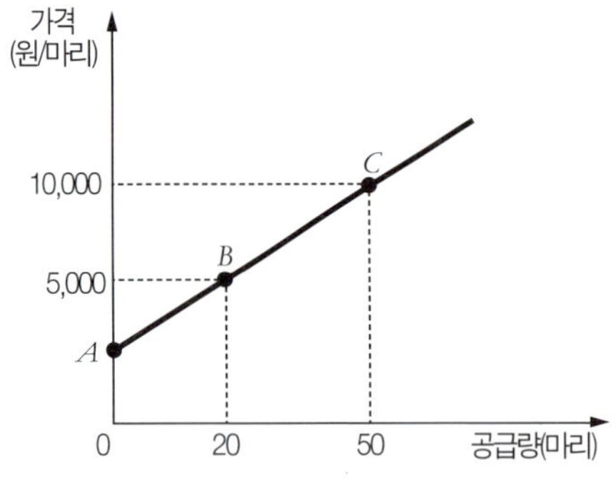

① B점의 의미를 설명하라.

② 닭고기 1마리 가격이 5,000원에서 10,000원으로 상승한다면 이 양계업자의 닭고기 공급량은 어떻게 변화하는가? 또한 이와 같은 공급량 변화를 그림으로는 어떻게 표현하는가?

③ 양계사료 가격이 상승한다면 이 양계업자의 닭고기 공급량은 어떻게 변화하는가? 또한 이와 같은 공급량 변화를 그림으로 어떻게 표현하는가?

④ 닭고기 1마리 가격이 5,000원에서 10,000원으로 상승하여 이 양계업자의 닭고기 공급량이 변화하는 경우 이 양계업자의 생산자잉여는 어떻게 변화하는가?

05 어떤 상품시장의 수요와 공급곡선이 다음과 같을 때 질문에 답하라.

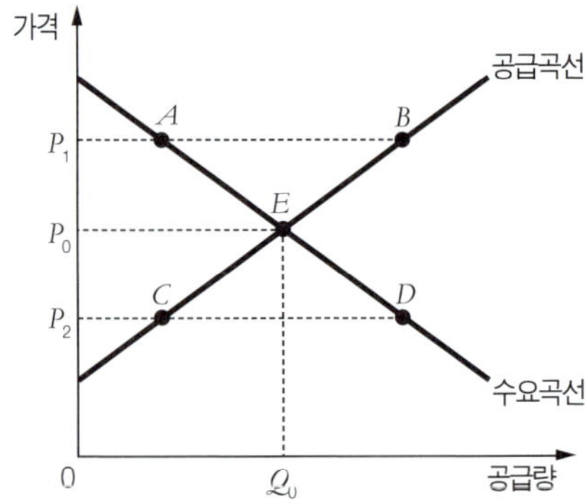

① 이 상품시장의 균형은 어느 점에서 이루어지는가? 또한 균형가격과 균형거래량은 얼마인가?

② 만일 이 상품시장이 균형을 이루지 못하고 가격이 P_1이라면 어떤 논리적 과정을 거쳐 균형을 회복하게 되는지 설명하라.

③ 만일 이 상품시장이 균형을 이루지 못하고 가격이 P_2라면 어떤 논리적 과정을 거쳐 균형을 회복하게 되는지 설명하라.

04 | 제4장 | 시장균형의 분석

1. 시장균형의 변화
2. 수요와 공급의 탄력성
3. 가격통제
4. 시장과 정부

1 시장균형의 변화

시장에서 균형이 이루어지면 수요곡선 혹은 공급곡선의 이동을 초래하는 요인이 발생하지 않는 한 균형은 그대로 유지된다고 하였다. 그렇다면 시장의 균형이 이루어진 상태에서 수요곡선 혹은 공급곡선의 이동을 유발시킬 수 있는 요인이 변화한다면 시장의 균형은 어떤 영향을 받는가? 두말할 나위도 없이 수요 혹은 공급에 영향을 주는 요인이 변화하여 수요곡선 혹은 공급곡선이 이동한다면 시장의 균형은 변화한다. 즉 시장이 새로운 균형을 이루는 과정에서 균형가격과 균형거래량이 변화한다. 본 절에서는 시장균형의 변화에 따른 균형가격과 균형거래량의 변화를 수요곡선과 공급곡선이 이동하는 경우로 분리하여 살펴보기로 한다. 물론 어떤 요인의 변화가 수요곡선과 공급곡선 모두를 이동시키는 경우도 있지만 설명의 편의를 위해 본서에서는 수요곡선 혹은 공급곡선 하나만 이동하는 경우만 살펴보기로 한다.

1.1 수요의 변화와 시장의 균형

수요에 영향을 주는 요인이 변화하여 수요곡선이 이동하는 경우 시장의 균형이 어떻게 영향을 받는지 살펴보기로 하자. 어떤 상품의 시장이 균형을 이루고 있는데 갑작스런 유행의 변화로 인해 그 상품에 대한 수요가 증가했다고 하자. 〈그림 4-1〉의 (a)에서 보는 바와 같이 유행의 변화로 인한 수요 증가는 수요곡선을 '오른쪽'으로 이동시켜 시장의 균형점이 E점에서 E_1점으로 변화하고, 그 결과 균형가격은 P_0에서 P_1으로 상승하며, 균형거래량은 Q_0에서 Q_1으로 증가한다. 일반적으로 가격 이외의 요인이 변화하여 그 상품의 수요가 증가하면 수요곡선은 '오른쪽'으로 이동하여 새로운 균형을 이루고, 균형가격은 상승하고 균형거래량은 증가한다.

이번에는 어떤 상품의 시장이 균형을 이루고 있는데 그 상품이 성인병을 유발할 수도 있다는 소식이 보도되었다고 하자. 이 경우에는 그 상품에 대한 수요가 급격하게 줄어들 것이고, 이런 현상은 〈그림 4-1〉의 (b)에서 보는 바와 같이 수요곡선을 '왼

자세히 알아보기 황사와 삼겹살시장

황사의 영향으로 삼겹살 가격이 30.2%나 올랐다. 축산물품질평가원에 따르면 지난 1일 기준 삼겹살 1kg 가격은 18,931원으로 2월 28일(14,536원)에 비해 30.2% 상승했다. 이처럼 삼겹살 가격이 폭등한 것은 삼겹살이 황사에 효과가 있다고 알려지면서 수요가 몰렸기 때문으로 분석된다.

한우 등심가격은 상승세가 꺾였다. 1kg 가격은 4월 1일 현재 41,050원으로 2월 28일(42,271원) 대비 2.9% 하락했다. 이에 따라 대형마트에서 한우 매출이 크게 증가했다. 삼겹살 가격 급등으로 반사이익을 받았기 때문이다.

출처: **문화일보**(2014.04.03.)의 일부 내용 수정

이 기사는 수요곡선의 이동에 따른 가격변화를 다루고 있다. 삼겹살시장의 변화는 '황사로 인한 삼겹살 수요량 증가 ⇨ 삼겹살 수요곡선 오른쪽으로 이동 ⇨ 삼겹살의 가격 상승'으로 요약할 수 있다. 또한 한우시장의 변화는 '삼겹살 수요증가로 인한 한우의 수요량 감소 ⇨ 한우 수요곡선 왼쪽으로 이동 ⇨ 한우가격 하락 ⇨ 한우 수요량 증가'로 해석할 수 있다. 즉 삼겹살시장에 대한 기사에서는 수요곡선의 이동에 따른 가격변화만 다루고 있는데 반해 한우시장에 대한 기사에서는 수요곡선의 이동에 따른 가격변화와 더불어 가격하락에 따른 수요량의 증가, 즉 수요곡선 위의 운동도 언급하고 있다.

그림 4-1 | 수요곡선의 이동에 의한 균형의 변화

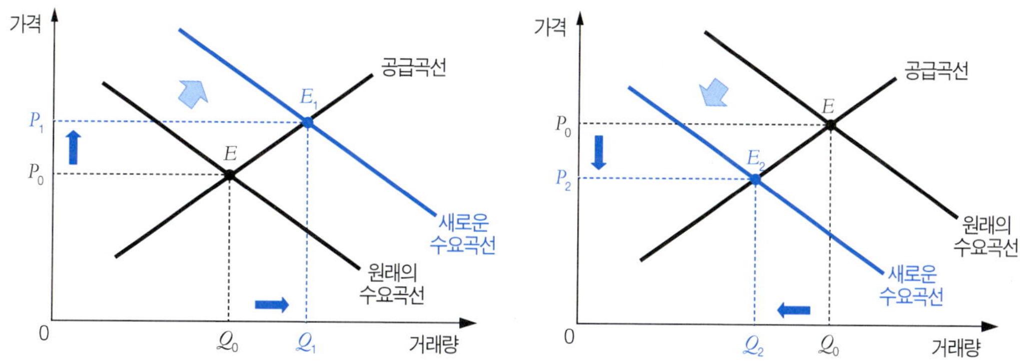

(a) 수요의 증가와 새로운 균형

- 수요 증가 ⇨ 수요곡선 '오른쪽'으로 이동 ⇨ 새로운 시장의 균형점은 E_1 ⇨ 균형가격 P_1으로 상승, 균형거래량 Q_1으로 증가

(b) 수요의 감소와 새로운 균형

- 수요 감소 ⇨ 수요곡선 '왼쪽'으로 이동 ⇨ 새로운 시장의 균형점은 E_2 ⇨ 균형가격 P_2로 하락, 균형거래량 Q_2로 감소

쪽'으로 이동시킬 것이다. 따라서 시장의 균형점이 E점에서 E_2점으로 이동하고, 균형가격은 P_0에서 P_2로 하락하며 균형거래량은 Q_0에서 Q_2로 감소한다. 일반적으로 가격 이외의 변화로 인해 그 상품의 수요가 감소하여 수요곡선이 '왼쪽'으로 이동하는 경우에는 균형가격은 하락하고 균형거래량은 감소한다.

1.2 공급의 변화와 시장의 균형

공급에 영향을 주는 요인이 변화하여 공급곡선이 이동하는 경우에도 시장의 균형은 영향을 받는다. 어떤 상품의 시장이 균형을 이루고 있는데 생산요소 가격이 급격하게 하락하는 경우를 생각해 보자. 〈그림 4-2〉의 (a)에서 보는 바와 같이 생산요소 가격의 하락으로 인한 공급의 증가는 공급곡선을 '오른쪽'으로 이동시킨다. 공급곡선이 '오른쪽'으로 이동한 결과 시장의 균형점은 E에서 E_3로 바뀌며, 균형가격은 P_0

그림 4-2 | 공급곡선의 이동에 의한 균형의 변화

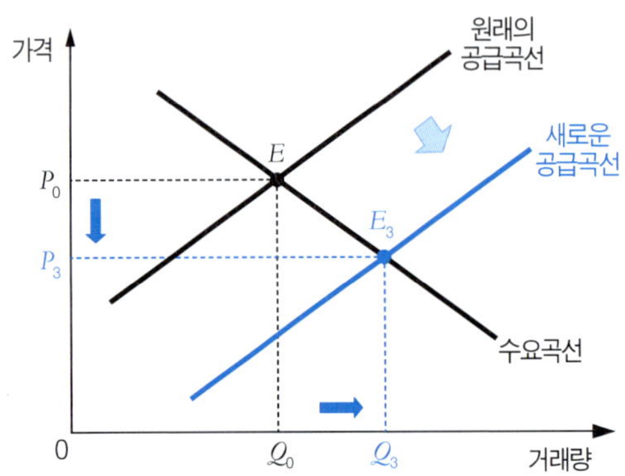

(a) 공급의 증가와 새로운 균형

- 공급 증가 ⇨ 공급곡선 '오른쪽'으로 이동 ⇨ 새로운 시장의 균형점은 E_3 ⇨ 균형가격 P_3로 하락, 균형거래량 Q_3로 증가

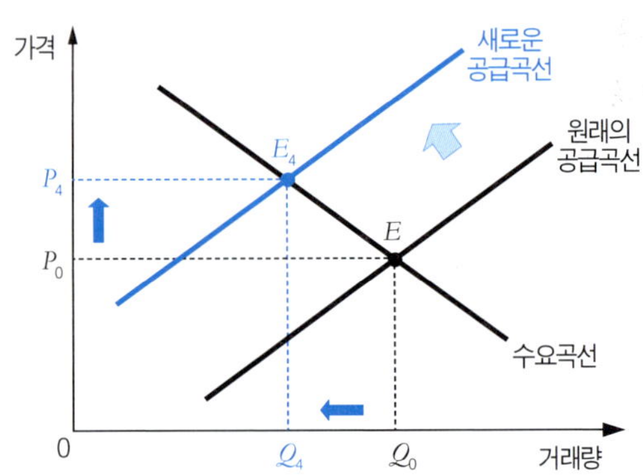

(b) 공급의 감소와 새로운 균형

- 공급 감소 ⇨ 공급곡선 '왼쪽'으로 이동 ⇨ 새로운 시장의 균형점은 E_4 ⇨ 균형가격 P_4로 상승, 균형거래량 Q_4로 감소

자세히 알아보기 과일풍년과 과일시장

풍년을 맞은 과일의 가격이 폭락했다. 한국농수산식품유통공사의 농산물 가격정보에 따르면 지난 25일 기준 홍로사과(15kg 상품)의 도매가격은 48,800원으로 월초의 71,000원보다 31.3% 떨어졌다.

배 역시 상황이 비슷하다. 신고배(15kg 상품)의 지난 25일 도매가격은 28,400원으로 월초의 56,600원보다 49.8% 떨어졌다. 이 밖에 단감, 밤, 하우스 감귤 가격도 작년 이맘때보다 17~38% 낮은 수준에 형성돼 있다. 과일값이 급락한 것은 38년 만에 가장 이른 추석 이후 본격화한 과일 출하로 공급량이 크게 늘어난 것이 원인이다.

출처: **이투데이**(2014.09.28.)의 일부 내용 수정

이 기사는 공급곡선의 이동에 따른 가격변화를 다루고 있다. 과일시장의 변화는 '풍년으로 과일 공급량 증가 ⇨ 과일 공급곡선 오른쪽으로 이동 ⇨ 과일가격 하락'으로 요약할 수 있다.

에서 P_3로 하락하고 균형거래량은 Q_0에서 Q_3로 증가한다. 일반적으로 가격 이외의 요인이 변화하여 그 상품의 공급이 증가하면 공급곡선은 '오른쪽'으로 이동하여 새로운 균형을 이루게 되며, 그 결과 균형가격은 하락하고 균형거래량은 증가한다.

이번에는 어떤 상품의 시장이 균형을 이루고 있는데 이 상품의 생산에 필수적인 생산요소의 가격이 상승하는 경우를 생각해 보자. 〈그림 4-2〉의 (b)에서 보는 바와 같이 생산요소 가격의 상승으로 인한 공급의 감소는 공급곡선을 '왼쪽'으로 이동시킨다. 공급곡선이 '왼쪽'으로 이동한 결과 시장의 균형점은 E에서 E_4로 바뀌며, 균형가격은 P_0에서 P_4로 상승하고 균형거래량은 Q_0에서 Q_4로 감소한다. 일반적으로 가격 이외의 요인이 변화하여 공급이 감소하면 공급곡선은 '왼쪽'으로 이동하고, 그 결과 균형가격은 상승하고 균형거래량은 감소한다.

지금까지 시장의 균형이 변화하는 네 가지 경우를 살펴보았다. 네 가지 경우 중에서 어떤 변화가 가장 바람직하고 어떤 변화가 가장 바람직하지 못한가? 소비자의 측면에서 생각하면 상품의 가격은 낮을수록 좋으며, 거래량은 많을수록 좋을 것이다. 이런 측면에서 가장 바람직한 변화는 공급곡선이 '오른쪽'으로 이동하여 균형가격

은 하락하고 균형거래량은 증가하는 경우이다. 반대로 가장 바람직하지 못한 변화는 공급곡선이 '왼쪽'으로 이동하여 균형가격은 상승하고 균형거래량은 축소되는 경우이다. 한편 수요곡선이 '오른쪽'으로 이동하는 경우, 균형가격은 상승하여 바람직하지 못한 반면에 균형거래량은 증가하여 바람직하다. 또한 수요곡선이 '왼쪽'으로 이동하는 경우, 균형가격은 하락하여 바람직한 반면에 균형거래량은 축소되어 바람직하지 못하다. 결국 공급곡선의 이동으로 인한 시장균형의 변화는 균형가격과 균형거래량 모두가 바람직하거나 혹은 바람직하지 못한 결과를 나타내는 반면에, 수요곡선의 이동으로 인한 시장균형의 변화는 하나가 바람직하면 다른 하나는 바람직하지 못한 결과를 나타낸다.

핵심포인트

① 수요의 변화에 의한 시장균형의 변화
- 수요 증가 ⇨ 수요곡선 '오른쪽'으로 이동 ⇨ 균형가격 상승, 균형거래량 증가
- 수요 감소 ⇨ 수요곡선 '왼쪽'으로 이동 ⇨ 균형가격 하락, 균형거래량 감소

② 공급의 변화에 의한 시장균형의 변화
- 공급 증가 ⇨ 공급곡선 '오른쪽'으로 이동 ⇨ 균형가격 하락, 균형거래량 증가
- 공급 감소 ⇨ 공급곡선 '왼쪽'으로 이동 ⇨ 균형가격 상승, 균형거래량 감소

2 수요와 공급의 탄력성

2.1 탄력성의 개념

우리 주위에서 거래되는 상품은 종류도 다양하고 거래되는 형태도 다양하다. 어떤 상품은 낱개로 거래되는가 하면, 어떤 상품은 무게로 거래되기도 하고, 또 어떤 상품은 부피로 거래되기도 한다. 이와 같이 현실경제에서는 다양한 상품들이 다양한 기준으로 거래가 이루어지기 때문에, 즉 상품마다 거래되는 단위가 다르기 때문에 특

정 요인의 변화에 수요량 혹은 공급량이 얼마나 민감하게 반응하는지 직접적으로 비교하기 어렵다.

예를 들어 *A*, *B*, *C*의 세 가지 상품이 있는데 *A* 상품은 무게로 거래되고, *B* 상품은 낱개로 거래되며, *C* 상품은 부피로 거래된다고 하자. *A* 상품의 가격이 kg당 100원에서 110원으로 상승했더니 수요량은 10kg에서 7kg으로 줄었다고 한다. 또한 *B* 상품의 가격이 개당 100원에서 110원으로 상승한 결과 수요량은 10개에서 7개로 줄었으며, *C* 상품의 가격이 ℓ당 100원에서 110원으로 상승한 결과 수요량은 10ℓ에서 7ℓ로 줄었다고 한다. 이 경우 *A*, *B*, *C* 세 상품의 가격 변화에 따른 수요량 변화가 동일하다고 할 수 있겠는가? "*A*, *B*, *C* 세 가지 상품의 가격이 각각 kg당, 개당, ℓ당 10원씩 오른 결과 수요량은 각각 3kg, 3개, 3ℓ 줄어들었다."라는 표현만 가지고는 어떤 상품이 더 민감하게 반응하는지 직접적으로 비교하기 곤란하다.

이와 같은 단위의 문제를 해결하기 위해 고안된 개념이 탄력성(elasticity)이다. 일반적으로 탄력성은 '(결과)의 (원인)탄력성'이라 표현하며, 원인의 변화가 결과의 변화를 어느 정도 유발시켰는지를 측정하기 위한 개념이다. 경제변수 *Y*가 경제변수 *X*에 의해 영향을 받는다고 할 때 '*Y*의 *X* 탄력성'은 항상 아래와 같은 식으로 정의되고 계산된다.

$$Y\text{의 } X\text{탄력성} = \frac{Y\text{의 변화율}}{X\text{의 변화율}} = \frac{(Y_B - Y_A)/Y_A}{(X_B - X_A)/X_A}$$

위 식에서 하첨자 *A*와 *B*는 각각 변화 이전과 변화 이후를 나타내는 기호이다. 위의 식을 자세히 살펴보면 분자인 *Y*의 변화율은 *Y*의 변화폭$(Y_B - Y_A)$을 Y의 변화 시점 값(Y_A)으로 나누어 구하는데, 이때 *Y*의 단위가 약분되어 없어지기 때문에 *Y*의 변화율에는 *Y*의 단위가 포함되지 않는다. 마찬가지로 분모인 *X*의 변화율에도 *X*의 단위가 포함되지 않으며, 결과적으로 *Y*의 *X* 탄력성은 단위를 포함하지 않는다. 따라서 위와 같이 정의된 탄력성의 개념을 이용하면 상품의 거래 단위에 상관없이 *X*의 변화에 *Y*가 얼마나 민감하게 반응하는지 비교하기 용이하다.

만일 Y의 X탄력성 값이 '0.5'라면 이는 X가 10% 증가하면 Y는 5% 증가한다는 의미이고, '−0.5'라면 이는 X가 10% 증가하면 Y는 5% 감소한다는 의미이다. 또한 만일 Y의 X탄력성 값이 '1' 혹은 '1.5'라면 이는 X가 10% 증가하면 Y는 각각 10% 혹은 15% 증가한다는 의미이다. 마찬가지로 만일 Y의 X탄력성 값이 '−1' 혹은 '−1.5'라면 이는 X가 10% 증가하면 Y는 각각 10% 혹은 15% 감소한다는 의미이다. 결국 Y의 X탄력성 값이 절대값 측면에서 '1'보다 크면 클수록 X의 변화율보다 Y의 변화율이 큰 경우이므로 X의 변화에 Y가 민감하게 반응함을 의미하고, '1'보다 작으면 작을수록 X의 변화에 Y가 민감하지 않게 반응함을 의미한다. 일반적으로 Y의 X탄력성의 절대값이 '1'보다 크면 탄력적(elastic)이라고 하고, '1'보다 작으면 비탄력적(inelastic)이라 하며, '1'이면 단위탄력적(unitary elastic)이라고 한다.

2.2 수요의 가격탄력성

수요의 가격탄력성
가격 변화에 따른 수요량의 변화 정도를 측정하는 개념

수요의 가격탄력성(price elasticity of demand)은 가격의 변화에 따른 수요량의 반응 정도를 측정하는 개념이다. 수요의 가격탄력성은 수요량 변화율을 가격 변화율로 나누어 줌으로써 다음과 같이 정의된다.

$$\text{수요의 가격탄력성} = \frac{\text{수요량 변화율}}{\text{가격 변화율}}$$

수요의 가격탄력성은 수요의 법칙이 적용되는 한 '마이너스' 값을 갖는다. 다시 말해 수요의 법칙에 따라 가격과 수요량 사이에는 '마이너스'의 관계가 존재하기 때문에, 즉 위의 식에서 분자와 분모의 부호가 서로 다르기 때문에 계산된 수요의 가격탄력성은 '마이너스' 값을 갖는다. 이런 번거로움 때문에 수요의 가격탄력성 앞에 '마이너스' 부호를 붙이기도 하지만, 본서에서는 '마이너스' 부호를 붙이는 대신 계산된 수요의 가격탄력성 값을 '플러스'로 해석하기로 한다.

수요의 가격탄력성을 계산하는 예를 들어보기 위해 위에서 예로 든 A, B, C 세 상품의 수요의 가격탄력성을 계산하면 다음과 같다.

$$A\text{상품 수요의 가격탄력성}=\frac{(7\text{kg}-10\text{kg})/10\text{kg}}{(110\text{원}-100\text{원})/100\text{원}}=-3$$

$$B\text{상품 수요의 가격탄력성}=\frac{(7\text{개}-10\text{개})/10\text{개}}{(110\text{원}-100\text{원})/100\text{원}}=-3$$

$$C\text{상품 수요의 가격탄력성}=\frac{(7\ell-10\ell)/10\ell}{(110\text{원}-100\text{원})/100\text{원}}=-3$$

위와 같이 *A*, *B*, *C* 세 상품 수요의 가격탄력성을 계산하면 세 상품 모두 수요의 가격탄력성이 '−3'으로 동일하게 나타남을 알 수 있다. 따라서 이 경우에는 '*A*, *B*, *C* 세 상품 모두 가격이 10% 상승하면 수요량은 30%씩 동일하게 감소한다'고 할 수 있다.

자세히 알아보기 김치라면과 가격탄력성

김치라면은 1994년 5월 ㅇㅇ식품에서 한 봉지에 소비자값 200원짜리로 첫선을 보인 후 월평균 70만 상자까지 팔리는 히트상품으로 떠올랐다. 그러나 ㅇㅇ식품은 1995년 4월 원자재가격 상승을 이유로 김치라면을 봉지당 50원 올려 250원씩 받기 시작했다. ㅇㅇ식품은 김치라면이 잘나가는 상품으로 자리 잡은 데다 가격 면에서 다른 라면제품과 비교할 때도 소비자들에게 큰 부담이 없을 것으로 판단했다. 그런데 소비자들의 가격저항은 의외로 컸다. 김치라면 매출이 가격인상 후 현재까지 거의 1년간 평소의 절반 정도나 떨어진 한 달 평균 40만 상자 이하로 내려간 것이다. 이에 따라 현재 300원대로 형성된 라면시장에서 김치라면만이 유독 250원대를 벗어나지 못하고 있다. 1995년 말 밀가루와 인건비 인상으로 다른 상표의 라면들은 값을 모두 10% 안팎으로 올렸는데도 불구하고 김치라면만이 인상은 고사하고 소비자 눈치를 보느라 쩔쩔매게 된 것이다.(자료: 중앙일보, 1996.4.5) 이 경우 수요의 가격탄력성을 계산해 보면 1보다 큰 것을 알 수 있다. 만약 ㅇㅇ식품이 사전에 수요의 가격탄력성을 면밀하게 검토해 보았더라면 무리한 가격 인상을 시도하지 않았을 것이다.

출처: **경제교육**, 한국개발연구원(2002. 9)의 일부 내용 수정

자세히 알아보기 배추가격이 폭등 혹은 폭락하는 이유

배추가격이 폭락하여 농민이 배추밭을 갈아엎는 장면어 보도되기도 하며, 배추가격이 폭등하여 김치를 금치로 표현하는 현상이 나타나기도 한다. 왜 이런 현상이 발생하는 것일까? 이에 대한 답은 배추수요의 가격탄력성과 대체재의 존재유무에서 찾을 수 있다. 한국 사람에게 김치는 꼭 필요한 음식이고 배추는 김치의 필수적인 재료이다. 따라서 배추수요의 가격탄력성은 매우 낮다. 즉 배추수요는 가격변화에 매우 비탄력적이다. 또한 배추를 대체할 다른 상품이 있는 것도 아니다.

배추 풍년인 경우를 생각해 보자. 공급은 많아져 배추가격이 하락한다고 해서 배추수요가 증가하는 것은 아니다. 따라서 배추가격은 큰 폭으로 하락할 수밖에 없다. 만일 배추가격이 폭락하여 배추가격이 수확비용보다도 낮다면 농민의 입장에서는 배추를 수확할 이유가 없게 된다. 이런 경우가 바로 농민이 배추밭을 갈아엎는 경우에 해당된다. 한편 이상기온으로 인해 배추공급이 감소한다면 배추가격은 상승할 것이다. 배추가격이 오른다고 김치를 먹지 않을 수도 없고 배추를 내체할 나른 상품도 없다. 따라서 배추가격이 상승해도 배추수요는 줄지 않기 때문에 배추가격은 폭등하고, 김치가 금치가 되는 셈이다. 배추가격의 폭락 및 폭등과 관련한 두 가지 기사를 소개한다.

한 농부가 "정부의 잘못된 배추정책으로 출하조차 못하게 됐다"며 자신이 재배한 배추밭을 갈아엎고 있다.

출처: **뉴시스**(2011. 5. 2, http://newsis.com/)의 일부 내용 수정

김치를 추가 주문하면 돈을 더 받는 식당이 등장했다. 천정부지로 치솟고 있는 배추가격 여파다. 배추 2포기 묶어 3만원 하는 시대가 되면서 식당에서 파는 김치가 이른바 '금치'가 된 상황이다.

출처: **경향신문**(2010. 9. 30, http://www.khan.co.kr)의 일부 내용 수정

수요의 가격탄력성 절대값이 '1'보다 커서 탄력적이라면 가격 변화율보다 수요량 변화율이 더 큰 경우이므로 소비자가 가격 변화에 민감하게 반응한다는 의미이다. 반대로 수요의 가격탄력성 절대값이 '1'보다 작아서 비탄력적이라면 가격 변화율보다 수요량 변화율이 더 작은 경우이므로 소비자가 가격 변화에 민감하지 않게 반응한다는 의미이다. 또한 수요의 가격탄력성 절대값이 정확히 '1'이어서 단위탄력적이라면 가격 변화율과 수요량 변화율이 같음을 의미한다.

수요의 가격탄력성 크기에 영향을 미치는 중요한 요인으로는 대체상품의 존재 유무와 그 상품에 대한 지출이 소비자의 소득에서 차지하는 비중 등을 들 수 있다. 일

반적으로 어떤 상품을 대체할 수 있는 다른 상품이 존재할수록, 그리고 어떤 상품에 대한 지출이 소비자의 소득에서 차지하는 비중이 클수록 수요의 가격탄력성은 커지는 경향이 있다. 예를 들어 상품1을 거의 완벽하게 대체할 수 있는 상품2가 존재하는 경우 상품1의 가격이 상승한다면 소비자들은 상품1의 수요를 줄이는 대신 상품2의 수요를 늘릴 것이므로 상품1의 가격탄력성은 큰 값을 갖는다. 또한 만일 상품3에 대한 지출이 소비자의 소득에서 차지하는 비중이 크다면 상품3의 가격 상승에 소비자는 민감하게 반응할 수밖에 없기 때문에 상품3의 가격탄력성은 큰 값을 갖는다.

2.3 수요의 소득탄력성

수요의 소득탄력성(income elasticity of demand)은 소득의 변화에 따른 수요량의 반응 정도를 측정하는 개념이며, 수요량 변화율을 소득 변화율로 나누어서 다음과 같이 정의된다.

수요의 소득탄력성
소득 변화에 따른 수요량의 변화 정도를 측정하는 개념

$$\text{수요의 소득탄력성} = \frac{\text{수요량 변화율}}{\text{소득 변화율}}$$

수요의 소득탄력성이 '플러스'이면 소득이 증가함에 따라 수요량이 증가함을 의미한다. 이와 같이 소득이 높아짐에 따라 수요량이 증가하는 상품을 정상재(normal goods)라 하는데, 우리 주변에서 보는 대부분의 상품이 정상재에 속한다. 정상재 중에서도 수요의 소득탄력성이 '1'보다 커서 탄력적이면, 즉 소득 변화율보다 수요량 변화율이 더 크면 사치재라 한다. 또한 정상재 중에서 수요의 소득탄력성이 '1'보다 작아서 비탄력적이면, 즉 소득 변화율보다 수요량 변화율이 더 작으면 필수재라 한다. 한편 수요의 소득탄력성이 '마이너스'이면 소득이 증가함에 따라 수요량은 오히려 감소함을 의미한다. 이와 같이 소득이 증가함에도 불구하고 수요량이 감소하는 상품을 열등재(inferior goods)라 하는데, 고무신이나 연탄과 같이 우리의 주변에서 사라져가는 상품들이 열등재에 해당된다.

정상재
소득수준이 높아짐에 따라 수요량이 증가하는 상품

사치재
소득 증가율보다 수요량 증가율이 더 큰 상품

필수재
소득 증가율보다 수요량 증가율이 더 작은 상품

열등재
소득수준이 증가함에 따라 수요량은 오히려 감소하는 상품

자세히 알아보기 식량의 가격탄력성과 소득탄력성

빈곤한 나라에서 생계를 위해 식량을 확보하는 것은 투쟁 수준이지만 부유한 나라에 사는 사람들은 식량을 쉽게 구할 수 있다. 이러한 상황은 식량의 소득 및 가격탄력성의 국가적 차이에 반영된다. 아래의 표에서 첫 번째 열에는 가장 가난한 나라에서 가장 부유한 나라에 이르기까지 발췌된 몇 나라가 있다. 두 번째 열에는 미국의 1인당 국민소득의 %로 표시한 각 나라의 국민소득이 있다. 세 번째 열에는 각 나라의 식량에 대한 소득탄력성이, 네 번째 열에는 가격탄력성이 있다.

아래의 표에서 보는 바와 같이 소득수준이 낮은 나라일수록 식량에 대한 수요의 소득탄력성이 높게 나타나고 있다. 소득이 증가하면 가난한 나라의 국민들은 추가적인 소득의 많은 부분을 식량에 지출할 것이다. 즉 인도에서 소득이 10% 증가하면, 식량의 수요량이 7.6% 증가할 것이다. 또한 소득수준이 높은 나라일수록 식량에 대한 수요의 가격탄력성이 낮게 나타나고 있다. 이는 부유한 나라일수록 식량에 대한 지출이 총지출에서 차지하는 비중이 낮기 때문이다. 즉 가난한 나라 사람들은 소득의 많은 부분을 식량에 지출하기 때문에 식량의 가격변화에 민감하며, 부유한 나라 사람들은 상대적으로 소득의 적은 부분을 식량에 지출하기 때문에 식량의 가격변화에 덜 민감한 것이다.

국가	1인당 국민소득 (미국의 1인당 국민소득의 %)	식량의 소득탄력성	식량의 가격탄력성
인도	5.2	0.76	−0.32
나이지리아	6.7	0.74	−0.33
인도네시아	7.2	0.72	−0.34
한국	20.4	0.64	−0.35
일본	61.6	0.39	−0.35
영국	71.7	0.33	−0.22
프랑스	81.1	0.27	−0.19
독일	85.0	0.25	−0.17
캐나다	99.2	0.15	−0.10
미국	100.0	0.14	−0.10

출처: **스티글리츠의 경제학**, 조지프 스티글리츠, 한울아카데미(2002. 3)의 일부 내용 수정

수요의 소득탄력성은 산업정책이나 경제정책에서 중요한 의미를 갖는다. 수요의 소득탄력성이 높은 상품을 생산하는 산업은 경제성장을 선도하는 부문이 되는 반면에, 수요의 소득탄력성이 낮은 상품을 생산하는 산업은 경제가 성장함에 따라 도태된다.

2.4 수요의 교차탄력성

상품의 수요는 다른 상품의 가격에 의해서도 영향을 받는다고 하였다. 이런 현상이 발생하는 경우, 즉 어떤 상품(상품2)의 가격 변화가 다른 상품(상품1)의 수요에 영향을 주는 방향과 정도를 측정하는 개념을 **수요의 교차탄력성**(cross elasticity of demand)이라 한다. 수요의 교차탄력성은 아래에서 보는 바와 같이 상품1의 수요량 변화율을 상품2의 가격 변화율로 나누어줌으로써 정의된다.

수요의 교차탄력성
어떤 상품의 가격 변화가 다른 상품의 수요량에 영향을 주는 방향과 정도를 측정하는 개념

$$\text{수요의 교차탄력성} = \frac{\text{상품1의 수요량 변화율}}{\text{상품2의 가격 변화율}}$$

수요의 교차탄력성이 '플러스'이면 상품1과 상품2는 서로 대체관계에 있다고 한

자세히 알아보기 보완관계 사례: 연관구매

늦은 밤 출출할 때 혹은 샤워 후 간단하게 맥주 한 캔 하고 싶을 때, 기말고사 준비하다가 졸음이 쏟아져 잠 깨기 위한 군것질이 필요할 때 자주 편의점을 찾는다. 편의점에 가면 하나의 물품을 구매하고 나오기보다는 그와 연관된 또 다른 물건을 함께 구매하는 것이 일반적이다.

세븐일레븐에서는 자체 매장을 기준으로 2013년 가장 많이 판매된 20개 품목의 연관구매 분석결과를 발표했다. 그 결과 맥주를 사는 고객들은 안주로 새우깡을 가장 많이 선택했고, 담배 구매자들은 캔커피를 함께 사는 것으로 조사되었다. 맥주와 새우깡, 담배와 커피. 이것은 소비자들의 연관구매를 보여주는 결과라고 할 수 있는데 이 연관구매를 분석하면 소비자들의 구매심리와 소비 트렌드를 알아볼 수 있다.

출처: **위키트리**(http://www.wikitree.co.kr/, 2013.12.23.)의 일부 내용 수정

다. 여기에서 상품1과 상품2가 대체관계에 있다는 것은 상품2의 가격이 상승하는 경우 상품2의 수요를 줄이는 대신 상품1의 수요를 늘린다는 의미, 즉 상품1이 상품2를 대체한다는 의미이다. 반대로 수요의 교차탄력성이 '마이너스'이면 상품1과 상품2는 서로 보완관계에 있다고 한다. 두 상품이 서로 보완관계라는 것은 상품2의 가격이 상승하는 경우 상품2의 수요를 줄임과 더불어 상품1의 수요도 줄인다는 의미, 즉 상품1과 상품2는 서로 같이 사용되는 상품이라는 의미이다.

2.5 공급의 가격탄력성

공급의 가격탄력성
가격 변화에 따른 공급량의 변화 정도를 측정하는 개념

공급의 가격탄력성(price elasticity of supply)은 가격의 변화에 따른 공급량의 반응 정도를 측정하는 개념으로서 다음과 같이 정의된다.

$$\text{공급의 가격탄력성} = \frac{\text{공급량 변화율}}{\text{가격 변화율}}$$

자세히 알아보기 **공급의 가격탄력성 차이와 가격변화**

해마다 발렌타인데이가 되면 장미가격은 비교적 많이 상승하는데 초콜릿가격은 상승하지 않는다. 장미와 초콜릿에 대한 수요의 증가 정도가 비슷함에도 불구하고 왜 장미가격은 많이 오르는데 초콜릿가격은 상승하지 않는지는 공급의 가격탄력성 차이로 설명할 수 있다.

장미에 대한 수요가 증가한다고 해서 단기간에 장미공급을 증가시키기는 어렵다. 즉 장미공급의 가격탄력성은 매우 낮다. 그러나 초콜릿의 경우는 다르다. 초콜릿은 수요가 증가하는 경우 단기간에 공급을 증가시킬 수 있다. 즉 초콜릿 공급의 가격탄력성은 매우 높다. 따라서 장미와 초콜릿의 수요가 비슷하게 증가하는 경우 장미의 가격은 상승하지만 초콜릿의 가격은 거의 상승하지 않는다. 장미와 초콜릿을 예로 들었지만 일반적으로 공산품은 공급의 가격탄력성이 높은 반면에 농산물은 공급의 가격탄력성이 낮다. 따라서 수요가 변화하는 경우 농산물의 가격변화가 공산품에 비해 큰 것이 일반적이라 할 수 있다.

공급의 가격탄력성도 여러 가지 요인에 의해서 영향을 받는데, 일례로 생산량 증가에 따른 생산비용의 증가 정도를 들 수 있다. 생산량 증가에 따른 생산비용의 증가 정도가 클수록 추가적인 생산에 소요되는 비용이 많아지기 때문에 가격이 오른다고 하더라도 공급 증가가 이루어지기 어려우므로 공급의 가격탄력성이 낮다. 한편 상품의 저장 가능성이 클수록, 저장비용이 저렴할수록, 그리고 저장시간이 길수록 공급의 가격탄력성은 커지게 된다.

핵심포인트

① 탄력성은 특정 요인 변화에 대한 수요량 혹은 공급량의 반응 정도를 비교하기 위해 고안된 개념임
- 탄력성 값이 '1'보다 크면 탄력적이라고 하고, '1'보다 작으면 비탄력적이라 하며, '1'이면 단위탄력적이라 함

② 수요의 가격탄력성은 가격의 변화에 대한 수요량의 반응 정도를 측정하는 개념임
- 대체상품의 존재 유무와 그 상품에 대한 지출이 소비자의 소득에서 차지하는 비중이 수요의 가격탄력성 크기에 영향을 줌

③ 수요의 소득탄력성은 소득의 변화에 따른 수요량의 반응 정도를 측정하는 개념임
- 수요의 소득탄력성이 '플러스'이면 정상재라 함
- 수요의 소득탄력성이 '1'보다 크면 사치재, '1'보다 작으면 필수재라 함
- 수요의 소득탄력성이 '마이너스'이면 열등재라 함

④ 수요의 교차탄력성은 가격변화가 다른 상품의 수요에 영향을 주는 방향과 정도를 측정하는 개념임
- '플러스'이면 서로 대체관계, '마이너스'이면 서로 보완관계에 있다고 함

⑤ 공급의 가격탄력성은 가격의 변화에 따른 공급량의 반응 정도를 측정하는 개념임
- 공급의 가격탄력성에 영향을 주는 중요한 요인으로는 생산량 증가에 따른 생산비용의 증가 정도, 상품의 저장 가능성, 저장비용 그리고 저장시간을 들 수 있음

3 가격통제

시장은 수요와 공급에 의한 가격기구 즉 '보이지 않는 손'에 의해 균형에 도달하는 것이 자원배분의 측면에서 가장 효율적임은 제3장 제3절에서 확인하였다. 그러나 현실경제에서는 여러 가지 이유로 인해 정부가 시장에 개입하게 된다. 정부가 시장에 개입하는 가장 극단적인 형태가 가격통제(price control)인데, 가격통제란 정부가 시장에 개입하여 상품의 가격을 인위적으로 결정하는 행위를 의미한다. 가격통제는 균형가격보다 낮은 수준으로 통제하는 가격상한제와 균형가격보다 높은 수준으로 통제하는 가격하한제로 구분할 수 있다. 정부가 인위적으로 가격을 통제하는 경우, 즉 시장에서 가격기구에 의한 자원배분이 이루어지지 못하는 경우 어떤 현상이 발생하는지 살펴보기로 하자.

가격통제
정부가 시장에 개입하여 상품의 가격을 인위적으로 결정하는 행위

3.1 가격상한제

가격상한제(price ceiling)는 정부가 의도적으로 상품의 가격을 균형가격보다 낮게 유지시키는 정책을 말한다. 가격상한제는 주로 특정 상품의 소비 억제, 물가상승 억제, 그리고 희소한 재화의 공평한 배분 등을 목적으로 채택되는 경우가 많으며, 아파트 분양가 상한제와 대출 최고 이자율 제한 등이 여기에 속한다. 일반적으로 가격상한제는 특정 상품의 소비를 억제하기 위한 목적에는 상당한 효과가 있으나, 나머지의 목적은 '암시장' 때문에 실패하는 경우가 대부분이다.

가격상한제
정부가 상품의 가격을 균형가격보다 낮게 유지시키는 정책

암시장
거래가 금지된 상품을 거래하거나 정부가 설정한 가격과 다른 가격으로 거래하는 불법적 시장

〈그림 4-3〉을 이용하여 가격상한제가 시행되면 어떤 현상이 발생하는지 분석해보자. 가격상한제 시행 이전에는 시장의 균형은 E점에서 이루어져 P_0의 균형가격과 Q_0의 균형거래량이 형성된다. 그런데 정부가 균형가격보다 낮은 P_C의 상한가격을 설정했다고 하자. 즉 P_C 이상의 가격으로는 거래할 수 없도록 규제한다고 하자. 상한가격으로 인해 시장에서는 BC만큼의 초과수요가 발생한다. 즉 가격상한제로 설정한 가격이 균형가격보다 낮기 때문에 수요는 늘어나지만 공급은 줄어들어 초과수요

가 발생한다.

가격상한제가 시행되어 〈그림 4-3〉에서 Q_1만큼이 거래될 수 있는 세 가지 경우를 생각해 보자. 첫째, Q_1이 모두 P_C의 가격에 거래되는 경우이다. 이는 가격상한제 위반에 대한 감시가 철저하게 이루어져 소비자나 생산자 모두 가격상한제를 지키는 경우에 해당한다. 둘째, Q_1의 일부는 P_C의 가격에 거래되지만 나머지는 P_C보다 높은 가격수준, 구체적으로 P_C와 P_1 사이에서 거래되는 경우이다. 이 경우가 첫째보다 더 현실적이라 할 수 있다. 왜냐하면 가격상한제 위반에 대한 감시가 100% 철저하게 이루어져 어느 누구도 가격상한제를 위반하지 못하는 경우는 상상하기 어렵기 때문이다. 즉 초과수요가 존재하는 한, 웃돈을 더 주고라도 구입하고자 하는 욕구는 있을 수밖에 없기 때문이다. 이와 같이 웃돈을 주고 거래되는 시장, 즉 불법적으로 거래되는 시장을 암시장이라 한다. 셋째, Q_1이 모두 암시장에서 거래되는 경우이다. 이 경우는 가격상한제 시행에서 발생할 수 있는 최악의 상황이며, 가격은 P_1으로 균형가격보다 높게 된다. 이 세 가지 경우 중에서 둘째의 경우가 가격상한제에서 Q_1만큼이 거래될 수 있는 가장 현실적인 형태일 것이다.

가격상한제의 시행 목적이 이 상품의 소비를 억제하기 위한 것이라면 이 상품의

그림 4-3 | 가격상한제

- P_C의 상한가격을 설정하면 BC만큼의 초과수요 발생
- 암시장 때문에 P_C의 상한가격이 지켜지기 어려움
- 가격상한제의 시행 목적이 물가상승 억제나 희소한 재화의 공평한 배분 등에 있다면 그 목적이 달성되었다고 할 수 없음

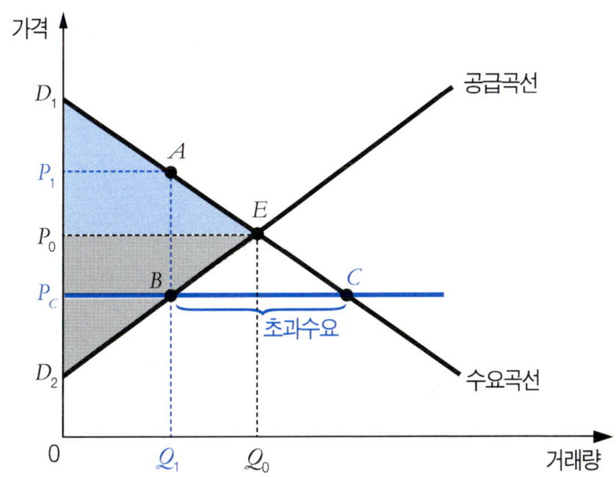

그림 4-4 | **가격상한제와 순사회편익**

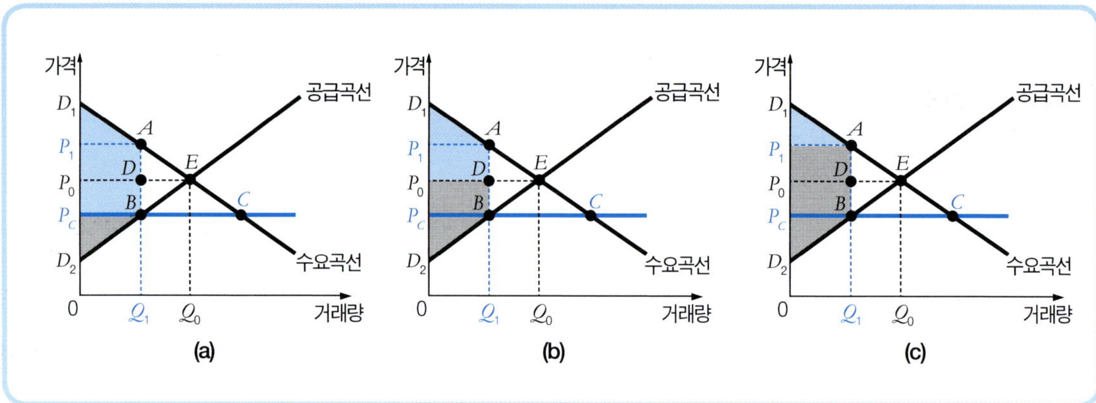

거래량이 〈그림 4-3〉의 Q_0에서 Q_1으로 줄어들었으므로 어느 정도 효과를 보게 된다. 그러나 가격상한제의 시행 목적이 물가상승 억제나 희소한 재화의 공평한 배분 등에 있다면 그 목적이 달성되었다고 할 수 없다. 즉 가격상한제를 시행하는 경우 암시장이 형성되는 것을 막지 못하면 물가상승 억제나 희소한 자원의 공평한 자원배분 등의 목적은 달성될 수 없다.

가격상한제와 순사회편익

가격상한제가 시행되는 경우 소비자잉여, 생산자잉여 그리고 순사회편익은 어떻게 변화하는지 살펴보기로 하자. 〈그림 4-3〉에서 가격상한제가 시행되기 이전의 시장균형점은 E점이므로 소비자잉여와 생산자잉여는 각각 P_0ED_1과 P_0ED_2이고, 순사회편익은 D_1ED_2이다.

가격상한제가 시행되는 경우의 소비자잉여, 생산자잉여, 순사회편익을 앞에서 논의한 Q_1만큼이 거래되는 세 가지 경우로 분리하여 살펴보자. 첫째, Q_1이 모두 P_C의 가격에 거래되는 경우, 〈그림 4-4〉의 (a)에서 보는 바와 같이 소비자잉여는 P_CBAD_1이고, 생산자잉여는 P_CBD_2이며, 순사회편익은 D_2BAD_1이다. 둘째, Q_1의 일부는 P_C의 가격에 거래되지만 나머지는 P_C와 P_1 사이에서 거래되는 경우, 편의상 P_0라고 한다면 〈그림 4-4〉의 (b)에서 보는 바와 같이 소비자잉여는 P_0DAD_1이고, 생산자잉여는 P_0DBD_2이며, 순사회편익은 D_2BAD_1이다. 셋째, Q_1이 모두 암시장에서 거래되는 경우, 〈그림 4-4〉의 (c)에서 보는 바와 같이 소비자잉여는 P_1AD_1이고, 생산자잉여는 P_1ABD_2이며, 순사회편익은 D_2BAD_1이다.

결국 〈그림 4-3〉과 〈그림 4-4〉를 비교하면 가격상한제가 시행되어 시장에서 Q_1만큼 거래되는 세 가지 경우 모두 순사회편익은 D_2BAD_1이고, 따라서 이 순사회편익의 크기를 가격상한제 시행 이전의 순사회편익인 D_1ED_2와 비교하면 ABE만큼 작다. 이와 같이 시장이 효율적이지 못하기 때문에 발생하는 순사회편익의 손실을 자중손실(deadweight loss)이라고 한다.

자중손실
시장이 효율적이지 못하기 때문에 발생하는 순사회편익의 손실

경제이야기 임대료 규제

선진국에서 가격상한제를 지속적으로 실시하는 품목으로는 대도시 주택임대료 규제(rent control)를 들 수 있다. 뉴욕, 파리 등 대도시에서는 서민주택 임대료 상승률을 매년 일정범위 안에서 억제하고 있는데 무주택 서민의 주거생활을 안정시킨다는 좋은 의도에서 시작한 임대료 규제가 주택난의 주범이 되고 있다. 시간이 흐를수록 임대용 주택의 공급은 감소하고 수요는 증가하기 때문이다.

시장실세보다 낮은 임대료를 받기 때문에 주택건설업체들은 임대용 서민주택보다 규제를 안 받는 고급주택을 더 많이 짓는다. 신혼부부나 새로 도시에 전입해 온 사람들은 임대료가 싼 서민주택에 들어가고자 한다. 그 결과 서민주택단지마다 입주희망자들이 입주를 신청해 놓고 몇 년 동안이나 기다리며 살아야 한다. 따라서 임대료 규제는 새로이 입주하고자 하는 사람들의 복지를 증대시키는 정책이라 할 수 없다.

임대주택에 세 들어 사는 사람들은 임대료 규제로 덕을 본다. 임대료 규제가 해제되면 임대료가 올라갈 것이기 때문이다. 그러나 시간이 흐름에 따라 입주자들이 혜택을 누린다고 말할 수 없는 상황들이 전개된다. 임대주택 소유주들은 주택의 보수에 소홀하고 주거환경이 열악해져도 개의치 않는다. 낮은 임대료 수입이 그런 투자를 할 만한 유인을 주지 않을 뿐더러 주택개량투자를 안 해도 들어와 살려고 하는 사람은 많기 때문이다. 불량주택을 방치해 두었다가 나중에 헐고 고급주택으로 다시 짓는다. 따라서 기존 입주자도 고통을 받는다.

자료 : **경제학 길잡이**, 안국신, 율곡출판사(2004. 3)의 일부 내용 수정

3.2 가격하한제

가격하한제
정부가 상품의 가격을 균형가격보다 높게 유지시키는 정책

가격하한제(price floors)는 정부가 의도적으로 상품의 가격을 균형가격보다 높게 유지시키는 것을 말한다. 가격하한제는 주로 공급자의 이익을 보호하기 위한 제도로서 최저임금제도 등이 이에 속하며 사회보장의 성격을 갖는다. 가격하한제가 시행되면 시장에서 초과공급이 발생하게 되는데, 노동시장에 적용되는 최저임금제도를 예로 들어 설명해 보자.

대형마트의 일용직 업무처럼 특별한 기술이 없어도 일을 할 수 있는 직종의 노동시장이 〈그림 4-5〉에서 보는 바와 같이 F점에서 균형을 이루고 있으며 균형임금은 W_0이고 균형고용량은 L_0라고 하자. 그런데 정부가 W_F의 임금수준 이하로는 고용을 금지하는 최저임금제도를 시행한다고 하자. 이 경우 W_F의 임금수준에서 일하려는 노동의 공급량이 L_2인 반면 이 임금수준에서 고용하려는 노동의 수요량은 L_1에 불과하여 GH만큼의 초과공급이 발생한다. 결과적으로 최저임금제도가 시행되면 고용량은 L_0에서 L_1으로 줄어들어 L_0-L_1만큼의 추가적인 실업자가 발생하게 된다.

그림 4-5 | 가격하한제

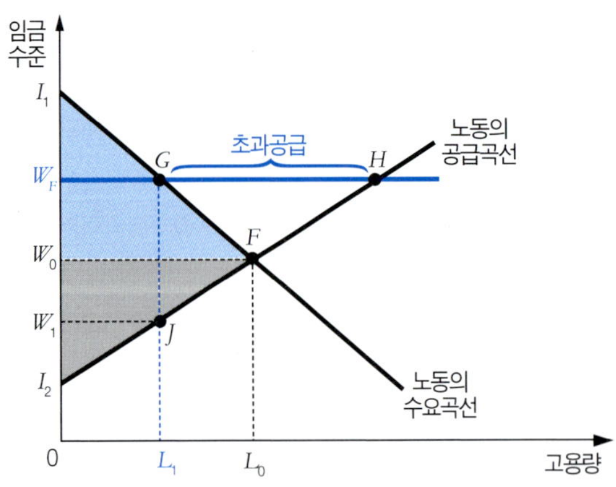

- W_F의 최저임금제도를 시행하면 GH만큼의 초과공급 발생
- 최저임금제도로 인해 L_0-L_1만큼의 추가적인 실업자 발생
- W_F의 임금을 받고 고용되는 사람들은 최저임금제도로 혜택을 보지만 그렇지 못한 사람들은 불이익을 받음

경제이야기 최저임금제

최저임금제란 국가가 근로자의 생활안정을 위해 임금의 최저수준을 정하고 사용자에게 그 수준 이상의 임금을 지급하도록 법으로 강제하는 제도를 말한다. 최저임금제의 적용대상은 1인 이상 근로자를 사용하는 모든 사업 또는 사업장이다. 최저임금은 노사공익대표 각 9명으로 구성된 최저임금위원회가 매년 인상안을 의결해 정부에 제출하면, 고용노동부 장관이 결정해 고시한다. 2020년의 최저임금은 시간당 8,590원이다.

노동시장에서 초과공급이 발생하면 L_1만큼의 고용량이 형성되기 위한 몇 가지 경우가 존재하는데 두 가지만 설명하기로 하자. 첫째, L_1이 모두 최저임금수준에서 일을 하는 경우이다. 이 경우 최저임금제도 시행 이후에도 일자리를 유지하는 사람들(L_1)은 임금수준의 상승으로 혜택을 보지만, 최저임금제도 시행으로 노동의 수요가 감소하여 일자리를 잃은 사람들(L_0-L_1)은 오히려 최저임금제도 때문에 불이익을 받게 된다. 둘째, L_1의 일부는 최저임금수준인 W_F을 받고 고용되지만 나머지는 W_F보다 낮은 수준의 임금수준, 즉 W_F와 W_1 사이의 임금을 받고 고용되는 경우이다. 이 경우에 W_F의 임금을 받고 고용되는 사람들은 최저임금제도로 혜택을 보지만 그렇지 못한 사람들은 오히려 불이익을 받게 된다. 따라서 일반적으로 저임금 노동자의 생활보장이라는 목적으로 시행되는 최저임금제도가 목적달성을 이루었다고 보기 어렵다.

가격하한제와 순사회편익

가격하한제가 시행되는 경우 소비자잉여, 생산자잉여 그리고 순사회편익은 어떻게 변화하는지 살펴보기로 하자. 〈그림 4-5〉에서 가격하한제가 시행되기 이전의 시장균형점은 F점이므로 소비자잉여와 생산자잉여는 각각 W_0FI_1과 W_0FI_2이고, 순사회편익은 I_2FI_1이다.

가격하한제가 시행되는 경우 소비자잉여, 생산자잉여, 순사회편익을 앞에서 논의한 L_1만큼의 고용량이 형성되는 두 가지 경우로 분리하여 살펴보자. 첫째, L_1이 모두 최저임금 수준에서 일하는 경우, 〈그림 4-6〉의 (a)에서 보는 바와 같이 소비자잉여는 W_FGI_1이고, 생산자잉여는 W_FGJI_2이며, 순사회편익은 I_2JGI_1이다. 둘째, L_1의 일부는 최저임금수준인 W_F에서 일을 하고 나머지는 W_F와 W_1 사이의 임금을 받고 고용되는 경우, 편의상 W_0라고 한다면 〈그림 4-6〉의 (b)에서 보는 바와 같이 소비자잉여는 W_0JGI_1이고, 생산자잉여는 W_0IJI_2이며, 순사회편익은 I_2JGI_1이다.

결국 최저임금제가 시행되어 노동시장에서 L_1만큼 고용되는 두 가지 경우 모두 순사회편익은 I_2JGI_1이다. 이 순사회편익의 크기를 최저임금제 시행 이전의 순사회편익인 I_2FI_1과 비교하면 GFJ만큼 작다. 즉 〈그림 4-5〉와 〈그림 4-6〉을 비교하면 최저임금제의 시행으로 인해 GFJ만큼의 자중손실이 발생함을 알 수 있다.

그림 4-6 | 가격하한제와 순사회편익

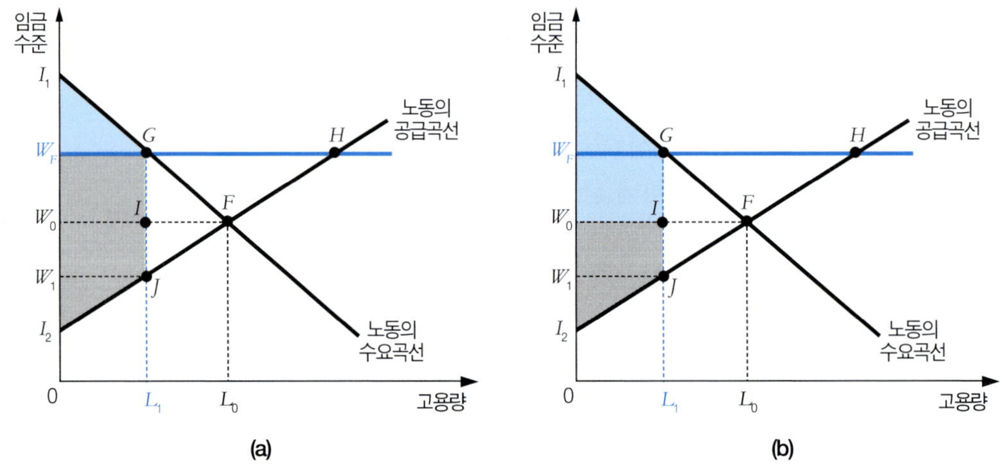

핵심포인트

① 정부가 시장에 개입하여 가격을 통제하면 효율성이 떨어지며 여러 가지 부작용이 나타남
- 가격상한제를 시행하는 경우 암시장이 형성되는 것을 막지 못하면 물가상승 억제나 희소한 자원의 공평한 배분 등의 목적을 달성할 수 없음
- 가격하한제의 일종인 최저임금제도를 시행하면 일자리를 유지하는 사람들은 이전보다 높은 수준의 임금을 받는 혜택을 누리지만 이로 인하여 일자리를 잃거나 얻지 못하는 사람에게는 불리하여 저임금 노동자의 생활보장을 목적으로 시행되는 최저임금제도가 목적달성을 이룬다고 보기 어려움

② 가격상한제와 가격하한제 모두 시행 이전과 비교하면 순사회편익이 감소함
- 이와 같이 시장이 효율적이지 못하기 때문에 발생하는 순사회편익의 손실을 자중손실이라고 함

4 시장과 정부

시장에서 자원배분이 효율적으로 이루어지도록 하는 가격의 역할을 '보이지 않는 손'이라 하였는데, 과연 '보이지 않는 손'은 완벽한 것이어서 모든 시장에서 적용될 수 있는가? 물론 그렇지는 않다. 제3장 제3절에서 설명한 '보이지 않는 손'이 작동하기 위해서는, 즉 가격기구에 의한 자원배분이 가장 효율적이기 위해서는 무수히 많은 수요자와 공급자가 존재하는 완전경쟁시장이어야 하며, 시장에서 얻어지는 이익이 시장에 참여한 수요자와 공급자에게만 적용되어야 한다는 전제조건이 필요하다. 그러나 현실경제에서의 시장은 위의 두 가지 전제조건을 충족하지 못하는 경우가 대부분이며, 이 경우 '보이지 않는 손'이 제대로 작동되지 못하고 효율적 자원배분이 이루어지지 못한다.

어떤 이유에서든 시장이 효율적이지 못한 현상을 시장실패(market failure)라 한다. 시장실패가 발생한다고 판단하는 경우 시장의 효율성을 높이기 위해 정부는 시장에 개입하게 된다. 시장실패가 발생하는 주요 원인으로는 불완전경쟁시장의 존재, 외부효과 그리고 공공재시장의 존재 등을 들 수 있다. 예를 들어 만일 공급자가 한 명

시장실패
시장이 효율적이지 못한 현상

이라면 공급자가 소비자에게 과도한 가격을 요구하는 등 여러 가지 문제가 발생할 수 있다. 또한 상품을 생산하는 과정에서 시장에 참여하지 않는 사람들에게 이익 혹은 불이익을 주지만 이에 대한 보상이 이루어지지 않는 경우도 있을 수 있는데 이를 외부효과(externality)라 하며, 외부효과에 의해서도 시장실패가 발생한다. 환경오염은 외부효과의 전형적인 예이다. 마지막으로 국방, 치안, 산책로 등과 같이 다수의 국민이 동시에 소비하는 상품이지만 명시적인 가격을 지불하고 구입하지 않는 상품(이와 같은 상품을 공공재라 한다)인 경우 개별기업이 공급을 담당하는 것이 바람직하지 않을 수 있다.

외부효과
상품의 생산과정에서 시장에 참여하지 않는 사람들에게 이익 혹은 불이익을 주지만 이에 대한 보상이 이루어지지 않는 경우

공공재
다수의 소비자가 동시에 소비하지만 명시적인 가격을 지불하지 않는 상품

정부가 시장에 개입하는 목적은 효율성과 형평성 제고, 두 가지를 들 수 있다. 효율성을 제고하기 위한 정부의 시장개입은 시장실패가 우려되는 경우이다. 경제의 효율성이 높다고 해서 국민경제의 모든 사람들이 모두 비슷한 수준의 혜택을 보는 것은 물론 아니다. 오히려 '보이지 않는 손'에 의한 자원배분은 생산성의 차이에 따라 보상의 차이가 극명하게 나타나는 원리를 기본으로 한다. 따라서 비슷한 수준은 아니더라도 국민경제 구성원들의 복지향상을 위해서는 형평성을 제고하기 위한 정부의 시장개입이 필요하기도 하다. 우리나라의 경우 형평성을 제고하기 위한 정부의 시장개입 예로는 국민연금제도, 국민의료보험제도 등을 들 수 있다. 한편 정부의 시장개입이 반드시 좋은 결과만 가져오는 것은 물론 아니다. 정부가 지나친 규제 등으로 시장에 개입하는 경우 오히려 비효율을 초래할 수도 있으며, 이러한 현상을 정부실패(government failure)라 한다.

정부실패
정부가 시장에 개입하여 비효율을 초래하는 현상

경제이야기 정부의 시장개입

시장실패는 정부의 시장개입으로 상당부분 개선할 수 있지만 정부의 시장개입이 항상 최선은 아니다. 때로는 정부가 직접 나서지 않고 사회구성원의 자발적인 참여를 통해 시장실패가 보완되기도 한다. 예를 들어 환경오염과 같은 외부효과를 발생시키는 기업의 행위도 사회구성원의 고발정신으로 상당부분 줄일 수 있다. 독과점기업의 횡포는 기업들의 불공정 행위를 감시, 비판하거나 소비자의 권익을 보호하기 위한 운동으로 어느 정도 개선시킬 수 있다.

또한 불충분한 공공재 때문에 나타나는 시장실패의 경우에도 국민이 무임승차 유혹에서 벗어나 관심을 가지고 대응하면 정부의 개입 없이 해결될 수 있는 부분이 있다. 예를 들면 지역 주민 또는 단체들이 훼손될 위기에 처한 땅을 공동으로 매입해 공원으로 조성하여 지역주민 모두의 '쉼터'로서, 나아가 지역사회의 이미지 개선에 활용하는 내셔널 트러스트 운동(National Trust) 같은 것을 종종 볼 수 있다. 이와 같이 시장실패가 사회구성원들의 자발적인 노력으로 해결될 수 있다면 정부가 직접 나서는 방식이 항상 최선은 아니다.

출처: **일반인을 위한 알기쉬운 경제이야기**, 한국은행(2013. 3)의 일부 내용 수정

핵심포인트

① 가격기구에 의한 자원배분이 가장 효율적이기 위해서는
- 무수히 많은 수요자와 공급자가 존재하는 완전경쟁시장이어야 함
- 시장에서 얻어지는 이익이 시장에 참여한 수요자와 공급자에게만 적용되어야 함

② 시장이 효율적이지 못한 경우를 시장실패라 함
- 시장실패의 주요 원인으로는 불완전경쟁시장의 존재, 외부효과 그리고 공공재시장의 존재 등이 있음
- 정부가 시장에 개입하는 목적은 효율성과 형평성 제고임
- 정부의 시장개입으로 비효율이 초래되는 현상을 정부실패라 함

연습문제

01 아래 용어의 개념을 간략하게 설명하라.

① 수요의 가격탄력성
② 수요의 소득탄력성
③ 수요의 교차탄력성
④ 정상재
⑤ 대체재
⑥ 가격상한제
⑦ 암시장
⑧ 자중손실
⑨ 시장실패
⑩ 외부효과

02 돼지고기시장이 균형을 이루고 있는데 다음과 같은 현상이 발생한다면 균형가격과 균형거래량에 어떤 영향을 주는지 그림을 이용하여 분석하라. 또한 각각의 경우 소비자잉여, 생산자잉여, 순사회편익은 어떻게 변화하는지 그림을 이용하여 설명하라.

① 양돈사료 가격의 인상
② 국제무역에 관한 협정 체결로 돼지고기 수입량의 급격한 증가
③ 광우병의 확산
④ 돼지고기의 과다섭취는 각종 성인병의 원인이 된다는 연구결과의 발표

03 어떤 상품의 탄력성을 계산한 결과가 아래와 같다면 어떤 의미를 갖는지 설명하라.

① 수요의 가격탄력성=−0.7
② 수요의 가격탄력성=−1.8
③ 수요의 소득탄력성=1.6
④ 수요의 소득탄력성=−0.4
⑤ 상품1의 상품2에 대한 수요의 교차탄력성=−1.3
⑥ 상품1의 상품2에 대한 수요의 교차탄력성=0.8
⑦ 공급의 가격탄력성=0.6
⑧ 공급의 가격탄력성=3.6

04 수요의 가격탄력성 크기에 영향을 주는 요인은 무엇인가?

05 금년에 대학을 졸업하는 김군은 A와 B 두 회사에 합격하였다. A회사는 수요의 소득탄력성이 매우 높은 상품을 생산하는 데 비해 B회사는 수요의 소득탄력성이 매우 낮은 상품을 생산하며 두 회사의 연봉수준은 같다. 김군은 어떤 회사를 선택하는 것이 현명할까? 그 이유는?

06 수요의 소득탄력성이 높은 상품에는 어떤 것들이 있는가?

07 대학생 아르바이트의 균형임금은 시간당 4,000원인데 정부가 최저임금제도를 도입해 시간당 7,000원 이하로는 아르바이트 학생을 고용하지 못하도록 한다고 하자. 최저임금제도를 시행하기 이전과 이후의 순사회편익은 어떻게 달라지는지 그림을 이용하여 분석하라. (단, 노동의 수요와 공급곡선은 직선이라고 가정한다.)

제3부 미시경제학 맛보기

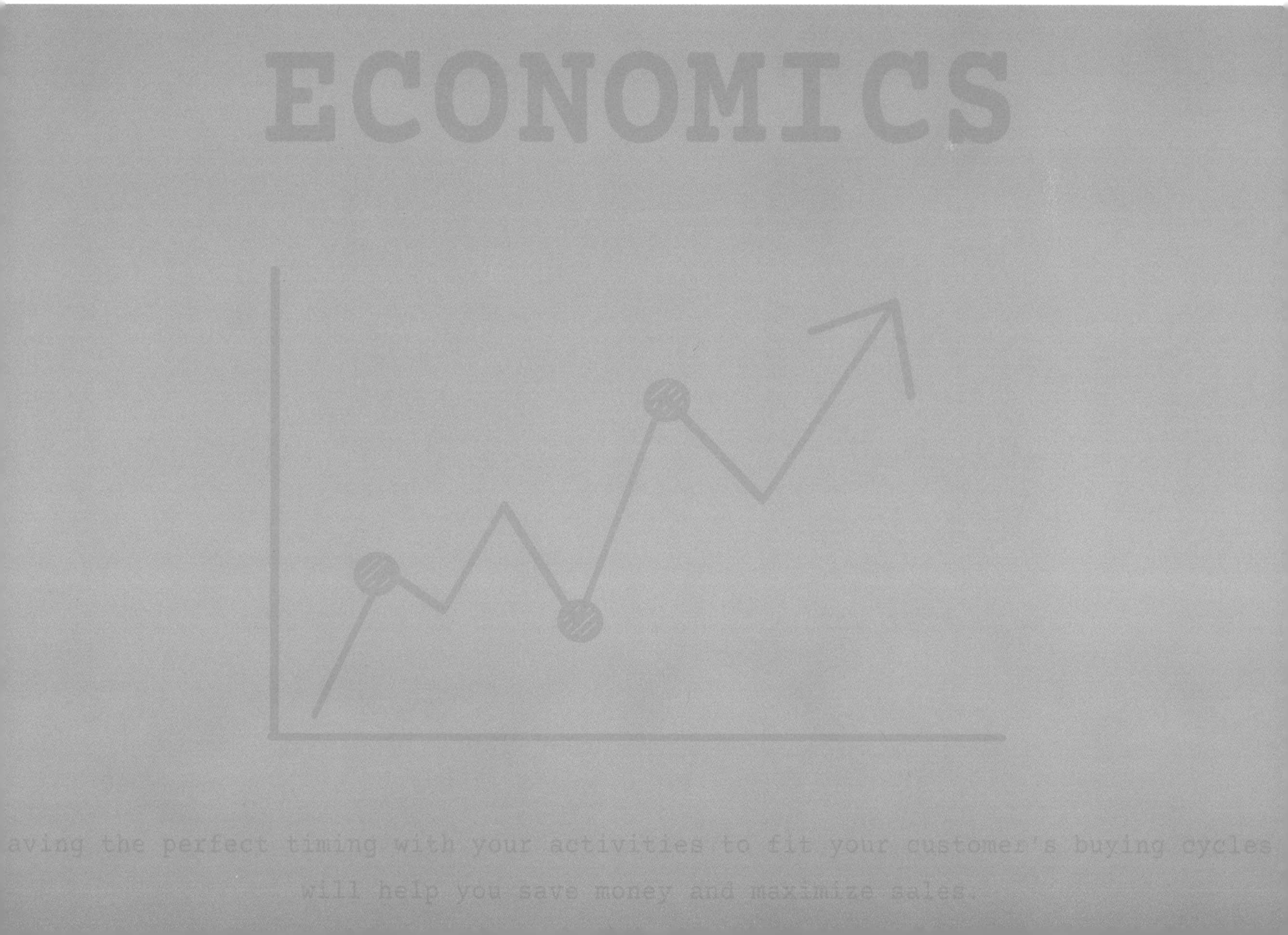

05

| 제5장 |

소비자이론

1. 소비자의 선호와 효용
2. 소비자의 최적선택
3. 소비자의 최적선택과 수요곡선
4. 수요의 법칙은 항상 성립하는가

1 소비자의 선호와 효용

1.1 효용의 개념

기수적 효용과 서수적 효용

우리는 많은 상품을 소비하며 살고 있다. 우리가 소비하는 상품들을 일일이 나열하는 것은 너무 번거롭고 불필요하므로 논의의 편의를 위해 상품묶음의 개념을 도입하기로 하자. 상품묶음(commodity bundle)이란 여러 상품을 일정한 양만큼씩 묶어 놓은 것으로 정의하고, 우리는 이 상품묶음을 소비함으로써 만족을 얻으며 생활하고 있다고 하자.

상품묶음
여러 상품을 일정량만큼씩 묶어 놓은 것

경제학에서는 소비자가 상품묶음을 소비함으로써 얻는 만족의 정도를 효용(utility)이라고 표현한다. 소비자의 선택문제를 분석하기 위해서는, 즉 소비자이론을 정립하기 위해서는 가장 먼저 효용을 정의해야 한다. 소비자가 느끼는 주관적인 만족인 효용을 숫자로 정확하게 표현할 수 있느냐 그렇지 않느냐에 따라 기수적 효용과 서수적 효용으로 구분한다.

효용
소비자가 상품묶음을 소비하여 얻는 만족의 정도

기수적 효용(cardinal utility)이란 소비자가 느끼는 만족의 정도를 정확하게 숫자로 표현할 수 있다는 개념이다. 예를 들어 기수적 효용이 100 혹은 200이라고 표현하면 이는 200인 상태가 100인 상태보다 정확하게 2배 더 만족하고 있음을 의미한다. 반면에 서수적 효용(ordinal utility)이란 소비자의 만족 정도를 정확하게 숫자로 표현할 수는 없고 단지 얼마만큼을 소비하는 상태가 다른 상태보다 더 만족스러운지, 혹은 덜 만족스러운지, 아니면 똑같이 만족스러운지 비교만 할 수 있다는 개념이다. 즉 기수적 효용이란 소비자의 만족 정도를 정확하게 측정할 수 있다는 개념인 데 반하여, 서수적 효용은 소비자의 만족 정도를 정확하게 측정할 수는 없고 단지 비교만 가능하다는 개념이다.

기수적 효용
소비자의 만족을 숫자로 정확하게 측정할 수 있다는 개념

서수적 효용
소비자의 만족을 정확하게 측정할 수는 없고 단지 비교만 가능하다는 개념

효용의 개념과 소비자이론

소비자이론은 소비자가 상품묶음을 소비함으로써 얻는 만족을 어떤 방법으로 정의하느냐에 따라 다음과 같이 세 가지로 분류할 수 있다. 첫째, 소비자가 상품묶음을 소비함으로써 얻는 만족을 정확하게 수치로 측정할 수 있다는 기수적 효용에 기초한 한계효용이론이다. 둘째, 소비자가 상품묶음을 소비함으로써 얻는 만족을 정확하게 수치로 측정할 수는 없고 단지 비교만 가능하다는 서수적 효용에 입각한 무차별곡선이론이다. 셋째, 효용에 대한 논의는 생략하고 현실에서 소비자가 상품을 구매한 결과로부터 소비자의 선택문제를 분석하는 이론이며, 이를 현시선호이론(revealed preference theory)이라 한다.

이와 같이 소비자이론은 세 가지로 전개되며, 세 가지 소비자이론 모두 '마이너스' 기울기를 갖는 수요곡선을 도출하는 동일한 결론에 도달한다. 본서에서는 소비자의 효용을 정확하게 숫자로 표현할 수 있다는 점에서 다소 비현실적이지만 설명과 이해에 용이한 한계효용이론을 살펴보기로 한다. 따라서 지금부터 모든 논의에서 효용은 소비자의 만족 정도를 정확하게 숫자로 표현할 수 있다는 기수적 효용을 의미한다.

1.2 총효용, 한계효용과 한계효용체감의 법칙

기수적 효용 개념을 적용하여 총효용과 한계효용을 정의하기로 하자. 총효용(total utility)이란 소비자가 상품묶음을 소비하여 얻는 만족의 총합을 말하며, 당연히 그 상품묶음의 소비량에 의해 영향을 받는다. 한계효용(marginal utility, *MU*)이란 소비자가 상품묶음의 소비량을 1단위 증가시키는 경우 늘어나는 총효용의 증가분을 말한다. 예를 들어 무더위가 지속되는 여름철에 시원한 음료수를 마시는 경우를 생각해보자. 갈증에 시달리던 차씨가 음료수 한 캔을 처음으로 마실 때 느끼는 총효용을 100이라고 하자. 음료수 한 캔으로는 갈증이 해소되지 않아 음료수를 한 캔 더 마실 때의 총효용은 150이라고 하자. 차씨가 처음으로 음료수 한 캔을 마셨을 때 얻은 총

총효용
소비자가 상품묶음을 소비하여 얻는 주관적인 만족의 총합

한계효용
소비자가 상품묶음의 소비를 1단위 증가시켰을 때 얻어지는 총효용의 증가분

자세히 알아보기 **한계효용체감의 의미**

한계효용이 감소하는 성질을 잘 보여 주는 곳이 바로 뷔페식당이다. 뷔페식당에서 자신이 제일 좋아하는 한 가지 음식만 먹고 나오는 사람은 없을 것이다. 아무리 좋아하는 음식이라도 계속 먹게 되면, 그 음식의 한계효용이 감소하여 다른 음식이 주는 한계효용보다 작아지는 상태에 이르기 때문이다.

만약 한계효용이 감소하지 않고 증가하거나 일정하다면 어떤 일이 발생할까? 뷔페식당의 예를 계속 들어 보면, 여러 가지 메뉴 중 갈비를 가장 좋아하는 사람은 처음에 갈비부터 먹기 시작할 것이다. 그렇지만 갈비를 아무리 먹도 한계효용이 감소하지 않는다면 다른 어떤 음식보다 여전히 갈비의 한계효용이 클 것이므로 갈비 먹는 것을 멈추지 않을 것이다. 이처럼 한계효용이 감소하지 않는다면 사람들이 하나의 상품만 소비하고 다른 상품은 소비하지 않는 현상이 발생한다.

한계효용이 감소한다고 해서 모든 상품의 한계효용이 일정한 속도로 감소하는 것은 아니다. 어떤 상품은 상당량을 소비할 때까지 한계효용이 별로 감소하지 않지만, 어떤 상품은 한계효용이 급격하게 감소한다. 예를 들어 더운 여름 끝에 오는 시원한 가을 날씨가 이틀 연속 지속된다고 해서 둘째 날의 한계효용이 첫째 날의 한계효용에 비해 크게 감소하지는 않는다. 이에 비해 스포츠신문이나 영화는 한계효용이 급속히 감소하기 때문에 같은 날에 두 부의 스포츠신문을 구입하거나 같은 영화를 끝까지 두 번 보는 사람은 거의 없는 것이다.

출처: **일반인을 위한 알기쉬운 경제이야기**, 한국은행(2013. 3)의 일부 내용 수정

효용의 증가분은 100이고, 추가로 음료수 한 캔을 더 마심으로써 얻은 총효용의 증가분은 50이며, 이를 각각 첫 번째와 두 번째 음료수 한 캔의 한계효용이라 한다.

그렇다면 상품묶음의 소비량이 많아질수록 총효용은 계속 증가하는가? 즉 한계효용은 항상 '플러스'의 값만 갖는가? 물론 그렇지는 않다. 차씨에게 음료수를 세 캔, 네 캔 계속해서 마시라고 해 보자. 독자들은 어떻겠는가? 아마도 세 번째 캔의 음료수를 마시는 경우 한계효용은 30, 네 번째 캔의 음료수를 마시는 경우 한계효용은 10이라고 대답할 것이다. 즉 음료수의 소비량이 많아질수록 한계효용은 줄어들 것이다. 만일 차씨에게 계속해서 음료수를 마시라고 한다면 나중에는 음료수를 마시는 것이 고역이 될 것이고, 총효용은 오히려 감소한다. 두말할 나위 없이 상품묶음을 더

소비함으로 인해서 총효용이 오히려 감소한다는 것은 한계효용이 '마이너스'의 값을 가짐을 의미한다.

위의 예에서 유추할 수 있는 총효용과 한계효용의 관계는 다음과 같다. 상품묶음의 소비량이 늘어날수록 소비자의 총효용은 증가하는 반면 한계효용은 감소하고, 한계효용을 누적적으로 합하면 총효용이 된다. 또한 한계효용은 '마이너스'의 값을 가질 수도 있는데, 이것은 총효용이 감소하는 것을 의미하므로 한계효용이 '0'일 때 총효용이 가장 크다.

차씨가 음료수 마시는 경우를 예로 들어 총효용과 한계효용의 관계를 설명하면서 중요한 개념 하나를 이미 제시하였다. 바로 상품묶음의 소비량이 늘어남에 따라 총효용은 증가하지만, 총효용의 증가분인 한계효용은 작아진다는 것이다. 이와 같이 상품묶음의 소비량이 늘어남에 따라 한계효용이 감소한다는 것을 **한계효용체감의 법칙**(law of diminishing marginal utility)이라 한다.

한계효용체감의 법칙
상품묶음의 소비량이 늘어남에 따라 한계효용은 감소한다는 법칙

핵심포인트

① 소비자가 상품묶음을 소비함으로써 얻는 만족의 정도를 효용이라 함
- 기수적 효용은 만족의 정도를 정확하게 숫자로 표현할 수 있다는 개념임
- 서수적 효용은 만족의 정도를 정확하게 숫자로 표현할 수는 없고 단지 비교만 할 수 있다는 개념임

② 총효용과 한계효용
- 총효용은 상품묶음을 소비하여 얻는 만족의 총합임
- 한계효용은 상품묶음의 소비량을 1단위 증가시킬 때 늘어나는 총효용의 증가분임
- 상품묶음의 소비량이 늘어날수록 소비자의 총효용은 증가하지만 한계효용은 감소하고, 한계효용을 누적적으로 합하면 총효용이 됨
- 한계효용은 '마이너스'의 값을 가질 수도 있으며, 한계효용이 '0'일 때 총효용이 가장 큼
- 상품묶음의 소비량이 늘어남에 따라 한계효용이 감소하는 것을 한계효용체감의 법칙이라 함

2 소비자의 최적선택

2.1 예산제약조건과 효용극대화

아무런 제약 없이 원하는 상품묶음을 원하는 만큼 소비할 수 있다면 얼마나 좋을까? 만일 이런 세상이 있다면 그곳은 바로 유토피아일 것이다. 그러나 현실에선 그런 세상을 찾을 수 없다. 원하는 상품묶음을 원하는 만큼 구입할 정도의 금전적 여유가 있는 사람은 이 세상에 한 명도 없다고 해도 과언이 아니기 때문이다. 따라서 제한된 소득으로 어떤 상품묶음을 어느 정도나 소비해야 가장 좋은지가 모든 사람들이 선택해야 하는 문제이며, 이를 소비자의 선택문제라 한다.

효용극대화
제한된 소득으로 가장 큰 총효용을 얻도록 상품묶음을 소비하려는 노력

예산제약조건
소비자의 소득수준이 상품의 총구입비용보다 최소한 같거나 커야 한다는 조건

소비자 선택문제의 핵심은 제한된 소득으로 가장 큰 총효용을 얻기 위해 어떤 상품묶음을 얼마만큼 소비할지 결정하는 것이며, 이를 효용극대화(utility maximization)라 한다. 그렇다면 제한된 소득으로 어떤 상품묶음을 얼마만큼 소비할지 결정한다는 의미는 무엇일까? 이는 어떤 소비자이든지 자신의 소득한도 내에서만 상품묶음을 구입해야만 한다는 것이며, 이를 예산제약조건(budget constraint)이라 한다. 즉 예산제약조건이란 소비자의 소득수준이 상품묶음의 총구입비용, 즉 소비지출액보다 최소한 같거나 커야 한다는 것이다. 만일 예산제약조건이 없다면 소비자의 선택문제를 분석할 필요가 없음은 당연하다. 왜냐하면 소비자가 아무런 제약 없이 원하는 상품묶음을 원하는 만큼 모두 구입할 수 있다면 선택의 문제는 존재하지 않기 때문이다.

2.2 효용극대화를 위한 합리적 지출원리

한계효용균등의 법칙

효용극대화를 논의하기 위해 소비자의 소득과 각 상품묶음의 가격은 주어져 있으며, 상품묶음의 한계효용 역시 알려져 있다고 가정하자. 결론부터 제시하면 이와 같

은 전제조건하에서 소비자의 효용극대화는 각 상품묶음의 1원당 한계효용이 모두 같아질 때 달성되며, 이를 한계효용균등의 법칙이라 한다. 물론 소비자의 효용극대화 과정으로부터 결정되는 각 상품묶음의 구입비용 합이 소비자의 소득수준을 초과할 수 없음은 당연하다.

한계효용균등의 법칙
각 상품묶음의 1원당 한계효용이 모두 같을 때 효용극대화가 이루어진다는 법칙

효용극대화와 한계효용균등의 법칙을 좀 더 구체적으로 살펴보자. 설명의 편의를 위해 어떤 소비자가 소비하는 상품묶음을 X와 Y 두 가지로 나눌 수 있으며, 각 상품묶음의 가격이 각각 P_X와 P_Y라고 하자. 이 경우 소비자가 효용극대화를 달성하기 위한 조건인 한계효용균등의 법칙은 각 상품묶음의 1원당 한계효용이 같아야 한다는 것이며, 이를 수식으로 제시하면 다음과 같다.

$$\frac{MU_X}{P_X} = \frac{MU_Y}{P_Y}$$

위의 식에서 MU_X/P_X는 X상품묶음의 추가적 소비로 얻는 한계효용(MU_X)을 X상품묶음의 가격(P_X)으로 나눈 값이므로 X상품묶음의 1원당 한계효용을 의미한다. 마찬가지로 MU_Y/P_Y는 Y상품묶음의 1원당 한계효용을 의미한다. 따라서 한계효용균등의 법칙에 의하면 X상품묶음의 1원당 한계효용과 Y상품묶음의 1원당 한계효용이 같을 때 소비자의 총효용은 가장 큰 상태가 된다.

왜 그럴까? 그 이유를 알아보기 위해 한계효용균등의 법칙이 만족되지 못하는 경우를 생각해 보자. 먼저 X상품묶음의 1원당 한계효용이 Y상품묶음의 1원당 한계효용보다 큰 경우, 예를 들어 $MU_X/P_X=3$이고 $MU_Y/P_Y=2$인 경우를 생각해 보자. 이 경우 만일 소비자가 Y상품묶음의 소비를 1원어치 줄이고 X상품묶음의 소비를 1원어치 늘린다면, Y상품묶음의 소비를 1원어치 줄임으로써 잃는 한계효용은 2인 반면에 X상품묶음의 소비를 1원어치 늘림으로써 얻는 한계효용은 3이 된다. 즉 X상품묶음의 1원당 한계효용이 Y상품묶음의 1원당 한계효용보다 크면 Y상품묶음의 소비를 줄이고 X상품묶음의 소비를 늘림으로써 더 큰 총효용을 얻을 수 있다. 따라서 이 경우 총효용이 가장 큰 상태가 아니므로 효용극대화가 이루어졌다고 할 수 없다.

자세히 알아보기 효용극대화와 한계효용균등의 법칙

어떻게 소비선택을 해야 전체 효용이 가장 큰지를 알아보기 위해 예를 들어 보자. 어떤 사람이 5,000원을 가지고 갈비와 초밥을 먹으려고 한다. 두 상품은 모두 한 개에 1,000원씩 판매되고 있다. 이 사람은 초밥보다 갈비를 더 좋아하지만 갈비의 한계효용이 감소하는 폭이 초밥보다 훨씬 크며, 갈비와 초밥에서 얻을 수 있는 한계효용이 아래의 왼쪽 표와 같다고 하자. 이 사람은 예산제약인 5,000원으로 갈비만 5개를 먹을 수도 있고 초밥만 5개를 먹을 수도 있다. 또 갈비 2개, 초밥 3개와 같이 섞어서 5개를 먹을 수도 있다. 그러나 갈비를 좋아한다고 해서 갈비만 5개를 먹을 가능성은 별로 없다. 갈비를 먹을수록 그 한계효용이 감소하기 때문이다. 그러면 어떻게 선택하는 것이 효용을 가장 크게 만들까? 모든 선택 가능한 대안에 대해 각각의 전체 효용을 계산해 보면 아래의 오른쪽 표와 같다. 이 표에서는 갈비 3개와 초밥 2개를 먹으면 전체 효용의 크기가 37로 가장 큰 것으로 나타나 있다.

이렇게 각 소비선택이 주는 효용의 크기를 일일이 계산하지 않고서는 효용이 가장 큰 상품묶음을 찾을 수 없을까? 그 방법을 제시해 주는 것이 비로 한계효용균등의 법칙이다. 한계효용균등의 법칙이란 예산제약에 맞추어 전체 효용을 최대로 하기위해서 각 상품에 마지막으로 지출한 돈의 효용이 같아지도록 상품을 구입하면 된다는 원리이다. 만약 각 상품에 대한 마지막 1원의 효용이 서로 다르게 소비하고 있다면 소비선택을 달리하여 효용을 증가시킬 수 있기 때문이다. 아래의 왼쪽 표에서 보는 바와 같이 효용을 극대화하는 소비묶음에서 3번째 갈비의 한계효용과 2번째 초밥의 한계효용이 모두 4로 같은 것을 알 수 있다. 실제 한계효용이 얼마인지 정확히 계산해 가면서 소비하는 사람은 거의 없다. 그러나 우리가 스스로 인식하지 못할 뿐 이미 상품을 실제 구입할 때마다 각 상품의 소비로부터 얻는 한계효용을 같게 하는 방식으로 의사결정을 하고 있는 것이다.

갈비와 초밥 소비에 따른 한계효용

수량(번째)	갈비(한계효용)	초밥(한계효용)
1	16	5
2	8	4
3	4	3
4	2	2
5	1	1

갈비와 초밥 소비에 따른 총효용

갈비(개)	초밥(개)	총효용
5	0	31
4	1	35
3	2	37
2	3	36
1	4	30
0	5	15

출처: **일반인을 위한 알기쉬운 경제이야기**, 한국은행(2013. 3)의 일부 내용 수정

반대로 X상품묶음의 1원당 한계효용이 Y상품묶음의 1원당 한계효용보다 작은 경우를 살펴보자. 예를 들어 $MU_X/P_X=3$이고 $MU_Y/P_Y=4$인 경우를 생각해 보자. 이 경우 만일 소비자가 X상품묶음의 소비를 1원어치 줄이고 Y상품묶음의 소비를 1원어치 늘린다면, X상품묶음의 소비를 1원어치 줄임으로써 잃는 한계효용은 3인 반면

에 Y상품묶음의 소비를 1원어치 늘림으로써 얻는 한계효용은 4가 된다. 따라서 X상품묶음의 1원당 한계효용이 Y상품묶음의 1원당 한계효용보다 작으면 X상품묶음의 소비를 줄이고 Y상품묶음의 소비를 늘림으로써 더 큰 총효용을 얻을 수 있다.

지금까지 살펴본 바와 같이 소비하는 상품묶음의 1원당 한계효용이 다르면 효용극대화가 이루어질 수 없음을 알 수 있다. 즉 X상품묶음의 1원당 한계효용과 Y상품묶음의 1원당 한계효용이 다르면 어느 하나의 소비를 줄이고 다른 하나의 소비를 늘림으로써 더 높은 수준의 총효용을 얻을 수 있다. 총효용을 늘리기 위한 이와 같은 각 상품묶음 소비량의 변화는 X상품묶음의 1원당 한계효용과 Y상품묶음의 1원당 한계효용이 같아질 때까지 계속될 것이다. 따라서 효용극대화가 이루어지기 위해서는 각 상품묶음의 1원당 한계효용이 모두 같아야만 한다. 어느 하나의 상품묶음 소비를 줄이고(혹은 늘리고) 다른 상품묶음 소비를 늘림으로써(혹은 줄임으로써) 더 높은 총효용 수준에 도달할 수 없는 상태가 바로 이때이기 때문이다.

한계효용균등 법칙의 또 다른 의미

한계효용균등 법칙의 의미를 다른 각도에서 해석하기 위해 한계효용균등의 법칙을 아래와 같이 표현해 보자.

$$\frac{MU_X}{MU_Y} = \frac{P_X}{P_Y}$$

위와 같이 표현된 한계효용균등 법칙의 '왼쪽'은 X와 Y 두 상품묶음을 소비함으로써 소비자가 얻는 한계효용 비율이다. 이 한계효용 비율은 소비자 개인이 주관적으로 평가하는 두 상품묶음의 상대적 중요도라 해석할 수 있다. 한편 위와 같이 표현된 한계효용균등 법칙의 '오른쪽'은 두 상품묶음의 가격 비율이다. 제3장에서 살펴보았듯이 가격이란 소비자와 생산자가 시장에서 만나 결정되는 것이므로, 이 가격 비율은 시장에서 객관적으로 평가되는 두 상품묶음의 상대적 중요도라 해석할 수 있다. 결국 한계효용균등의 법칙이 의미하는 바는 소비자 개인이 주관적으로 평가하는 두 상품묶음의 상대적 중요도와 시장에서 객관적으로 평가되는 두 상품묶음의 상대적 중요도가 일치할 때 효용극대화가 이루어진다는 것이다.

가치의 역설

가치의 역설
상품의 사용가치와 교환가치가 일치하지 않는 현상

한계효용균등의 법칙을 이용하여 가치의 역설을 살펴보자. 가치의 역설이란 물과 같은 상품은 '사용가치'는 높음에도 불구하고 '교환가치'가 낮은 반면에 다이아몬드와 같은 상품은 '사용가치'는 낮음에도 불구하고 '교환가치'가 높은 현상을 말한다. 이와 같은 가치의 역설은 한계효용균등의 법칙을 생각하면 쉽게 이해할 수 있다. 즉 한계효용균등의 법칙에 의하면 아래와 같은 관계가 성립해야 한다.

$$\frac{\text{물의 한계효용}}{\text{물의 가격}} = \frac{\text{다이아몬드의 한계효용}}{\text{다이아몬드의 가격}}$$

위의 식에서 물의 한계효용이 다이아몬드의 한계효용보다 현저히 낮다. 따라서 한계효용균등의 법칙이 성립하기 위해서는 물의 가격이 다이아몬드의 가격보다 훨씬 낮아야 한다.

핵심포인트

① 예산제약조건을 만족시키면서 가장 큰 총효용을 얻기 위한 소비자의 노력을 효용극대화라 함
- 예산제약조건은 소비자의 소득수준이 상품구입액보다 최소한 같거나 커야 한다는 것임

② 효용극대화는 각 상품묶음의 1원당 한계효용이 모두 같아질 때 달성되며, 이를 한계효용균등의 법칙이라 함
- 각 상품묶음의 1원당 한계효용이 모두 같으면 어느 하나의 상품묶음 소비를 줄이고(혹은 늘리고) 다른 상품묶음 소비를 늘림으로써(혹은 줄임으로써) 더 높은 총효용 수준에 도달할 수 없기 때문임
- 소비자 개인이 주관적으로 평가하는 두 상품묶음의 상대적 중요도와 시장에서 객관적으로 평가되는 두 상품묶음의 상대적 중요도가 일치할 때 효용극대화가 이루어진다는 의미이기도 함
- 한계효용균등의 법칙을 적용하면 가치의 역설을 쉽게 이해할 수 있음

3 소비자의 최적선택과 수요곡선

3.1 수요곡선의 도출

제3장에서 상품의 수요량과 가격 사이에는 '마이너스'의 관계가 존재하고 따라서 수요곡선은 '마이너스' 기울기를 갖는다고 하였다. 수요곡선이 '마이너스' 기울기를 갖도록 그릴 수 있는 이론적 배경은 소비자 이론에 있다. 제1절에서 소개한 바와 같이 소비자이론의 세 가지 접근방법 모두 '마이너스' 기울기를 갖는 수요곡선을 도출하지만 본서에서는 한계효용이론만 다루고 있으므로 소비자의 효용극대화를 달성하기 위한 한계효용균등의 법칙으로부터 '마이너스' 기울기를 갖는 수요곡선을 유도해 보기로 하자.

앞에서 제시한 한계효용균등의 법칙에서 다른 조건은 변화하지 않는데 X상품묶음의 가격(P_X)만 하락한다고 하자. 이런 변화가 생기면 한계효용균등의 법칙이 만족되지 못하고, 다음과 같이 X상품묶음의 1원당 한계효용이 Y상품묶음의 1원당 한계효용보다 커지게 된다.

$$\frac{MU_X}{P_X} > \frac{MU_Y}{P_Y}$$

이와 같이 X상품묶음의 가격하락으로 '왼쪽'이 '오른쪽'보다 더 커진 경우 다시 한계효용균등의 법칙을 만족하기 위한 방법은 다음과 같은 세 가지가 있다. 즉, 다시 한계효용균등의 법칙이 성립하기 위해서는 ① X상품묶음의 한계효용(MU_X)이 감소하거나, ② Y상품묶음의 가격(P_Y)이 하락하거나 혹은 ③ Y상품묶음의 한계효용(MU_Y)이 증가해야 한다. 우리가 알고 싶은 것은 X상품묶음의 가격 변화에 따른 X상품묶음의 소비량 변화이므로, 한계효용균등의 법칙을 회복하기 위한 세 가지의 방법 중에서 Y상품묶음의 가격(P_Y)변화와 Y상품묶음의 한계효용(MU_Y)의 변화는 고려 대상에서 제외한다. 그러면 한계효용균등의 법칙을 회복하기 위한 유일한 방법은 X상품묶음의 한계효용(MU_X)이 감소하는 것인데, 이는 한계효용체감의 법칙에 따라 X상품묶음의 소비량(혹은 수요량)이 증가함을 의미한다. 결과적으로 X상품묶음의 가격이 하락한 결과 X상품묶음의 수요량은 증가하는 '마이너스' 관계를 한계효용균등의 법칙으로부터 유도하게 된다.

이번에는 X상품묶음의 가격(P_X)이 상승하는 경우를 생각해 보자. 다른 조건은 변화하지 않는데 X상품묶음의 가격만 상승한다면, 한계효용균등의 법칙은 만족되지 못하고 아래와 같이 X상품묶음의 1원당 한계효용이 Y상품묶음의 1원당 한계효용보다 작아지게 된다.

$$\frac{MU_X}{P_X} < \frac{MU_Y}{P_Y}$$

이 경우에도 우리가 알고 싶은 것은 X상품묶음의 가격 변화에 따른 X상품묶음의 소비량 변화이므로 한계효용균등의 법칙을 회복하기 위한 세 가지의 방법 중에서 Y상품묶음의 가격 변화(P_Y)와 한계효용(MU_Y) 변화는 고려대상에서 제외한다. 따라서 이 경우에도 한계효용균등의 법칙을 회복하기 위한 유일한 방법은 X상품묶음 한계효용(MU_X)의 증가이다. 이는 한계효용체감의 법칙에 의해 X상품묶음의 소비량(혹은 수요량)이 감소함을 의미하므로 X상품묶음의 가격이 상승한 결과 X상품묶음의 수요량은 감소했음을 알 수 있다. 이상에서 살펴본 바와 같이 특정 상품묶음의 가격이 하락(상승)하면 그 상품묶음의 수요량이 증가(감소)하는 관계, 즉 특정 상품묶음의 가격과 수요량 사이에는 '마이너스' 관계가 존재하는 수요곡선을 한계효용균등의 법칙으로부터 도출할 수 있다.

3.2 소득효과와 대체효과

소비자의 효용극대화를 달성하기 위한 한계효용균등의 법칙으로부터 가격과 수요량 사이에 존재하는 '마이너스'의 관계를 도출하였다. 이와 같이 가격이 하락하면 그 상품의 수요량이 증가하는 수요의 법칙이 성립하는 이유를 두 가지 측면에서 설명할 수 있다. 첫째, 상품 가격의 하락은 소비자의 실질소득(구매력)을 증가시키기 때문에 그 상품에 대한 수요가 증가한다고 설명할 수 있다. 이와 같이 상품의 가격 변화가 소비자의 실질소득을 변화시키고, 이 실질소득의 변화 때문에 그 상품에 대한 수요가 변화하는 현상을 소득효과(income effect)라 한다.

둘째, 상품의 가격이 하락하면 그 상품은 가격 변화가 없는 다른 상품에 비해 상대적으로 더 싸졌기 때문에 그 상품에 대한 수요가 증가한다고 설명할 수 있다. 이와 같이 가격 하락으로 인해 그 상품이 다른 상품에 비해 상대적으로 더 싸지기 때문에 수요가 증가하는 현상을 대체효과(substitution effect)라 한다. 그리고 소득효과와 대체효과를 합친 것을 가격효과라 한다.

상품의 가격이 하락하면 대체효과에 의해 그 상품의 수요량은 항상 증가한다. 즉 대체효과는 항상 '마이너스'이다. 반면에 소득효과는 '플러스'일 수도 '마이너스'일 수도 있다. 그리고 소득효과가 '마이너스'이어서 가격하락으로 인한 실질소득의 증

소득효과
상품의 가격 변화가 소비자의 실질소득을 변화시켜 그 상품에 대한 수요가 변화하는 현상

대체효과
상품의 가격 변화로 인해 다른 상품과의 가격비율이 변화하여 그 상품에 대한 수요가 변화하는 현상

가격효과
소득효과와 대체효과를 합친 효과

자세히 알아보기 기펜재와 열등재

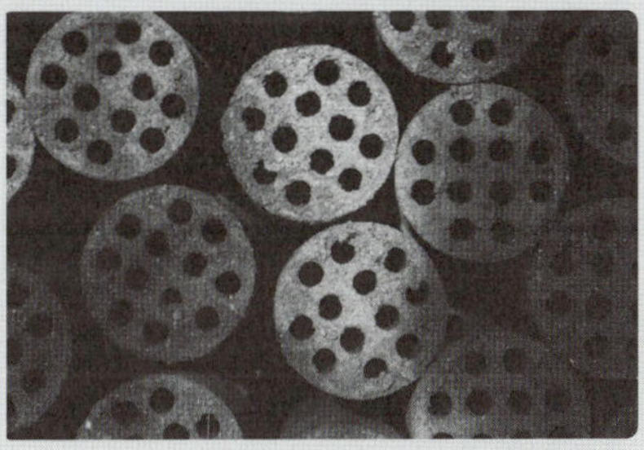

기펜재와 열등재는 다른 개념이다. 열등재란 소득효과는 '플러스'이지만 소득효과와 대체효과를 합친 가격효과는 '마이너스'인 경우, 즉 수요의 법칙을 만족하는 경우에 사용하는 용어이다. 한편 기펜재는 '플러스'의 소득효과가 '마이너스'의 대체효과를 압도하여 소득효과와 대체효과를 합친 가격효과가 '플러스'인 경우, 즉 수요의 법칙에 위배되는 경우에 사용하는 용어이다. 감자가 주식이었던 19세기 아일랜드에서 감자가격이 하락하였지만 사람들이 먹기 싫은 감자의 소비를 줄이고 보다 나은 다른 식품의 소비를 늘리려 했던 사실을 기펜(Robert Giffen, 1837-1910)이라는 사람이 발견한 현상에 주목하여 기펜재라 부르게 되었다. 그러나 현실에서 기펜재가 실제로 존재하는지의 여부에 대해 많은 경제학자들은 회의적인 반응을 보이고 있다. 즉 기펜재가 이론적으로는 가능하지만 현실에서의 거의 모든 재화는 수요의 법칙을 만족한다.

가로 수요량이 증가하는 상품을 정상재라 한다. 반면에 소득효과가 '플러스'이어서 가격하락으로 인한 실질소득의 증가가 오히려 그 상품에 대한 수요를 감소시키는 상품을 열등재라 한다. 정상재는 대체효과와 소득효과가 모두 '마이너스'이기 때문에 이 둘의 합인 가격효과 역시 '마이너스'이다. 열등재도 '마이너스'인 대체효과의 크기가 '플러스'인 소득효과의 크기보다 큰 것이 일반적이고 이 둘의 합인 가격효과 역시 '마이너스'이기 때문에 수요의 법칙이 성립한다.

한편 수요의 법칙이 성립하지 않는 아주 특수한 경우도 있다. 만일 열등재의 성격이 너무 강해 소득효과가 매우 큰 '플러스'의 값을 가지면 이 소득효과가 대체효과를 압도하여 가격효과가 '플러스'가 되는 경우이다. 이와 같이 수요의 법칙이 적용되지 않는, 즉 열등재의 성격이 너무 강해 가격의 하락이 오히려 수요를 감소시키는 특수한 유형의 상품을 기펜재(Giffen's goods)라 하는데 현실에서 그 예를 찾기는 쉽지 않다.

기펜재
가격하락으로 오히려 그 상품의 수요가 감소하는 상품

핵심포인트

① 한계효용균등의 법칙을 이용한 수요곡선의 도출

- X상품묶음의 가격하락 ⇨ X상품묶음의 1원당 한계효용이 Y상품묶음의 1원당 한계효용보다 커짐 ⇨ 한계효용균등의 법칙을 회복하기 위해서는 X상품묶음의 한계효용이 감소해야 함 ⇨ X상품묶음의 수요량 증가를 의미
- X상품묶음의 가격상승 ⇨ X상품묶음의 1원당 한계효용이 Y상품묶음의 1원당 한계효용보다 작아짐 ⇨ 한계효용균등의 법칙을 회복하기 위해서는 X상품묶음의 한계효용이 증가해야 함 ⇨ X상품묶음의 수요량 감소를 의미
- X상품묶음의 가격이 하락(상승)하면 X상품묶음의 수요량은 증가(감소)함 ⇨ X상품묶음의 가격과 수요량 사이에는 '마이너스'의 관계 존재

② 수요의 법칙이 성립하는 이유는 소득효과와 대체효과로 구분하여 설명할 수 있음

- 소득효과: 가격 하락 ⇨ 소비자의 실질소득 증가 ⇨ 그 상품에 대한 수요 증가
- 대체효과: 가격 하락 ⇨ 다른 상품과의 상대적 가격 비율 하락 ⇨ 그 상품에 대한 수요 증가
- 소득효과와 대체효과의 합을 가격효과라 함
- 가격효과가 '플러스'이어서 수요의 법칙에 위배되는 상품을 기펜재라 함

4 수요의 법칙은 항상 성립하는가

한계효용균등의 법칙과 수요곡선 도출과정에서 설정했던 경제모형을 상기해 보자. 우리의 설명에 포함되었던 경제변수는 X와 Y 두 상품묶음의 수요량, 가격 그리고 소득수준이었다. 따라서 앞에서 도출했던 수요곡선을 수요함수로 표현하면 다음과 같다.

$$\text{수요량} = f(\text{가격, 다른 상품의 가격, 소득수준})$$

제3장에서도 언급하였듯이 어떤 상품의 수요가 위에서 제시된 경제적 요인들에 의해서만 영향을 받는 것은 아니다. 실제로 많은 상품의 수요가 소비자의 선호, 유행, 각종 언론보도 등에 의해 영향을 받는다. 이 중에서 어떤 상품의 수요가 다른 소비자의 수요에 의해 영향을 받는 경우(즉 유행)에 주목해 보자. 어떤 상품이 처음에는 별로 마음에 들지 않았는데 이 상품이 유행하면서 '나도 하나 가져야지!' 혹은 '그

경제이야기 **비합리적 소비**

합리적이지 못한 소비의 대표적인 예로는 과소비, 과시소비, 충동소비, 중독소비를 들 수 있다. 자신의 소득수준이나 한정된 예산규모를 초과하여 사용하는 과도한 소비를 과소비라 한다. 한편 상품을 구매하여 효용을 얻기 위한 목적보다는 금전력 또는 자신의 지위를 과시하기 위한 목적으로 제품이나 서비스를 소비하는 것을 과시소비라고 한다. 가격과 품질의 비교는 하지 않고 무조건 백화점에서만 구매하는 행동, 해외명품만 구매하는 태도, 이왕이면 비싼 제품, 대형 제품, 유명 브랜드가 좋다는 식의 소비행태는 과시소비의 전형적인 유형이다. 충동소비란 사전 구매계획 없이 구매현장에서 꼭 필요하지도 않은 제품을 모양, 포장, 디자인 등에 순간적인 감정에 이끌려 구매하는 소비행태이다. 마지막으로 중독소비란 지나치게 구매에 이끌리고 이러한 구매욕구를 억제하지 못하고 구매함으로써 결국은 지불능력을 초과하는 수준까지 도달하는 경우를 의미한다.

출처: **Click 경제교육**, 한국개발연구원(2014. 5)의 일부 내용 수정

상품이 없으니 친구와 대화가 통하지 않아서!' 혹은 '남들은 다 사용하고 있는데 나만 없으니 시대에 뒤처지는 것 같아서!' 등의 이유로 그 상품을 구매해 본 경험을 독자들도 갖고 있으리라 생각한다. 이와 같이 어떤 상품의 수요에 유행이 큰 영향을 주는 현상을 유행효과(band-wagon 효과 혹은 편승효과)라 한다. 유행효과가 많이 나타나는 상품으로는 각종 액세서리, 아동용 장난감, 스마트폰 등을 들 수 있다.

유행효과
유행이 수요에 큰 영향을 주는 현상

한편 남에게 과시하기 위해 상품을 구매하는 경우도 있다. 소위 명품이라 불리는 상품의 수요가 이에 해당한다고 볼 수 있는데 이와 같은 현상을 베블렌효과(Veblen effect)라 한다. 유행효과 혹은 베블렌효과가 강하게 나타나는 경우 수요의 법칙에 위배되는 것처럼 보이기도 한다. 즉 어떤 상품의 유행이 너무도 강렬하여 국민 대다수가 그 상품을 갖기 원한다면 가격이 오르더라도 그 상품에 대한 수요는 증가할 수도 있기 때문이다. 그러나 유행효과 혹은 베블렌효과에 의해 수요의 법칙에 위배되는 현상이 발생할 수 있지만, 이는 어디까지나 한시적인 현상에 불과하다. 또한 기펜재도 수요의 법칙에 위배되는 상품이긴 하지만 현실경제에서 그 예를 찾기는 어렵다. 따라서 독자들은 우리가 알고 있는 모든 상품들이 수요의 법칙을 만족한다고 생각하기 바란다.

베블렌효과
남에게 과시하기 위해 상품을 수요하는 현상

자세히 알아보기 베블렌효과와 속물효과

베블렌효과(Veblen effect)는 남보다 돋보이고 싶은 심리에서 이른바 명품만을 소비하는 것을 말한다. 외제 자동차나 보석과 같은 값비싼 상품을 구입할 수 있는 능력을 과시하기 위해 소비하는 경우가 바로 베블렌효과에 속한다. 이러한 소비행태가 베블렌효과라 불리게 된 이유는 베블렌(Thorstein Veblen)이 그의 저서 『유한계급론』에서 부유한 사람들의 과소비 행태를 비판하였기 때문이다. 남에게 과시하기 위해 사치성 소비를 하는 이들은 가격이 싼 상품보다 가격이 비싼 상품을 오히려 더 선호한다. 한편 속물효과(snob effect)는 다른 사람들이 어떤 상품을 많이 소비하고 있기 때문에 자신은 그 상품의 소비를 중단하거나 줄이는 것을 말한다. 남들과 달라 보이고 싶은 일종의 과시욕이 작용한다는 점은 베블렌효과와 비슷하지만 속물효과는 타인의 소비량과 관련이 있다는 점이 베블렌효과와 다르다.

출처: **Click 경제교육**, 한국개발연구원(2014. 5)의 일부 내용 수정

핵심포인트

① 어떤 상품의 수요에 유행이 큰 영향을 주는 현상을 유행효과라 함

- 남에게 과시하기 위해 어떤 상품을 수요하는 현상을 베블렌효과라 함
- 많은 사람들이 어떤 상품을 소비하기 때문에 자신은 그 상품을 수요하지 않는 현상을 속물효과라 함

② 모든 상품들은 수요의 법칙을 만족함

- 유행효과 혹은 베블렌효과가 강하게 나타나는 경우, 수요의 법칙에 위배되는 것처럼 보이기도 하지만 이런 현상은 한시적임
- 수요의 법칙에 위배되는 기펜재도 있긴 하지만 현실경제에서 그 예를 찾기는 어려움

연습문제

01 아래 용어의 개념을 간략하게 설명하라.

① 한계효용	② 한계효용체감의 법칙
③ 효용극대화	④ 예산제약조건
⑤ 한계효용균등의 법칙	⑥ 가치의 역설
⑦ 소득효과	⑧ 대체효과
⑨ 유행효과	⑩ 속물효과

02 한계효용균등의 법칙을 제시하고, 이 법칙이 충족되지 못하면 왜 효용극대화를 달성할 수 없는지 설명하라.

03 한계효용균등의 법칙으로부터 '마이너스' 기울기를 갖는 수요곡선을 도출하라.

04 '명품'이라 불리는 유명 브랜드의 상품은 같은 종류의 다른 제품에 비해 몇 배에 이르는 높은 가격으로 거래된다. 이런 현상을 어떻게 설명할 수 있겠는가?

05 어떤 백화점에서 한 벌에 300,000원인 밍크코트의 가격표를 점원의 실수로 3,000,000원으로 표시하였는데 300,000원의 가격표가 붙었을 때보다 훨씬 더 많이 팔렸다고 한다. 이 경우에도 수요의 법칙이 성립한다고 볼 수 있는가?

06 열등재와 기펜재의 차이를 설명하라.

06

| 제6장 |

생산자이론

1 기업과 생산기술

1.1 기업과 생산활동

생산과 기업

생산
영리를 목적으로 생산요소를 사용하여 부가가치를 창조하는 행위

상품의 생산은 주로 기업이 담당하는데 우선 생산의 개념부터 정의해 보자. 생산이란 영리를 목적으로 자본과 노동의 생산요소를 이용하여 부가가치를 창조하는 활동을 말한다. 즉 생산이란 영리를 목적으로 유형의 재화를 만들어 내는 활동뿐 아니라 무형의 서비스를 창출하는 활동 모두를 포함한다. 따라서 영리를 목적으로 하지 않는 활동, 예를 들면 취미로 인형을 만드는 것, 주부의 가사노동 혹은 형이 아우의 공부를 가르치는 것과 같은 활동은 생산으로 간주하지 않는다.

생산의 주체는 개인, 기업, 정부 등 모든 경제주체가 될 수 있지만, 어느 국가이든지 주로 기업이 생산활동을 담당하고 있다. 기업은 상품을 생산하고 판매하여 가능한 한 많은 이윤을 얻는 것을 주된 목적으로 한다. 그렇다면 왜 개인적으로 생산활동을 하지 않고 기업이란 조직을 통해 생산활동이 이루어지는 것일까? 이 질문에 대한 답은 기업의 존재 의의에서 찾을 수 있다. 기업이 존재하는 의의는 개인이 생산활동을 하는 것보다 기업이란 조직을 통해 생산활동을 하는 것이 더 효율적이라는 데 있다. 즉 기업은 거래비용의 절감, 팀에 의한 생산의 이점, 재원조달 등의 측면에서 개인보다 더 유리하기 때문이다.

산업
동일하거나 유사한 상품 혹은 보완관계나 대체관계가 존재하는 상품을 생산하는 기업의 모임

기업과 산업은 어떻게 다른가? 기업이란 영리를 목적으로 생산활동을 하는 집단을 말하고, 산업이란 동일하거나 유사한 상품 혹은 긴밀한 보완관계나 대체관계가 존재하는 상품을 생산하는 기업들의 모임을 일컫는다. 예를 들면 청량음료의 경우에는 청량음료를 생산하는 여러 기업들이 있고, 이러한 기업들은 유사한 상품을 생산하는 산업 즉 청량음료산업에 속한다. 한편 자동차의 각종 부품을 생산하는 기업들의 경우에는 각 상품 사이의 긴밀한 보완관계 때문에 자동차부품산업에 속한다. 또한 자동차 부품 중에서도 타이어를 생산하는 기업들은 긴밀한 대체관계가 존재하

경제이야기 기업은 경제의 엔진

생산을 전문으로 하는 경제주체는 기업이다. 무슨 일이든 전문으로 한다는 것은 같은 비용과 노력을 들였을 때 다른 집단에 비하여 더 높은 효율성을 갖고 있는 것을 의미한다. 기업은 높은 비용과 위험에도 불구하고 우수한 품질의 상품이나 소비자가 원하는 새로운 상품을 낮은 비용으로 생산하여 이윤을 남기고자 한다. 경제성장은 기업의 이러한 생산증가로 얻어지는 소득증가에 의해 이루어진다. 따라서 기업은 경제를 성장시키는 원동력, 즉 엔진이라고 할 수 있다.

생산활동을 하는 과정에서 기업은 일자리를 만들어 낸다. 예를 들어 포스코는 포항과 광양 지역경제의 고용문제 해결에 큰 도움을 주고 있다. 현대자동차와 현대중공업이 있는 울산광역시 일부 구의 주민은 대부분 두 회사의 임직원 및 가족들로 구성되어 있다. 지방자치단체나 세계 각국이 여러 가지 혜택을 주면서 경쟁적으로 공업단지나 기업을 유치하려고 하는 것은 기업이 지역의 주민이나 국민의 고용문제를 해결해 주기 때문이다.

기업은 나아가 국가 이미지를 개선하는 데에도 한몫을 하고 있다. 삼성전자, 포스코, 현대자동차 등과 같은 우리 기업은 외국에 잘 알려져 있다. 반도체, 철강, 자동차 등의 생산에서 우리나라 기업이 세계 상위권을 유지하면서 세계로 많은 제품을 수출하고 있기 때문이다. 세계은행 발표 기준으로 2011년 우리나라의 인구규모는 세계 25위, 국민총소득은 15위이지만 이들 산업의 생산은 세계 5위권 내외를 기록하면서 외국에서 우리나라의 국가 이미지를 크게 높여 주고 있다.

출처: **일반인을 위한 알기쉬운 경제이야기**, 한국은행(2013. 3)의 일부 내용 수정

는 상품을 생산하기 때문에 타이어산업에 속한다.

생산요소와 생산함수

생산요소란 상품을 생산하기 위해 필요한 모든 것들을 말하며 노동과 자본, 그리고 원자재 등을 예로 들 수 있다. 경제학에서는 노동과 자본을 가장 대표적인 생산요소로 취급한다. 왜냐하면 생산이라는 개념 자체가 부가가치를 창조하는 활동을 말하므로 원자재 혹은 생산과정에 투입되는 중간재(예를 들면 자동차 제조업체에서

구입하는 타이어, 혹은 떡 제조업체에서 구입하는 쌀)의 가치는 부가가치에 포함되지 않기 때문이다. 기업의 생산량은 어느 정도의 생산요소를 투입하는지에 따라 결정되며, 생산량과 생산요소 투입량의 인과관계를 표현한 함수를 생산함수라 한다. 어떤 기업이 노동과 자본의 생산요소를 사용하여 생산활동을 하는 경우 생산함수는 아래와 같이 표현된다.

생산함수
생산량과 생산요소 사이의 수학적 함수관계

$$생산량 = f(노동, 자본)$$

단기와 장기

생산함수에 포함된 두 가지 생산요소인 노동(L)과 자본(K)의 투입량은 시간의 변화에 따라 늘어나기도 하고 줄어들기도 한다. 그런데 노동은 비교적 짧은 시간에도 투입량을 쉽게 늘리거나 줄일 수 있는 반면에 자본은 그렇지 못한 특성을 가진다. 자동차를 생산하는 기업을 생각해 보자. 인력 투입량의 조정은 짧은 시간에도 가능하지만, 공장설비의 확충(예를 들면 자동차 생산라인의 확충이나 새로운 공장 건설) 등과 같은 자본의 변화는 짧은 시간에 이루어지기 어렵다.

경제학에서는 경제현상을 분석하기 위한 시간을 단기와 장기로 구분하는데, 이 구분은 우리가 일상생활에서 사용하는 시간의 개념에 따른 것이 아니고 생산요소 중 하나인 자본의 변화가 있느냐 없느냐에 따라 이루어진다. 즉 경제학에서 단기와 장기의 구분 기준은 1년, 2년과 같은 구체적인 시간이 아니라는 말이다. 따라서 경제학에서 의미하는 '단기'는 자본의 변화가 없거나 자본의 변화가 매우 미미한 기간이고, '장기'는 자본의 변화가 이루어질 수 있는 충분히 긴 기간이다.

단기
자본의 변화가 없거나 자본의 변화가 매우 미미한 기간

장기
자본의 변화가 이루어질 수 있는 충분히 긴 기간

1.2 총생산과 한계생산물

생산요소의 투입량에 따라 결정되는 생산량(Q)과 관련된 몇 가지 용어를 살펴보자. 우선 총생산(total product)이란 기업이 생산요소를 사용하여 생산하는 생산량

총생산
주어진 생산요소로 생산되는 최대의 생산량

의 총합을 의미한다. 생산요소 투입량이 변화하면 총생산도 당연히 변화하는데 이와 같은 총생산의 변화는 한계생산물의 개념을 이용하여 표현한다. 위의 생산함수에는 노동(L)과 자본(K)의 두 가지 생산요소가 포함되어 있으므로 총생산의 변화는 노동과 자본투입량의 변화가 있을 때 가능하다. 따라서 노동투입량의 변화에 따른 총생산의 변화는 노동의 한계생산물(marginal product of labor)로, 자본투입량의 변화에 따른 총생산의 변화는 자본의 한계생산물(marginal product of capital)로 표현한다. 노동의 한계생산물은 노동의 투입을 1단위 증가시킬 때 추가적으로 얻어지는 총생산의 증가분을 의미하며, 자본의 한계생산물은 자본의 투입을 1단위 증가시킬 때 추가적으로 얻어지는 총생산의 증가분을 의미한다.

노동의 한계생산물
노동투입을 1단위 증가시킬 때 추가적으로 얻어지는 총생산의 증가분

자본의 한계생산물
자본투입을 1단위 증가시킬 때 추가적으로 얻어지는 총생산의 증가분

예를 들어 위의 생산함수에서 노동과 자본의 투입량을 각각 L_0와 K_0라 한다면 이때의 생산량인 Q_0는 총생산이 된다. 또한 노동의 투입량을 1단위 더 투입하였을 때 추가적으로 얻어지는 생산량의 증가분을 ΔQ_L이라 하면 ΔQ_L은 노동의 한계생산물이다. 마찬가지로 자본의 투입량을 1단위 더 투입하였을 때 추가적으로 얻어지는 생산량의 증가분을 ΔQ_K이라 하면 ΔQ_K은 자본의 한계생산물이다.

생산요소 투입을 1단위 증가시키는 경우 추가적으로 얻어지는 총생산의 증가분을 한계생산물이라고 하였는데, 소비량이 증가함에 따라 한계효용이 감소하듯이 한계생산물도 생산요소의 투입량이 증가함에 따라 감소한다. 그리고 이와 같은 현상을 수확체감의 법칙(law of diminishing returns)이라고 한다. 즉 수확체감의 법칙이란 어느 정도의 생산량 수준 이상에서는 생산요소의 투입량이 증가함에 따라 총생산이 증가하지만 총생산의 증가분인 한계생산물은 오히려 감소한다는 것이다. 수확체감의 법칙은 한계생산물체감의 법칙(law of decreasing marginal product)이라고도 한다.

수확체감의 법칙
생산요소의 투입량이 증가함에 따라 한계생산물은 감소한다는 법칙

핵심포인트

① 영리를 목적으로 생산요소를 이용하여 부가가치를 창조하는 행위를 생산이라 함
- 기업은 거래비용의 절감, 규모의 경제, 팀에 의한 생산의 이점, 재원의 조달 등의 측면에서 개인보다 더 유리하기 때문에 생산은 기업이 주로 담당

② 경제학에서는 시간을 단기와 장기로 구분
- 단기: 자본의 변화가 없거나 자본의 변화가 미미한 기간
- 장기: 자본의 변화가 이루어질 수 있는 충분히 긴 기간

③ 총생산과 한계생산물
- 총생산은 주어진 생산요소를 사용하여 생산하는 생산량의 총합임
- 노동의 한계생산물은 노동투입량을 1단위 증가시킬 때 추가적으로 얻어지는 총생산의 증가분임
- 자본의 한계생산물은 자본투입량을 1단위 증가시킬 때 추가적으로 얻어지는 총생산의 증가분임
- 수확체감의 법칙이란 생산요소의 투입량이 증가함에 따라 한계생산물이 감소한다는 것임

2 기업과 생산비용

2.1 기회비용과 생산비용

기업이 생산활동을 하기 위해서는 생산요소를 사용하는 대가를 지불해야 하는 등 생산활동에는 필요한 비용이 뒤따르며, 이를 생산비용이라 한다. 생산비용은 기회비용 개념에 기초하여 정의한다. 기업이 노동이나 자본의 생산요소를 사용하는 대가로 지불하는 금액은 회계장부에 기록되는 비용이므로 이를 회계비용(혹은 명시적 비용)이라 한다. 한편 노동 혹은 자본을 다른 용도로 활용할 수 있다면 그로부터 얻는 수입이 있을 것이다. 그런데 그 수입을 포기하고 생산활동에 사용하고 있는 것이므로 노동 혹은 자본의 다른 용도 사용을 포기한 대가(이를 암묵적 비용이라 한다)도 생산비용의 일부로 포함되어야 한다. 즉 생산비용은 기회비용 개념이며, 생산비용은 회계비용과 암묵적 비용의 합으로 정의한다.

예를 들어 보자. 바리스타 자격증을 갖고 있는 어떤 요가강사가 1억원의 자본금을

자세히 알아보기 생산비용과 기회비용

경제학에서 관심을 갖는 것은 회계비용이 아니라 기회비용의 개념이다. 특히 생산자가 자기 자신의 노동이나 자본을 투입하는 경우에는 화폐지출을 수반하지 않으므로 회계비용에는 포함되지 않지만, 기회비용으로 볼 때는 생산비가 된다. 예를 들어 어떤 가수가 1억원의 자본을 연이자율 10%로 빌려 식당을 운영할 계획을 세우고 있다고 하자. 가게운영에는 두 사람의 노동이 필요한데, 필요한 인력을 모두 고용할 수도 있고, 한 사람만 고용하고 가수활동을 포기한 채 자신이 직접 일할 수도 있다. 종업원 한 사람의 월급이 100만원이고, 가수활동을 통해 벌 수 있는 수입은 연봉 2,000만원이라고 하자. 이때 회계비용으로 따진다면, 두 사람을 고용할 때의 연간 비용은 자본비용 1,000만원+노동비용 2,400만원 = 3,400만원인데 비해, 자신이 가수활동을 포기하고 한 사람만 고용하면 자본비용 1,000만원+노동비용 1,200만원 = 2,200만원이므로 1,200만원의 화폐지출이 절감된다. 그러나 자신이 가수활동을 포기하고 한 사람만 고용하면 진정한 의미의 비용, 즉 기회비용은 2,200만원의 회계비용 이외에 포기한 연봉 2,000만원을 고려한 4,200만원이 된다. 조금이라도 생각이 있는 사람이라면 가수활동을 하면서 두 사람을 고용하여 식당을 운영하는 것이 이득이라는 것을 알게 된다. 결국 기회비용이라는 개념을 알든 모르든 합리적 선택을 위해 의존하고 있는 것은 기회비용이다.

출처: **한국개발연구원 홈페이지**(http://www.kdi.re.kr)

연 5%의 이자율로 빌려 커피전문점을 운영하는 경우를 생각해 보자. 커피전문점 운영에는 최소 두 사람이 필요하며 한 사람을 고용하는 데 월 200만원의 월급을 주어야 한다고 한다. 이 요가강사가 한 사람을 고용하고 본인도 커피전문점 운영에 참여하는 경우 1년 동안 지출하는 회계비용은 1억원에 대한 이자 500만원과 종업원 임금 2,400만원의 합인 2,900만원이다(물론 별도의 비용은 고려하지 않았다). 그런데 이 요가강사는 요가를 지도하면 연 4,000만원의 수입을 보장받는다고 하자. 이 요가강사는 연 4,000만원의 소득을 포기하고 커피전문점을 운영하는 것이므로 이 4,000만원도 생산비용에 포함되어야 한다. 따라서 기회비용의 개념을 적용하여 이 커피전문점의 생산비용을 계산하면 회계비용인 2,900만원과 암묵적 비용인 4,000만원을 합친 6,900만원이 된다.

2.2 평균비용과 한계비용

총비용
생산에 소요되는 생산비용 전체

평균비용
생산량 1단위당 평균적으로 소요되는 생산비용

한계비용
생산량 1단위의 추가 생산에 따른 총비용의 증가분

기업의 생산비용은 당연히 생산량 수준에 의해서 영향을 받는데 총비용, 평균비용 그리고 한계비용으로 구분하며 각각의 개념은 다음과 같다. 총비용(total cost)은 어떤 상품을 생산하는 데 소요되는 생산비용 전체를 의미한다. 총비용을 생산량으로 나누어 줌으로써 정의되는 평균비용(average cost, *AC*)은 생산량 1단위당 평균적으로 소요되는 생산비용을 의미한다. 또한 한계비용(marginal cost, *MC*)은 생산량 1단위를 추가로 생산함에 따른 총비용의 증가분을 의미한다.

평균비용곡선과 한계비용곡선의 모양은 〈그림 6-1〉과 같다. 〈그림 6-1〉에서 보는 바와 같이 한계비용곡선은 어느 정도의 생산량 수준 이후부터는 '우상향'하는 모양을 갖는다. 이는 수확체감의 법칙에 의해 생산요소 투입이 증가할수록 총생산은 증가하지만 한계생산물은 감소하므로, 생산량 증가에 따른 한계비용은 증가함을 의미한다. 또한 평균비용곡선은 '마이너스' 기울기를 갖다가 '플러스' 기울기로 변화하는 포물선 형태이다. 평균비용곡선이 이와 같은 형태를 갖는 이유는 다음에서 언급

그림 6-1 | 평균비용곡선과 한계비용곡선

- 생산요소 투입 증가 ⇨ 한계생산물 감소 ⇨ 한계비용 증가 ⇨ 한계비용곡선 '우상향'
- 평균비용곡선은 포물선 형태이고 평균비용이 감소하는 영역에서는 규모의 경제 특성 존재
- 한계비용곡선이 항상 평균비용곡선의 최저점 통과
- 평균비용이 감소하는 영역 ⇨ 평균비용이 한계비용보다 높음
- 평균비용이 증가하는 영역 ⇨ 한계비용이 평균비용보다 높음

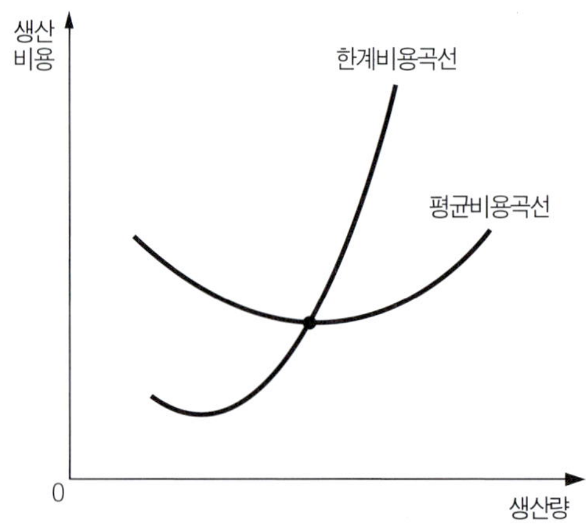

하는 규모의 경제에서 찾을 수 있다.

〈그림 6-1〉에서 보는 바와 같이 한계비용곡선은 평균비용곡선의 최저점을 통과한다. 또한 평균비용이 감소하는 영역에서는 평균비용이 한계비용보다 높으며, 평균비용이 증가하는 영역에서는 한계비용이 평균비용보다 높다. 이와 같은 평균비용과 한계비용곡선의 관계는 현재까지의 논의내용으로는 설명하기 어려우므로 독자들은 〈그림 6-1〉에 제시된 평균비용과 한계비용곡선의 관계를 그림으로 기억하기 바란다.

규모의 경제

평균비용은 생산량 수준에 따라 다를 수 있다. 즉 어떤 경우에는 생산량이 많아질수록 평균적인 생산비용이 감소하여 대규모의 생산이 유리할 수도 있고, 어떤 경우에는 그렇지 않을 수도 있다. 생산량이 증가함에 따라 평균비용이 감소하는 현상을 규모의 경제(economies of scale)라 한다. 반면에 생산량이 증가함에 따라 평균비용이 커지는 경우도 있을 수 있는데 이를 규모의 불경제(diseconomies of scale)라 한다.

규모의 경제
생산량이 증가함에 따라 평균비용이 감소하는 현상

어떤 컴퓨터 제조업체를 예로 들어 보자. 컴퓨터를 생산하기 위해서는 필요한 공장을 짓는 등 상당한 규모의 초기자본을 필요로 한다. 공장이 완공되고 컴퓨터 생산이 시작되었다고 하자. 처음으로 생산되는 컴퓨터 100대의 평균비용은 매우 높을 것이지만 컴퓨터의 생산량이 많아질수록 평균비용은 지속적으로 낮아질 것이다. 이와 같은 현상은 〈그림 6-1〉에서 평균비용곡선이 '마이너스' 기울기를 갖는 경우에 해당된다. 한편 컴퓨터 생산량이 너무 많아지면 과도한 인력의 투입, 생산설비의 노후 등으로 인해 생산의 비효율성이 나타날 수도 있으며 이런 경우에는 평균비용곡선은 '플러스' 기울기를 갖게 될 것이다.

핵심포인트

① 생산비용은 기회비용 개념이며 회계비용과 암묵적 비용의 합임

② 평균비용곡선과 한계비용곡선의 모양

- 한계비용곡선이 '우상향'하는 이유: 생산요소 투입 증가 ⇨ 총생산 증가, 한계생산물 감소 ⇨ 한계비용 증가
- 평균비용곡선이 포물선 형태인 이유: 생산의 초기단계에서는 규모의 경제 특성이 존재하지만 생산규모가 확대될수록 규모의 불경제 특성이 나타나기 때문
- 생산량이 증가함에 따라 평균비용이 감소하는 현상이 발생하는 것을 규모의 경제라 함

③ 평균비용과 한계비용의 관계

- 한계비용곡선이 항상 평균비용곡선의 최저점을 통과함
- 평균비용이 감소하는 영역에서는 평균비용이 한계비용보다 높음
- 평균비용이 증가하는 영역에서는 한계비용이 평균비용보다 높음

3 생산자의 최적선택

3.1 이윤의 개념

총수입
상품을 생산하여 판매함으로써 벌어들인 수입의 총액

한계수입
상품 1단위를 더 판매하여 추가적으로 얻는 총수입의 증가분

이윤
총수입에서 생산비용을 제외한 금액

기업이 상품을 생산하여 판매함으로써 얻는 수입과 이윤에 대해 살펴보기로 하자. 총수입(total revenue)은 기업이 상품을 생산하여 판매함으로써 벌어들인 수입의 총액을 말하며, 그 상품의 가격과 판매량을 곱해서 정의한다. 한계수입(marginal revenue, *MR*)은 상품 하나를 더 팔았을 때 추가적으로 발생하는 수입의 증가분을 말한다. 또한 기업의 이윤은 상품을 판매하여 얻는 총수입에서 상품을 생산하는 데 소요된 생산비용을 뺀 것을 말한다.

기업의 이윤은 〈그림 6-2〉에서 보는 바와 같이 회계상 이윤(accounting profit)과 경제적 이윤(economic profit)으로 구분할 수 있는데 이 구분은 어디까지를 생산비용으로 보느냐에 따른 구분이다. 기업이 상품을 생산하는 데 소요되는 비용에는 근로자의 임금, 이자 등 눈에 보이는 비용이 있으며 이런 비용은 회계장부에 기록되는 회계

그림 6-2 | 회계상 이윤과 경제적 이윤

- 생산비용 = 회계비용 + 암묵적 비용
- 회계상 이윤 = 총수입 − 회계비용
- 경제적 이윤 = 총수입 − 생산비용
  = 총수입 − 회계비용 − 암묵적 비용

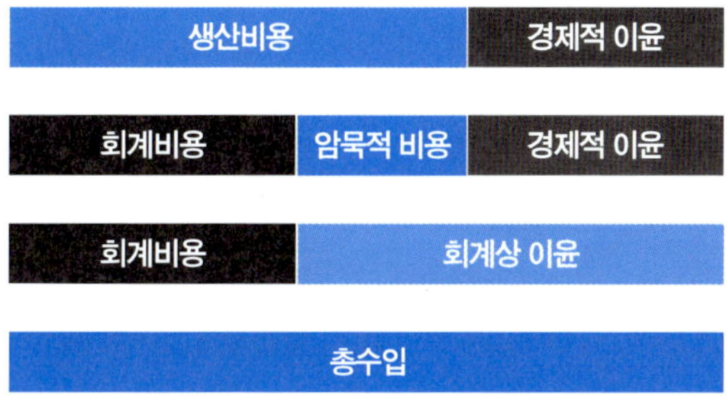

비용이다. 한편 기업이 상품을 생산하는 데 소요되는 비용에는 눈에 보이지 않는 비용도 포함되어 있다. 눈에 보이지 않는 비용은 기업이 보유한 자금, 건물, 기계 등의 생산요소와 기업가의 경영활동 등을 상품의 생산에 사용함으로써 포기해야 하는 암묵적 비용을 의미한다. 경제학에서 이윤이란 총수입에서 회계비용뿐 아니라 암묵적 비용까지도 뺀 **경제적 이윤**을 의미하며, 본서에서도 이윤이라 언급하면 항상 경제적 이윤을 의미한다. 경제적 이윤이 '0'이면 생산활동을 해야 할까 하지 말아야 할까? 독자들 스스로 생각해 보기 바란다.

> **경제적 이윤**
> 총수입에서 회계비용과 암묵적 비용을 제외한 금액

3.2 생산자의 최적선택과 공급곡선

기업의 궁극적인 목적은 이윤을 가장 크게 만드는 것이며, 이를 **이윤극대화**(profit maximization)라 한다. 이윤극대화를 달성하기 위한 조건은 한계수입(MR)과 한계비용(MC)이 같아야 한다는 것이며 다음과 같이 표현한다.

> **이윤극대화**
> 가장 큰 이윤을 얻기 위한 노력

$$MR = MC$$

이윤극대화 조건의 의미를 생각해 보자. 만일 한계수입이 한계비용보다 크다면 생산량을 늘림으로써 추가적으로 얻는 수입(즉 한계수입)이 생산량을 늘림으로써 추가적으로 소요되는 비용(즉 한계비용)보다 더 크게 된다. 이 경우 기업은 생산량을 늘림으로써 더 많은 이윤을 확보할 수 있으므로 한계수입이 한계비용보다 크다면 이윤극대화가 이루어지고 있지 못함을 의미한다. 마찬가지 논리로 한계수입이 한계비용보다 작은 경우에는 반대로 생산량을 줄이는 것이 더 많은 이윤을 보장하기 때문에 이윤극대화가 이루어지고 있지 못함을 의미한다. 결국 기업의 이윤극대화는 더 많은 이윤을 확보하기 위해 더 이상 생산량을 늘리거나 줄일 이유가 없는 상태인 한계수입과 한계비용이 같을 때 이루어진다.

한편 소비자이론의 결론으로 수요곡선을 도출하였던 것과 달리, 기업의 공급곡선은 이윤극대화 조건으로부터 일률적으로 도출할 수 없다. 왜냐하면 기업이 속한 시장의 상황에 따라 이윤극대화를 위한 의사결정 자체가 달라질 수 있기 때문이다. 예를 들어 시장에 얼마나 많은 생산자가 있느냐에 따라 생산자의 의사결정이 다를 수 있다. 즉 시장에 하나의 기업만 존재하는 경우의 의사결정과 무수히 많은 기업이 존재하는 경우의 의사결정은 다르기 때문이다. 이와 같이 시장의 상황에 따라 기업의 의사결정 자체가 달라지기 때문에 이윤극대화 조건으로부터 기업의 공급곡선을 일률적으로 도출할 수 없고, 기업의 공급곡선은 각 기업에 속한 시장상황에 따라 다음 장에서 도출하기로 한다.

핵심포인트

① 기업의 궁극적인 목적은 이윤극대화임
- 이윤은 총수입에서 회계비용뿐 아니라 암묵적 비용까지도 뺀 경제적 이윤을 의미

② 이윤극대화를 달성하기 위해서는 한계수입과 한계비용이 일치해야 함
- 한계수입이 한계비용보다 크면 생산량을 늘림으로써 더 많은 이윤을 얻을 수 있음
- 한계수입이 한계비용보다 작으면 생산량을 줄임으로써 더 많은 이윤을 얻을 수 있음

③ 공급곡선은 이윤극대화 조건으로부터 일률적으로 도출할 수 없음
- 시장의 상황에 따라 이윤극대화를 위한 의사결정 자체가 달라질 수 있기 때문임

연습문제

01 아래 용어의 개념을 간략하게 설명하라.

① 장기와 단기 ② 한계생산물
③ 한계생산물체감의 법칙 ④ 한계비용
⑤ 규모의 경제 ⑥ 암묵적 비용
⑦ 경제적 이윤 ⑧ 이윤극대화

02 한계비용곡선이 '우상향'하는 이유를 설명하라.

03 평균비용과 한계비용의 관계를 설명하라.

04 기업이 생산활동을 하는 데 소요되는 암묵적 비용에는 어떤 것들이 있는가?

05 기업의 이윤극대화 조건을 제시하고, 이 조건이 충족되지 못하면 왜 이윤극대화를 달성할 수 없는지 설명하라.

06 우리나라의 재벌이 규모의 경제 때문에 존재한다고 볼 수 있겠는가?

07 이윤극대화 조건으로부터 기업의 공급곡선을 일률적으로 도출할 수 없는 이유를 설명하라.

07 | 제7장 |

시장과 경쟁

1. 시장의 구분
2. 완전경쟁시장
3. 독점시장
4. 독점적 경쟁시장
5. 과점시장

1 시장의 구분

시장의 분류기준

생산물시장, 즉 기업이 생산한 상품이 거래되는 시장은 어떤 상품이 거래되는지에 관계없이 일반적으로 많은 수의 수요자가 존재한다. 따라서 생산물시장은 공급자의 수가 무수히 많은 경우와 그렇지 않은 경우를 기준으로 크게 두 가지로 분류할 수 있다. 하나는 공급자의 수가 무수히 많이 존재하여 공급량에 관한 공급자 개인의 의사결정이 시장의 공급량에 영향을 주지 못하는 경우이며, 이를 완전경쟁시장이라 한다. 다른 하나는 공급자의 수가 제한적으로 존재하여 공급량에 관한 공급자 개인의 의사결정이 시장의 공급량에 영향을 줄 수도 있는 경우로서 이를 불완전경쟁시장이라 한다.

불완전경쟁시장은 다시 공급자가 오직 하나인지 혹은 여럿인지에 따라 독점시장, 과점시장 그리고 독점적 경쟁시장으로 구분된다. 이와 같은 시장의 형태를 공급자의 수가 많은 순서로, 즉 공급자 측면에서 경쟁이 치열한 순서로 나열하면 완전경쟁시장, 독점적 경쟁시장, 과점시장, 독점시장이다. 시장을 구분하는 기준이 오직 공급자의 수에만 의존하는가? 그렇지는 않다. 좀 더 구체적으로 시장을 구분하는 기준을 제시하면 다음과 같다. 위에서 언급한 공급자의 수 이외에도 시장을 분류하는 데 적용되는 기준으로는 개별기업이 가격에 영향을 줄 수 있는지 여부, 상품의 동질성 여부, 진입장벽의 존재 여부 그리고 가격 이외의 경쟁수단이 존재하는지의 여부 등이 있다.

완전경쟁시장과 불완전경쟁시장

공급자의 수가 무수히 많이 존재하여 공급자가 시장에 아무런 영향력을 행사하지 못하는 완전경쟁시장은 현실경제에서는 그 예를 찾아보기 어렵다. 현실경제에서는 공급자가 어느 정도 제한되어 있는 불완전경쟁시장이 대부분인데 그렇다면 불완전경쟁시장이 존재하는 이유는 무엇일까? 불완전경쟁시장이 존재하는 가장 중요한 요인으로는 진입장벽을 들 수 있다. 진입장벽이란 공급자로서 시장에 참여하기 어렵게 만드는 요인, 즉 시장진입을 어렵게 만드는 장벽이 있다는 의미이다. 진입장벽이 존재하면 공급자의 수가 제한적일 수밖에 없다.

진입장벽
시장에 공급자로서 참여하기 어렵게 만드는 요인, 즉 장벽

진입장벽이 존재하는 이유 중 하나로 규모의 경제를 들 수 있다. 어떤 상품을 생산하기 위해서는 대규모의 생산설비가 필요하고, 이 상품의 생산과정에는 규모의 경제 특성이 존재하는 경우를 생각해 보자. 대규모의 자본을 가진 기업은 공급자로서 시장참여가 가능하지만 그렇지 못한 기업은 이 시장에 공급자로서 참여하기 어려울 것이다. 즉 규모의 경제가 존재하는 상품의 시장에는 소규모의 자본을 갖고 있는 기업의 진입을 어렵게 만드는 진입장벽이 존재하고, 따라서 공급자의 수가 제한적일 수밖에 없다. 규모의 경제 이외에도 정부의 정책, 공격적인 광고, 차별화된 상품의 개발, 지나치게 낮은 가격책정 등의 불공정행위, 독특한 생산기술 혹은 첨단기술의 보유 여부 등이 시장진입을 어렵게 만드는 요인으로 작용할 수 있다.

경제이야기 공정거래위원회의 주요 기능

공정거래위원회

1. 경쟁촉진

- 각종 반경쟁적 규제를 개혁하는 등 경쟁적 시장환경을 조성하고, 불공정거래 행위를 금지하는 등 공정한 경쟁질서를 확립하며, 정부에 경쟁원리를 확산함

2. 소비자 주권 확립

- 불공정 약관으로 인한 소비자 피해를 방지하고, 소비자가 정확한 정보를 바탕으로 합리적인 선택을 할 수 있도록 함

3. 중소기업 경쟁기반 확보

- 대형업체들의 불공정 행위를 시정함으로써 중소업체의 발전기반을 확보하고, 우월적 지위를 이용한 각종 불공정 행위를 시정함

4. 경제력 집중 억제

- 대기업 집단 계열사간 상호출자와 채무보증 금지, 부당내부거래 억제제도 등을 운영함으로써 선단식 경영체제의 문제점을 시정함

출처: **공정거래위원회 홈페이지**(http://www.ftc.go.kr/)의 일부 내용 수정

자세히 알아보기 불공정거래의 유형과 사례

불공정거래의 유형

불공정 거래란 수요자와 공급자 사이에 불평등한 거래조건이 체결되는 경우를 말하는데 어떻게 해서 불공평한 거래조건이 강요되는지 유형별로 살펴보자. 첫째, 수요자와 공급자 사이의 정보량의 차이(비대칭적 정보)로 인해 상대적으로 정보를 많이 보유한 측에서 상대방을 속이는 경우에 발생한다. 예를 들어 농약과다 농산물이나 값싼 중국산을 국내산으로 속여 파는 행위 등이 여기에 해당된다. 둘째, 자신의 우월한 경제적 지위를 이용하여 상대방에게 불리한 거래조건을 강요함으로써 이득을 추구하는 행위이다. 예를 들어 상대적으로 경제적 지위가 우월한 대형 할인점이 중소 납품업체에 불리한 가격을 강요한다든지, 대기업 건설회사가 중소 하청업체에게 불리한 대금 지불방식을 강요하는 것들이 해당된다. 셋째, 공급자들이 자체적인 담합을 통해 경쟁을 피하고 독점력을 행사하는 경우다. 이와 같은 담합행위를 통해 사실상 독점기업과 같은 영향력을 행사하게 되며, 이들의 독점력이 커지면 커질수록 소비자들에게 돌아가야 할 혜택은 기업의 이윤으로 흡수된다.

출처: **경제교육**, 한국개발연구원(2004. 10)

불공정거래의 사례: 공정위, A사 '갑의 횡포'에 과징금 5억원

공정거래위원회는 특약점주 의사와 관계없이 일방적으로 특약점 소속 방문판매원을 직영점이나 다른 특약점으로 이동시킨 A사에 시정명령과 과징금 5억원을 부과했다. 공정위에 따르면 A사는 2005년부터 지난해 6월까지 특약점주 동의 없이 방문판매원 3,482명을 직영점이나 다른 특약점으로 이동시켰다. 특약점은 A사 제품만 취급하는 전속대리점으로 A사의 브랜드 화장품을 방문판매 방식으로 판매하고 있다. 공정위에 따르면 지난해 A사 매출 중 특약점을 통한 매출은 전체 매출액의 19.6%에 달했다. 특약점은 방문판매원을 모집, 양성하고 판매를 강화할수록 매출이 커지는 구조다. 그러나 방문판매원과 '카운셀러 계약'을 체결하고 방문판매원을 고용하는 특약점주들은 본사 영업 전략으로 방문판매원을 직영점과 다른 특약점에 내줬으며 이익도 감소할 수밖에 없었다. A사는 이런 방법을 악용해 방문판매 유통경로를 넓히고 기존 특약점주들을 관리해 왔던 것으로 드러났다. 공정위는 방문판매원을 다른 특약점이나 직영영업소로 이동시키는 행위를 금지하는 시정명령과 함께 과징금 5억원을 부과했다.

출처: **매일경제신문**(2014. 8. 18, http://news.mk.co.kr/)의 일부 내용 수정

2 완전경쟁시장

지금부터 네 가지의 시장형태에 관해 살펴볼 것인데 다수의 수요자와 공급자가 존재하는 완전경쟁시장을 가장 먼저 살펴볼 것이다. 완전경쟁시장은 현실경제에서 그 예를 찾아보기 어렵다고 하였는데 왜 가장 먼저 설명하는가? 독자들이 당연히 가질 수 있는 의구심이다. 비록 현실경제에서 완전경쟁시장은 찾아보기 어렵지만 네 가지 시장형태 중에서 가장 바람직한 형태의 시장이 바로 완전경쟁시장이기 때문에, 혹은 현실경제의 시장들이 완전경쟁시장에 가까워질 수 있는 방안을 모색하기 위해서 모든 경제학 교과서에서는 완전경쟁시장을 가장 먼저 설명한다. 두 번째로는 단 하나의 공급자만 존재하는 독점시장에 관해 살펴본 이후에 완전경쟁시장과 독점시장의 비교를 통해 어떤 시장이 더 바람직한 형태의 시장인지 설명할 것이다. 세 번째와 네 번째로는 각각 독점적 경쟁시장과 과점시장에 대해 살펴보는데 이 두 시장에 관한 이론들은 다양하고 매우 복잡하므로 본서에서는 간략하게 설명할 것이다.

네 가지 형태의 시장을 설명함에 앞서 모든 시장에 공통적으로 적용되는 너무나 당연한 사실 두 가지를 먼저 언급하고자 한다. 첫째, 어떤 형태의 시장이든 관계없이 시장 전체의 수요곡선은 항상 '마이너스' 기울기를 갖는다. 개별기업의 경우 어떤 형태의 시장에 속해 있느냐에 따라 느끼는 수요곡선은 다를 수 있고, 경우에 따라서는 '마이너스' 기울기가 아닐 수도 있지만, 시장 전체의 수요곡선은 항상 '마이너스' 기울기를 가짐을 잊지 않기 바란다. 둘째, 어떤 형태의 시장에 속해 있든 관계없이 모든 기업의 이윤극대화 조건은 '한계수입(MR)=한계비용(MC)'으로 동일하다. 즉 제6장에서 제시한 기업의 이윤극대화 조건은 그 기업이 속한 시장 형태에 관계없이 모든 기업에 동일하게 적용됨도 잊지 않기를 바란다.

자세히 알아보기 완전경쟁시장은 비현실적인가?

완전경쟁시장이 성립하기 위해서는 무수히 많은 소비자와 생산자가 필요하고, 상품이 동질적이어야 하며, 상품에 대한 정보가 모든 사람들에게 공개되어야 한다. 과연 이런 조건들을 만족시키는 것이 현실적으로 가능할까?

우선 무수히 많은 소비자와 생산자가 필요한 이유는 소비자와 생산자들이 가격수용자의 역할을 수행해야 하기 때문이다. 소비자와 생산자가 많지 않다고 하더라도 소비자와 생산자들이 가격수용자라면 완전경쟁시장은 성립한다. 즉 소비자와 생산자가 무수히 많지 않더라도 양측 모두 자신이 가격수용자라고 생각할 수 있는 가능성이 충분히 있다.

두 번째 조건인 상품의 동질성 여부이다. 상품이 동질적이지 않으면 생산자들이 서로 다른 가격을 책정하는 것이 가능하지만 이러한 가격 차이는 완전경쟁시장의 가격에 그 상품의 특이성을 추가하여 가격이 조금 오르거나 낮아지는 것에 불과하다고 볼 수 있다. 따라서 상품의 이질성 때문에 완벽한 완전경쟁시장이 성립하기 어렵다고 해도 이런 이질성은 완전경쟁시장을 기본으로 해서 조금 변화를 주는 정도일 뿐 시장의 기본적인 틀을 바꾼다고 보기는 힘들다.

세 번째 조건인 현실에서의 완전 정보는 앞의 두 문제보다는 심각하다. 예를 들어 미국산 소고기의 광우병 가능성처럼 일반 국민들이 정보를 잘 모를 경우에는 완전경쟁시장과는 전혀 다르게 움직이게 된다. 하지만 감자를 구입할 때 그 감자가 정말 잘 재배되었는지 아닌지에 대해 소비자가 완전한 정보를 갖지 못하더라도 많이 신경 쓰지 않는다면 이 역시 완전경쟁시장을 기본으로 조금의 추가적인 설명으로 해결될 수 있는 상황이다. 불완전 정보가 심하면 완전경쟁시장이 완전히 설득력을 잃겠지만 불완전 정보가 그렇게 중요한 사항이 아닌 경우에는 완전경쟁시장을 기본으로 조금 변화를 주는 정도에서 설명 가능하다.

완전경쟁시장을 학습하는 것이 중요한 이유는 따로 있다. 예를 들어 한 학생이 매일 3시간씩 공부하고 있다면 충분히 공부하고 있는 것일까? 또 이 학생이 책을 2번 읽고 시험을 봤다면 책을 충분히 읽고 시험을 본 것인가? 이런 질문은 너무도 막연해서 답하기 어렵다. 아마 이 학생은 하루 3시간 공부하고 시험 전에 책을 2번 읽고 가면 충분하다고 생각할지 모른다. 이렇게 학생 본인이 모범생이라고 자만하고 있을 때 등장하는 것이 바로 소위 엄마 친구 아들이라고 하는 '엄친아'이다. 엄친아와 자신을 비교하면 대부분의 학생은 자신이 부족하다는 것을 느껴서 노력을 증가시킬 뿐 아니라 자신의 어떤 점을 개선해야 할지까지 깨닫게 된다. 현실에서 완전경쟁시장은 존재하기 힘들지 모른다. 하지만 우리의 머릿속에는 항상 완전경쟁시장이 있어야 한다. 그리고 완전경쟁시장에 조금이라도 더 가까워지는 노력은 계속되어야 한다. 이것이 완전경쟁시장이 중요한 이유이다.

출처: **click 경제교육**, 한국개발연구원(2012. 6)의 일부 내용 수정

2.1 완전경쟁시장의 특성

완전경쟁시장의 성립요건

공급자가 무수히 많이 존재하는 시장을 완전경쟁시장이라고 하였는데 완전경쟁시장의 성립조건을 좀 더 구체적으로 살펴보자. 완전경쟁시장이 되기 위해서는 무수히 많은 공급자와 무수히 많은 수요자가 있어야 한다. 무수히 많은 수요자가 있다면 어느 한 수요자의 수요량 변화가 시장 전체의 수요량에 영향을 주기는 어려울 것이다. 마찬가지로 무수히 많은 공급자가 있다면 어느 한 공급자의 공급량 변화로 인해 시장 전체의 공급량은 영향을 받지 않을 것이다. 따라서 다수의 공급자와 다수의 수요자가가 존재한다면 공급자나 수요자 모두 시장가격에 영향을 줄 수 없으며, 시장에서 결정된 가격을 그대로 받아들일 수밖에 없다. 이런 의미에서 완전경쟁시장에 참여한 수요자와 공급자는 시장에서 결정된 가격을 그대로 받아들이는 가격수용자(price taker) 역할을 한다.

가격수용자
시장에서 결정된 가격을 그대로 받아들이는 경제주체

시장에 참여하는 사람 모두가 시장가격에 영향을 줄 수 없고 시장에서 결정된 가격을 그대로 받아들인다는 것이 완전경쟁시장이 성립하기 위한 가장 중요한 조건이다. 그 밖에도 완전경쟁시장이기 위해서는 모든 상품은 동질적이며, 시장에 대한 진입과 퇴출이 자유로워야 함과 동시에 공급자와 수요자가 모두 완전한 정보를 갖고 있어야 한다는 전제조건들이 필요하다. 독자들이 소비활동을 하면서 보았던 시장 중에서 지금 언급한 네 가지 조건을 모두 갖춘 시장이 있는지 생각해 보기 바란다.

완전경쟁시장과 완전경쟁기업의 수요곡선

완전경쟁시장에서 상품을 공급하는 기업, 즉 완전경쟁기업을 생각해 보자. 완전경쟁기업이 이윤극대화를 달성하기 위해서는 한계수입과 한계비용이 일치하는($MR=MC$) 생산량 수준을 결정해야 한다. 이와 같은 의사결정을 하기 위해서는 우선 완전경쟁기업이 직면하는 수요곡선이 어떤 모양을 갖는지 알아야 한다. 앞에서 언급하였듯이 시장 전체의 수요곡선은 어떤 시장형태이든지 항상 '마이너스'의 기울기를 갖는다. 그렇다면 완전경쟁시장에 속한 기업 하나하나가 느끼는 수요곡선도 '마이너스' 기울기를 갖는가? 그렇지는 않다. 결론부터 말하면 〈그림 7-1〉에서 보는 바와 같이 완전경쟁시장의 수요곡선은 '마이너스' 기울기를 갖지만 완전경쟁기업이 직면하는 수요곡선은 수평의 모양을 갖는다.

완전경쟁기업이 직면하는 수요곡선이 수평인 이유는 공급자가 무수히 많이 존재하여 시장가격에 영향을 주지 못하고 완전경쟁기업이 시장에서 결정된 가격을 그대로 수용해야 하기 때문이다. 예를 들어 〈그림 7-1〉에서 보는 바와 같이 시장에서 결정된 균형가격이 P_0인 경우 완전경쟁기업은 P_0 미만으로는 상품을 팔 이유가 없고, 만일 P_0보다 높은 가격을 책정한다면 모든 소비자들이 완전한 정보를 갖고 있기 때문에 상품이 전혀 팔리지 않을 것이다. 즉 완전경쟁기업은 가격수용자이기 때문에 직면하는 수요곡선은 수평이 된다. 완전경쟁시장의 수요곡선은 '마이너스' 기울기를 갖지만 완전경쟁시장에 속해 있는 기업 하나하나가 직면하는 수요곡선은 수평이

그림 7-1 | 완전경쟁시장과 완전경쟁기업의 수요곡선

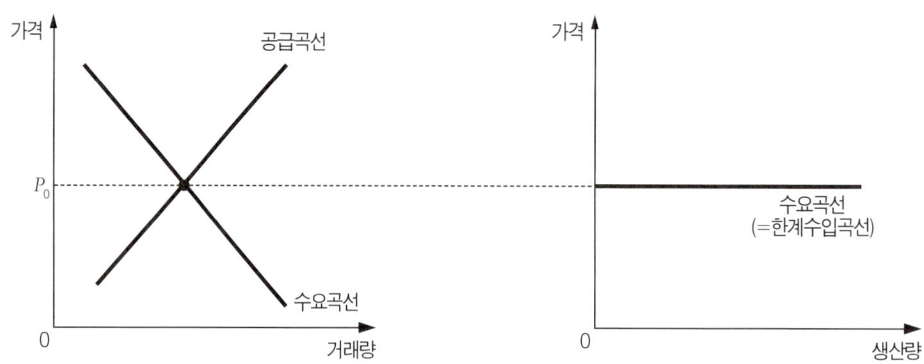

[완전경쟁시장]

- 완전경쟁시장의 수요곡선은 '마이너스'의 기울기

[완전경쟁기업]

- 완전경쟁기업이 직면하는 수요곡선은 수평
- 수평의 수요곡선은 완전경쟁기업의 한계수입곡선이기도 함

라는 점을 기억하고 완전경쟁기업의 이윤극대화 문제를 살펴보기로 하자.

2.2 완전경쟁시장의 단기균형

완전경쟁시장과 완전경쟁기업의 단기균형

완전경쟁기업이 직면하는 수요곡선이 수평이라는 의미는 무엇일까? 완전경쟁기업이 직면한 수요곡선이 수평이라는 것은 생산량(혹은 판매량) 수준에 관계없이 항상 똑같은 가격을 받음을 의미한다. 따라서 상품의 가격은 상품을 추가적으로 판매하여 얻는 추가적 수입인 한계수입(*MR*)과 일치한다. 즉 〈그림 7-1〉에서 수평의 수요곡선은 완전경쟁기업이 직면하는 수요곡선임과 동시에 이 기업의 한계수입곡선이다.

완전경쟁기업이 이윤극대화를 달성하기 위해서는 한계수입과 한계비용이 일치하

그림 7-2 | 완전경쟁시장과 완전경쟁기업의 단기균형

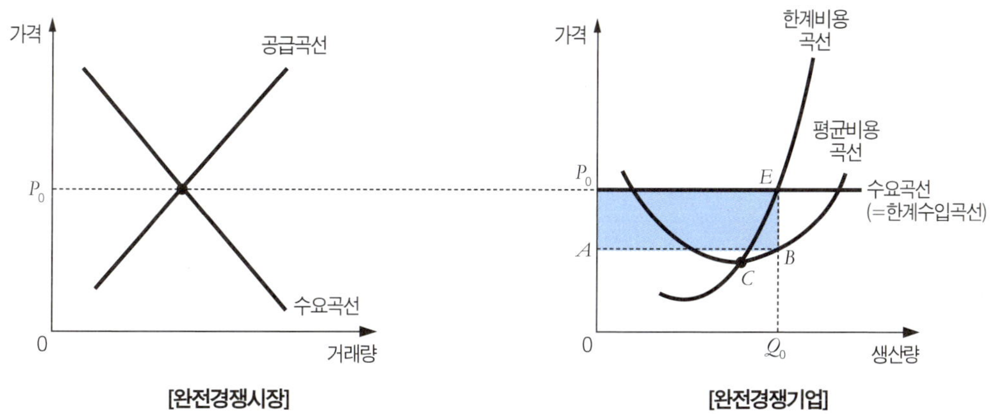

- 이윤극대화 조건은 E점에서 충족되고, E점을 완전경쟁기업의 단기균형점이라 함
- 총수입은 OP_0EQ_0이고 생산비용은 $OABQ_0$이므로 완전경쟁기업의 단기이윤은 AP_0EB임
- C점 위의 한계비용곡선이 완전경쟁기업의 공급곡선이고, C점의 가격이 생산중단가격임

도록($MR=MC$) 생산량 수준을 결정해야 하며, 〈그림 7-2〉에 의하면 E점에서 이윤극대화 조건이 충족됨을 알 수 있다. 따라서 이 완전경쟁기업은 〈그림 7-2〉의 E점에서 생산함으로써, 즉 Q_0의 생산량 수준을 유지함으로써 이윤극대화를 달성할 수 있다. 완전경쟁기업이 〈그림 7-2〉의 E점에서 생산을 하고 있다면 이 완전경쟁기업은 단기균형을 이루고 있다고 하며, E점을 완전경쟁기업의 단기균형점이라 한다.

완전경쟁기업이 단기균형을 이루고 있다면 이윤은 얼마인가? 〈그림 7-2〉에서 수평인 수요곡선의 높이(P_0)는 상품 하나당 받을 수 있는 가격이므로 OP_0EQ_0는 Q_0만큼을 판매하여 얻은 총수입이다. 또한 OA의 높이는 Q_0만큼을 생산할 때 평균비용이므로 $OABQ_0$는 Q_0만큼을 생산하기 위해 소요되는 생산비용을 의미한다. 따라서 Q_0만큼을 판매하여 얻은 수입과 생산비용의 차이인 AP_0EB가 이윤이며, 이를 완전경쟁기업의 단기이윤이라 한다.

생산중단가격과 완전경쟁기업의 단기 공급곡선

만일 가격이 〈그림 7-2〉의 C점 수준이라면 가격이 최저 수준의 평균비용과 같음을 의미한다. 가격이 평균비용의 최저 수준과 같다면 이윤은 '0'이 될 것이다. 이 경우 완전경쟁기업은 생산활동을 계속해야 하는가? 대답은 물론 '예'이다. 왜냐하면 이윤은 경제적 이윤을 의미하며, 기업의 입장에서는 생산활동에 활용한 모든 생산요소의 암묵적 비용까지 보상받는 상태이기 때문이다.

그러나 만일 가격이 〈그림 7-2〉의 C점보다 낮으면, 즉 가격이 완전경쟁기업의 평균비용곡선의 최저점보다 낮으면 이 가격에 상품을 판매하는 것은 곧 손실을 의미한다. 이와 같이 이윤이 '마이너스'이면 기업은 생산을 중단하는 것이 더 유리할 것이다. 완전경쟁기업이 생산을 중단하기로 결정하는 기준이 되는 가격은 평균비용곡선의 최저점과 같으며 이를 생산중단가격(shutdown price)이라 한다.

생산중단가격
완전경쟁기업이 생산을 중단하기로 결정하는 기준 가격

완전경쟁기업의 단기공급곡선은 어떤 모양일까? 완전경쟁기업의 단기공급곡선은 완전경쟁기업의 이윤극대화 과정으로부터 쉽게 유도할 수 있다. 공급곡선은 가격과 공급량의 관계를 밝힘으로써 얻을 수 있으므로 가격변화에 따라 생산량 수준이 어떻게 결정되는지 살펴보자. 〈그림 7-2〉에서 만일 시장에서 결정된 가격이 P_0보다 높다면 완전경쟁기업이 직면하는 수요곡선은 〈그림 7-2〉의 수평선보다 위쪽에 위치할 것이다. 이 경우 완전경쟁기업은 한계수입과 한계비용이 같아지는 새로운 점에서 생산량 수준을 결정할 것이다. 반대로 만일 시장에서 결정된 가격이 P_0보다 낮다면 완전경쟁기업이 직면하는 수요곡선은 〈그림 7-2〉의 수평선보다 아래쪽에 위치할 것이다. 이 경우에도 완전경쟁기업은 한계수입과 한계비용이 같아지는 새로운 점에서 생산량 수준을 결정할 것이다. 즉 새로운 가격수준(= 한계수입곡선)과 한계비용곡선이 만나는 점에서 완전경쟁기업의 이윤극대화가 이루어진다. 따라서 가격과 완전경쟁기업의 생산량 사이에는 '플러스'의 관계가 존재하며, 한계비용곡선 중에서 평균비용곡선의 최저점 이상의 부분이 완전경쟁기업의 단기공급곡선이다. 한편 완전경쟁시장의 단기공급곡선은 완전경쟁시장에 속해 있는 개별기업들의 단기공급곡선들을 수평적으로 더함으로써 얻을 수 있다. 〈그림 7-2〉에서 보는 완전경쟁시장의 공급곡선이 완전경쟁시장에 속해 있는 개별기업들의 단기공급곡선들을 수평적으로 합한 것이다.

2.3 완전경쟁시장의 장기균형

장기조정

완전경쟁기업의 단기균형에 관한 설명에서 완전경쟁기업이 단기적으로는 어느 정도의 이윤을 가질 수 있다고 하였다. 모든 기업의 진입과 탈퇴가 자유로운 완전경쟁시장에 속한 기업이 장기적으로도 이와 같은 '플러스'의 이윤을 보장받을 수 있을까? 이를 설명하기 위해 우선 장기조정이라는 개념부터 살펴보자.

〈그림 7-2〉에서와 같이 완전경쟁시장에 속한 기업이 '플러스'의 이윤을 얻고 있다면 다른 기업들도 이 시장에 참여하고자 할 것이다. 즉 완전경쟁기업의 '플러스' 이윤은 다른 기업들이 이 시장에 참여할 유인을 제공한다. 만일 다른 기업들이 이 시장에 새로이 진입한다면 이는 시장 전체의 공급량이 증가함을 의미한다. 다른 기업들

이 시장에 새로이 진입하여 시장 전체의 공급량이 증가하면 〈그림 7-3〉에서 보는 바와 같이 완전경쟁시장의 공급곡선은 '오른쪽'으로 이동하고 균형가격은 P_0에서 P_1으로 하락한다. 이와 같이 균형가격이 하락하면 〈그림 7-3〉에서 보는 바와 같이 완전경쟁기업의 이윤은 AP_0EB에서 $A_1P_1E_1B_1$으로 감소한다. 즉 완전경쟁기업이 '플러스'의 이윤을 얻고 있으면 다른 기업의 진입으로 인해 균형가격이 하락하고, 완전경쟁기업의 이윤은 감소한다.

반대로 완전경쟁기업이 '마이너스'의 이윤을 내고 있다면 경영실적이 나쁜 기업들이 하나둘씩 문을 닫고 시장에서 빠져나가기 시작한다. 이 경우에는 시장 전체의 공급이 감소하여 완전경쟁시장의 공급곡선이 '왼쪽'으로 이동하고 균형가격이 상승하기 시작한다. 이와 같이 완전경쟁기업이 '플러스' 혹은 '마이너스'의 이윤을 얻고 있는 경우 다른 기업의 진입 혹은 기존 기업의 탈퇴로 인해 균형가격이 변화하는데 이런 변화 과정을 장기조정(long-run adjustment)이라 한다.

장기조정
완전경쟁시장에서 다른 기업의 진입 혹은 기존 기업의 탈퇴로 인해 가격이 변화하는 과정

그림 7-3 | 완전경쟁시장과 완전경쟁기업의 장기조정

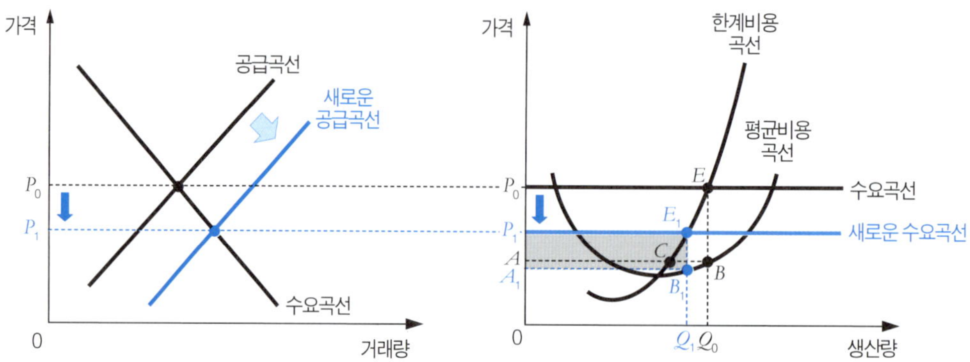

[완전경쟁시장]

[완전경쟁기업]

- 완전경쟁기업이 '플러스'의 이윤을 얻고 있음 ⇨ 다른 기업의 시장진입 ⇨ 시장 전체의 공급 증가 ⇨ 완전경쟁시장의 공급곡선 '오른쪽'으로 이동 ⇨ 균형가격 하락

- 균형가격 하락 ⇨ 완전경쟁기업의 수요곡선 '아래'로 이동 ⇨ 생산량 Q_0에서 Q_1으로 감소, 이윤 AP_0EB에서 $A_1P_1E_1B_1$으로 감소

완전경쟁기업의 장기균형

완전경쟁시장에서 장기조정이 이루어지면 완전경쟁기업의 단기균형과 이윤이 어떤 영향을 받는지 살펴보자. 완전경쟁기업이 단기적으로 '플러스'의 이윤을 얻고 있으면 신규기업의 진입으로 시장 전체의 공급이 증가하여 시장의 공급곡선은 '오른쪽' 이동을 계속하고 균형가격은 지속적으로 하락한다. 시장공급곡선의 '오른쪽' 이동은 언제까지 지속될까? 당연히 더 이상 새로운 기업이 시장에 진입할 유인이 없을 때까지 지속된다. 즉 〈그림 7-4〉에서 보는 바와 같이 가격이 P_2까지 하락하여 완전경쟁기업의 이윤이 '0'이 될 때까지 지속된다.

반대로 완전경쟁기업이 '마이너스'의 이윤을 나타낸다면 기존기업의 탈퇴로 공급이 줄어들어 균형가격이 상승하는 장기조정이 이루어질 것이다. 따라서 장기적으로는 완전경쟁시장에 속한 어떤 기업도 '플러스' 혹은 '마이너스'의 이윤을 가지지 않는다. 이와 같이 완전경쟁기업의 이윤이 '0'이 되어 새로운 기업이 시장에 진입하거

그림 7-4 | **완전경쟁시장과 완전경쟁기업의 장기균형**

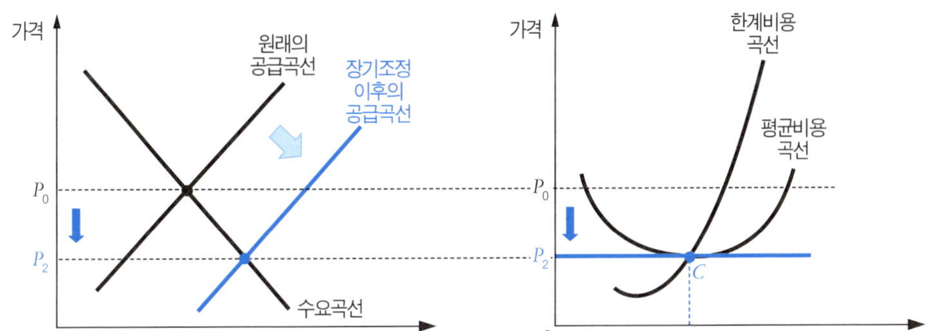

[완전경쟁시장]

[완전경쟁기업]

- 장기조정은 진입과 퇴출의 유인이 없을 때까지 지속됨. 즉 완전경쟁기업의 장기이윤이 '0'이 될 때까지 지속됨
- C점에서 생산활동이 이루어진다는 것은 생산과정에서 자원이 가장 효율적으로 배분되고 있음을 의미함과 동시에 한계편익과 한계비용이 같으므로 순사회편익이 가장 큼

나 기존의 기업이 시장에서 탈퇴할 유인이 없는 상태를 완전경쟁시장의 장기균형 혹은 완전경쟁기업의 장기균형이라 한다.

완전경쟁기업의 장기균형 역시 한계수입과 한계비용이 일치하는 점에서 이루어짐을 〈그림 7-4〉에서 확인할 수 있으며, 완전경쟁시장의 장기균형은 시장의 수요곡선과 공급곡선이 교차하는 점에서 이루어짐은 당연하다. 완전경쟁기업의 장기균형은 신규기업의 진입, 기존기업의 탈퇴 등 장기적인 조정과정을 거쳐 〈그림 7-4〉에서 보는 바와 같이 가격, 즉 한계수입이 한계비용과 일치하는 상태에서 이루어진다. 따라서 완전경쟁기업의 장기균형상태에서는 가격이 평균비용곡선의 최저점과 같은 수준이므로 완전경쟁기업의 이윤은 '0'이다.

완전경쟁기업의 장기균형에서는 이윤이 '0'이라는 의미를 살펴보자. 상식적으로 생각한다면 이윤이 없는 기업은 존재할 이유가 없는데 왜 완전경쟁기업은 '0'의 이윤상태에서도 생산활동을 계속하는가? 이 질문은 기업의 이윤을 어떤 개념으로 파악하고 있느냐를 생각하면 쉽게 답할 수 있다. 이윤은 경제적 이윤을 의미한다. 따라서 기업은 비록 경제적 이윤은 '0'이지만 공장 및 기계 그리고 기업가의 경영활동 등 생산활동에 투입된 모든 생산요소의 암묵적 비용까지 보상받고 있는 상태이며, 이런 상태에 있는 기업이 생산활동을 중단할 이유는 없다.

2.4 완전경쟁시장과 자원배분

완전경쟁시장은 자원을 가장 효율적으로 배분하기 때문에 가장 바람직한 시장형태이다. 이를 두 가지 측면에서 살펴보기로 하자. 첫째 기업의 측면에서 생각해 보자. 〈그림 7-4〉에서 본 바와 같이 완전경쟁기업의 장기균형에서는 가격이 평균비용곡선의 최저점과 같은 수준이다. 평균비용곡선의 최저점에서 생산활동이 이루어진다는 것은 생산에 필요한 모든 생산요소를 가장 효율적으로 사용하여 가장 낮은 생산단가에서 생산하고 있음을 의미한다. 즉 기업의 생산활동 과정에서 자원이 가장 효율적으로 배분되고 있음을 의미한다.

둘째 사회적인 측면에서 생각해 보자. 수요곡선과 공급곡선 위의 점들은 각각 한계편익과 한계비용을 의미한다고 했음을 기억할 것이다. 〈그림 7-4〉에 의하면 완전경쟁시장의 장기균형은 수요곡선과 장기조정 이후의 공급곡선이 만나는 점에서 이루어진다. 따라서 완전경쟁시장의 장기균형에서는 한계편익과 한계비용이 같다. 한계편익과 한계비용이 같으면 시장에서 얻을 수 있는 순사회편익이 가장 크다는 것은 추가적인 설명이 필요하지 않으리라 생각한다. 한편 완전경쟁시장이 자원의 효율적 배분이라는 측면에서는 가장 바람직한 형태이지만 자원배분의 형평성 혹은 공평한 자원배분이라는 측면과는 아무런 연관성이 없음에 주의하기 바란다.

핵심포인트

① 완전경쟁시장의 성립조건
- 다수의 공급자와 다수의 수요자
- 모든 상품은 동질적임
- 시장의 진입과 퇴출이 자유로움
- 공급자와 수요자가 모두 완전한 정보를 갖고 있음

② 완전경쟁기업의 단기균형
- 개별기업은 시장에서 결정되는 가격을 그대로 수용해야 하기 때문에 완전경쟁기업이 직면하는 수요곡선은 수평임
- 이윤극대화를 위해 한계수입과 한계비용이 일치하도록 생산량 수준을 결정해야 함
- 완전경쟁기업의 단기이윤은 '플러스'일 수도 '마이너스'일 수도 있음

③ 완전경쟁기업의 단기공급곡선은 이윤극대화 과정으로부터 유도
- 가격 변화 ⇨ 새로이 한계수입과 한계비용이 같아지는 점에서 생산량 수준 결정 ⇨ 가격과 생산량 사이에는 '플러스'의 관계 ⇨ 한계비용곡선 중에서 평균비용곡선의 최저점 이상의 부분이 공급곡선
- 평균비용곡선의 최저점은 완전경쟁기업의 생산중단가격을 의미함

④ 장기균형상태에서는 완전경쟁기업의 이윤이 '0'
- '플러스'의 이윤이거나 그렇지 못한 경우 다른 기업의 진입 혹은 기존기업의 탈퇴로 인해 가격이 변화하는 장기조정이 이루어지기 때문

⑤ 완전경쟁시장은 가장 바람직한 시장형태
- 기업의 측면: 생산요소를 가장 효율적으로 사용하여 가장 낮은 생산단가에서 생산하고 있기 때문
- 사회적인 측면: 한계편익과 한계비용이 같기 때문

3 독점시장

3.1 독점시장의 특성

독점(monopoly)이란 하나의 기업이 시장 전체의 공급을 담당하는 형태, 즉 공급자가 오직 하나인 시장을 말한다. 독점은 전매권이나 특허권 제도 등 제도적 원인과 우수한 생산기술이나 규모의 경제가 크게 작용하는 등 생산비용의 우위 때문에 발생한다. 대규모의 생산설비가 요구되는 등 생산비용상의 우위 때문에 발생하는 독

경제이야기 규모의 경제와 자연독점

전력을 생산하기 위해서는 엄청난 규모의 발전소를 지어야 하며 생산된 전기를 공급하기 위해서는 전력공급망을 설치해야 한다. 전력은 사회기반시설이기 때문에 유가급등과 같은 대외적 요인이 변화해도 안정적으로 공급되어야 한다. 따라서 우리나라에서는 안정적이고 저렴하게 전력을 공급하기 위하여 한국전력이라는 공기업을 설립·운영하고 있다.

발전소를 짓고 전력공급망을 설치하는 데는 큰 비용이 들지만 설치 후에는 사용자가 늘수록 평균생산비가 급감한다. 전력생산을 위한 발전소 건설과 전력공급망 설치에 든 거대한 비용이 많은 사용자에 의해 분산되기 때문이다. 어느 단계를 지난 뒤부터는 전력을 공급하는 데 소요되는 평균비용은 아주 낮은 수준이 된다. 그리고 수요자가 늘어날수록 평균비용은 계속해서 떨어진다. 이와 같이 생산량의 증대에 따라 평균비용이 하락하는 현상을 '규모의 경제(economies of scale)'라고 한다.

만약 민간기업이 전력을 판매하려고 한다면 발전소를 짓고 전력공급망을 구축해야 하는데 그 비용은 똑같이 큰데도 불구하고 사용자가 큰 폭으로 늘지 않는 이상 평균비용은 한국전력보다 훨씬 더 높을 수밖에 없다. 한국전력이 시장 수요를 충족시키는 경우, 민간기업은 평균비용이 한국전력보다 훨씬 높으므로 한국전력의 가격인하를 버텨 낼 수가 없다. 이렇게 규모의 경제 효과를 누리는 회사의 평균비용 최소점에서의 생산량이 시장의 수요를 감당한다면 자연적으로 독점이 된다. 이것이 '자연독점(natural monopoly)'이다.

출처: **click 경제교육**, 한국개발연구원(2012.3)의 일부 내용 수정

점을 자연독점(natural monopoly)이라고 한다. 우리나라의 경우 대규모의 초기자본을 필요로 하는 전력, 철도 등 주로 사회간접자본에 해당하는 시장에서 독점의 예를 찾아볼 수 있다.

자연독점
생산비용의 우위 때문에 발생하는 독점

독점시장의 특징으로는 독점시장에는 단 하나의 공급자만 존재하며, 그 상품을 대체할 수 있는 다른 상품이 없고, 완벽한 진입장벽으로 인해 다른 기업이 그 시장에 참여할 수 없다는 점 등을 들 수 있다. 일반적으로 독점은 자연독점과 아주 특수한 경우를 제외하곤 유지되기 어렵다고 알려져 있다. 그 이유는 많은 경우에 있어서 밀접한 대체재가 존재하기 때문에, 즉 꼭 그 상품이 아니더라도 그와 유사한 상품을 생산하는 기업이 반드시 나타나기 때문이라 할 수 있다. 만일 어떤 시장에서 한 기업이 독점의 상태에 있다면 독점이기 때문에 향유하는 여러 가지 이익을 보호하기 위하여, 즉 독점을 유지하기 위해 신규기업의 진입을 억제하는 등 효율적이지 못한 상황이 발생할 가능성이 높다.

3.2 독점시장의 균형

독점기업이 직면하는 수요곡선은 어떤 형태인지 살펴보자. 독점시장은 공급자가 오직 하나만 존재하는 시장이므로 시장 전체의 수요곡선이 바로 독점기업의 수요곡선이다. 즉 독점기업의 수요곡선은 〈그림 7-5〉에서 보는 바와 같이 '마이너스'의 기울기를 갖는 시장 전체의 수요곡선이다. 독점기업이 직면한 수요곡선이 '마이너스'의 기울기를 갖는다는 것은 독점기업이 생산량을 증가시키려면 반드시 가격을 인하해야 함을 의미한다. 즉 완전경쟁기업은 시장에서 결정된 가격을 그대로 수용하기 때문에 수평의 수요곡선에 직면하고 따라서 생산량 수준에 관계없이 동일한 가격을 받는 데 반해, 독점기업은 '마이너스' 기울기의 시장수요곡선에 직면하기 때문에 생산량 수준을 증가시키려면 반드시 가격을 낮추어야 한다는 차이가 있다.

독점기업의 균형을 살펴보기 전에 한 가지 언급할 내용이 있다. 〈그림 7-5〉를 보면 수요곡선이 있고 수요곡선 아래에 한계수입곡선이 그려져 있는데 독자들은 다음과 같은 문장으로 기억해 두기 바란다. '수요곡선이 직선인 경우 그에 대응하는 한계수입곡선은 항상 수요곡선 아래에 위치한다.' 왜 그런지는 본서의 수준에서는 설명하기 어려우므로 그 이유가 궁금한 독자들은 미시경제학 혹은 경제수학 교재를 참고하기 바란다.

독점기업의 균형을 살펴보자. 독점기업 역시 이윤극대화를 달성하기 위해서는 한계수입과 한계비용이 일치하는($MR=MC$) 조건을 충족해야 한다. 〈그림 7-5〉에 의하면 독점기업의 이윤극대화를 달성하기 위한 조건은 C점에서 충족되고 독점기업의 균형은 E점에서 이루어진다. 독점기업의 균형이 E점에서 이루어지는 이유는 다음과 같다. 독점기업의 이윤극대화 조건을 충족시키는 C점은 Q_m의 생산량 수준을 의미하고, 이미 소비자들은 수요곡선을 통해 Q_m을 소비할 경우 P_m의 가격을 지불하겠다는 의사를 표시했으므로 독점기업은 P_m보다 낮은 가격을 받을 이유가 없기 때문이다. 따라서 이 독점기업은 Q_m만큼을 생산하고 P_m의 가격에 판매하여 이윤극대화를 달성하게 된다. 즉 〈그림 7-5〉에서 독점시장(기업)의 균형가격과 균형거래량은 각각 P_m과 Q_m이다. 또한 〈그림 7-5〉에서 독점기업의 총수입은 OP_mEQ_m이고 생산비용은 $OABQ_m$이므로 독점기업의 이윤은 AP_mEB이다. 한편 독점시장에

그림 7-5 | 독점기업(시장)의 균형

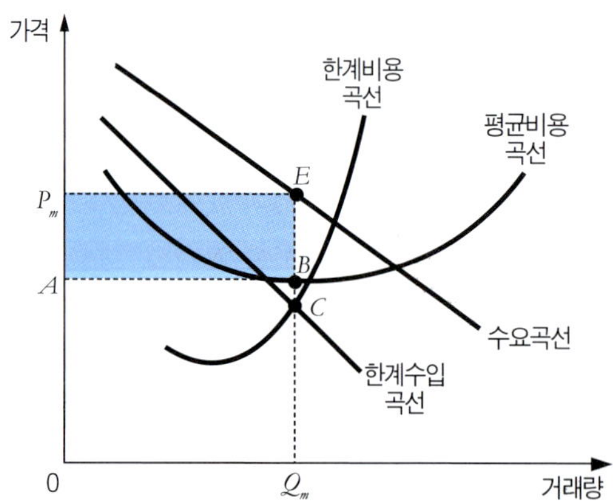

- 독점기업의 이윤극대화 조건은 C점에서 충족되고 균형은 E점에서 이루어져 P_m의 가격과 Q_m의 생산량 수준 결정
- 총수입은 OP_mEQ_m이고 생산비용은 $OABQ_m$이므로 독점기업의 이윤은 AP_mEB임

는 완벽한 진입장벽이 존재하여 다른 경쟁기업이 나타날 수 없기 때문에 독점기업의 '플러스' 이윤은 장기에도 그대로 유지된다.

독점기업의 공급곡선

〈그림 7-5〉에서 살펴본 바와 같이 독점기업은 수요가 주어지면 이윤극대화를 달성하기 위한 조건을 충족시키기 위한 공급량을 결정한다. 만일 독점기업의 수요곡선이 〈그림 7-5〉에서 제시된 수요곡선과 다르다면 그에 대응하는 한계수입곡선도 〈그림 7-5〉와는 다를 것이고, 이윤극대화 조건을 충족하는 점의 위치도 달라질 것이다. 즉 독점기업은 수요곡선의 위치와 모양에 따라 이윤극대화 조건을 충족하도록 생산량 수준을 결정하기 때문에 독점기업의 공급곡선은 일률적으로 도출할 수 없다.

3.3 독점시장과 자원배분

독점시장과 완전경쟁시장을 비교해 보자. 〈그림 7-6〉에는 독점시장과 완전경쟁시장의 균형을 동시에 제시하였다. 완전경쟁시장의 공급곡선은 무수히 많이 존재하는 완전경쟁기업의 공급곡선인 한계비용곡선을 수평으로 더한 것이므로 완전경쟁시장의 균형은 시장의 수요와 공급이 일치하는 F점에서 이루어진다. 한편 독점시장의 균형은 E점에서 이루어진다. 〈그림 7-6〉에서 보는 바와 같이 독점시장에서 결정된 가격(P_m)은 완전경쟁시장에서 결정된 가격(P_0)보다 더 높고, 독점시장에서 결정된 거래량(Q_m)은 완전경쟁시장에서 결정된 거래량(Q_0)보다 더 적다. 즉 독점시장의 자원배분이 완전경쟁시장과 비교하여 효율적이지 못함을 짐작할 수 있다.

독점시장의 자원배분이 효율적이지 못함을 사회 전체적인 편익의 측면에서 살펴보면 다음과 같다. 〈그림 7-6〉에 의하면 독점시장에서의 거래량(Q_m) 수준을 완전경쟁시장에서의 거래량(Q_0) 수준으로 증가시키는 경우 얻을 수 있는 순사회편익의 증가분은 Q_mEFQ_0인 반면에 소요되는 비용의 증가분은 Q_mCFQ_0이다. 이 둘의 차이, 즉 CEF는 독점시장에서 자원이 효율적으로 배분되지 못함으로써 발생하는 사회적

그림 7-6 | 완전경쟁시장과 독점시장

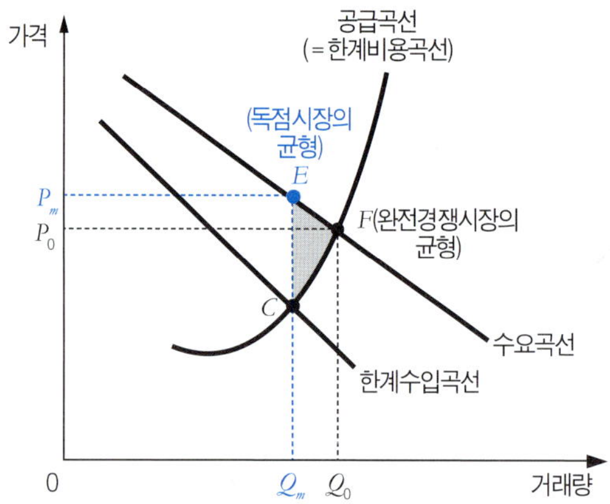

- 완전경쟁시장의 균형점은 F점이고, 독점시장의 균형점은 E점임
- 독점시장은 완전경쟁시장보다 균형가격은 더 높고 균형거래량은 더 적기 때문에 비효율적임
- 완전경쟁시장과 비교하면 독점시장에서는 CEF만큼의 자중손실이 발생

편익의 손실, 즉 자중손실을 의미한다.

독점시장의 자원배분이 효율적이지 못함을 기업의 측면에서 살펴보면 다음과 같다. 〈그림 7-5〉에서 독점기업의 이윤극대화 조건은 C점에서 달성되고 독점시장의 균형은 E점에서 이루어진다고 하였다. 〈그림 7-5〉를 설명하면서 독점기업은 '플러스'의 이윤을 얻고 있으며 장기에서도 독점기업의 '플러스' 이윤은 보장된다고 하였다. 장기적으로도 '플러스'의 이윤이 보장된 기업이라면 경영자나 근로자 모두 기술개발이나 생산비용을 낮추기 위한 노력을 기울일 이유가 없으며, 오히려 독점을 유지하기 위한 진입장벽을 쌓는 데 더 많은 노력을 기울일 것이다. 이는 독점기업의 생산활동이 생산요소를 효율적으로 사용하지 못하는 비효율적인 상태에서 이루어지고 있음을 의미한다.

3.4 가격차별

같은 상품을 두 개 이상의 분리된 시장, 즉 둘 이상의 소비자 그룹에 판매할 때 가격을 다르게 책정하는 경우가 있다. 예를 들면 극장의 조조나 심야 할인, 주중과 주

자세히 알아보기 가격차별의 사례와 원리

가격차별 사례

가격차별 사례를 명확히 분리될 수 있는 시장과 그렇지 않은 시장의 경우로 구분하여 살펴보자. 먼저 명확히 분리될 수 있는 시장에서 가격차별의 첫째 사례로 오전과 오후의 영화티켓 가격을 들 수 있다. 오전에 영화를 보는 관객은 일반관객에 비해 시간 여유가 있고 가격에 민감한, 즉 수요의 가격탄력성이 큰 소비자들이다. 탄력적 수요를 가진 오전 관객을 위한 조조할인티켓은 일반티켓보다 저렴하다. 마찬가지로 일반음식점이나 기타 서비스업종에서도 한산한 시간대(소위 해피타임)에 가격을 할인해 주는 것 역시 같은 원리이다. 둘째 사례로는 주말과 주중의 항공 및 열차 티켓가격을 들 수 있다. 열차티켓의 가격은 주말보다 주중에 저렴한 것이 일반적이다. 이는 이용자가 많은 주말의 수요가 주중보다 비탄력적이기 때문이다. 호텔이나 렌터카의 경우, 성수기의 가격이 비수기의 가격보다 더 비싼 것도 같은 원리이다.

한편 시장을 구분하기 어려운 경우, 소비자들이 자신의 특성을 스스로 밝힐 수 있는 미끼를 제공하는 경우가 있는데 할인쿠폰과 백화점의 정기세일이 이에 해당한다. 다소 귀찮더라도 할인쿠폰을 잘 챙기고 기억했다가 가지고 오는 사람은 가격에 민감한 소비자인 반면, 할인쿠폰에 무심한 사람은 그만큼 비탄력적인 소비자로 볼 수 있다. 따라서 할인쿠폰을 들고 온 소비자에 대해서는 쿠폰에 명시된 가격만큼 싸게 해 주는 반면, 그렇지 않은 소비자들에 대해서는 상대적으로 비싼 가격을 받게 된다. 또한 백화점이나 할인점의 정기세일 역시 다양한 특성을 가진 소비자들에게 차별적인 기회를 제공한다. 즉 가격이 내려갈 때를 기다렸다가 정기세일에 구매하는 소비자는 세일에 상관없이 구매하는 소비자에 비해 가격의 탄력성이 상대적으로 큰 사람이라고 볼 수 있다.

출처: **click 경제교육**, 한국개발연구원(2004. 10)의 일부 내용 수정

가격차별의 원리

어떤 독점기업이 상품을 1개당 100원의 가격을 받고 10,000개 팔아 1,000,000원의 총수입을 얻고 있는데, 자세히 분석해 보니 시장은 2개(시장1과 시장2)로 분리할 수 있으며 각 시장에서 각각 5,000개씩 팔리고 있다고 가정해 보자. 또한 시장1과 시장2에서 조사된 수요의 가격탄력성이 각각 0.5와 1.5, 즉 시장1은 수요의 가격탄력성이 비탄력적인 반면 시장2는 탄력적이라고 하자.(물론 시장 사이의 전매도 불가능하다.)

가격차별이란 수요의 가격탄력성이 높은 시장에 더 낮은 가격을 적용함으로써 판매수입을 늘리고자 하는 것이므로 시장1에서는 100원의 가격을 그대로 유지하고, 시장2에서는 가격을 10% 낮추어 판매한다고 하자. 시장2에서 가격을 10% 낮추어 90원에 판매한다면 수요량은 15% 증가하여 5,750개가 팔릴 것이므로 시장2에서의 총수입은 517,500원(=5,750×90)으로 늘어나게 된다. 결국 수요의 가격탄력성이 탄력적인 시장에서 낮은 가격을 책정하는 가격차별로 기업은 더 많은 총수입, 즉 더 많은 이윤을 확보할 수 있다.

물론 수요의 가격탄력성이 비탄력적인 시장1에서는 가격을 높게 책정하여 시장1에서의 총수입도 늘릴 수 있다. 예를 들어 시장1에서 가격을 10% 높게 책정한다면 수요량은 5% 감소하여 4,750개가 팔릴 것이므로 총수입은 522,500원(=4,750×110)으로 늘어나게 된다. 그러나 수요의 가격탄력성이 탄력적인 소비자 그룹에게 낮은 가격을 책정하여 판매량을 늘리는 것이 일반적인 가격차별의 형태이므로 여기에서는 시장1에서는 가격을 100원으로 유지하는 경우를 가정하였다.

가격차별
소비자 그룹에 따라 다른 가격을 책정하는 전략

말의 기차요금 차이, 할인쿠폰의 발행, 놀이공원의 학생요금 할인 등이다. 이와 같이 소비자 그룹에 따라 다른 가격을 책정하는 것을 가격차별(price discrimination)이라 하며, 가격차별을 시행하는 이유는 가격을 차별함으로써 더 많은 이윤을 얻을 수 있다고 판단하기 때문이다.

가격차별을 시행하기 위해서는 수요의 가격탄력성에 따라 시장(즉, 소비자 그룹)을 둘 이상으로 분리할 수 있고, 다른 시장(즉, 소비자 그룹) 사이의 전매가 불가능하다는 두 가지의 전제조건이 필요하다. 만일 수요의 가격탄력성에 따라 소비자 그룹을 분리할 수 없다면 모든 소비자가 낮은 가격에 상품을 소비하려 할 것이다. 또한 만일 소비자 그룹 사이의 전매가 가능하다면 낮은 가격에 구입한 상품을 비싼 가격에 되파는 현상이 발생할 것이다. 따라서 가격차별을 위해서는 위의 두 가지 전제조건이 필요하다.

가격차별로 어떻게 더 많은 이윤을 얻을 수 있는지 살펴보기로 하자. 일반적인 가격차별은 수요의 가격탄력성이 높은 시장(즉 탄력적인 시장)에서 낮은 가격을 책정하여 판매량을 늘림으로써 총수입을 늘리고자 하는 것이다. 이와 같은 수요의 가격탄력성에 따른 가격차별로 더 많은 이윤을 얻을 수 있는 원리는 다음과 같다. 수요가 가격변화에 탄력적인 시장에서는 가격인하율보다 수요량증가율이 더 크므로 가격을 낮게 책정함으로써 얻는 기업의 총수입은 증가한다. 한편 수요가 가격변화에 비탄력적인 시장에서는 가격을 그대로 유지하고 있으므로 총수입의 변화는 없다. 결국 가격할인으로 얻는 총수입의 증가분만큼 더 많은 총수입, 즉 더 많은 이윤을 확보할 수 있다. [〈자세히 알아보기: 가격차별의 사례와 원리〉 참조]

핵심포인트

① 독점시장의 특징
- 단 하나의 공급자만 존재 • 대체할 수 있는 상품이 없음 • 완벽한 진입장벽이 존재함

② 독점기업이 직면하는 수요곡선은 '마이너스' 기울기를 가짐
- 시장 전체의 수요곡선이 바로 독점기업의 수요곡선이기 때문
- 독점기업이 생산량을 증가시키려면 반드시 가격을 인하해야 함을 의미

③ 독점기업도 이윤극대화를 달성하기 위한 조건은 한계수입과 한계비용이 일치해야 한다는 것임
- 독점시장에는 완벽한 진입장벽이 존재하여 다른 경쟁기업이 나타날 수 없기 때문에 '플러스'의 이윤은 장기에서도 그대로 존재

④ 독점시장은 완전경쟁시장보다 자원배분이 비효율적임
- 독점시장은 완전경쟁시장보다 균형가격은 더 높고, 균형거래량은 더 적음
- 사회 전체적인 편익의 측면: 자중손실 존재
- 기업의 측면: 기술개발이나 생산비용을 낮추기 위한 노력을 기울일 이유가 없음

⑤ 소비자 그룹에 따라 다른 가격을 책정하는 것을 가격차별이라 함
- 가격차별을 시행하기 위해서는 수요의 가격탄력성에 따라 시장을 둘 이상으로 분리할 수 있고, 다른 시장 사이의 전매가 불가능하다는 전제조건이 필요함
- 수요의 가격탄력성이 높은 시장에서 낮은 가격을 책정함으로써 판매량, 즉 총수입을 늘리고자 하는 것이 일반적인 형태임

4 독점적 경쟁시장

독점적 경쟁시장의 특성

독점적 경쟁시장(monopolistic competition)은 다수의 공급자와 다수의 수요자가 존재하며, 시장에의 진입과 탈퇴가 자유롭다는 점 등에서 성격상 완전경쟁시장에 근접한 시장형태이다. 독점적 경쟁시장이 완전경쟁시장과 결정적으로 다른 점은 완전경쟁시장에서는 모든 기업이 동일한 상품을 생산하는 반면에 독점적 경쟁시장에서는 같은 상품이지만 각 기업마다 독특한 특성이 있는 상품을 생산한다는 것이며, 이를 상품차별화(product differentiation)라 한다.

상품차별화
같은 상품이지만 조금씩 다른 특성을 갖는 상품을 생산하려는 노력

현실경제에서 쉽게 찾아볼 수 있는 시장 형태인 독점적 경쟁시장에서 상품을 차별화하는 방식에는 여러 가지가 있을 수 있으며, 독특한 원료를 사용하여 기능을 차별화한다든지 혹은 디자인을 차별화하는 방법 등을 들 수 있다. 치약의 경우 어떤 치약은 충치예방, 잇몸보호 등의 기능에 초점을 맞추는가하면 어떤 치약은 독특한 향기 등의 기능에 초점을 맞추는 것을 상품차별화의 예로 들 수 있다. 안경의 경우에도 유

경제이야기 독점적 경쟁시장

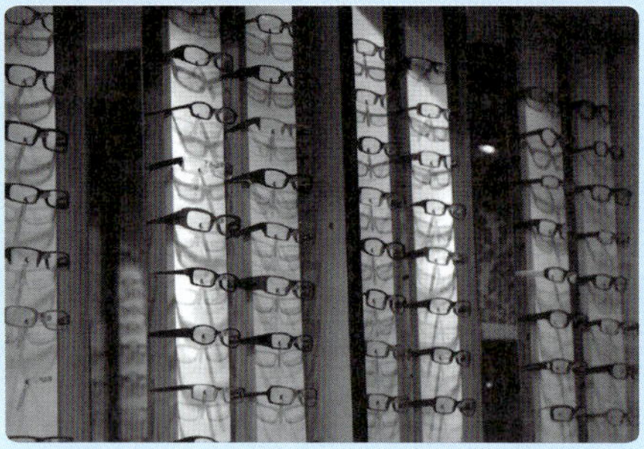

현실에서는 독점시장의 성격과 완전경쟁시장의 성격을 동시에 가지고 있는 경우를 흔히 볼 수 있다. 안경점, 옷가게, 극장, 식당, 미용실 등은 같은 상품을 파는 것 같지만 품질과 서비스가 동일하지 않다는 점에서 독점의 성격을 갖고 있으며 시장진입이 자유롭다는 점에서 완전경쟁시장의 성격도 있다. 이러한 독점적 경쟁시장은 과점시장처럼 독점과 완전경쟁이라는 두 가지 극단적 시장구조의 중간 형태로 볼 수 있다.

출처: **일반인을 위한 알기쉬운 경제이야기**, 한국은행(2013. 3)의 일부 내용 수정

행에 따른 디자인 차별화 혹은 재료의 차이에 따른 착용감 차별화 등 상품차별화의 예를 쉽게 발견할 수 있다. 우리가 현실경제에서 접하는 거의 대부분의 상품에서 같은 용도라 하더라도 기업마다 조금씩 차별화되어 있는 것을 발견할 수 있다.

독점적 경쟁기업의 균형

어떤 상품을 사든 소비자 중에는 특정한 기능 혹은 디자인을 선호하는 사람이 반드시 있기 마련이다. 따라서 차별화된 상품을 생산하는 독점적 경쟁기업은 자기의 상품을 선호하는 소비자에 대해 어느 정도의 독점력을 보유한다. 이는 독점적 경쟁기업이 직면하는 수요곡선이 '마이너스'의 기울기를 가짐을 의미하고, 독점적 경쟁기업은 자기 상품의 가격을 결정할 수 있다는 의미도 갖는다. 독점적 경쟁기업이 이윤극대화를 달성하기 위한 조건 역시 한계수입과 한계비용이 같아지는 상태($MR=MC$)이므로 독점적 경쟁기업의 균형은 독점기업의 균형과 비슷하게 이루어질 것이다[〈그림 7-5〉 참고].

독점적 경쟁기업의 균형이 독점기업의 균형과 다른 점은 완전경쟁기업의 경우와 마찬가지로 독점적 경쟁기업도 장기적으로는 '0'의 이윤을 갖는다는 것이다. 독점적 경쟁시장에는 진입장벽이 존재하지 않으므로 독점적 경쟁기업의 '플러스' 이윤은 다른 기업이 이 시장에 진입할 유인을 제공한다. 만일 다른 기업이 새로이 독점적

경쟁시장에 진입한다면 시장 전체의 공급이 증가하여 가격이 하락할 것이므로, 독점적 경쟁기업의 이윤도 장기적으로는 '0'이 된다. 따라서 독점적 경쟁기업의 균형은 독점기업 균형의 특성과 완전경쟁기업 균형의 특성 모두를 갖는다고 할 수 있다.

독점적 경쟁시장과 자원배분

독점적 경쟁시장에 속한 기업들은 상품을 더 많이 팔기 위해 혹은 시장점유율을 높이기 위해 서로 경쟁한다. 이와 같은 기업들의 경쟁은 경쟁수단으로 어떤 방법을 사용하느냐에 따라 가격경쟁과 비가격경쟁으로 구분한다. 가격경쟁이란 상품을 더 많이 판매하기 위해 가격을 낮추는 전략을 말하며, 비가격경쟁이란 상품을 더 많이 판매하기 위해 가격 이외의 다른 요인들을 사용하는 전략을 말한다. 예를 들어 독자들이 사는 동네에 새로운 마트가 생겼다고 하자. 새로 생긴 마트는 상품 몇 가지의 가격을 다른 마트보다 낮추고 이를 알리는 전단지를 배포하는 등 소비자 확보를 위해 노력할 것이다. 여기에서 상품의 가격을 낮추는 것은 가격경쟁이다. 한편 전단지를 배포하는 것은 광고로서 이는 비가격경쟁이다. 가격경쟁이나 비가격경쟁 모두 생산자의 입장에서는 비용이 소요되기 마련임은 당연하다. 그러나 가격경쟁은 그 상품을 소비하는 소비자가 혜택을 누리지만 비가격경쟁은 비가격경쟁에 참여하는 사람들(위의 예에서는 전단지 인쇄업자 혹은 전단지를 배포하는 사람들)이 혜택을 누린다는 차이가 있다.

가격경쟁
상품을 더 많이 판매하기 위해 가격을 낮추는 전략

비가격경쟁
상품을 더 많이 판매하기 위해 가격 이외의 다른 요인을 사용하는 전략

독점적 경쟁기업이 생산하는 상품은 같은 용도이지만 기능이나 디자인 등에서 상품차별화가 이루어져 있기 때문에 독점적 경쟁기업은 주로 비가격경쟁을 통해 시장 지배력을 향상시키기 위해 노력한다. 즉 독점적 경쟁시장에 속한 기업들은 차별화된 상품을 개발하려는 노력을 게을리하지 않음과 동시에 상품의 특성을 소비자에게 알리기 위해 많이 노력한다. 독점적 경쟁기업의 상품차별화 노력은 긍정적인 측면이 강하다. 같은 용도라 하더라도 독특한 특성을 보유한 상품이 많다는 것은 소비자의 측면에서 바람직한 것임은 두말할 나위가 없다. 즉 소비자의 욕구를 충족시킨다는 측면에서 자원의 효율적 배분에 기여한다고 할 수 있다. 또한 상품차별화 노력과

병행하여 가격을 낮추기 위한 노력도 게을리하지 않는다면 생산요소의 효율적 배분이라는 측면에서도 긍정적인 효과가 존재한다.

그러나 독점적 경쟁시장에서는 상품의 특성과 장점을 소비자에게 알리기 위해 지나치게 많은 비용을 광고에 사용하는 경우도 있을 수 있다. 경우에 따라서는 상품차별화가 별로 이루어지지 않고 기껏해야 포장만 다른데도 과대한 광고비용이 사용되기도 한다. 이 경우 소비자의 욕구충족이나 생산요소의 효율적 사용과 무관한 비용이 지출되는 것이므로 바람직하다고 할 수 없다. 즉 자원의 효율적 배분이라는 관점에서 독점적 경쟁시장에는 긍정적인 측면과 부정적인 측면이 모두 존재한다.

핵심포인트

① 독점적 경쟁시장의 특징
- 다수의 공급자와 다수의 수요자가 존재
- 시장에의 진입과 탈퇴가 자유로움
- 기업마다 조금씩 다른 상품을 생산하는 상품차별화 현상이 나타남

② 독점적 경쟁기업의 균형은 독점기업 균형의 특성과 완전경쟁기업 균형의 특성 모두를 가짐
- 소비자 중에는 특정 제품을 선호하는 사람이 반드시 있음 ⇨ 차별화된 상품을 생산하는 기업은 어느 정도의 독점력을 보유 ⇨ 독점적 경쟁기업이 직면하는 수요곡선은 '마이너스'의 기울기를 가짐 ⇨ 독점적 경쟁기업의 단기균형은 독점기업의 단기균형과 비슷함
- 독점적 경쟁기업의 장기적 이윤은 '0'이 됨 ⇨ 독점적 경쟁기업의 장기균형은 완전경쟁기업의 장기균형과 비슷함

③ 가격경쟁과 비가격경쟁
- 가격경쟁이란 상품을 더 많이 판매하기 위해 가격을 낮추는 전략이고, 비가격경쟁은 가격이외의 다른 요인들을 사용하는 전략임
- 가격경쟁은 그 상품을 소비하는 소비자가 혜택을 누리지만 비가격경쟁은 비가격경쟁에 참여하는 사람들이 혜택을 누림

④ 독점적 경쟁시장은 자원배분의 관점에서 효율적인 측면과 비효율적인 측면 모두 존재함
- 효율적인 측면: 상품차별화 노력은 소비자의 욕구를 충족시킨다는 측면에서, 그리고 가격을 낮추기 위한 노력은 생산요소의 효율적 배분이라는 측면에서 긍정적
- 비효율적인 측면: 과대한 광고비용이 사용되는 등 소비자의 욕구충족이나 생산활동과 무관한 비용이 지출될 가능성 존재

5 과점시장

전략적 상황과 담합의 가능성

과점시장(oligopoly)은 소수의 공급자에 의해 시장 전체의 공급이 결정되는 시장 형태로 자동차시장, 가전제품시장, 이동통신서비스시장 등 현실경제에서 쉽게 찾아 볼 수 있다. 과점시장은 소수의 기업이 지배하는 시장이기 때문에 어떤 기업의 의사결정이 다른 기업의 판매 및 경영전략에 중요한 영향을 준다. 즉 과점시장에서는 기업들이 상대방 기업의 의사결정에 따라 각기 다른 전략을 세울 수밖에 없는 상황에 이르게 되기 때문에 과점시장을 분석하기 위한 이론은 매우 복잡하고 다양할 수밖에 없다.

상대방 기업의 반응에 따라 각기 다른 판매 및 경영전략을 세우게 되는 상황을 전략적 상황(strategic situation)이라 한다. 전략적 상황은 과점시장이 다른 시장형태와 구별되는 가장 중요한 특징이다. 전략적 상황을 분석하기 위한 분석도구 중에서 유용하게 활용되는 것이 게임이론(game theory)이다. 본서의 집필목적에 비추어 볼 때 게임이론까지 소개한다는 것은 과도한 욕심이라 판단하여 생략하며, 게임이론에 관심이 있는 독자들은 경제학원론 혹은 미시경제학 교재 혹은 게임이론 입문서 등을 참고하기 바란다.

전략적 상황
상대방의 반응에 따라 다른 전략을 세우게 되는 상황

게임이론
전략적 상황을 분석하기 위한 이론

과점시장에는 소수의 기업이 존재하기 때문에 어떤 한 기업의 행동은 다른 기업에 영향을 주게 된다. 예를 들어 어떤 기업이 가격을 낮추는 경우 다른 기업은 시장지배력을 잃지 않기 위해 더 큰 폭의 가격인하를 단행하는 등의 행동을 취할 가능성이 충분히 존재한다. 이와 같은 현상이 발생한다면 기업은 손실을 입게 될 것이므로 이런 상황을 피하고자 노력할 것이다. 즉 과점시장에서는 경쟁을 피하고 더 큰 이윤을 확보하기 위해 기업들이 서로 담합(collusion)을 할 가능성이 존재한다.

과점시장이론

과점시장을 분석하기 위한 이론은 여러 가지가 있는데 기업의 담합 정도에 따라

경제이야기 담합 사례1: 5,000원에 판매되는 팝콘의 원가가 613원?

영화관에서 판매하는 팝콘의 가격이 원가에 비해 지나치게 비싼 것으로 나타났다. 한국소비자단체협의회가 멀티플렉스 영화관 매점상품의 원가를 분석한 결과에 따르면 *L*사이즈 팝콘은 판매가 5,000원에 원재료가격이 613원, *R*사이즈 콜라는 판매가 2,000원에 원재료가격이 600원으로 판매가와 원재료가의 가격 차이는 각각 8.2배, 3.2배에 달했다. 팝콘과 콜라 2잔으로 구성된 콤보상품도 판매가는 8,500원이지만 원재료가격은 최대 1,813원으로 판매가가 원재료가의 4.7배였다. 협의회 측은 '각 영화관은 대량구매와 음료제조기 이용 등으로 저렴하게 제품을 공급받는 점을 고려하면 실제 원재료가와 판매 가격의 차이는 이보다 더욱 클 것'이라고 설명했다.

또 영화관 내 매점 상품은 모두 가격이 같은 것으로 나타나 가격담합이 의심된다고 협의회 측은 주장했다. 팝콘(*L*) 5,000원, 탄산음료(*L*) 2,500원, 나쵸 3,500원, 오징어 3,000원, 핫도그 3,500원 등 조사대상인 모든 제품의 가격이 같았으며, 콤보상품도 모두 같은 가격에 판매하고, 팝콘과 탄산음료는 사이즈에 따른 가격까지 같은 것으로 나타났다.

출처: **매일경제신문**(2014. 6. 3, http://news.mk.co.kr/)의 일부 내용 수정

세 가지 유형으로 구분할 수 있다. 첫째 유형은 기업들이 담합을 하지 않고 독자적인 행동을 한다고 가정하고 과점시장을 분석하는 이론들이며, 둘째 유형은 기업들이 암묵적으로 담합하고 행동한다고 가정하고 분석하는 이론들이다. 셋째 유형은 모든 기업이 완전하게 담합하고 행동한다는 이론이다.

과점시장을 분석하기 위한 이론들 중에서 기업들이 담합을 하지 않고 독자적인 행동을 한다고 가정하는 이론들(첫째 유형)과 기업들이 암묵적으로 담합하고 행동한다고 가정하는 이론들(둘째 유형)은 본서의 범위를 넘는 복잡한 경제모형에 해당된다. 또한 이 이론들을 이해하기 위해서는 게임이론에 대한 이해가 선행되어야 하므로 본서에서는 셋째 유형만 간략하게 살펴보기로 하자.

카르텔

기업들이 완전한 담합을 이룬다는 것은 시장지배를 목적으로 가격결정이나 생산

경제이야기 담합사례2: 4대 교복 브랜드 가격 담합했나?

전국의 상당수 지역에서 4대 교복 브랜드 업체의 가격이 똑같아 담합 의혹이 제기되고 있다. 또한 동일 브랜드 업체의 교복가격이 지역에 따라 최대 10만원가량 차이가 날 정도로 지역별 편차가 커 교복가격의 적정 수준에 대한 의구심도 일고 있다. 교육부가 4대 브랜드 업체의 교복가격을 조사한 결과를 보면 동복 기준 개별구매의 평균가격은 25만6천925원으로, 교육부가 제시한 교복 상한 기준인 20만3천84원보다 5만원 이상 높았다.

교육부는 4대 업체가 일선 학교의 공동구매에 참여하지 않고 학부모들의 개별구매를 유도해 구입가격이 높게 형성된 것으로 보고 있다. 업체 대리점간 가격 담합이 있었을 것으로 의심해 볼 수밖에 없는 셈이다. 같은 브랜드 업체라도 지역별로 가격 편차가 크기도 했다. 학교마다 교복 디자인이나 사용된 원단이 달라 같은 업체의 제품이라도 가격이 다양할 수 있지만 지역별로 가격차가 최대 10만원 이상 나는 것은 제조원가 차이로만 설명하기가 어려운 수준이다. 자율교육학부모 연대 상임대표는 '4대 업체 가격이 완전히 똑같은 것은 상식적으로 있을 수 없는 일'이라며 '담합으로 볼 수 있어 관련 증거자료를 수집해 공정거래위원회에 고발할 계획'이라고 말했다.

출처: **연합뉴스**(2014. 2. 20), 매일경제신문 홈페이지(http://news.mk.co.kr/)에서 재인용

활동 등의 사항에 합의하는 것을 의미한다. 과점시장에서 기업들이 시장지배를 목적으로 완전한 담합을 이룬 것을 카르텔(cartel)이라 하며, OPEC(석유생산국기구)이 카르텔의 전형적인 예에 해당된다.

카르텔은 가맹기업의 중앙기구가 의사결정을 하며, 카르텔의 균형은 〈그림 7-5〉에서 살펴본 독점기업의 균형과 동일하게 이루어지고, 각 기업의 생산량은 할당의 형식으로 분배된다. 한편 이윤의 할당은 생산량 할당에 비례하는 것이 아니고 참가기업의 교섭능력에 의해 결정되는 경우가 많다. 따라서 적은 이윤을 할당받은 기업의 독자적인 행동으로 인해 담합은 항상 붕괴될 가능성이 크다. 그럼에도 불구하고 현실적으로는 담합이 끊임없이 이루어지고 있는데, 이는 장기적인 관점에서 담합이 유지되는 경우 얻을 수 있는 안정적인 이윤에 대한 매력 때문이다.

핵심포인트

① 과점시장에는 항상 담합의 가능성이 존재함
- 전략적 상황에 따른 경쟁을 피하고 더 큰 이윤을 확보하기 위해서임

② 과점시장을 분석하기 위한 이론의 유형
- 기업들이 담합하지 않고 독자적으로 행동한다고 가정하고 분석하는 이론들
- 기업들이 암묵적으로 담합하고 행동한다고 가정하고 분석하는 이론들
- 모든 기업이 완전하게 담합하고 행동한다는 이론

연습문제

01 아래 용어의 개념을 간략하게 설명하라.

① 진입장벽 ② 가격수용자
③ 생산중단가격 ④ 장기조정
⑤ 자연독점 ⑥ 가격차별
⑦ 상품차별화 ⑧ 비가격경쟁
⑨ 전략적 상황 ⑩ 카르텔

02 시장의 분류기준에는 어떤 것들이 있는지 설명하라.

03 불완전경쟁이 발생하는 이유 중 하나인 진입장벽은 왜 생기는지 설명하라.

04 완전경쟁시장의 수요곡선과 완전경쟁기업이 직면하는 수요곡선이 어떻게 다르며, 그 이유는 무엇인지 설명하라.

05 완전경쟁기업, 독점기업, 독점적 경쟁기업 그리고 과점기업의 이윤극대화 조건은 각각 무엇이며 어떻게 다른가?

06 완전경쟁시장을 가장 효율적이라고 하는 이유를 그림을 이용하여 설명하라.

07 완전경쟁시장과 비교하여 독점시장이 자원배분의 측면에서 비효율적인 이유를 그림을 이용하여 설명하라.

08 독점적 경쟁시장에서 균형이 이루어지는 과정을 논리적으로 설명하라.

09 과점시장을 분석하기 위한 이론이 복잡하고 다양한 이유는 무엇인지 설명하라.

10 수요의 가격탄력성이 높은 시장에서 낮은 가격을 책정하는 가격차별로 기업의 이윤이 더 커질 수 있는 원리를 설명하라.

제4부 거시경제학 맛보기

ECONOMICS

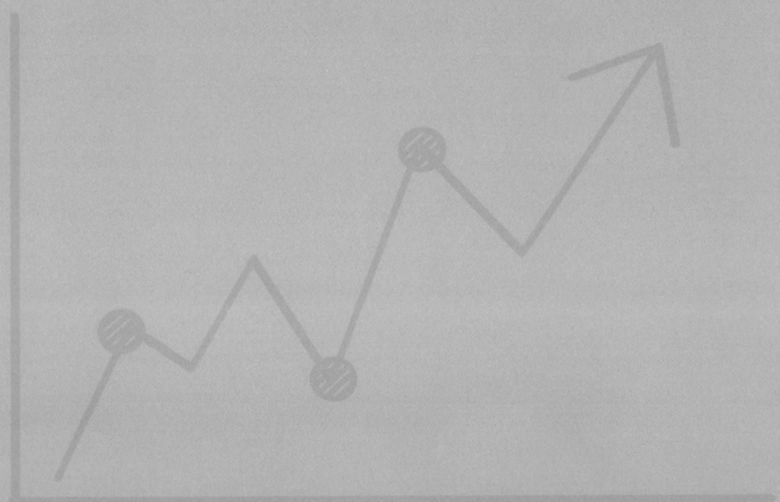

aving the perfect timing with your activities to fit your customer's buying cycles will help you save money and maximize sales.

08

| 제8장 |

국민경제의 변화와 측정

1. 국민경제의 측정
2. 국민소득
3. 물가와 물가지수
4. 실업률
5. 국민경제의 변화

1 국민경제의 측정

제2부와 제3부에서 논의한 내용은 시장이 어떻게 작동하는지, 소비자와 생산자는 어떻게 의사결정을 하는지, 그리고 생산물시장에서는 어떤 경제현상이 발생하는지 등이었다. 이런 내용을 설명하기 위해 많은 그림을 제시하였는데 대부분의 그림은 수요, 공급과 관련된 것이었으며, 세로축에는 가격 그리고 가로축에는 거래량이라고 명시하였다. 즉 지금까지의 논의는 특정 상품이 거래되는 시장에 관한 것이었기 때문에 특정상품의 가격과 거래량이 주요 경제변수였다.

제4부에서는 국민경제 전체를 분석대상으로 하는 거시경제학 분야에 관해 살펴볼 것이다. 국민경제 전체를 분석대상으로 하는 경우에도 지금까지 제시한 수요, 공급곡선과 유사한 형태의 그림을 제시할 것이다. 그럼 이 경우에도 세로축에는 가격 그리고 가로축에는 거래량이라고 명시해야 할까? 물론 아니다. 우리나라를 생각해 보자. 우리나라에서 거래되는 상품이 몇 가지일까? 우리나라에서 거래되는 상품들의 가격은 얼마일까? 또한 우리나라에서 거래되는 상품들의 총량을 집계하면 얼마나 될까? 이 질문들에 답하기 위해서는 새로운 경제변수가 필요하며, 이 새로운 경제변수들은 어떻게 정의되고 측정되는지 알아야 한다.

우리나라에서 거래되는 상품들의 가격을 생각해 보자. 우리나라에서는 수없이 많은 상품들이 거래되고 있으며, 거래되는 가격수준도 천차만별이고 거래되는 단위도 다양하다. 우리나라에서 거래되는 상품들의 가격을 일일이 나열할 수도 없고 한마디로 표현하기도 어렵다. 이런 문제들을 해결하고 국민경제 전체의 전반적인 가격수준을 표현할 수는 없을까? 이에 대한 경제학자들의 대답은 제3절에서 논의할 물가지수의 개념을 도입하는 것이다. 즉 국민경제 전체의 전반적인 가격수준은 물가지수를 이용하여 측정하며, 앞으로는 가격 대신 '물가'라는 용어를 사용할 것이다.

우리나라에서 거래되는 상품들의 총량을 생각해 보자. 우리나라에서는 수없이 많은 상품들이 거래되고 있으며 거래되는 단위도 다양하다. 어떤 상품은 낱개로 거래되기도 하며 어떤 상품은 무게로 혹은 부피로 거래되기도 한다. 거래되는 단위가 다양한 상품들의 전체 거래량을 측정하는 방법은 무엇일까? 국민경제 전체의 거래량을 측정하기 위해서 경제학자들이 선택한 방법은 국민소득이라는 개념을 도입하는 것이다. 다음 절에서 자세히 논의하겠지만, 상품마다 거래되는 단위는 다르지만 거래되는 금액은 화폐가치로 통일할 수 있다는 간단한 아이디어로 국민경제 전체의 거래량을 국민소득으로 측정한다. 따라서 앞으로는 거래량 대신 '국민소득'이라는 용어를 사용할 것이다.

국민소득의 높고 낮음은 국민경제 전체적으로 거래되는 금액의 많고 적음과 같은 개념이다. 국민경제 전체적으로 거래되는 금액이 많다는 것은 곧 국민경제 전체적인 생산활동이 활발하게 이루어지고 있다는 의미이다. 그러므로 국민소득의 높고 낮음은 국민경제 전체적으로 생산활동이 활발한지 그렇지 못한지를 의미한다. 만일 국민경제 전체적으로 생산활동이 활발하다면 일하는 사람이 많을 것이고, 그렇지 못하다면 일자리를 구하지 못한 사람이 많을 것이다. 이런 측면에서 국민경제의 생산활동 수준을 가늠하기 위한 또 하나의 지표로 '실업률'을 사용하며, 실업률의 정의와 측정에 관해서는 제4절에서 논의할 것이다.

2 국민소득

2.1 국민소득의 창출과 순환

국민소득의 창출

국민경제에서 소득은 어떻게 만들어지는가? 개인, 기업 그리고 정부 등 모든 경제주체가 경제활동을 통해 소득을 창출할 수 있다. 국민경제에서 개인이 소득을 어떻게 창출할 수 있는지 알아보기 위해 조그만 가게를 운영하는 경우를 생각해 보자. 〈표 8-1〉에서 보는 바와 같이 2019년에 이 가게는 상품 판매수입으로 1억원을 벌어들였다고 하자. 이 가게는 상품을 사는 데 7,000만원을 사용하였으며, 건물임대

표 8-1 | 어떤 가계의 2019년 손익계산서

수입		지출	
판매수입	1억원	상품대금 건물임대료 이자 종업원 인건비 세금 주인수입	7,000만원 500만원 500만원 500만원 300만원 1,200만원
총수입	1억원	총지출	1억원

료·이자·종업원 인건비로 각각 500만원을 지출하였고, 세금은 300만원을 납부하였다. 상품 판매수입과 가게 운영비용의 차이인 1,200만원은 이 가게를 운영하는 개인의 수입이다.

이 가게가 2019년에 창출한 소득은 얼마인가? 〈표 8-1〉에 있는 판매수입과 상품대금의 차이인 3,000만원을 이 가게가 2019년 1년 동안 창출한 부가가치(value-added)라 한다. 이 가게는 건물을 빌려 가게를 열고, 판매할 상품을 구입하여 진열하며, 종업원을 고용하여 판매하는 등 경제활동을 통해 2019년 1년 동안 3,000만원이라는 새로운 가치를 창출하였다. 새로이 창출된 가치 3,000만원은 원래의 물건대금인 7,000만원에 더해지는 가치란 의미에서 부가가치라 한다.

기업이 소득을 창출하는 예를 살펴보자. 어떤 기업의 2019년 손익계산서가 〈표 8-2〉와 같다고 하자. 〈표 8-2〉에 의하면 100억원의 중간투입재 및 원료를 사용하여 400억원의 총수입을 올렸으므로 이 기업이 1년 동안 창출한 부가가치는 300억원이다. 개인이 운영하는 가게와 달리 기업은 지출 중에서 인건비의 비중이 높다. 또한 자본비용에는 빌린 자금에 대한 이자와 임대료뿐 아니라 공장 및 기계의 감가상각비도 포함된다는 점, 그리고 이윤의 일부는 미래의 투자 등을 위해 사내에 유보되기도 한다는 점에서 차이가 있다. 한편 총수입에는 상품의 판매수입뿐 아니라 재고상품도 포함된다. 왜냐하면 재고상품은 경기가 안 좋아 물건이 다 팔리지 않는 경우도 있지만 수요의 변화에 즉각적으로 대응하기 위해 의도적으로 어느 정도의 재고상품을

감가상각비
기계 혹은 공장시설의 마모에 따르는 비용

표 8-2 | 어떤 기업의 2019년 손익계산서

수입		지출	
상품판매수입	390억원	중간투입재 및 원료비용	100억원
재고상품	10억원	자본비용	100억원
		(감가상각비 50억원, 이자 25억원, 임대료 25억원)	
		인건비	150억원
		세금	10억원
		이윤	40억원
		(배당 20억원, 사내유보 20억원)	
총수입	400억원	총지출	400억원

원하는 경우도 있기 때문이다.

정부도 소득을 창출하는가? 정부는 국방, 치안, 의무교육, 사법서비스 등을 제공하고, 그 대가로 개인과 기업으로부터 세금을 거둬들이므로 정부도 소득을 창출한다. 〈표 8-3〉에서 보는 바와 같이 정부가 세금으로 240조원 등 300조원의 총수입을 얻는다고 하자. 또한 정부는 상품(재화와 용역) 구입비용으로 50조원, 보조금 및 경상이전으로 200조원, 그리고 기타 용도로 50조원을 지출한다고 하자. 이와 같이 정부가 지출하는 금액은 공무원, 공공투자에 참여하는 개인이나 기업 등 누군가의 소득으로 귀착된다. 이런 의미에서 정부도 소득을 창출한다고 할 수 있다.

표 8-3 | 정부의 소득창출

수입		지출	
조세수입	240조원	상품(재화와 용역) 구입	50조원
기타수입	60조원	보조금 및 경상이전	200조원
		기타	30조원
총수입	300조원	총지출	300조원

국민소득의 순환

국민소득의 순환
경제주체 사이에 존재하는 소득의 흐름

각 경제주체는 소득을 창출하고, 어떤 형태로든 연관되어 있으며, 거래를 한다. 따라서 국민경제에는 반드시 소득의 흐름이 있기 마련인데, 이러한 소득의 흐름을 국민소득의 순환이라 한다. 가계, 기업 그리고 정부 사이에는 상품과 생산요소의 흐름이 있으며, 이러한 흐름의 반대방향으로는 반드시 소득의 흐름이 존재한다. 이와 같이 경제주체 사이에 존재하는 국민소득의 순환을 〈그림 8-1〉에 제시하였다.

가계와 기업 사이의 국민소득 순환을 보면 가계는 노동과 자본 등의 생산요소를 기업에 제공하고 소득(임금, 이자, 이윤배당 등)을 얻는다. 가계는 이렇게 얻은 소득으로 소비지출을 하며 일부는 미래 소비를 위해 저축을 한다. 또한 기업은 가계로부터 제공받은 생산요소를 이용하여 상품을 생산하여 판매수입을 얻으며, 이 판매수입으로 생산요소의 가격을 지불하고 미래 투자를 위한 사내유보를 한다. 정부는 가계와 기업으로부터 거둬들인 세금으로 정부지출, 이전지출 등을 한다. 한편 기업이 생산활동을 확대할 필요가 있을 경우에는 사내유보금과 가계의 저축을 차입하여 투자를 한다. 〈그림 8-1〉에서 가계의 저축과 같이 국민소득의 순환으로부터 빠져나가는

그림 8-1 | 국민소득의 순환

- 가계는 생산요소를 기업에 제공하고 얻은 소득으로 소비지출을 하며 일부는 저축을 함
- 기업은 상품을 생산하여 얻은 판매수입으로 생산요소의 가격을 지불하고 사내유보를 함
- 정부는 가계와 기업으로부터 거둬들인 세금으로 정부지출, 이전지출 등을 함
- 국민소득의 순환으로부터 빠져나가는 것을 누출이라 하며, 국민소득의 순환으로 들어오는 것을 주입이라 함

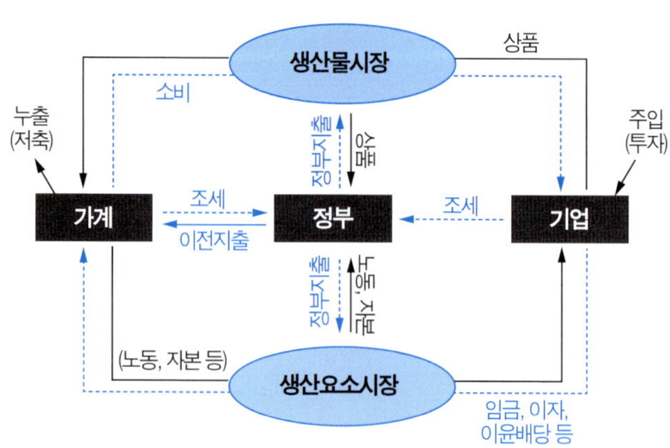

것을 누출(leakage)이라 하며, 기업의 투자와 같이 국민소득의 순환으로 들어오는 것을 주입(injection)이라 한다.

누출과 주입
국민소득의 순환으로부터 빠져나가는 현상과 국민소득의 순환으로 들어오는 현상

2.2 국민소득의 추계

국민소득이란 국민경제의 생산활동수준과 소득 및 지출수준을 나타내주는 개념인데 어떤 관점에서 측정하느냐에 따라, 혹은 어디까지를 포함시키느냐에 따라 다양한 방법으로 추계할 수 있다. 국민소득의 측정은 '추계'라는 단어로 표현하는데 이는 국민경제 안의 경제주체 혹은 경제활동을 전수조사하여 측정하는 것이 아니라 일부 조사를 통해 추산한다는 의미이다. 또한 국민소득의 측정은 각 나라의 중앙은행이 주로 담당하며 우리나라도 중앙은행인 한국은행에서 국민소득을 추계한다.

국민소득을 추계하는 지표는 여러 가지가 있다. 국민소득을 추계하는 지표로는 국내총생산(Gross Domestic Product, GDP), 국민총생산(Gross National Product, GNP), 국내총소득(Gross Domestic Income, GDI), 국민총소득(Gross National Income, GNI) 등이 있다. 본서에서는 가장 일반적으로 사용되는 국민소득 추계지표인 국내총생산(GDP)에 대해서만 알아보기로 한다.

국내총생산(GDP)

국내총생산이란 '일정기간 동안 한 국가 안에서 새로이 생산된 상품의 가치를 시장가격으로 평가하여 합산한 국민소득'으로 정의하는데, 국내총생산의 정의에서 사용된 단어들의 의미를 살펴보자. 첫째, '일정기간'은 일반적으로 1년을 의미하며, 국내총생산은 분기별로 추계한다. 둘째, '한 국가 안에서'라는 것은 생산의 주체가 어느 나라 국민이든 관계없이 그 나라의 영토 안에서 생산행위가 이루어졌다면 국내총생산에 포함한다는 의미이다. 셋째, '상품'이란 재화와 서비스를 말한다. 넷째, '새로이 생산한 가치'란 생산된 상품 중에서 다른 상품의 생산을 위해 사용된 중간재적 성격을 갖는 부가가치는 제외하고 최종적인 용도로 사용된 부가가치만 국내총

국내총생산
일정기간 동안 한 국가 안에서 새로이 생산된 상품을 시장가격으로 평가하여 합산한 국민소득

생산에 포함함을 의미한다. 이는 생산과정에 투입되는 중간재도 모두 국내총생산에 포함할 경우 이중으로 계산되는 결과를 초래하기 때문이다. 다섯째, '시장가격으로 평가하여 합산'한다는 것은 새로이 생산된 상품의 양과 각 상품의 가격을 곱해서 화폐가치로 환산한 다음 이들을 합계한다는 의미이다. 국내총생산의 정의에서 '새로이 생산한 가치', 즉 부가가치의 합의 예는 국민소득의 창출과정을 설명하면서 예로 든 어떤 가계의 손익계산서(〈표 8-1〉), 어떤 기업의 손익계산서(〈표 8-2〉)를 참조하면 쉽게 이해할 수 있을 것이다. 또한 추가적으로 제시하는 〈자세히 알아보기: 국내총생산 계산 사례〉도 참고하기 바란다.

자세히 알아보기 국내총생산(GDP) 계산 사례

사례 1: 2019년 *A*국의 농부들은 밀을 수확하여 제분업자들에게 40억원에 판매하였다. 제분업자들은 구입한 밀을 가공하여 밀가루를 생산하였으며 이 밀가루를 70억원에 제빵업자들에게 판매하였다. 제빵업자들은 구입한 밀가루로 빵을 만들어 일반 소비자들에게 100억원에 판매하였다면 2019년 *A*국의 국내총생산은 어떻게 계산하는지 살펴보자.

국내총생산은 '새로이 생산된 부가가치의 합'이므로 밀 생산의 부가가치 40억원, 밀가루 생산의 부가가치 30억원(=70억원−40억원), 그리고 빵 생산의 부가가치 30억원(=100억원−70억원)이다. 따라서 2019년 A국의 국내총생산은 100억원(=40억원+30억원+30억원)이다.

이를 '총생산물의 가치-중간재의 가치'로도 계산할 수 있다. 이 방식을 적용하여 A국의 2019년 국내총생산을 계산하면 총생산물의 가치는 밀 생산의 가치(40억원), 밀가루 생산의 가치(70억원), 그리고 빵 생산의 가치(100억원)의 합이므로 210억원이다. 한편 중간재의 가치는 밀가루 생산의 중간재인 밀의 가치(40억원)와 빵 생산의 중간재인 밀가루의 가치(70억원)의 합인 110억원이다. 따라서 이 경우에도 *A*국의 2019년 국내총생산은 100억원이 된다.

사례 2: 2019년 *B*국의 농민들은 사과를 수확하여 사과주스 제조업자들에게 20억원에 판매하였다. 사과주스 제조업자들은 구입한 사과를 이용하여 사과주스를 생산하였으며, 이를 판매업자들에게 50억원에 판매하였다. 판매업자들은 일반 소비자에게 사과주스를 판매하여 60억원의 수입을 기록했다면 B국의 2019년 국내총생산은 다음과 같이 계산된다.

2019년 *B*국의 국내총생산은 사과 생산의 부가가치 20억원, 사과주스 생산의 부가가치 30억원(=50억원−20억원), 그리고 사과주스 판매의 부가가치 10억원(=60억원−50억원)의 합인 60억원이다. 마찬가지로 사과, 사과주스, 사과주스 판매의 총 가치인 130억원(=20억원+50억원+60억원)에서 중간재의 가치인 70억원(=20억원+50억원)을 빼도 2019년 *B*국의 국내총생산은 60억원이 된다.

국내총생산을 지출측면에서 추계하면, 새로이 생산된 상품이 가계와 기업 등 민간부문에 의해 소비(C)되고 투자(I)되며, 정부부문에 의해 소비(G)되기도 할 뿐 아니라 외국에 수출(X)되기도 한다. 또한 가계, 기업, 정부의 소비와 투자를 위해서 외국에서 생산된 상품이 수입(M)되기도 하는데, 이와 같은 지출측면의 국내총생산은 다음의 수식으로 나타낼 수 있다.

$$GDP = C + I + G + X - M$$

명목GDP와 실질GDP

GDP를 추계할 때 어떤 시점의 가격을 사용하는지에 따라 명목GDP와 실질GDP로 구분한다. '해당기간의 가격×해당기간의 생산량'으로 정의되는 명목GDP는 생산량과 물가의 변동을 모두 반영한다. 명목GDP는 주로 국민경제의 생산구조 분석이나 국민소득 구성요소의 변동 등을 분석하는 데 이용된다. 한편 '불변가격 GDP'라 불리기도 하는 실질GDP는 '기준연도 가격×해당기간의 생산량'으로 정의된다. 따라서 실질GDP에는 물가의 변동은 배제되고 생산량의 변동만 포함되며, 주로 국민경제의 변화추이 분석이나 경제성장 분석 등에 이용된다.

명목GDP
'해당기간의 가격 × 해당기간의 생산량'으로 측정되며, 생산량과 물가의 변동을 모두 반영

실질GDP
'기준연도 가격 × 해당기간의 생산량'으로 측정되며, 물가의 변동은 배제되고 생산량의 변동만 반영

명목GDP와 실질GDP 사이에는 어떤 관계가 있을까? 이를 알아보기 위해 명목GDP를 실질GDP로 나누어 보면 다음과 같다.

$$\frac{\text{명목GDP}}{\text{실질GDP}} = \frac{P_{\text{해당연도}}Q_{\text{해당연도}}}{P_{\text{기준연도}}Q_{\text{해당연도}}} = \frac{P_{\text{해당연도}}}{P_{\text{기준연도}}} = \text{GDP디플레이터}$$

명목GDP를 실질GDP로 나누어서 얻어지는 가격비율을 GDP디플레이터(GDP deflator)라 하며, 경제분석에서 중요하게 사용되는 물가지수 중 하나이다. 〈표 8-4〉에는 우리나라의 명목 및 실질GDP와 GDP디플레이터를 제시하였다. 〈표 8-4〉에서 GDP디플레이터가 위에서 정의한 방식대로 계산되었는지 확인해 보기 바란다.

GDP디플레이터
명목GDP를 실질GDP로 나누어서 얻어지는 물가지수

자세히 알아보기 명목GDP와 실질GDP 계산 사례

빵과 옷만 생산하는 어떤 국민경제의 2013년과 2014년의 생산현황이 아래의 표와 같다면 명목GDP와 2013년 기준 실질GDP가 어떻게 계산되는지 살펴보자.

연도	빵		옷	
	가격(원)	생산량(개)	가격(원)	생산량(개)
2013	20	50	100	20
2014	30	70	120	40

명목GDP는 '해당연도가격×해당연도생산량'이므로 다음과 같이 계산된다.

2013년: $20\times50+100\times20=3{,}000$(원)

2014년: $30\times70+120\times40=6{,}900$(원)

한편 2013년 기준 실질GDP는 '2013년 가격×해당연도생산량'이므로 다음과 같이 계산된다.

2013년: $20\times50+100\times20=3{,}000$(원)

2014년: $20\times70+100\times40=5{,}400$(원)

또한 명목GDP를 실질GDP로 나누어서 정의되는 GDP디플레이터는 다음과 같이 계산된다.

2013년: 3,000(원)÷3,000(원)=1

2014년: 6,900(원)÷5,400(원) ≒ 1.28

표 8-4 | 우리나라의 명목 및 실질GDP와 GDP디플레이터

연도	명목GDP (10억원)	실질GDP (10억원)	GDP디플레이터 (2005=100)
1975	10,544	115,953	9.093
1985	88,130	274,676	32.085
1995	436,989	683,938	63.893
2005	957,448	1,155,124	82.887
2015	1,658,020	1,658,020	100.000
2018	1,893,497	1,807,738	104.744

자료 한국은행 경제통계시스템(http://ecos.bok.or.kr)

국민계정

한 국가의 경제는 '생산→분배→지출→생산…'의 과정을 거치며 끊임없이 순환하는데 국민경제 전체의 관점에서 상품의 거래와 자금의 흐름을 체계적으로 연결해 기록한 통계체계를 국민계정(National Account)이라 한다. '생산→분배→지출→생산…'의 과정을 거치며 끊임없이 순환하는 국민경제의 총부가가치는 세 가지 측면에서 추계될 수 있으며, 이를 국내총생산(GDP)과 연관지어 설명하면 다음과 같다.

국민계정
국민경제 전체의 상품거래와 자금흐름을 체계적으로 기록한 통계체계

첫째, 누가 생산하였는지에 따라 국내총생산을 생산의 관점에서 파악할 수 있다. 이와 같이 국내총생산을 '생산측면'에서 파악하여 최종생산물의 흐름을 기록한 것을 국민계정 용어로는 '경제활동별 국내총생산'이라 한다. 둘째, 생산활동으로 창출된 소득이 각 경제주체에게 어떻게 분배되는지에 따라 분배의 관점에서 국내총생산을 파악할 수도 있다. 국내총생산을 '분배측면'에서 추계한 국민소득을 국민계정 용어로는 '국내총생산'이라 한다. 셋째, 창출된 국내총생산이 어떤 용도로 지출되는지를 파악하여 측정할 수도 있다. 이와 같이 '지출측면'에서 추계한 국내총생산을 국민계정 용어로는 '국내총생산에 대한 지출'이라 한다. 이와 같이 세 가지 측면에서 추계된 국내총생산은 당연히 모두 같아야 하며, 이를 국민소득 삼면등가의 원칙이라

국민소득 삼면등가의 원칙
생산, 분배, 지출측면의 세 가지 국민소득이 모두 같아야 한다는 원칙

표 8-5 | 우리나라의 국민계정(2018년)

(단위: 10억원)

생산측면		분배측면		지출측면	
농림어업	34,528.9	피용자보수	865,906.0	민간소비지출	908,273.7
광공업	506,854.7	영업잉여	484,825.3	정부지출	305,513.0
(제조업)	504,607.0	고정자본소모	359,120.8	총고정자본형성	574,986.4
전기, 가스 및 수도사업	36,813.2	생산세 및 수입세	188,340.4	재고증감	17,872.0
건설업	102,356.3	(공제)보조금	4,695.5	재화와 서비스의 수출	788,279.0
서비스업	1,049,864.7			(공제)재화와 서비스의 수입	701,150.7
총부가가치(기초가격)	1,730,417.7			통계상불일치	−276.4
순생산물세	164,079.3				
경제활동별 국내총생산	1,893,497.0	국내총생산	1,893,497.0	국내총생산에 대한 지출	1,893,497.0

출처 알기쉬운 경제지표 해설, 한국은행(2019)
자료 한국은행 경제통계시스템(http://ecos.bok.or.kr)

한다.

〈표 8-5〉에는 2018년 우리나라의 국민계정(명목GDP)을 제시하였다. 〈표 8-5〉에 의하면 2018년 우리나라의 명목GDP는 약 1,893조원 정도이고 생산, 분배, 지출측면에 측정된 GDP는 모두 같다. 지출측면에서 측정된 2018년 GDP에 의하면 민간소비(C), 정부소비(G) 그리고 투자(I)가 차지하는 비중은 각각 47.9%, 16.1%, 30.4%이다. 한편 상품의 수출(X)과 수입(M)을 합치면 1,489조원으로 2018년 GDP의 약 78.7%나 되며, 이는 우리나라가 외국과 거래를 상당히 많이 하는 국가임을 확인해 준다.

2.3 GDP를 이용한 경제분석 자료

경제성장률

경제성장률은 한 국가의 경제가 일 년 동안 생산한 부가가치가 전년도에 비해 얼마나 증가했는지 측정하는 지표이다. 경제성장률은 한 국가의 경제가 이룩한 성과를 측정하는 중요한 척도로서 물가, 실업률, 국제수지 등과 함께 경제정책의 수립이나 평가과정에서 매우 중요한 자료로 사용되고 있다. 국민경제가 성장하면 새로운 일자리가 창출되고 소득이 증대되는 등 국민의 후생수준이 증진되기 때문에, 즉 경제성장으로 개인과 국가의 복리와 안정을 동시에 이룩할 수 있기 때문에 모든 국가들이 경제성장률에 많은 관심을 갖는다. 경제성장률은 실질GDP의 성장률을 의미하며 아래와 같이 계산한다.

$$\text{경제성장률} = \frac{\text{실질GDP}_{\text{금년도}} - \text{실질GDP}_{\text{전년도}}}{\text{실질GDP}_{\text{전년도}}} \times 100$$

〈표 8-6〉에는 우리나라를 비롯해 중국, 일본, 싱가포르, 미국의 경제성장률을 약 10년 주기로 기간평균을 계산하여 제시하였다. 〈표 8-6〉을 보면서 아래의 질문에 대해 독자들 스스로 답해 보기 바란다. 첫째, 1980년대 이후 우리나라의 경제성장률은 낮아지는 추세인데 왜 그런가? 둘째, 미국, EU 등 소위 선진국들의 경제성장률은

자세히 알아보기 경제성장률 중심지표의 변경: GNP ⇨ GDP

경제성장률은 일정기간에 한 나라 경제가 이룩한 성과를 측정하는 중요한 척도로서 경기 및 생산활동 동향을 나타내는 경제지표이다. 경제성장을 나타내는 중심지표는 경제환경이나 경제구조 등이 변화함에 따라 경제성장의 정도를 잘 반영할 수 있도록 변경이 필요하게 되었다. GDP(국내총생산)는 소유에 관계없이 국내에 있는 노동, 자본 등 모든 생산요소를 결합하여 만들어낸 최종생산물의 합이며, GNP(국민총생산)는 한 나라가 소유한 생산요소를 국내외의 생산활동에 참여시킨 대가로 받은 소득을 합계하여 산출하는 소득지표로 GDP와 GNP는 각각 다른 목적으로 작성된다.

과거에는 거시경제분석의 초점이 소득측면에 있었기 때문에 GNP를 경제성장의 중심지표로 삼았으나, 경제의 국제화가 급격히 진전되면서 노동이나 자본의 국가간 이동이 확대됨에 따라 소득지표에 가까운 GNP기준 성장률이 국내경기 및 고용사정 등을 제대로 반영하지 못하게 되면서 각국은 경제성장의 중심지표를 GDP로 바꾸는 것을 검토하였다. 미국, 독일, 일본 등은 이미 1990년대 초반에 GDP를 경제성장의 중심지표로 삼았으며 우리나라도 이와 같은 추세에 맞추어 1995년부터 경제성장의 중심지표를 GNP에서 GDP로 변경하여 발표하고 있다.

출처: **알기쉬운 경제지표 해설**, 한국은행(2010. 7)의 일부 내용 수정

표 8-6 | 경제성장률의 국제비교(기간평균) (단위: %)

	1971-1980	1981-1990	1991-2000	2001-2010	2011-2013
한 국	9.1	9.7	6.6	4.4	3.0
중 국	7.4	9.7	10.0	10.5	8.2
일 본	4.5	4.6	1.1	0.8	0.8
싱 가 포 르	9.1	7.8	7.2	5.9	4.1
미 국	3.2	3.4	3.5	1.7	2.2
E U 평 균	3.2	2.4	2.3	1.4	0.5
OECD 평균	3.5	3.2	2.7	1.6	1.5
세 계 평 균	3.8	3.2	2.8	2.6	2.5

자료 세계은행(http://www.worldbank.org)

왜 그다지 높지 않은가? 셋째, 경제성장률이 높은 국가일수록 국민의 소득수준도 높은가?

GDP와 1인당 GDP

경제규모와 소득수준은 다른 개념이다. 경제규모를 비교하기 위해서는 명목GDP를 비교하는 것이 유용하며, 국민들의 평균적인 소득수준을 비교하기 위해서는 1인당 명목GDP를 비교해야 한다. 1인당 명목GDP는 명목GDP를 인구수로 나누어 구하며, 국제비교를 위해 일반적으로 미국 달러화로 표시한다.

〈그림 8-2〉에는 우리나라와 중국, 일본, 싱가포르, 미국의 2018년 명목GDP와 1인당 명목GDP를 막대그래프(미국 달러화 표시)로 제시하였다. 〈그림 8-2〉에 의하면 우리나라의 2018년 명목GDP는 싱가포르의 4.7배이지만 1인당 명목GDP는 싱가포르의 약 절반수준에 머무르고 있다. 따라서 우리나라의 경제규모는 싱가포르보다 크지만 국민들의 평균적인 소득수준은 싱가포르가 우리나라보다 높다는 것을 알 수 있다. 한편 중국의 2018년 명목GDP는 우리나라의 7.9배나 되지만 1인당 명목GDP

그림 8-2 | GDP와 1인당 GDP의 국제비교(2018년 기준)

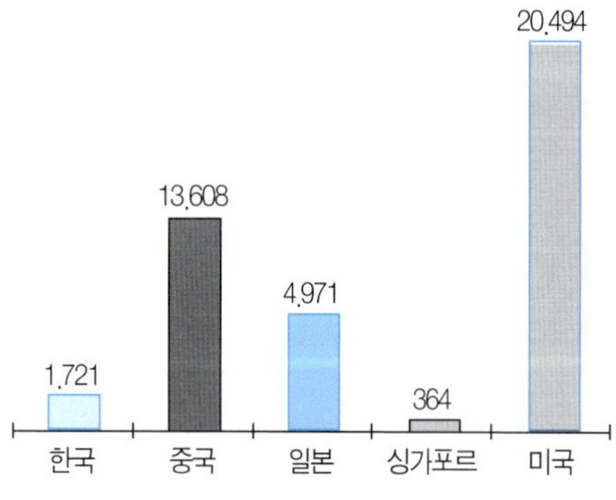

(a) 명목GDP (단위: 억달러)

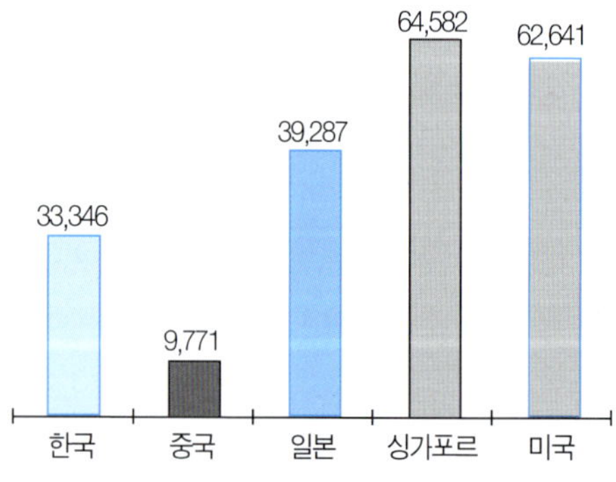

(b) 1인당 명목GDP (단위: 달러)

자료 통계청 국가통계포털(http://kosis.kr)

는 우리나라의 29.3%밖에 되지 않는다.

생산구조

〈표 8-5〉의 경제활동별 국내총생산에서 본 것처럼 한 국가의 생산활동을 수행하는 부문은 농림어업, 광공업, 전기·가스 및 수도사업, 건설업, 그리고 서비스업으로 분류한다. 이와 같은 분류는 UN이 권고하는 기준에 의한 것이다. 본서에서는 설명의 편의를 위해 생산활동 부문을 농림어업, 광공업 그리고 서비스업(농림어업과 광공업을 제외한 나머지 부문)의 3개 부문으로 구분해 보자. 한 국가의 생산활동을 구성하는 각 부문이 만들어 낸 부가가치의 GDP에 대한 구성비를 생산구조라 하는데, 생산구조는 명목GDP에서 각 부문의 생산액이 차지하는 비중으로 측정한다. 즉 〈표 8-5〉에서 각 생산활동부문의 생산액이 총부가가치(기초가격)에서 차지하는 비중으로 생산구조를 측정한다.

생산구조
한 국가의 각 생산활동부문이 만들어 낸 부가가치의 국내총생산에 대한 구성비

〈그림 8-3〉에는 우리나라 생산구조의 변화를 살펴보기 위해 1975년부터 약 10년을 주기로 명목GDP를 기준으로 계산한 세 가지 생산활동부문의 구성비 그림을 제

그림 8-3 | 우리나라의 생산구조 변화추이

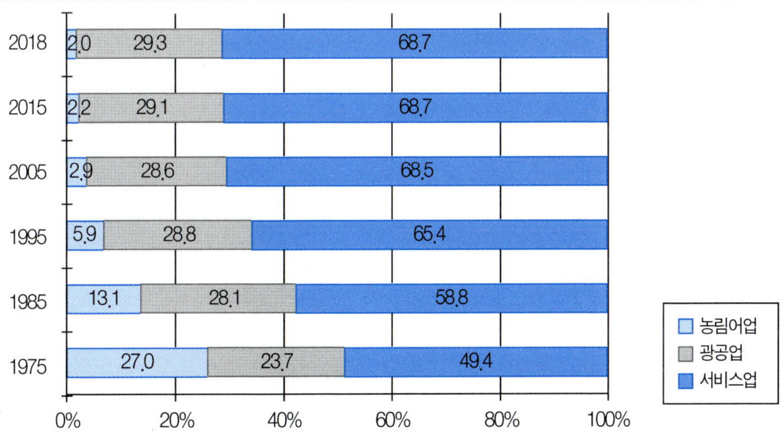

자료 한국은행 경제통계시스템(http://ecos.bok.or.kr)

경제이야기 GDP 통계의 의의

그린스펀(Alan Greenspan) 전 연준의장은 국내총생산(GDP) 통계를 편제하는 일을 미국 상무부의 20세기 최대 업적으로 평가하였다. 국내총생산 통계는 1930년대 초 경제학자 쿠즈네츠(Simon Kuznets, 옆의 사진)에 의해 개발되었으며, 이 공로로 쿠즈네츠는 1971년 노벨경제학상을 받았다. 이 통계가 개발되기 전이었던 대공황 시기에 미국의 루스벨트(Franklin D. Roosevelt) 대통령과 정책입안자들은 철도 운송량, 철강 생산량 등과 같은 개별 경제지표는 파악하고 있었지만 전체 경제상황을 알기 어려웠다. 그러나 국내총생산 통계를 사용한 이후에는 이 통계가 종합적인 경제상황에 대해 유용한 정보를 제공함에 따라 경제를 분석하고 정책을 결정하기 쉬워졌다.

출처: **일반인을 위한 알기쉬운 경제이야기**, 한국은행(2013. 3)의 일부 내용 수정

시하였다. 〈그림 8-3〉에서 보는 바와 같이 농림어업부문의 비중은 1975년의 27.0%에서 지속적으로 감소하여 2018년에는 2.0%로 낮아졌다. 한편 서비스업부문의 비중은 1975년의 49.4%에서 지속적으로 증가하여 2018년에는 68.7%에 이르고 있다. 광공업부문의 비중은 1975년의 23.7%에서 2018년에는 29.3%에 이르고 있다. 이와 같은 생산구조의 변화는 우리 경제에 공업화 및 서비스화 현상이 꾸준하게 진전되어 오고 있음을 시사한다.

핵심포인트

① 각 경제주체는 소득을 창출하며 서로 거래를 함
- 국민경제에 존재하는 소득의 흐름을 국민소득의 순환이라 함
- 국민소득의 순환으로부터 빠져나가는 것을 누출이라 하며, 국민소득의 순환으로 들어오는 것을 주입이라 함

② 국내총생산
- 일정기간 동안 한 국가 안에서 새로이 생산된 상품의 가치를 시장가격으로 평가하여 합산한 국민소득
- 국내총생산은 한 나라의 전반적인 생산활동 수준을 가장 잘 나타내주는 지표임

③ 명목GDP와 실질GDP
- 명목GDP는 '해당기간의 가격×해당기간의 생산량'으로 정의되며, 생산량과 물가의 변동을 모

두 반영함
- 실질GDP는 '기준연도 가격×해당기간의 생산량'으로 정의되고, 물가의 변동은 배제되고 생산량의 변동만 포함됨
- 명목GDP를 실질GDP로 나누어서 얻어지는 가격비율을 GDP디플레이터라 함

④ 생산, 분배, 지출의 세 가지 측면에서 추계된 국민소득은 모두 같아야 함
- 이를 국민소득 삼면등가의 원칙이라 함

3 물가와 물가지수

물가란 거래되는 모든 상품의 전체적인 가격수준을 말하며, 물가의 움직임을 한눈에 알아볼 수 있게 숫자로 표현한 것을 물가지수라 한다. 여기에서 '지수'란 용어에 대한 간략한 설명이 필요하리라 생각한다. 지수(index)란 기준이 되는 시점을 100(혹은 1)으로 고정하고 비교시점의 수치를 나타내는 방법이다. 따라서 어느 특정 시점의 물가지수가 115(혹은 1.15)라면 이는 물가가 기준시점보다 15% 오른 것을 의미하며, 90(혹은 0.9)이라면 물가가 기준시점보다 10% 내린 것을 의미한다. '물가가 불안하다', '물가가 많이 올랐다' 등과 같은 말은 모두 일정한 방법에 따라 물가지수를 측정하고, 측정된 물가지수를 이용하여 국민경제 전체적인 가격수준의 변화상황을 표현하는 것이다. 경제현상을 분석하는 데 사용되는 대표적인 물가지수로는 소비자물가지수, 생산자물가지수 그리고 앞에서 언급한 GDP디플레이터 등이 있다.

지수
기준시점의 수치를 100(혹은 1)으로 고정하고 비교시점을 수치로 표현한 숫자

물가지수를 설명하기에 앞서 물가지수와 관련된 두 가지 표현의 의미부터 살펴보자. 첫째, '물가지수가 높다'는 말이 '전반적인 상품의 가격수준이 높다'를 의미하는가? 그렇지 않다. 앞서 언급했듯이 지수는 단지 비교만 가능하기 때문에 물가지수가 높다는 말은 '기준시점과 비교하여 상품의 가격수준이 많이 올랐다'는 의미만을 내포한다. 둘째, '물가상승률이 높다'는 표현 역시 '가격수준이 빠르게 상승하고 있다'는 의미이지 '상품의 전반적인 가격수준이 높다'를 의미하지 않는다는 점에 유의하기 바란다. 이와

관련하여 본서에서 제시하고 있는 체감물가와 지수물가에 관련한 경제이야기도 반드시 읽어보기 바란다.

3.1 물가지수의 용도

물가지수는 어떤 용도로 사용되는가? 물가지수의 사용 용도는 여러 가지가 있는데 대표적인 두 가지만 살펴보기로 하자. 첫째, 물가지수는 화폐의 구매력을 측정하는 수단으로 사용된다. 물가지수가 지속적으로 상승한다면 같은 금액으로 구입할 수 있는 상품의 양은 물가지수가 상승하기 전보다 감소하므로 돈의 가치, 즉 화폐의 구매력은 떨어진다. 반대로 물가지수의 하락이 계속되면 화폐의 구매력은 증가한다. 따라서 물가지수를 이용하여 물가의 변동에 따른 화폐의 실질적인 구매력 변화

자세히 알아보기 명목소득과 실질소득

농부가 자신의 노동력만으로 사과를 생산하는데 생산량이 2006년 1만개에서 2010년 1만 2천개로 늘었고, 1개당 가격은 2006년 400원에서 2010년 500원으로 올랐다고 가정해 보자. 명목소득은 생산량에 당해년도의 가격을 곱하여 계산한다. 이 경우에 2006년은 사과 1만개에 1개당 가격 400원을 곱한 400만원, 2010년은 사과 1만 2천개에 1개당 가격 500원을 곱한 600만원이 된다. 따라서 농부의 명목소득은 지난 4년 동안 50% 증가하였다.

실질소득은 생산량에 기준년도(여기서는 2006년)의 가격을 적용하여 계산한다. 즉 2006년에는 사과 1만개에 400원을 곱한 400만원, 2010년에는 사과 1만 2천개에 2006년 가격인 400원을 곱한 480만원이 된다. 따라서 농부의 실질소득은 20% 증가하였는데, 이는 실질소득의 증가가 오로지 생산량의 변화에 의해서만 이루어지고 가격상승의 영향을 받지 않기 때문이다.

출처: **일반인을 위한 알기쉬운 경제이야기**, 한국은행(2013. 3)의 일부 내용 수정

한편 이 농부의 실질소득을 다른 방법으로 계산할 수도 있다. 사과 1개의 가격이 2006년 400원에서 2010년 500원으로 상승했으므로 2006년을 기준년도로 물가지수를 만들면 2006년은 1이 되고, 2010년은 1.25(=500원÷400원)가 된다. 따라서 2010년의 명목소득 600만원을 물가지수 1.25로 나누면 480만원이 되고, 이 금액이 2006년 기준 실질소득이다. 이와 같이 명목소득을 실질소득으로 전환시키는 과정을 디플레이트(deflate)한다고 하며, 이때 사용되는 물가지수를 디플레이터(deflator)라 한다.

를 측정할 수 있다.

둘째, 물가지수는 디플레이터(deflator)로서의 기능을 갖는다. 디플레이터란 명목가치를 실질가치로 혹은 실질가치를 명목가치로 환산할 때 사용되는 도구이다. 예를 들어 작년에 연 2,000만원의 급여를 받았던 사람이 금년에는 연 3,000만원의 급여를 받는다고 생각해 보자. 이 경우 이 사람의 명목소득은 50% 상승하였다. 그러나 만일 작년의 물가지수가 1이었는데 금년의 물가지수는 1.2이라면, 즉 물가가 20% 올랐다면 이 사람의 실질소득은 얼마나 증가했을까? 이를 알아보기 위해서는 금년도 소득인 3,000만원을 금년도 물가지수인 1.2(120÷100)로 나누어야 하는데, 이 물가지수를 디플레이터라 한다. 이렇게 계산하면 금년도 소득 3,000만원의 실질소득은 2,500만원이다. 따라서 이 사람의 명목소득은 1,000만원 증가했지만 소득의 구매력을 나타내는 실질소득은 500만원 증가한 셈이다.

디플레이터
명목가치를 실질가치로 환산할 때 사용되는 물가지수

3.2 소비자물가지수와 생산자물가지수

소비자물가지수(consumer price index, CPI)는 소비자가 소비를 목적으로 구입하는 상품의 가격변동을 측정하는 물가지수이다. 소비자물가지수는 가계의 평균적인 생계비를 측정하는 등 국민의 생활과 밀접하게 관련되기 때문에 대표적인 인플레이션지표로 이용되고 있다. 생산자물가지수(producer price index, PPI)는 국내생산자가 국내시장에 출하하는 상품의 가격변동을 측정하는 물가지수이다. 한편 GDP디플레이터는 국내거래가격뿐만 아니라 수출입가격의 변동까지도 포함하기 때문에 가장 포괄적인 물가지수라고 할 수 있다.

〈표 8-7〉에는 소비자물가지수와 생산자물가지수의 비교표를 제시하였다. 〈표 8-7〉에서 보는 바와 같이 통계청에서 작성하는 소비자물가지수의 대상품목은 460개 품목이고, 한국은행에서 작성하는 생산자물가지수의 대상품목은 867개에 달하고 있다. 또한 소비자물가지수는 소비자구입가격을 측정하여 작성되고 국민의 생활 및 소득에 관련된 용도로 사용되는 데 비해 생산자물가지수는 출하가격(기초가

표 8-7 | 소비자물가지수와 생산자물가지수 비교

구분	소비자물가지수	생산자물가지수
작성기관	통계청	한국은행
작성목적	가계가 소비하는 상품 및 서비스의 가격수준 측정	국내생산자가 국내시장에 출하하는 상품 및 서비스의 가격수준 측정
대상품목	가계소비지출 비중이 큰 소비재와 개인서비스 460개 품목	국내 거래규모가 큰 상품 및 서비스 867개 품목
대상품목 선정기준	가계동향조사 소비지출액이 총소비지출액의 1/10,000 이상인 품목	국내출하액의 1/10,000 이상인 상품 및 1/2,000 이상인 서비스 품목
조사가격	소비자구입가격	기초가격
이용범위	생계비 또는 화폐가치 비교, 국민연금수령액 및 노사 간 임금조정 등을 위한 기초자료 등	상품 및 서비스의 전반적인 수급 파악, 실질 국내총생산 산출 등

출처 알기 쉬운 경제지표 해설, 한국은행(2019)

격)을 측정하여 작성되며 주로 생산활동과 관련된 용도로 사용된다. 한편 대상품목의 선정기준은 두 물가지수 모두 점유율이 높은 상품으로 하는 공통점이 있기도 하다.

경제이야기 빅데이터(스캐너 데이터)를 활용한 소비자물가지수 작성

최근 변화되는 통계환경에 대응하기 위하여 빅데이터의 활용방안에 대한 관심이 높아지고 있다. 빅데이터의 공식통계 활용방안에 대한 본격적인 논의는 UN, Eurostat, OECD 등 국제기구를 중심으로 진행되어 왔다. 빅데이터 중 스캐너 데이터(scanner data)는 대표적인 정형화된 자료이다. 1990년대부터 유통업체들이 판매시점정보관리시스템 (Point of Sales, POS시스템)을 도입하여 바코드를 이용한 상품거래를 하고 있는데, 이와 같이 제품에 부착된 바코드가 판매시점에 스캐너에 의해 읽히면서 입력되는 데이터를 스캐너 데이터라고 한다. 스캐너 데이터는 실시간으로 수집되는 실제 거래내역을 포함한 자료이므로 속보성과 신뢰성이 높고 새로운 상품에 대한 정보를 조기에 제공할 수 있다.

2000년대 들어 네덜란드, 스웨덴, 노르웨이, 스위스 등 일부 유럽 국가에서는 스캐너 데이터를 활용하여 일부 품목의 소비자물가지수를 작성하고 있다. 이들 국가에서 이용하고 있는 품목은 스캐너 데이터를 지속적으로 확보할 수 있는 음식료품, 주류, 에너지와 일부 가전제품 등이다. 또한 미국, 영국, 일본 등에서도 소비자물가지수 편제를 위한 스캐너 데이터 활용 가능성을 연구하고 있다. 우리나라의 경우 대한상공회의소 유통물류진흥원에서 다양한 유통사로부터 스캐너 데이터를 수집, 축적하고 있다. 통계청에서는 이러한 스캐너 데이터를 활용한 소비자물가지수 작성 방안을 연구하고 있다.

출처: **알기 쉬운 경제지표 해설**, 한국은행(2019)의 일부 내용 수정.

경제이야기 피부로 느끼는 물가와 지수물가

일상생활에서 피부로 느끼는 물가의 상승률보다 물가지수 작성기관에서 발표하는 물가지수의 상승률이 낮다는 느낌을 자주 갖게 된다. 이러한 현상은 일종의 착시현상인 경우가 대부분인데 지수물가와 피부물가가 서로 다른 원인에 대하여 자세히 알아보자.

첫째, 개인마다 소비하는 상품이 다르기 때문이다. 지수물가가 여러 가지 상품가격을 일정한 기준에 따라 종합한 평균적인 물가수준인 데 비해 피부물가는 개인이 상품을 구입하는 과정에서 주관적으로 느끼는 물가이므로 자주 구입하는 품목의 가격변동에 민감하게 움직이는 특징을 보인다. 예를 들어 대학등록금이 많이 올랐지만 기술발전으로 냉장고, TV 등 전자제품 가격은 하락하여 지수물가는 변동하지 않았다고 하자. 이 경우 대학생 자녀를 둔 가정에서는 교육비 부담의 증가로 물가가 상당히 올랐다고 느끼는 반면, 전자제품을 구입하는 가정에서는 물가가 내렸다고 느낄 것이다. 즉 지수물가가 숲 전체를 본 것이라면 피부로 느끼는 물가는 숲 속의 나무 몇 개를 본 것이라고 비유할 수 있다. 둘째, 생활수준의 향상이나 가족 구성원의 변동에 따른 소비지출 증가를 물가상승으로 착각하기도 한다. 소득이 늘어나서 TV나 냉장고를 대형으로 바꾸고 에어컨과 자동차도 새로 구입한 경우 전자제품 구입비, 전기료, 자동차 보험료, 기름 값 등의 지출이 늘어난 것을 물가가 올랐다고 생각하거나, 자녀 수의 증가 또는 자녀의 성장에 따라 식비, 의류비 등 생활비가 늘어난 것을 물가가 오른 것으로 혼동할 수 있다. 셋째, 소비자의 자기중심적 심리도 주요한 요인이 된다. 소비자는 가격이 많이 오른 상품을 중심으로 물가를 생각하는 경향이 있으며, 가격의 비교시점도 과거 기억에 의존하여 가장 낮았던 시점의 가격을 기준으로 물가를 비교하기 때문에 지수물가와 차이가 날 수 있다. 넷째, 물가지수 작성방법의 한계도 지수물가와 피부로 느끼는 물가의 차이를 발생시키는 요인이 될 수 있다. 현행 물가지수는 5년마다 기준년을 개편하고 조사대상품목과 가중치를 조정하고 있다. 이에 따라 소비지출구조가 바뀔 가능성이 높기 때문에 지수물가와 피부물가 사이에 차이가 확대될 수 있다. 예를 들어 과거에는 교통, 통신비의 비중이 작았으나 현재에는 휴대폰의 보급 확대 등으로 그 비중이 확대되고 있는 추세이다.

출처: **알기쉬운 경제지표 해설**, 한국은행(2010. 7)의 일부 내용 수정

경제이야기 지난 30~40년 동안 소비자의 체감물가는 얼마나 올랐을까?

어느 텔레비전에서 방송하고 있는 '만원으로 1주일 버티기'라는 프로그램이 있다. 만원은 지난 30~40년 동안 물가가 오르지 않았다고 가정하면 1960년대 중반 가격 기준으로 자장면 330~500 그릇을 먹을 수 있고, 시내버스를 1,250번 탈 수 있는 돈이라고 한다. 공식적으로 발표되는 우리나라의 소비자물가는 1964년부터 2010년까지 40여 년 동안 35배 정도 오른 것으로 나타났다. 한편 서울시정개발연구원이 조사한 바에 따르면 지난 30~40년 동안 자장면 가격과 시내버스 요금은 각각 100배, 쌀값은 60배, 택시비와 지하철요금은 20~30배 상승하였다고 한다. 이처럼 물가상승률은 상품에 따라 상당히 다름을 알 수 있다.

출처: **일반인을 위한 알기쉬운 경제이야기**, 한국은행(2013. 3)의 일부 내용 수정

핵심포인트

① 물가지수의 용도
- 화폐의 구매력을 측정하는 수단
- 디플레이터

② 대표적인 물가지수로는 소비자물가지수, 생산자물가지수 그리고 GDP디플레이터가 있음
- 소비자물가지수는 한 나라의 대표적인 인플레이션지표로 이용됨
- 생산자물가지수는 국내에서 생산되는 상품의 수급동향을 가장 잘 반영하는 물가지수임
- GDP디플레이터는 가장 포괄적인 물가지수임

4 실업률

4.1 경제활동인구와 실업

실업
일할 의사가 있음에도 불구하고 일자리를 얻지 못하는 현상

경제활동인구
생산가능연령인구 중에서 일하려는 의사가 있는 사람들

실업 혹은 실업자란 일할 의사가 있음에도 불구하고 일자리를 얻지 못하는 현상 혹은 그런 사람을 일컫는다. 전체 인구 중에서 일할 능력을 가지고 있다고 볼 수 있는 사람들, 즉 15세 이상의 인구를 어떻게 구분하는지 알아보자. 15세 이상 인구는 일할 의사가 있고 없음에 따라 경제활동인구와 비경제활동인구로 구분한다. 〈그림 8-4〉에서 보는 바와 같이 2018년을 기준으로 우리나라의 총인구는 5,163만명이고, 15세 이상 인구는 약 4,418만명이며, 이 중에서 일할 의사가 있는 경제활동인구는 2,789만명 정도이다. 한편 1,629만명 정도에 해당하는 비경제활동인구에는 육아나 가사를 돌보는 전업주부, 학생, 연로자, 심신장애자, 취업준비자, 진학준비자 등이 포함된다.

실업자
나이가 15세가 넘고 일하려는 의사가 있음에도 불구하고 일자리를 얻지 못한 사람

경제활동인구는 다시 취업자와 실업자로 구분된다. 2018년 기준 약 2,682만명 정도의 취업자에는 수입을 목적으로 주당 1시간 이상 일한 자[이는 ILO(국제노동기구)의 권고사항임], 주당 18시간 이상 일한 무급가족종사자 등이 포함된다. 실업자는 '나이가 15세가 넘고 일할 의사가 있음에도 불구하고 직업이 없는 사람'을 의미하며, 실업률은 다음과 같이 정의한다.

$$\text{실업률} = \frac{\text{실업자 수}}{\text{경제활동인구}} \times 100$$

〈그림 8-4〉에 제시된 2018년의 경제활동인구 데이터를 이용해 경제활동참가율과 실업률을 계산하면 다음과 같다.

$$\text{경제활동참가율} = \frac{\text{경제활동인구}}{\text{15세이상인구}} \times 100 = \frac{27{,}895\text{천명}}{44{,}182\text{천명}} \times 100 = 63.1(\%)$$

$$\text{실업률} = \frac{\text{실업자 수}}{\text{경제활동인구}} \times 100 = \frac{1{,}073\text{천명}}{27{,}895\text{천명}} \times 100 = 3.8(\%)$$

실업률은 측정하는 데 상당한 어려움이 있는데, 그 이유는 다음과 같다. 첫째, 어떤 사람이 실업자인지 아닌지를 구분하기 위해서는 그 사람이 일할 의사가 있는지 없는지 판단해야 하는데 그 판단 자체가 매우 주관적일 수밖에 없다. 둘째, 누구를 구직단념자로 보아야 하는지의 문제이다. 구직단념자(혹은 실망실업자)란 아무리 노력해도 일자리를 찾을 수 없어 실망한 나머지 일자리 찾기를 포기한 사람으로서

구직단념자
아무리 노력해도 일자리를 찾을 수 없어 일자리 찾기를 포기한 사람

그림 8-4 | 우리나라의 경제활동인구 (2018년 기준)

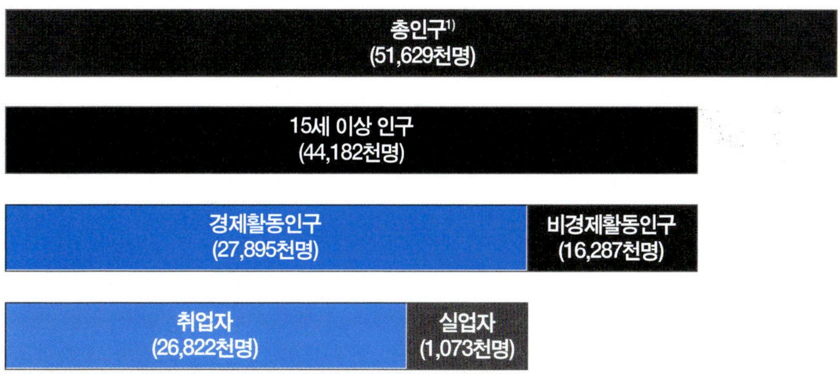

주: 1) 장래추계인구 기준
자료 통계청 국가통계포털(http://kosis.kr/)

비경제활동인구로 분류되는데, 현재 일자리를 갖지 못한 사람 중에서 누가 구직단념자인지 판단하기 어렵다. 즉, 경제활동인구와 비경제활동인구의 구분이 모호한 경우들 때문에 실업률의 정확한 측정이 쉽지 않다.

이와 같은 실업률 측정의 어려움 때문에 15세 이상 인구를 기준으로 계산되는 고용률을 실업률의 보조지표로 활용하기도 한다. 고용률은 15세 이상 인구 중에서 취업자가 차지하는 비중을 의미하며, 〈그림 8-4〉에 제시된 자료를 이용하여 2018년의 고용률을 계산하면 다음과 같다.

$$\text{고용률} = \frac{\text{취업자 수}}{\text{15세 이상 인구}} \times 100 = \frac{\text{26,822천명}}{\text{44,182천명}} = 60.7(\%)$$

4.2 여러 가지 형태의 실업

경기적 실업
경기의 변동 상황에 따라 발생하는 실업

구조적 실업
경제구조가 변화함에 따라 발생하는 실업

마찰적 실업
마음에 드는 일자리를 찾거나 더 좋은 일자리로 옮기는 과정에서 발생하는 실업

실업은 발생원인에 따라 경기적 실업, 구조적 실업 그리고 마찰적 실업의 세 가지 형태로 분류할 수 있다. 경기적 실업(cyclical unemployment)이란 경기의 변동 상황에 따라 발생하는 실업으로서 우리가 흔히 말하는 실업의 개념이다. 구조적 실업(structural unemployment)은 산업구조의 변화 등 경제구조가 변화함에 따라 발생하는 실업으로서 예를 들면 사양산업으로부터 방출된 근로자의 경우가 이에 속한다. 마지막으로 마찰적 실업(frictional unemployment)은 마음에 드는 직장을 찾거나 혹은 더 좋은 직장으로 옮기는 과정에서 발생하는 일시적인 실업을 말한다.

자연실업률
마찰적 실업만 구조적 실업만 존재하는 경우에 실업률

이상에서 소개한 세 가지 형태의 실업 중에서 경기적 실업은 경기가 좋고 나쁨에 따라 감소하기도 하고 증가하기도 하지만 마찰적 실업과 구조적 실업은 경기상황과 관계없이 발생한다. 즉, 마찰적 실업과 구조적 실업은 현실경제에서 자연스럽게 발생할 수밖에 없으며, 따라서 현실경제에서 '0%'의 실업률 달성은 불가능하다고 할 수 있다. 이런 측면에서 경기적 실업률은 '0%'이고 마찰적 실업과 구조적 실업만 존재하는 경우의 실업률을 자연실업률(natural rate of unemployment)이라 한다.

자세히 알아보기 왜 우리나라의 실업률은 다른 나라보다 낮을까?

우리나라의 실업률은 대체로 2~3%대로 선진국에 비해 매우 낮은 수준이다. 우리나라의 실업률이 다른 나라보다 낮은 것은 통계작성 방법의 차이에도 일부 원인이 있지만 근본적으로는 취업구조나 고용관행이 외국과 상당히 다른 데 있다.

우리나라는 미국, 일본 등과 함께 노동력 표본조사통계를 이용하고 있어 구직등록통계를 이용하는 유럽 국가들에 비해 실업률이 상대적으로 낮게 나타나는 경향이 있다. 노동력 표본조사통계에서는 조사대상자가 본인의 실업 상태를 적극적으로 밝힐 유인이 없기 때문에 실업자 수가 실제보다 적게 산정될 가능성이 있다. 한편 구직등록통계에서는 실업자들이 실업급여 수령을 위해 적극적으로 구직등록을 하기 때문에 실업자 수를 실제와 비슷하게 파악할 수 있다.

우리나라의 취업구조나 고용관행을 보면 외국에 비해 실업률이 낮게 나타나는 몇 가지 특징을 갖고 있다. 첫째, 농림어업 부문 취업자 비중이 주요국에 비해 높은데, 농림어업 부문은 제조업 등 비농림어업 부문에 비해 실업 발생 가능성이 낮기 때문에 전체 실업률을 낮추는 요인으로 작용한다. 둘째, 우리나라는 자영업주와 가족종사자의 비중이 다른 나라에 비해 높다는 점도 실업률을 더욱 낮추는 역할을 하고 있다. 셋째, 우리나라에는 실업보험 등 사회보장제도가 잘 발달되어 있지 않기 때문이다. 즉 우리나라의 노동자는 임금과 근로조건에 불만을 갖고 있더라도 가급적 현재의 직장에 계속 근무하려는 경향을 보인다. 또한 실업상태인 경우에도 적극적으로 취업하거나 자영업주 또는 무급가족종사자로 전환하려는 경향이 강해 실업률을 낮추는 요인으로 작용한다고 볼 수 있다. 넷째, 우리나라 여성 중에는 고등교육을 받고도 가사노동에 전념하는 비경제활동인구가 많다는 점이다. 우리나라 여성들이 외국처럼 적극적으로 일자리를 찾아 나선다면 우리나라의 실업률도 높아질 것이다.

출처: **일반인을 위한 알기쉬운 경제이야기**, 한국은행(2013. 3)의 일부 내용 수정

주요 국가의 2000~2018년 평균 실업률(단위: %)

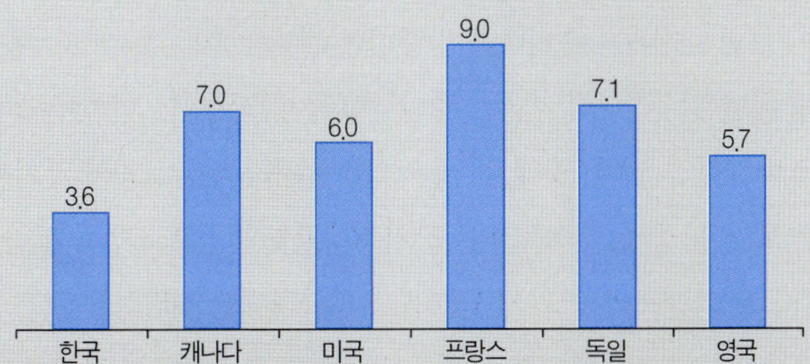

자료 통계청 국가통계포털(http://kosis.kr/)

핵심포인트

① 실업률은 경제활동인구 중에서 실업자의 비율을 의미
- 생산가능연령인구는 경제활동인구와 비경제활동인구로 구분
- 경제활동인구는 취업자와 실업자로 구분
- 실업자는 '나이가 15세가 넘고 일하려는 의사가 있음에도 불구하고 일자리가 없는 사람'을 의미

② 실업률 측정의 어려움
- 일하려는 의사가 있는지 없는지 판단의 문제
- 누구를 구직단념자로 판단해야 하는지의 문제

③ 세 가지 형태의 실업과 자연실업률
- 경기적 실업: 경기의 변동상황에 따라 발생하는 실업
- 구조적 실업: 경제구조가 변화함에 따라 발생하는 실업
- 마찰적 실업: 일자리를 옮기는 과정에서 발생하는 실업
- 자연실업률: 마찰적 실업과 구조적 실업만 존재하는 경우의 실업률

④ 우리나라의 실업률이 유럽 국가들에 비해 상대적으로 낮은 이유
- 우리나라는 노동력 표본조사통계를 이용하고 있어 구직등록통계를 이용하는 유럽 국가들에 비해 실업률이 상대적으로 낮게 나타나는 경향이 있음
- 우리나라는 농림어업부문의 취업자 비중이 상대적으로 높음
- 우리나라는 자영업주 및 무급가족종사자가 상대적으로 많음
- 우리나라는 실업보험제도 및 직업알선기관이 상대적으로 발달하지 못하였음
- 고등교육을 받은 여성들의 경제활동 참여가 선진국에 비해 적극적이지 못함

5 국민경제의 변화

〈그림 8-5〉에는 우리나라의 분기별 실질GDP를 그래프로 제시하였다. 〈그림 8-5〉에 제시된 우리나라 실질GDP의 변화추이를 살펴보면 다음과 같은 두 가지의 특징을 발견할 수 있다. 첫째, 시간이 흐름에 따라 실질GDP가 장기적으로 증가하는 추세를 보인다. 둘째, 실질GDP는 장기추세치를 중심으로 등락을 반복한다. 이와 같은 실질GDP 그래프의 두 가지 특징은 우리나라에만 해당하는 것은 물론 아니다. 어느 나라를 막론하고 실질GDP 그래프를 그리면 장기적인 추세의 기울기는 다르고 장기추세치를 중심으로 등락을 반복하는 폭과 길이는 달라도 위에서 언급한 두 가지 특징

은 항상 존재한다.

〈그림 8-5〉에서 보는 바와 같은 실질GDP가 장기적으로 증가하는 추세를 경제성장(economic growth)이라 하며, 실질GDP 장기추세치의 기울기는 경제성장의 속도를 의미한다. 실질GDP의 장기적 추세인 경제성장은 국민경제의 장기적 변화를 분석하는 분야에 해당된다. 한편, 실질GDP가 장기추세치를 중심으로 등락을 반복하는 현상은 경기순환(business cycle) 혹은 경기변동(business fluctuation)이라 하며, 등락의 폭이 크면 클수록 경기의 좋고 나쁨의 정도 차이가 큰 상태임을 의미한다. 경기변동은 국민경제의 단기적 변화를 분석하는 분야에 해당된다.

〈그림 8-5〉에서 보는 바와 같은 실질GDP의 장기추세치를 잠재GDP라고 하며, 실질GDP와 잠재GDP 차이를 GDP갭이라 한다. 즉, 'GDP갭=실질GDP−잠재GDP'로 GDP갭을 계산하며, 따라서 GDP갭은 실질GDP가 잠재GDP보다 클 때는 '플러스'의 값을 가지고 반대인 경우에는 '마이너스'의 값을 가진다. 거시경제학이란 국민경제

잠재GDP
실질GDP의 장기추세치

GDP갭
실질GDP와 잠재GDP의 차이, 즉 실질GDP−잠재GDP

그림 8-5 | 우리나라의 GDP 변화추이

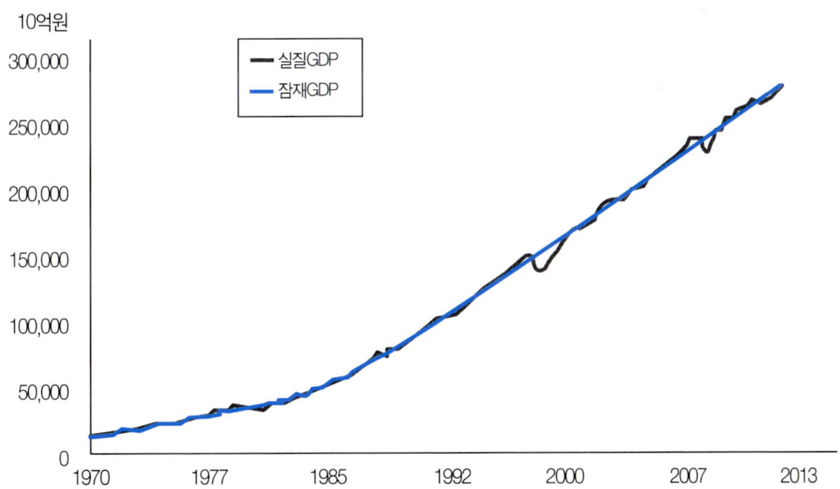

자료 한국은행 경제통계시스템(http://ecos.bok.or.kr)
주 잠재GDP는 저자가 직접 추정한 수치임

의 장기적, 단기적 변화를 분석하는 분야이다. 국민경제의 장기적 변화인 경제성장은 다음 장인 제9장에서 논의할 것이며, 제10장부터 제12장까지는 국민경제의 단기적 측면에 대한 내용을 서술할 것이다.

핵심포인트

① 실질GDP 변화추이의 특징
- 장기적으로 증가하는 추세를 가지며 이를 경제성장이라 함
- 장기추세치를 중심으로 등락을 반복하며 이를 경기변동이라 함

② 경제성장은 국민경제의 장기적 변화이며, 경기변동은 국민경제의 단기적 변화임
- 실질GDP의 장기추세치를 잠재GDP라고 함
- 실질GDP와 잠재GDP 차이를 GDP갭이라고 함

연습문제

01 아래 용어의 개념을 간략하게 설명하라.

① 감가상각비　② 누출
③ 국민소득　④ 국내총생산
⑤ GDP디플레이터　⑥ 국민소득삼면등가의 원칙
⑦ 지수　⑧ 구직단념자
⑨ 마찰적 실업　⑩ GDP갭

02 국민총생산(GNP)과 국내총생산(GDP)의 차이는 무엇이며, 이 중 어떤 국민소득지표를 사용하는 것이 더 바람직한지 설명하라.

03 명목GDP와 실질GDP는 어떻게 다른지 설명하라.

04 경제현상을 분석할 때 흔히 사용되는 물가지수에는 어떤 종류가 있으며, 각기 어떤 경제현상을 분석하는 데 사용하는 것이 바람직한지 설명하라.

05 우리나라의 실업률이 미국이나 유럽의 국가들보다 낮은 이유는 무엇인가?

06 아래의 서술내용이 맞는지 틀리는지 밝히고, 그 이유를 설명하라.

① 경제성장률이 높은 국가일수록 국민의 수득수준도 높다.
② 경제규모가 큰 국가일수록 국민의 소득수준도 높다.
③ 물가수준이 높다는 것은 물가상승률이 높다는 의미이다.
④ 실업률은 전체 인구 중에서 실업자 수의 비율(%)이다.
⑤ 어떤 국민경제가 완전고용 상태에 있다면 그 국가의 실업률은 0%이다.

07 빵과 옷만 생산하는 어떤 국민경제의 2010년부터 3년간의 생산현황이 표와 같다고 한다. 아래의 물음에 답하라.

연도	빵		옷	
	가격(원)	생산량(개)	가격(원)	생산량(개)
2010	20	50	100	20
2011	30	60	110	30
2012	40	70	120	30

① 2010년, 2011년, 2012년의 명목GDP를 계산하라.
② 2010년을 기준연도로 2010년, 2011년, 2012년의 실질GDP를 계산하라.
③ 2010년, 2011년, 2012년의 GDP디플레이터를 계산하라.
④ 2011년과 2012년의 경제성장률을 계산하라.

09

| 제9장 |

경제성장

1. 경제성장: 국민경제의 장기적 변화
2. 경제성장과 성장회계
3. 내생적 성장이론
4. 경제성장과 경제발전

1 경제성장: 국민경제의 장기적 변화

국민소득의 장기적 증가추세인 경제성장은 두 가지 방법으로 정의할 수 있다. 하나는 경제성장을 생산량의 증가, 즉 실질GDP의 증가로 정의하는 방법이다. 다른 하나는 경제성장을 국민들의 평균적인 소득수준의 증가, 즉 1인당 실질GDP의 증가로 정의하는 방법이다. 경제성장을 실질GDP의 증가로 정의하면 단순히 생산량의 증가만 의미할 뿐 국민들의 평균적인 소득수준 향상까지는 포함하지 못한다. 따라서 평균적인 소득수준을 향상시킬 수 있는 변화만이 진정한 경제성장이라는 측면에서는 경제성장을 1인당 실질GDP의 증가로 정의하는 것이 옳을 것이다. 어떤 방법으로 정의하든지 경제성장은 국민경제의 생산량 혹은 생산수준의 증가를 의미한다.

어느 나라를 막론하고 실질GDP 혹은 1인당 실질GDP는 장기적으로 증가하는 추세를 보인다. 〈표 9-1〉에는 우리나라를 포함한 주요국의 경제성장률(실질GDP 증가율) 평균과 1인당 명목GDP(미국 달러화 표시)를 제시하였다. 〈표 9-1〉을 보면 1970년부터 2018년 사이의 미국과 일본의 경제성장률 평균은 상대적으로 낮았던 반면에 같은 기간 한국과 중국의 경제성장률 평균은 높았음을 알 수 있다. 고소득국가의 경제성장률 평균(1970년~2013년)은 같은 기간 중간소득국가나 저소득국가의 경제성장률 평균보다 낮음도 알 수 있다. 또한 〈표 9-1〉에 제시된 1인당 명목GDP를 살펴보면 중간소득국가와 저소득국가의 소득수준(1인당 명목GDP)은 각각 고소득국가 소득수준의 12.5%와 1.7% 수준에 불과함도 알 수 있다.

표 9-1 | 국가별 경제성장률과 1인당 GDP

구분	경제성장률 평균 (1970-2018)	2018년 1인당 명목GDP($)	구분	경제성장률 평균 (1970-2013)	2013년 1인당 명목GDP($)
한국	7.1	33,346	고소득국가	2.7	38,623
중국	9.1	9,771	중간소득국가	4.8	4,809
일본	2.4	39,287	저소득국가	3.3	677
미국	2.8	62,641	세계평균	3.1	10,513

자료 세계은행(http://www.worldbank.org), 통계청 국가통계포럼(http://kosis.kr)

〈표 9-1〉을 살펴본 결과 두 가지 중요한 사실을 발견하였다. 하나는 개발도상국(중간소득국가와 저소득국가)이 선진국(고소득국가)보다 경제성장률이 높다는 것이고, 다른 하나는 개발도상국과 선진국의 1인당 명목GDP 차이가 매우 크다는 것이다. 그렇다면 개발도상국의 경제성장률이 선진국보다 더 높은데 1인당 명목GDP로 측정한 소득수준의 차이는 왜 이렇게 크며, 왜 그 차이는 줄어들지 않는 것일까? 이에 대한 답은 다음 절부터의 논의에서 밝혀질 것이다.

2 경제성장과 성장회계

2.1 생산함수와 경제성장

제6장에서 생산자이론을 설명하면서 생산함수를 기업의 생산량과 생산요소(노동과 자본) 사이에 존재하는 인과관계라고 소개하였고, 수확체감의 법칙과 장·단기의 구분에 대해서도 설명하였다. 국민경제 전체적인 관점에서 생산을 생각해 보자. 현실경제에서 생산되는 상품의 종류와 양은 무수히 많지만 이를 국민소득이라는 개념으로 추계한다고 하였다. 따라서 제6장에서 기업의 생산량은 국민경제 전체적으로는 국민소득에 해당하므로 국민경제의 생산함수는 아래와 같이 정의할 수 있다.

$$Y = A\,f(K, L)$$

여기에서 Y는 국민소득, A는 기술수준, K는 자본투입량, 그리고 L은 노동투입량을 의미한다. 위의 생산함수에는 국민소득, 노동, 자본의 세 가지 경제변수가 포함되어 있어 2차원 평면에 나타내기가 수월하지 않다. 자본의 변화가 없는 단기를 생각해 보자. 단기에는 자본의 변화가 없으므로 위의 생산함수는 노동의 변화에 의한 국민소득의 변화만을 나타낼 것이다. 따라서 노동의 변화에 의한 국민소득의 변화, 즉 국민경제의 생산함수는 〈그림 9-1〉의 (a)와 같이 표현할 수 있다.

〈그림 9-1〉의 (a)에 제시된 생산함수는 노동투입량이 많아질수록 접선의 기울기가 완만해지는 형태인데 이는 수확체감의 법칙이 적용됨을 의미한다. 예를 들어 〈그림 9-1〉 (a)의 A점과 B점에서 생산활동이 이루어지고 있는 상태에서 같은 폭의 노동투입량 증가가 이루어졌다고 하자. 〈그림 9-1〉의 (a)에서 보는 바와 같이 A점에서의 노동투입량 증가에 따른 국민소득의 증가폭이 B점에서의 증가폭보다 크다. 이는 수확체감의 법칙에 의해 노동투입량이 많아짐에 따라 노동투입량 증가에 따른 국민소득 증가폭은 감소함을 의미한다. 따라서 수확체감의 법칙이 성립하기 위해서는 생산함수가 〈그림 9-1〉의 (a)와 같이 생산요소 투입량이 많아질수록 접선의 기울기가 완만해지는 형태로 표현되어야 한다.

이번에는 국민경제의 생산함수에서 노동투입량은 변화하지 않는데 자본투입량이

그림 9-1 | **생산함수와 경제성장**

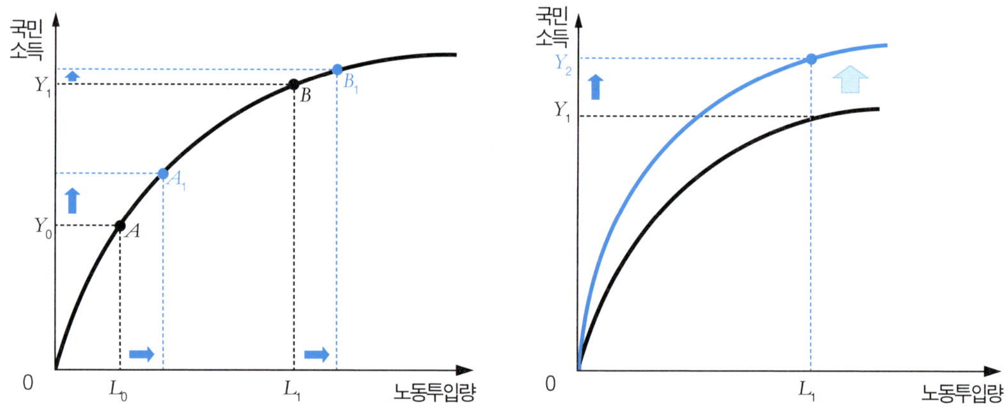

(a) 국민경제의 생산함수

- 노동투입량 증가 ⇨ 국민소득 증가
- A점과 B점에서 같은 폭만큼의 노동투입 증가 ⇨ B점에서의 국민소득 증가폭이 A점에서보다 더 작음 ⇨ 국민경제의 생산함수에도 수확체감의 법칙이 적용됨

(b) 국민경제의 생산함수와 경제성장

- 노동투입량과 기술수준은 변화가 없는데 자본투입량 증가 ⇨ 국민소득 증가 ⇨ 국민경제의 생산함수 '위쪽'으로 이동
- 노동투입량과 자본투입량은 변화가 없는데 기술수준 향상 ⇨ 국민소득 증가 ⇨ 국민경제의 생산함수 '위쪽'으로 이동

변화하는 경우를 살펴보자. 〈그림 9-1〉의 (b)에서 노동투입량이 L_1일 때 국민소득이 Y_1이라고 하자. 노동투입량은 변화가 없는데 자본투입량이 증가하면 어떻게 될까? 물론 자본투입량의 증가는 국민소득을 증가시킬 것이다. 즉 〈그림 9-1〉의 (b)에서 보는 바와 같이 국민소득이 Y_1에서 Y_2로 증가한다. 이와 같이 일정하다고 가정하였던 자본투입량이 증가하면 동일한 노동투입량 수준에서 국민소득은 증가할 것이고, 이는 〈그림 9-1〉의 (b)에서처럼 생산함수가 '위쪽'으로 이동함을 의미한다.

기술수준이 향상되는 경우도 마찬가지이다. 〈그림 9-1〉의 (b)에서 보는 것처럼 노동투입량이 L_1이고 자본투입량의 변화가 없는 상태에서의 국민소득이 Y_1이라고 하자. 만일 노동과 자본투입량은 변화가 없는데 기술수준이 향상된다면 국민소득은 증가할 것이다. 따라서 기술수준이 향상되는 경우에도 생산함수는 '위쪽'으로 이동한다. 자본의 증가와 기술수준의 향상은 단기에 이루어지는 것은 아니다. 따라서 자본의 증가나 기술수준의 향상에 따른 국민소득의 증가는 장기적 현상이며, 〈그림 9-1〉의 (b)에서와 같이 장기적인 관점에서 국민경제의 생산함수가 '위쪽'으로 이동하는 현상이 바로 경제성장이다.

2.2 성장회계

장기적인 관점에서 국민소득을 증가시키는 요인, 즉 경제성장의 요인에는 어떤 것들이 있을까? 〈그림 9-1〉의 (a)는 단기적인 관점에서 노동투입량의 증가에 따른 국민소득의 증가를 나타내고 있지만 장기적으로 인구증가에 따라 노동투입량이 늘어날 수 있다면 자본투입량과 기술수준의 변화가 없더라도 국민소득은 증가할 것이다. 따라서 〈그림 9-1〉의 (a)와 (b)를 종합하면 장기적인 측면에서 국민소득을 증가시킬 수 있는 요인은 노동의 증가, 자본의 증가 그리고 기술수준의 향상 세 가지로 요약할 수 있다.

기술수준의 향상은 발명처럼 새로운 상품을 만들어 내는 것을 포함하여 효율적 경영기법의 도입 등 생산성 향상에 기여하는 모든 변화를 포괄하는 개념이다. 기술수

기술수준의 향상 생산성 향상에 기여하는 모든 변화

성장회계
경제성장을 각 성장요인별로 분해하는 작업

준 향상은 총요소생산성의 향상 혹은 기술진보로도 표현한다. 경제성장의 세 가지 요인인 노동의 증가, 자본의 증가 그리고 총요소생산성 향상이 경제성장에 기여한 정도를 분석하는 작업을 성장회계(growth accounting)라 하며, 성장회계는 경제성장을 지속하기 위한 혹은 경제성장을 촉진하기 위한 방안을 모색하는 데 중요한 자료로 활용된다.

〈표 9-2〉에는 주요국의 성장회계 분석결과를 제시하였다. 〈표 9-2〉를 살펴보면 1960년부터 1990년 사이를 분석한 OECD 국가들의 경우 국가별로 약간의 차이는 있지만 대체적으로 자본축적과 총요소생산성의 증가가 경제성장을 주도했음을 알 수 있다. 한편 고도의 경제성장을 이룩한 동아시아 국가들의 경우 노동투입의 증가와 자본의 축적이 경제성장을 주도하였음을 알 수 있다. 즉 1966년부터 1990년 사이를 분석한 동아시아 국가들의 경우 경제성장의 주된 원동력은 총요소생산성의 향상이었다기보다 생산요소의 양적 증가였다고 할 수 있다. 따라서 일반적으로 자본축적이 잘되어 있는 선진국(고소득국가)일수록 총요소생산성의 향상과 같은 생산요소의 질적 향상이 경제성장에 기여하는 정도가 높은 반면에, 자본축적이 부족한 국가(중간소득국가와 저소득국가)일수록 생산요소의 양적 증가가 경제성장에 기여하는 정도가 높다고 할 수 있다. [〈자세히 알아보기: 양적성장과 질적성장〉 참조]

표 9-2 | 주요국의 성장회계 결과

	GDP 성장률	성장요인 기여율(%)		
		자본	노동	총요소생산성
OECD(1960-1990)				
캐나다	4.1	55.9	32.8	11.3
일본	6.8	56.9	14.3	28.8
미국	3.1	45.2	41.5	13.2
동아시아(1966-1990)				
홍콩	7.3	42.3	27.6	30.1
한국	10.3	46.2	42.2	11.6
타이완	9.1	40.5	39.8	19.8

자료 Economic growth, Barro-Sala-i-Martin(1995), McGraw-Hill, Boston, Mass.

자세히 알아보기 양적성장과 질적성장

경제성장의 초기단계에 있는 국가의 경우에는 생산활동에 사용할 자본(예를 들면 공장)과 숙련된 노동력이 많지 않을뿐더러 많은 사람들이 생산활동에 참여하고 있지 못한 것이 일반적이다. 또한 기술수준도 높지 않다. 이런 상황에서 경제성장을 이루기 위해서는 어떻게 하는 것이 가장 효과적일까? 아마도 많지 않은 자본을 숙련된 노동력이 요구되지 않는 분야에 우선적으로 투입하고, 놀고 있는 노동력을 활용하는 것이 가장 효과적일 것이다. 즉 경제성장의 초기단계에 있는 국가들은 낙후된 기술수준 등의 이유 때문에 질적성장을 추구하고 싶어도 그럴 여건이 되지 못하며, 양적성장을 우선적으로 추구할 수밖에 없다.

양적성장에 의해 경제성장이 이루어지면서 숙련된 노동력이 증가하고 자본도 축적되기 시작한다. 또한 선진국과의 교역을 통해 선진기술을 습득하는 등 기술수준도 향상되기 시작한다. 이런 단계부터 질적성장이 경제성장에 기여하는 정도가 차츰 높아지기 시작하는 것이 일반적이다. 가장 성공적으로 경제성장을 이룩했다고 평가되는 동아시아 국가들의 경우에도 경제성장의 초기단계라 할 수 있는 1966년부터 1990년 사이에는 〈표 9-2〉에서 본 바와 같이 양적성장이 경제성장에 기여한 정도가 매우 컸음을 알 수 있다.

핵심포인트

① 국민경제의 생산함수와 경제성장
- 국민소득과 노동, 자본의 생산요소 사이의 인과관계를 표현한 함수를 국민경제의 생산함수라 함
- 국민경제의 생산함수에도 수확체감의 법칙이 적용됨
- 자본의 증가, 기술진보 등에 따라 국민경제의 생산함수가 '위쪽'으로 이동하는 현상이 경제성장임

② 경제성장의 요인은 노동의 증가, 자본의 증가 그리고 총요소생산성 향상의 세 가지로 요약할 수 있음
- 이 세 가지의 요인들이 경제성장에 기여한 정도를 분석하는 작업을 성장회계라 함

3 내생적 성장이론

제1절에서 국가별 경제성장률과 1인당 명목GDP를 살펴본 결과에 의하면 개발도상국(중간소득국가와 저소득국가)의 경제성장률은 선진국(고소득국가)보다 더 높은데 1인당 명목GDP는 상당한 격차를 보였다. 제2절에서 생산함수를 이용하여 경제성장을 설명한 내용은 솔로우(R. Solow) 모형에 기초한다. 솔로우 모형에 의하면

개발도상국일수록 자본의 한계생산성이 높으므로 자본축적 속도가 선진국보다 빨라 궁극적으로는 선진국과 개발도상국의 소득수준이 비슷한 수준으로 수렴한다. 즉, 솔로우 모형에 의하면 시간이 흐를수록 선진국과 개발도상국의 소득수준 격차는 줄어들며, 궁극적으로는 같은 수준으로 수렴하게 된다.

솔로우 모형이 1956년에 발표된 이후부터 상당히 오랜 기간 동안 국가 간 소득수준 격차가 줄어들 것이라는 솔로우 모형의 예측은 당연한 논리적 귀결로 여겨져 왔으며, 이를 확인할 통계자료도 존재하지 않았다. 그러나 국가별 국민소득 통계자료가 어느 정도 확보되기 시작한 1980년대 이후부터 솔로우 모형의 예측이 맞지 않는 것이 확인되기 시작하였다. 즉, 〈표 9-1〉에서 보았듯이 현실에서 관측된 바에 의하면 선진국과 개발도상국의 소득수준 차이는 좁혀지지 않고 국가에 따라서는 더 심화되기도 하였다. 이런 현상이 발생하는 이유는 무엇일까에 대한 경제학자들의 고민이 시작되었고 답을 찾기 위한 출발점으로 제2절에서 제시한 국민경제의 생산함수에 포함된 기술수준(A)에 주목하였다. 즉 솔로우 모형에서는 국민소득과 생산요소 사이의 관계만을 표현하는 생산함수를 이용하고 기술수준이 외생적으로 주어진다고 가정하였으며, 이런 의미에서 제2절에서 소개한 솔로우 모형을 외생적 성장이론이라고도 한다.

한 국가의 기술수준은 여러 가지 요인과의 상호작용을 통해 영향을 받을 수 있고, 국가 간 기술수준의 차이가 국민소득의 차이를 유발하는 중요한 요인이 될 수도 있다는 점을 솔로우 모형은 간과하였다는 점을 인지하기 시작하였다. 즉 한 국가의 기술수준은 외생적으로 주어지는 것이 아니라 여러 가지 노력에 의해 많이 향상될 수도 있고 그렇지 않을 수도 있으며, 국가별 차별화된 기술수준이 국민소득의 차이를 유발하는 중요한 요인 중 하나라는 점에 주목한 것이다. 한 국가의 기술수준이 다른 요인들에 의해 영향을 받고, 영향을 받는 정도가 국가별로 다르다면 기술수준 자체를 생산함수에 포함시켜 분석해야 함은 당연하다. 이와 같이 기술수준을 생산함수에 포함시켜 국가별 소득수준 차이를 설명하려는 이론을 통칭하여 내생적 성장이론(endogenous growth theory)이라 한다. 즉, 내생적 성장이론에서는 다음과 같이 국민

내생적 성장이론
기술수준을 생산함수에 포함시켜 국가별 소득 차이를 설명하려는 이론

경제의 생산함수에 기술수준(A)을 내생변수로 포함시킨다.

$$Y = f(K, L, A)$$

위와 같이 기술수준을 국민경제의 생산함수에 내생변수로 포함시키고 현실경제를 분석하기 위해서는 기술수준을 측정할 수 있어야 한다. 그러나 어떤 국가의 기술수준을 정확하게 측정할 수 있는 방법은 당연히 존재하지 않는다. 따라서 경제학자들은 국가별 기술수준에 영향을 주는 중요한 요인들을 찾아 국가별 소득수준의 차이를 설명하려고 노력하고 있다. 본서에서는 국가별 기술수준에 영향을 줄 수 있는 중요한 요인 세 가지에 대해서만 알아보기로 한다.

기술진보와 연구개발

기술수준의 향상은 인류역사와 함께하고 있다고 해도 과언은 아닐 것이다. 어느 국가이든지 기술수준의 향상은 꾸준히 이루어져 오고 있다. 그러나 국가별로 기술수준이 향상되는 정도는 다르다. 그 원인은 무엇일까? 여러 가지가 있을 수 있겠지만 중요한 원인 중 하나는 연구개발(R&D)에 대한 투자의 차이라고 할 수 있다.

새로운 상품의 개발과 같은 대부분의 연구개발은 주로 개인이나 기업 등 민간 차원에서 이루어지지만 국방이나 기초과학과 관련된 연구개발 등 정부 차원에서 이루어지는 연구개발도 많이 있다. 연구개발로 얻어지는 기술수준의 향상은 일반적으로 많은 사람이 공유할 수 있는 특성을 갖기 때문에 연구개발 성과가 클수록 경제성장에 대한 기여도도 클 것이다. 이런 이유 때문에 연구개발에 따른 기술수준의 향상 차이가 국가별 경제성장의 차이를 설명하는 중요한 역할을 할 수 있다.

연구개발에 대한 투자확대로 기술수준의 향상을 촉진하기 위해 각국 정부는 많은 노력을 하고 있다. 우리나라도 연구개발을 장려하기 위한 각종 정책들을 펴고 있다. 우리나라에서 시행하고 있는 연구개발 장려 정책의 예로는 연구개발에 대한 경제적 유인을 제공하기 위한 특허제도 운영, 국가 차원에서 운영하는 각종 분야의 국책연구소, 대학과 민간연구기관에 대한 지원, 특정 분야 연구자에 대한 병역혜택 등을 들 수 있다.

인적자본과 교육

인적자본
교육, 훈련, 경험 등을 통해 얻어지는 근로자의 생산성

인적자본(human capital)은 교육, 훈련, 경험 등을 통해 얻어지는 근로자의 생산성을 나타내는 용어이다. 즉 인적자본은 기술숙련도뿐 아니라 근로자의 지식, 교육수준, 직업훈련 정도, 건강상태 등 노동의 질에 영향을 주는 모든 요소를 포함한다. 인적자본이 잘 갖추어진 국가일수록 생산성이 높음은 당연하고, 따라서 국가별 인적자본의 차이가 국가별 경제성장의 차이를 설명하는 중요한 역할을 할 수 있다. 즉 인적자본은 경제성장을 설명하는 내생변수 역할을 할 수 있다.

인적자본도 생산된다. 다시 말해 노동의 질에 영향을 주는 요소들의 공급을 통해

경제이야기 인적자본

좁은 의미의 인적자본(human capital)은 근로자의 노동생산성에 영향을 미치는 지식과 기술숙련도를 의미하고, 넓은 의미의 인적자본은 근로자의 지식, 교육수준, 직업훈련 정도, 건강 및 영양상태 등 노동의 질에 영향을 주는 모든 요소를 의미한다.

경제학에 인적자본 개념을 도입한 공로로 노벨경제학상을 수상한 시카고대학의 베커(Gary Berker) 교수에 의하면 개인이 받은 교육과 훈련도 투자의 성격을 가지며, 개인의 생산능력은 교육투자의 결과로 얻어진 인적자본이라 정의한다. 인적자본의 개념이 경제학에 도입된 이후 학력간 임금격차, 연령 증가에 따른 임금상승 등 노동시장의 많은 현상들이 설명되었으며, 특히 인적자본에 입각한 경제성장이론의 기초를 제공하게 되었다.

베커 교수는 인적자본을 일반 인적자본과 특수 인적자본으로 구분하였는데 일반 인적자본이란 어떠한 직종이나 산업 혹은 어떠한 분야에 종사하든지 유용하게 사용할 수 있는 인적자본이며, 특수 인적자본은 특정 분야나 직종에 종사할 경우에만 생산성이 향상되는 인적자본을 말한다. 일반 인적자본 형성을 위한 가장 대표적인 방법으로는 학교교육을 들 수 있고, 특수 인적자본 형성을 위한 방법으로는 직업교육과 사내교육 등을 들 수 있다.

출처: **휴먼캐피탈과 성장잠재력**, 삼성경제연구소(2003. 11)의 일부 내용 수정

인적자본을 생산할 수 있다. 근로자의 지식을 향상시키기 위한 가장 일반적인 방법은 교육이다. 교육을 예로 들어보자. 초등학교, 중학교, 고등학교, 대학교, 대학원 등이 교육을 통해 인적자본을 생산하기 위한 시스템이다. 이 시스템이 작동하기 위해서는 교사, 건물, 교육장비, 도서관, 학생들의 시간이 투입되어야 하는데 이 모두가 교육을 통해 인적자본을 생산하기 위한 생산요소인 셈이다.

국제무역과 이전효과

비교우위에 의한 특화와 교환이 이루어지면 교환에 참여한 모두가 이득을 볼 수 있다고 하였다. 국가와 국가 사이에서도 이와 같은 논리는 그대로 적용되고 이 논리를 기초로 국제무역을 설명한다. 국제무역을 하면 비교우위에 의한 특화로 얻는 이득 이외에 다른 긍정적인 효과도 얻을 수 있다. 예를 들면 기술수준이 낮은 국가는 국제무역을 하면서 기술수준이 높은 국가의 기술을 습득할 기회를 얻게 된다. 이와 같이 국제무역을 통해 국가 사이에 기술이 이전될 수 있고, 기술이전으로 인해 경제성장을 촉진할 수 있다는 것을 이전효과(spill-over effect)라 한다.

이전효과
국제무역을 통한 국가 사이의 기술이전으로 경제성장을 촉진하는 효과

패션산업을 예로 들어 보자. 우리나라가 국제교류와 국제무역을 철저하게 금지하고 있다고 상상해 보자. 이런 경우라면 우리나라의 의류제조업체들은 다른 국가의 상품을 본 경험이 없으니 전통적인 디자인에서 많이 벗어나지 못하는 의류를 주로 생산할 것이다. 소비자도 마찬가지로 다른 국가의 상품을 본 경험이 없으니 국내에서 생산된 상품만을 소비할 것이다. 이제 국제교류와 국제무역 규제가 완화되어 프랑스, 이탈리아 등 소위 패션선진국의 상품이 수입된다고 하자. 어떤 현상이 예상되는가? 시간이 흐르면 흐를수록 수입상품 수요는 많아질 것이며, 멋을 내기 위한 수요도 함께 증가하여 패션시장의 규모는 확대될 것이다. 그렇다면 국내의 의류업체들은 어떤 반응을 보일까? 아마도 소비자를 잃지 않기 위해 노력할 것이다. 처음에는 수입상품의 모방으로 시작하겠지만 시장에서 살아남기 위해서는 모방으로는 부족하다는 인식이 확산될 것이다. 장기적으로는 모방으로 시작된 노력이 기술이전으로 이어질 것이고, 이에 따라 우리나라 패션시장은 수요와 생산이 확대될 수 있음을 상상할 수 있다.

핵심포인트

① 선진국과 개발도상국의 소득 차이는 좁혀지지 않고 국가에 따라서는 더 심화되기도 함
- 이 문제에 대한 답을 찾기 위한 출발점으로 기술수준의 외생성에 주목하였음
- 기술수준을 생산함수에 포함시켜 국가별 소득 차이를 설명하려는 이론을 통칭하여 내생적 성장 이론이라 함
- 국가별로 기술수준이 향상되는 정도가 다른 주요 원인으로는 연구개발에 대한 투자의 차이, 인적자본의 차이, 이전효과 등이 있음

4 경제성장과 경제발전

경제발전
경제성장뿐 아니라 경제 전체의 효율성과 합리성의 향상까지 포함하는 발전

경제성장과 경제발전은 같은 개념인가? 물론 아니다. 제1절에서 언급한 바와 같이 경제성장은 국민경제 생산수준의 양적확대(실질GDP의 증가) 혹은 소득수준의 향상(1인당 실질GDP의 증가)을 의미하며, 경제발전(economic development)은 실질GDP 혹은 1인당 실질GDP의 증가뿐 아니라 경제 전체의 효율성과 합리성의 향상까지 포함한다. 따라서 경제발전이 경제성장보다 더 포괄적인 개념이다. 하지만 경제성장과 더불어 경제발전이 함께 이루어지는 것이 일반적이므로 경제성장과 경제발전을 구분하는 것은 큰 의미가 없다.

지구상에는 아직도 헐벗고 굶주림에 시달리는 국가들이 있다. 이런 국가들이 경제발전을 이루지 못하는 원인은 여러 가지가 있다. 일반적으로 지적되는 경제발전의 장애요인으로는 투자재원의 부족, 높은 인구증가율과 인적자본의 부족, 정치적 불안 등을 꼽을 수 있다. 경제를 발전시켜 국민의 삶의 질을 향상시키기 위해 노력하지 않는 국가는 없다고 할 수 있다. 경제를 발전시키기 위해 채택하는 경제발전전략 중 대표적인 것으로 산업정책, 수출주도 경제발전전략, 수입대체 경제발전전략 등을 들 수 있다.[〈자세히 알아보기: 경제발전전략〉 참조]

자세히 알아보기 **경제발전전략**

경제발전전략은 관점에 따라, ① 정부주도형 발전전략과 민간주도형 발전전략, ② 불균형 발전전략과 균형 발전전략, ③ 외향적 발전전략과 내향적 발전전략으로 나눌 수 있다. 정부주도형 발전전략은 정부가 계획 수립, 자금 조성, 주요 산업의 육성 등에 주도적 역할을 하는 방식이며, 자본축적 수준이 낮고 기업의 자금 조달 및 경영능력이 취약한 후진국에서 주로 채택한다. 한국의 경우 제1차 경제개발계획부터 정부가 계획 수립, 자금 조성 그리고 주요 산업을 육성·관리한 대표적인 정부주도형 발전전략의 사례로 꼽힌다.

한편, 산업의 연관효과가 높은 특정 부문에 집중적으로 투자하면서 선도산업을 중심으로 경제발전을 추진하는 경우 불균형 발전전략이라고 하며, 전 산업에 대한 고른 투자배분과 상호의존적 수요를 확대함으로써 경제발전을 추진하는 경우를 균형 발전전략이라고 한다. 또한 해외시장을 중심으로 경제발전을 추진하는 경우를 외향적 발전전략, 국내시장을 중심으로 경제발전을 추진하는 경우를 내향적 발전전략이라고 한다. 외향적 발전전략은 해외시장을 대상으로 국내산업을 육성시키기 때문에 수출주도형 발전전략이라고도 하며, 내향적 발전전략은 수입에 의존하던 상품을 국내산업의 육성을 통해 대체하기 때문에 수입대체형 발전전략이라고도 한다. 한국은 국내시장의 협소, 자원과 기술의 부족 등으로 1960년대에는 수출형 경공업을, 1970년대에는 수출형 중화학공업을 집중 육성하는 수출주도형·불균형적 발전전략을 채택하였다.

출처: **두산백과(http://www.doopedia.co.kr)의 일부 내용 수정.**

산업정책

산업정책이란 경제성장 혹은 경제발전의 목적을 달성하기 위하여 산업의 육성 혹은 정비 등을 하기 위한 정부의 정책을 통칭하는 용어이다. 일반적으로 투자재원이 많지 않은 경제개발 초기단계에서는 국내의 산업 중에서 성장가능성이 높으며 다른 산업에 파급효과가 큰 산업을 선정하여 우선적으로 지원하고 육성하는 산업정책을 많이 시행한다. 어느 국가이든지 경제발전 초기단계에는 투자재원이 충분하지 못하다. 따라서 부족한 투자재원으로 모든 산업분야를 지원할 수 없기 때문에 성장가능성이 높으며 다른 산업에 파급효과가 큰 산업을 선정하여 우선적으로 지원하고 육성하는 것을 산업정책에 의한 경제발전전략이라 한다.

산업정책
산업의 육성 혹은 정비 등을 하기 위한 정부의 정책

우리나라는 1970년대 중화학공업 분야에 집중적으로 투자하고 지원했던 경험이 있는데 이는 경제개발 초기단계에 수행한 산업정책의 예라 할 수 있다. 이와 같은 경제개발 초기단계의 산업정책은 투자재원이 많지 않은 상태에서 여러 가지 산업(혹

불균형성장이론
성장잠재력이 큰 산업(혹은 지역)부터 우선적으로 육성하는 것이 바람직하다는 이론

은 지역)을 동시에 육성하기는 어려우므로 성장잠재력이 큰 산업(혹은 지역)부터 육성하는 것이 바람직하다는 불균형성장이론(unbalanced growth theory)이론에 기초한다. 물론 산업정책이 경제개발 초기단계에만 수행되는 것은 아니다. 산업정책은 모든 시점에서 수행된다. 2019년 한일무역 갈등이 심화되면서 정부가 추진한 소재 및 부품산업을 육성하기 위한 각종 정책들도 당연히 산업정책이다.

수출주도와 수입대체 경제발전전략

수출산업을 우선적으로 육성해서 수출을 증가시키고 이를 통해 국내의 다른 산업도 함께 발전시키고자 하는 전략을 수출주도 경제발전전략이라 한다. 우리나라 등 동아시아의 국가들을 비롯한 많은 국가들이 추구한 경제발전전략이 바로 수출주도 경제발전전략이다. 한편 현재 수입하여 사용하고 있는 상품과 관련된 산업을 우선적으로 육성하여 국내의 산업을 보호함과 동시에 경제발전을 추구하는 전략을 수입대체 경제발전전략이라 한다.

수출주도 경제발전전략과 수입대체 경제발전전략 중 어느 전략이 더 효과적인지 한마디로 평가할 수는 없다. 하지만 많은 국가들의 경험에 비추어 볼 때 일반적으로 대외개방도가 높고 부존자원이 풍부하지 못하며 경제규모가 작은 국가일수록 수입대체 경제발전전략보다 수출주도 경제발전전략이 더 효과적이라고 할 수 있다.

핵심포인트

① 경제발전은 경제성장뿐 아니라 경제 전체의 효율성과 합리성의 증대까지 포함하는 포괄적인 개념
- 경제발전의 장애요인으로는 투자재원의 부족, 높은 인구증가율과 인적자본의 부족, 시장실패, 정치적 불안 등이 있음

② 경제개발 초기단계에서의 경제발전전략
- 산업정책: 성장가능성이 가장 높으며 다른 산업에의 파급효과가 큰 산업을 우선적으로 지원하고 육성하는 전략
- 수출주도 경제발전전략: 수출산업을 우선적으로 육성하여 수출을 증가시킴으로써 다른 산업도 함께 발전시키고자 하는 전략
- 수입대체 경제발전전략: 수입하는 제품의 산업을 우선적으로 육성하여 국내의 산업을 보호함과 동시에 경제발전을 추구하는 전략

연습문제

01 아래 용어의 개념을 간략하게 설명하라.

① 기술진보 ② 성장회계
③ 내생적 성장이론 ④ 인적자본
⑤ 이전효과 ⑥ 경제발전
⑦ 산업정책 ⑧ 불균형성장이론

02 국민경제의 생산함수를 제시하고, 국민소득과 노동투입량 그리고 국민소득과 자본투입량의 2차원 평면에 국민경제의 생산함수를 그려 보라.

03 위의 2번에서 그린 두 가지 그림을 이용하여 경제성장을 설명하라.

04 외생적 성장이론이라고도 하는 솔로우 모형의 한계를 지적하고, 그 이유를 제시하라.

05 내생적 성장이론을 설명하고, 국가별 기술수준의 차이에 영향을 주는 요인 몇 가지를 제시하라.

06 경제발전을 위한 수출주도전략과 수입대체전략을 설명하고, 어느 방법이 더 효과적인지 설명하라.

10

| 제10장 |

화폐시장과 이자율

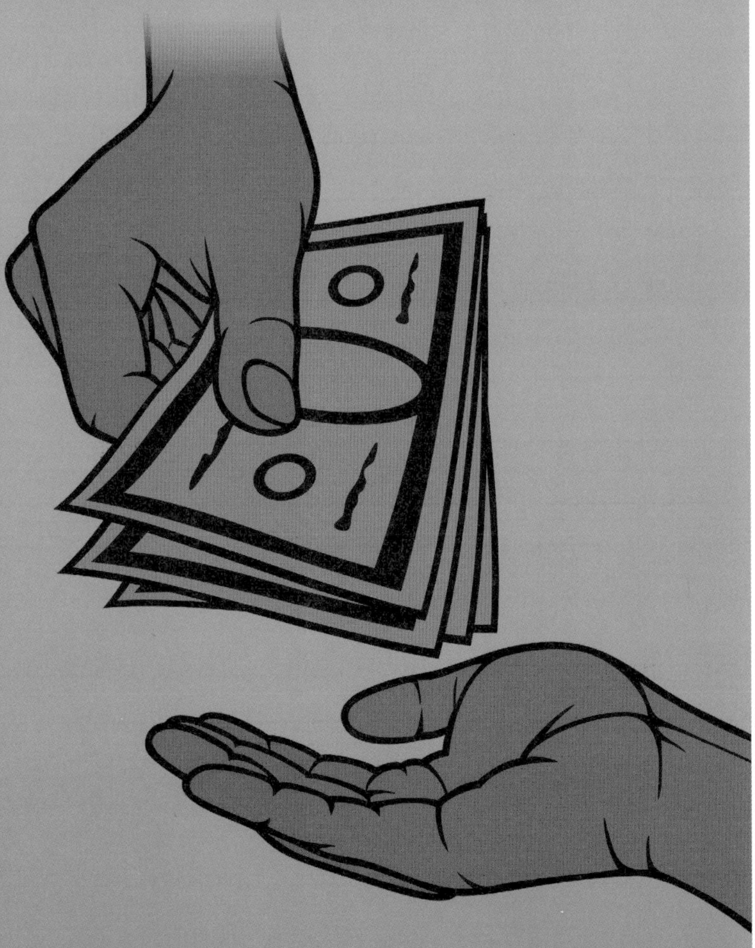

1. 화폐와 통화
2. 화폐시장
3. 여러 가지 이자율

1 화폐와 통화

1.1 화폐와 유동성

'돈이 많다' 혹은 '돈이 없다'는 등의 표현을 자주 하거나 듣는다. 우리가 사용하는 '돈'이라는 단어에는 소득, 재산, 교환의 매개물, 거래의 지불수단 등 광범위한 의미가 포함되어 있다. 한편 우리가 일상생활에서 '화폐'라는 단어를 사용할 때는 지폐와 동전만 의미하는 경우가 거의 대부분이다. 경제학에서 정의하는 화폐는 우리가 일상생활에서 사용하는 화폐의 의미보다는 조금 더 광범위하다. 경제학에서는 교환의 매개물 또는 거래의 지불수단 등으로 사용되는 모든 것을 화폐라 한다. 따라서 화폐에는 주화, 지폐, 수표, 어음, 각종 예금, 신용카드, 전자화폐 등이 포함된다.

화폐
교환의 매개물 또는 거래의 지불수단 등으로 사용되는 모든 것

화폐는 어떤 기능을 갖고 있는가? 화폐의 기능은 다음과 같이 세 가지로 설명하는 것이 일반적이다. 첫째, 교환매개의 기능(medium of exchange)이다. 교환매개의 기능이란 화폐가 거래의 지불수단으로 사용되는 것을 의미한다. 둘째, 가치척도의 기능(unit of account)이다. 가치척도의 기능이란 화폐를 이용하여 각 상품의 가치를 측정할 수 있는 것을 말한다. 셋째, 가치저장의 기능(store of value)이다. 가치저장의 기능은 화폐를 이용하여 한 시점에서 다른 시점까지의 구매력 혹은 가치를 보관할 수 있는 것을 말한다.

화폐 없이는 경제생활을 영위하는 것 자체가 불가능하다. 우리의 역사 속에서 화폐는 어떤 변화과정을 거쳤을까? 화폐의 변천과정을 간략히 살펴보자. 아주 옛날 물물교환이 이루어지던 시절에는 물물교환에 사용되는 상품 자체가 화폐였다. 거래되는 상품의 종류가 많아지면서 등장한 화폐로는 금, 은, 동의 금속화폐를 들 수 있다. 경제의 규모가 커지면서 공급량이 제한된 금속으로 원하는 거래를 지원하기 어려운 상황에 이르자 금속화폐는 요구만 있으면 언제라도 지폐에 표시된 양의 금과 은으로 바꾸어 주는 태환지폐로 발전한다. 근대에 들어서면서 국가가 탄생하고 경제의 규모도 더욱 커지면서 태환지폐는 정부가 지폐에 표시된 가치를 보증하는 지폐, 즉

법화라고도 하는 불환지폐로 발전하였다. 현재에는 주화, 지폐 등 불환지폐, 수표, 어음, 신용카드, 전자화폐 등이 화폐로 사용되고 있다.

자산을 교환의 매개수단과 얼마나 쉽게 바꿀 수 있는지의 정도를 유동성(liquidity)이라 한다. 그렇다면 여러 가지 자산 중 유동성이 가장 높은 것은 무엇일까? 두말할 나위 없이 유동성이 가장 높은 자산은 화폐이고, 화폐 이외의 다른 자산의 유동성은 각각 다르다. 예를 들어 정기적금, 채권, 주식 등 금융상품은 비교적 적은 비용으로 현금화할 수 있기 때문에 유동성이 높다. 반면에 아파트, 토지, 골동품과 같은 자산은 현금화하기까지 시간도 많이 걸리고 비용도 많이 들기 때문에 유동성이 낮은 자산에 속한다.

유동성
교환의 매개수단과 얼마나 쉽게 바꿀 수 있는지의 정도

자세히 알아보기 리디노미네이션

리디노미네이션(redenomination)이란 화폐단위를 변경하는 것, 즉 모든 지폐와 동전의 액면을 1,000 대 1 또는 100 대 1 등과 같이 동일한 비율로 변경하는 것을 말한다. 현행 화폐를 1,000 대 1로 리디노미네이션하면 10억원짜리 아파트는 100만원이 된다. 이 경우 실질적인 의미에서 가치가 변동하거나 자산규모가 줄어드는 것은 아니다. 따라서 리디노미네이션은 돈의 여러 가지 기능 중에서 가치척도 기능인 표시단위를 변경하는 정책이며, 리디노미네이션을 할 때 화폐의 호칭을 바꾸지 않으면 혼란이 일어날 수 있기 때문에 보통 화폐의 호칭도 함께 변경한다.

터키는 2005년 1월부터 100만 대 1로 리디노미네이션을 실시하였다. 터키 중앙은행이 2004년 2월 발표한 자료에 따르면 지금까지 모두 49개 국가에서 화폐단위를 변경하였다고 한다. 대표적인 사례로서 프랑스와 핀란드가 각각 1960년과 1963년에 100 대 1로, 러시아가 1998년에 1,000 대 1로 리디노미네이션을 실시하였다. 우리나라도 지금까지 두 차례에 걸쳐 리디노미네이션을 한 바 있다. 지난 1953년 2월 화폐단위를 100 대 1로 낮추면서 호칭을 원에서 환으로 변경하고, 1962년 6월에는 화폐단위를 10 대 1로 낮추면서 호칭을 환에서 원으로 변경하였다.

리디노미네이션은 왜 실시하는 것일까? 리디노미네이션을 실시한 국가들의 사례를 보면 대체로 다음과 같은 큰 편익이 있기 때문이다. 경제규모가 커지거나 물가상승으로 화폐가치가 과도하게 떨어지면 화폐단위로 표현하는 거래단위 숫자가 너무 커져서 거래나 계산, 회계처리 등 경제생활에서 불편이 많아지는데 리디노미네이션으로 이를 해소할 수 있다. 또한 이를 통해 자국 화폐의 대외적 위상을 높일 수 있는 장점도 있다. 한편 리디노미네이션을 부정적으로 보는 측에서는 화폐단위가 낮아진 데 따른 착각 때문에 소비증가와 물가상승이 유발될 수 있다고 우려한다. 또한 새 화폐의 제조, 현금입출금기와 자동판매기의 교체, 각종 전산 프로그램의 수정 등에 많은 비용이 들어가는 단점도 있다.

출처: **일반인을 위한 알기쉬운 경제이야기**, 한국은행(2013. 3)의 일부 내용 수정

경제이야기 발행 10돌 맞은 5만원권 … 98조 유통 중

지난 2009년 첫 발행된 신사임당이 그려진 5만원권이 오는 23일 10살이 된다. 한국은행 집계 결과 2018년에 발행한 5만원권 지폐는 20조 5천 702억원으로 지난달 말 기준 유통 중인 5만원권은 금액 기준으로 98조 3,000억원(84.6%)으로 집계됐다.

19일 한국은행이 발표한 '5만원권 발행 10년의 동향 및 평가'에 따르면 5만원권은 소비지출과 경조사에 활용되면서 1만원권을 제치고 발행 장수와 금액 기준으로도 주력 화폐의 위상을 보이고 있다. 또한 5만원권은 1만원권 5장을 5만원권 한 장으로 대체할 수 있게 되면서 매년 600억원의 화폐 제조비용이 절감되는 효과가 나타났다. 유통물량도 축소되면서 운송과 보관 등 관리비용이 직간접적으로 크게 감소했다.

반면 10만원짜리 자기앞수표 교환 장수가 2008년 9억 3,000만장에서 2018년 8,000만장으로 91.3%나 줄고, 추적이 불가능한 5만원권을 범죄자금이나 은닉재산으로 숨기는 사례들이 드러나면서 지하경제에 활용된다는 우려도 꾸준히 나온다. 그러나 2014년 25.8%까지 떨어졌던 5만원 환수율은 지난달 66.6%까지 상승했으며, IMF 연구에 따르면 우리나라의 지하경제 규모는 2009년 GDP의 23.1%에서 2015년 19.8%로 꾸준히 줄어든 것으로 나타났다.

출처 : **주간시사매거진(2019.06.19)의 일부 내용 수정**

1.2 통화, 통화량과 통화지표

'돈이 부동산시장으로 몰려 땅값이 상승하고 있다'는 등의 뉴스를 접할 때가 있다. 국민경제에 존재하는 화폐 중 상당부분이 특정 시장에 몰리고 있다는 말일 것이다. 그렇다면 국민경제 전체에 존재하는 화폐의 양은 어떻게 측정하는가? 이를 살펴보기 전에 통화, 통화량 그리고 통화지표부터 정의해 보자. 통화(currency)란 가계, 기업, 정부 등 각 경제주체가 교환을 위해 갖고 있는 화폐를 말하며, 국민경제 전체에 존재하는 통화의 양을 통화량이라 한다. 그리고 통화량의 크기와 변동을 파악하기 위해 작성하는 지표를 통화지표라 한다.

통화지표를 작성하기 위해서는 통화를 어떻게 정의할 것인가를 결정해야 하며, 통

통화
각 경제주체가 보유하고 있는 화폐

통화량
국민경제 전체에 존재하는 통화의 양

통화지표
통화량의 크기와 변동을 파악하기 위해 작성하는 지표

화를 어떻게 정의하느냐에 따라 통화지표는 다양하게 작성될 수 있다. 현재 세계 각국은 IMF의 통화금융통계매뉴얼 기준에 따라 다양한 형태의 통화지표를 작성하여 공표하고 있다. 대표적인 통화지표로는 협의통화인 M1, 광의통화인 M2, 금융기관 유동성인 Lf 그리고 광의유동성인 L이 있다. 우리나라에서도 이 네 가지 통화지표를 중앙은행인 한국은행이 작성하여 공표하고 있다.

〈그림 10-1〉에 네 가지 통화지표별 구성내역이 제시되어 있는데 각각에 대해 살펴보기로 하자. 첫째, 협의통화(M1)는 화폐의 교환수단 기능을 중시한 통화지표로서 민간이 보유하고 있는 현금과 결제성예금(요구불예금과 수시입출식예금)의 합으로 정의된다. 현금은 가장 유동성이 높으며 지폐와 동전으로 구성된다. 결제성예금은 비록 현금은 아니지만 즉각적으로 현금화될 수 있기 때문에 협의통화(M1)에 포함하고 있다. 협의통화(M1)는 단기금융시장의 유동성 수준을 파악하는 데 적합한 지표

그림 10-1 | **우리나라의 통화지표별 구성내역 (2018년 말잔 기준)**

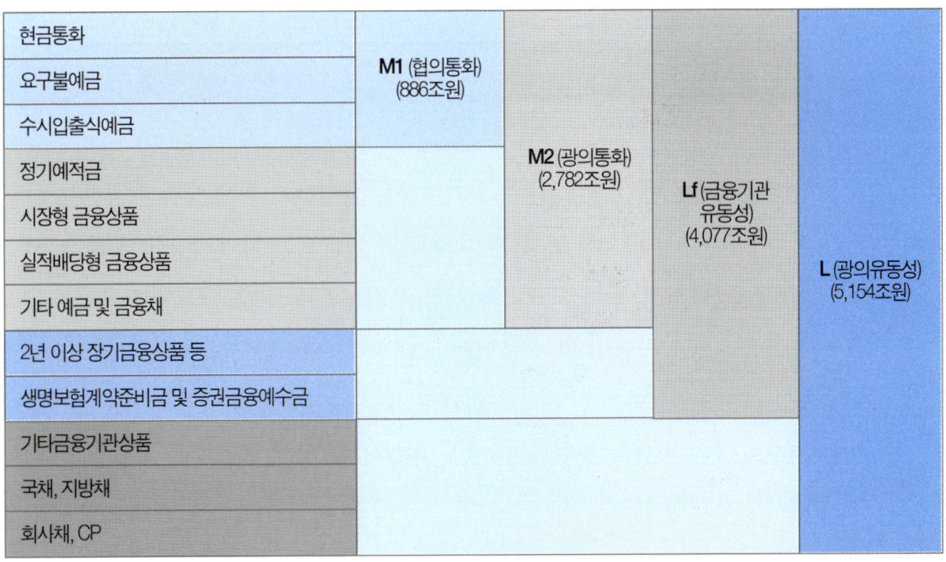

출처 **알기쉬운 경제지표해설**, 한국은행(2019)
자료 한국은행 경제통계시스템(http://ecos.bok.or.kr)

이며, 2018년 말잔 기준 약 886조원이다.

둘째, 광의통화(M2)는 협의통화(M1)보다 넓은 의미의 통화지표로서 협의통화(M1)에 정기예적금, 시장형 금융상품, 실적배당형 금융상품 그리고 기타 예금·금융채를 더한 것이다. 광의통화((M2)는 금융상품의 유동성을 기준으로 편제되기 때문에 시중의 통화량을 잘 파악할 수 있는 지표이며, 2018년 말잔 기준 약 2,872조원이다.

셋째, 금융기관 전체의 유동성 수준을 파악할 목적으로 개발된 통화지표인 금융기관유동성(Lf)은 광의통화((M2)에 만기 2년 이상 장기금융상품, 생명보험 계약준비금 및 증권금융예수금이 포함된다. 금융기관유동성((Lf)은 과거 M3로도 불렸으며, 2018년 말잔 기준 약 4,077조원이다. 넷째, 광의유동성(L)은 금융기관유동성(Lf)에 기타 금융기관 상품, 국채, 지방채, 회사채 등을 더한 것으로 국가경제 전체의 유동성을 측정하기 위한 가장 광범위한 통화지표이다. 광의유동성(L)은 2018년 말잔 기준 약 5,154조원이다.

2 화폐시장

국민경제의 단기적 변화, 즉 경기변동을 설명하기 전에 상품과 생산요소가 거래되기 위해 반드시 필요한 화폐(혹은 자금)가 거래되는 화폐시장에 대해 살펴보기로 하자. 제3장에서 상품이 거래되는 시장을 설명하면서 수요곡선, 공급곡선, 그리고 수요곡선과 공급곡선이 만나는 균형에 대해 자세히 설명하였다. 화폐시장에 대한 설명도 제3장에서와 마찬가지로 화폐에 대한 수요곡선과 공급곡선을 설명한 후 화폐시장의 균형에 관해 설명할 것이다. 따라서 제3장에서 공부한 내용을 상기하면서 화폐시장에 대한 설명을 읽으면 많은 도움이 될 것이다.

2.1 화폐의 수요

화폐의 수요동기

사람들이 화폐를 보유하려는 이유는 여러 가지가 있다. 유동성선호이론(liquidity preference theory)으로 알려져 있는 케인즈(Keynes)의 화폐수요이론에서는 사람들이 화폐를 보유하려는 이유를 다음과 같이 세 가지 동기로 구분한다. 첫째, 사람들은 거래를 위해 화폐를 보유하려 하며, 이를 거래적 동기(transactions motive)에 의한 화폐수요라 한다. 거래적 동기에 의한 화폐수요는 거래의 지불수단으로 화폐를 사용하기 위해 화폐를 보유하려는 수요를 말한다. 거래적 동기에 의한 화폐수요는 당연히 소득수준과 물가수준의 영향을 받는다. 즉 소득수준이 높아지면 소비지출이 증가하므로 거래적 동기에 의한 화폐수요는 증가한다. 또한 물가수준이 상승하면 화폐의 구매력이 하락하므로 거래적 동기에 의한 화폐수요는 증가한다.

둘째, 예비적 동기(precautionary motive)에 의한 화폐수요이다. 예비적 동기에 의한 화폐수요는 예기치 않게 일어날 일에 대비할 목적으로 화폐를 보유하려는 수요를 말한다. 이 책을 읽고 있는 김군은 같은 학과 1년 후배인 이양을 사귀고 싶어 한다. 이양과의 데이트 기회가 생기기만을 학수고대하는 김군은 데이트 기회만 생기면 멋진 데이트로 이양의 마음을 사로잡기 위해 용돈을 절약하여 마련한 데이트 자금 20만원을 항상 가지고 다닌다. 이 경우 김군이 갖고 있는 20만원이 바로 예비적 동기에 의해 수요한 화폐이다.

셋째, 투자적 동기(speculative motive)에 의한 화폐수요이다. 투기적 동기라고 번역되기도 하는 투자적 동기에 의한 화폐수요는 자산의 보유형태로서 화폐가 금융자산보다 상대적으로 더 유리하다는 관점에서 화폐를 보유하려는 수요를 말한다. 투자적 동기에 의한 화폐수요는 이자율에 의해 영향을 받는다. 이자율이 상승하는 경우를 생각해 보자. 이자율이 상승하면 금융자산을 보유함으로써 얻을 수 있는 이자소득이 증가한다. 이자소득의 증가는 곧 화폐를 보유하는 기회비용이 커짐을 의미하므로 화폐보다는 금융자산을 보유하는 것이 유리할 것이다. 따라서 이자율의 상

경제이야기 포트폴리오

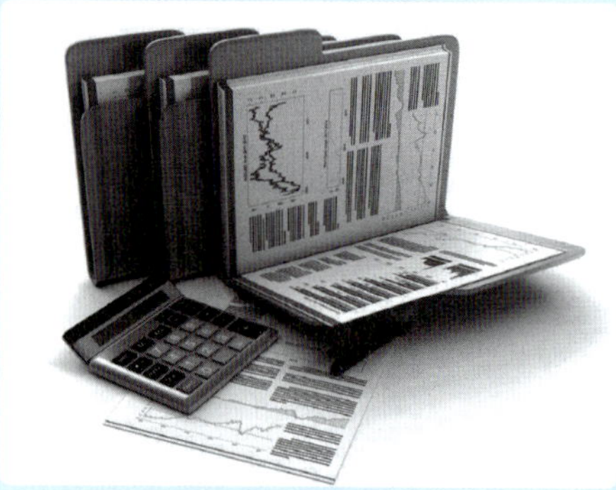

포트폴리오(portfolio)는 서류가방이나 자료수집철을 뜻하는 말로 금융에서는 금융자산의 목록을 뜻한다. 주식에 투자한 경우 여러 종목으로 나누어 산 주식 목록을 말한다. 예를 들어 가진 돈을 한 종목에 모두 투자한 경우 그 종목의 가격이 크게 떨어지면 큰 손해를 보게 된다. 그러나 포트폴리오 투자를 하게 되면 한 종목의 가격이 크게 떨어지더라도 다른 종목이 크게 떨어지지 않거나 오히려 오른다면 전체적으로 큰 손해를 피할 수 있게 된다.

돈을 주식뿐만 아니라 예금, 채권, 부동산 등 여러 가지의 다른 자산으로 나누어 포트폴리오를 구성할 수도 있다. '계란을 한 바구니에 담지 말라'는 말이 있다. 이는 한 바구니에 모든 계란을 담을 경우 사고가 생기면 계란이 모두 깨질 수 있으니 여러 곳에 나누어 담으라는 격언이다. 즉 금융자산을 적절히 분산, 보유하는 포트폴리오 투자를 하라는 의미이다.

출처: **일반인을 위한 알기쉬운 경제이야기**, 한국은행(2013. 3)의 일부 내용 수정

승은 투자적 동기에 의한 화폐의 수요를 감소시킨다.

화폐수요함수와 화폐수요곡선

사람들이 화폐를 보유하려는 세 가지 동기를 종합하면 화폐수요의 결정요인은 다음과 같음을 알 수 있다. 즉 거래적 동기에 의한 화폐수요는 소득수준과 물가수준에 의해, 그리고 투자적 동기에 의한 화폐수요는 이자율에 의해 영향을 받는다. 따라서 화폐수요함수는 다음과 같이 표현할 수 있다.

화폐수요함수
화폐수요량과 화폐수요의 결정요인 사이의 함수관계

$$\text{화폐수요량} = f(\text{이자율, 소득수준, 물가수준})$$

화폐수요함수에서 소득수준과 물가수준이 변화하지 않는다고 가정하고 이자율과 화폐수요량 사이의 관계를 표현한 것을 화폐수요곡선(money demand curve)이라 한다. 즉 화폐수요곡선이란 화폐수요에 영향을 주는 다른 요인들은 변화하지 않는다고 가정하고 이자율과 화폐수요량의 관계를 나타내는 곡선을 말하며, 이자율

화폐수요곡선
다른 모든 요인들은 변화하지 않는다고 가정하고 이자율과 화폐수요량 사이의 관계를 표현한 곡선

그림 10-2 | 화폐수요곡선

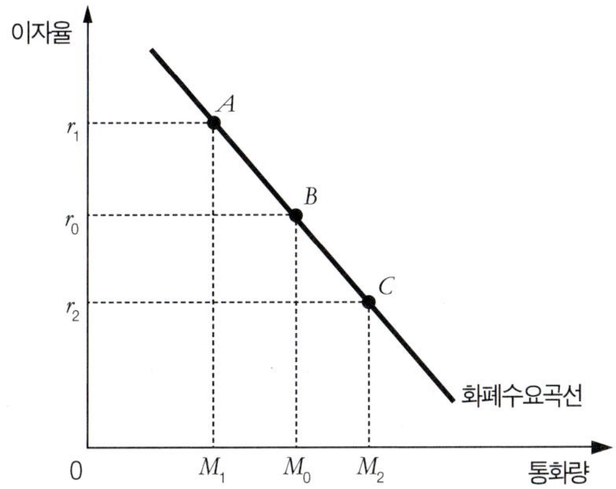

- 이자율이 상승하면 투자적 동기, 거래적 동기에 의한 화폐수요 감소
- 이자율과 화폐수요량 사이에는 '마이너스'의 관계 존재

과 화폐수요량 사이에 존재하는 관계를 규명함으로써 화폐수요곡선을 도출할 수 있다.

이미 투자적 수요를 설명하면서 이자율과 화폐수요량 사이의 관계를 규명하였다. 이자율이 상승하면 화폐보다 금융자산을 보유하는 것이 더 유리하므로 투자적 동기에 의한 화폐수요는 감소한다. 또한 이자율이 상승하면 미래 소비를 위한 저축은 증가하고 현재의 소비는 감소한다. 즉 이자율 상승은 거래적 동기에 의한 화폐수요도 감소시킨다. 따라서 이자율이 상승하면 화폐의 수요는 감소하며, 이자율과 화폐수요량 사이에는 '마이너스'의 관계가 존재한다. 이것을 이자율과 통화량의 평면에 표현하면 〈그림 10-2〉와 같은 '마이너스' 기울기를 갖는 화폐수요곡선이 된다. 화폐수요곡선도 상품의 수요곡선과 동일한 의미를 가지므로 〈그림 10-2〉에서 화폐수요곡선 위의 점들이 어떤 의미를 갖는지 독자들 스스로 생각해 보기 바란다.

화폐수요곡선 위의 운동과 화폐수요곡선의 이동

화폐수요곡선은 이자율과 화폐수요량 사이의 관계를 표현한 것이므로 다른 요인들은 변화하지 않는데 이자율이 변화하여 화폐수요가 영향을 받는 변화는 화폐수요곡선 위의 운동으로 나타낸다. 〈그림 10-3〉에서 보는 바와 같이 이자율이 r_0이면 화폐수요는 M_0이다. 이자율이 r_0에서 r_1으로 상승하면 화폐수요는 M_0에서 M_1으로 감소하고, 이는 화폐수요곡선 위의 B점에서 A점으로의 운동으로 나타낸다. 반대로 이자율이 r_0에서 r_2로 하락하면 화폐수요는 M_0에서 M_2로 증가하고, 이는 화폐수요곡선 위의 B점에서 C점으로의 운동으로 나타낸다.

이자율 이외의 다른 요인이 변화하여 화폐수요가 영향을 받는 경우를 생각해 보자. 앞의 화폐수요함수에서 이자율과 물가수준은 변화하지 않는데 소득수준이 향상되었다고 하자. 소득수준의 향상은 거래적 동기에 의한 화폐수요를 증가시킨다. 따라서 동일한 이자율 수준에서 소득수준의 향상으로 화폐수요량이 증가했으므로 화폐수요곡선은 〈그림 10-4〉의 (a)에서 보는 바와 같이 '오른쪽'으로 이동한다. 이번에는 이자율과 소득수준은 변화하지 않는데 물가수준이 상승했다고 하자. 물가수준의 상승은 거래적 동기에 의한 화폐수요를 증가시킨다. 따라서 물가수준만 상승하는 경우에도 화폐수요곡선은 〈그림 10-4〉의 (a)에서 보는 것처럼, '오른쪽'으로 이동한다.

그림 10-3 | 화폐수요곡선 위의 이동

- 이자율 r_0에서 r_1으로 상승 ⇨ 화폐수요 M_0에서 M_1으로 감소 ⇨ B점에서 A점으로 운동
- 이자율 r_0에서 r_2로 하락 ⇨ 화폐수요 M_0에서 M_2로 증가 ⇨ B점에서 C점으로 운동

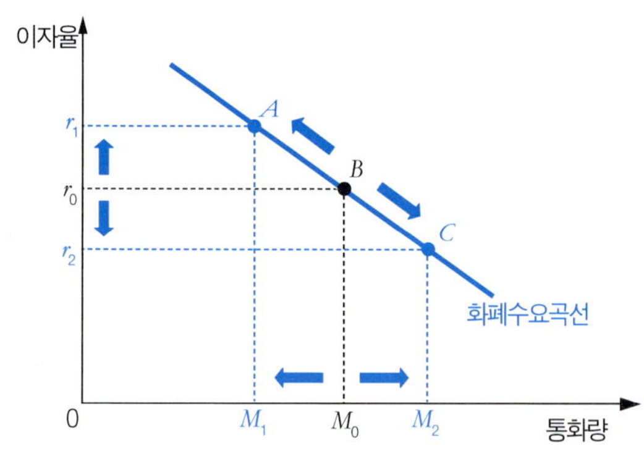

반대의 예로 이자율과 물가수준은 변화하지 않는데 소득수준이 하락하는 경우와 이자율과 소득수준은 변화하지 않는데 물가수준이 하락하는 두 가지 경우를 생각해 보자. 두 경우 모두 거래적 동기에 의한 화폐수요를 감소시킬 것이다. 따라서 두 경우 모두 동일한 이자율 수준에서 화폐수요량이 감소했으므로 화폐수요곡선은 〈그림 10-4〉의 (b)에서 보는 바와 같이 화폐수요곡선은 '왼쪽'으로 이동한다.

화폐수요곡선의 이동에 관한 이상의 논의를 종합하면 다음과 같다. 일반적으로 이자율 이외의 다른 요인이 변화하여 화폐수요가 증가하면 화폐수요곡선은 '오른쪽'으로 이동한다. 또한 이자율 이외의 다른 요인이 변화하여 화폐수요가 감소하면 〈그림 10-4〉의 (b)에서와 같이 화폐수요곡선은 '왼쪽'으로 이동한다.

그림 10-4 | 화폐수요곡선의 이동

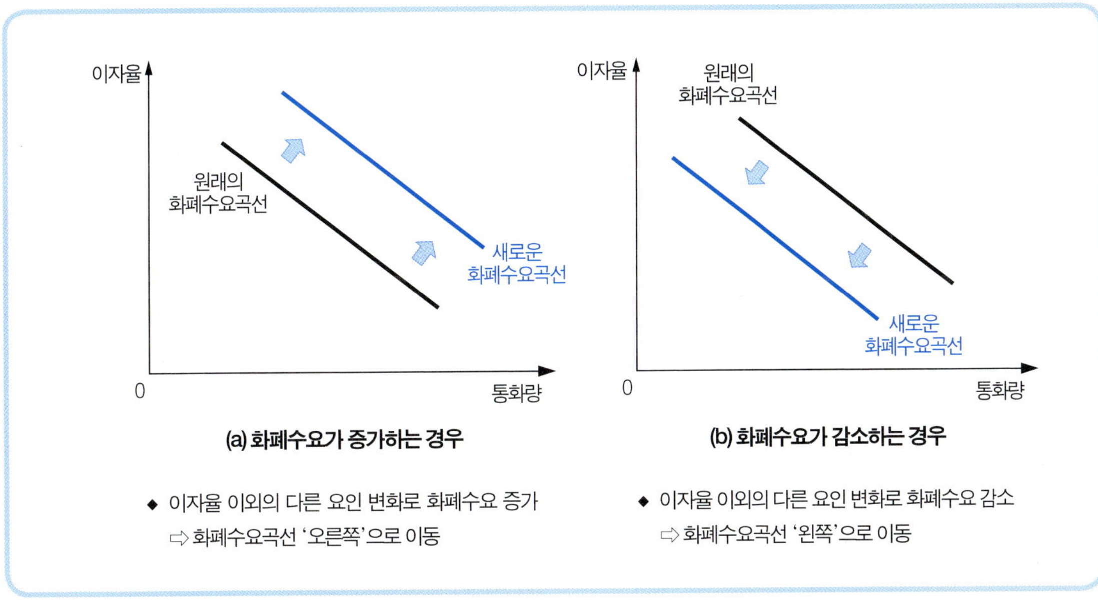

2.2 화폐의 공급

화폐의 공급은 어떻게 결정되는가? 화폐의 공급량은 한국은행, 금융부문, 정부, 국외부문 등에 의해 복합적으로 결정된다. 이 중에서 한국은행과 예금취급기관을 통해 통화가 공급되는 과정을 간략하게 살펴보면 다음과 같다. 화폐발행 권한을 가진 한국은행은 금융기관에의 대출, 외환시장에서 외환 매입, 또는 금융시장에서 국공채 매입 등의 방법으로 화폐를 공급한다. 이를 통화량의 기초를 이룬다는 의미에서 본원통화(reserve base)라고 한다. 본원통화의 일부는 민간이 현금으로 보유하고 나머지는 예금취급기관에 예금된다. 예금취급기관은 예금 중 일부를 민간에 대출의 형태로 공급한다. 민간에 대출된 자금은 상당부분이 다시 예금취급기관에 예금으로 유입되고 이 중 일부는 다시 민간에 대출된다. 이러한 과정을 반복함으로써 예금취급기관은 본원통화의 여러 배에 해당하는 통화를 시중에 공급한다.

본원통화
중앙은행이 공급하는 화폐

화폐의 공급은 위와 같은 복잡한 과정을 거쳐 이루어진다. 그러나 화폐의 공급량

자세히 알아보기 본원통화

한국은행과 예금취급기관을 통해 통화가 공급되는 과정을 살펴보면 다음과 같다. 화폐발행권한을 가지고 있는 한국은행은 금융기관에 대출하거나 외환, 또는 국공채를 매입함으로써 지폐와 주화의 형태로 화폐를 공급한다. 이를 통화량의 기초를 이루는 자금원천이 된다는 의미에서 본원통화(reserve base)라고 부르며 민간화폐보유액과 금융기관지급준비금의 합으로 측정한다. 한국은행에서 공급한 본원통화중 일부는 민간이 현금으로 보유하고 나머지는 예금취급기관에 예금된다. 예금취급기관은 그 예금 중 일정비율은 예금자가 찾아갈 것에 대비하여 지급준비금으로 한국은행에 예치하거나 시재금으로 보유하고 나머지는 민간에 대출 등으로 공급하게 된다. 민간에 대출된 자금은 상당부분이 예금취급기관에 다시 예금으로 유입되고 이중 지급준비금을 제외한 나머지는 다시 민간에 대출하게 된다. 이러한 과정을 반복함으로써 예금취급기관은 본원통화의 여러 배에 해당하는 통화를 공급하게 된다.

출처: **알기쉬운 경제지표 해설**, 한국은행(2010. 7)의 일부 내용 수정

을 결정하는 가장 중요한 요인인 본원통화의 양은 한국은행이 결정한다. 즉 화폐공급량 결정의 가장 중요한 역할은 어느 나라를 막론하고 중앙은행이 담당한다. 따라서 본서에서는 분석과 설명의 편의를 위해 화폐공급량은 한국은행, 즉 정부에 의해 정책적으로 결정된다고 가정한다.

화폐의 공급이 정부에 의해서 정책적으로 결정된다고 가정하면 화폐공급곡선은 어떤 모양을 가질까? 화폐공급곡선(money supply curve)도 화폐공급에 영향을 주는 다른 요인들은 변화하지 않는다고 가정하고 이자율과 화폐공급량 사이의 관계를 나타내는 곡선이라 정의할 수 있다. 그런데 화폐공급이 중앙은행, 즉 정부에 의해서 정책적으로 결정된다는 가정은 이자율과 화폐공급량 사이에는 아무런 관계가 없다는 의미이기도 하다. 따라서 화폐공급이 정부에 의해서 정책적으로 결정된다고 가정하

화폐공급곡선
다른 모든 요인들은 변화하지 않는다고 가정하고 이자율과 화폐공급량 사이의 관계를 표현한 곡선

그림 10-5 | 화폐공급곡선과 화폐공급곡선의 이동

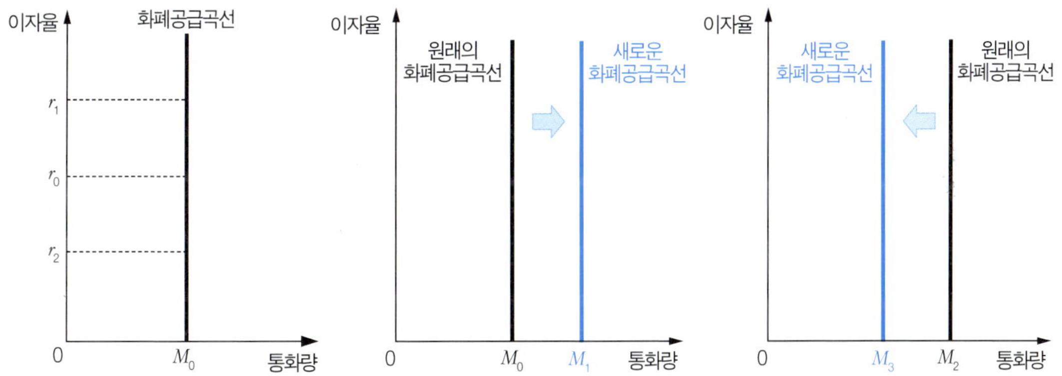

(a) 화폐공급곡선

- 화폐공급이 정부에 의해서 정책적으로 결정된다고 가정하면 화폐공급곡선은 수직선
- 이자율이 어떤 수준이든지 관계없이 통화량은 M_0로 동일

(b) 화폐공급이 증가하는 경우

- 화폐공급 증가 ⇨ 화폐공급곡선 '오른쪽'으로 이동

(c) 화폐공급이 감소하는 경우

- 화폐공급 감소 ⇨ 화폐공급곡선 '왼쪽'으로 이동

면 화폐공급곡선은 〈그림 10-5〉의 (a)에서 보는 것처럼 수직선이 되고, 이자율이 어떤 수준이든지 관계없이 통화량은 M_0로 동일함을 알 수 있다.

정부가 화폐공급을 M_0에서 M_1으로 증가시키는 경우를 생각해 보자. 화폐공급의 증가는 이자율 수준의 변화가 없는 상태에서 통화량이 증가함을 의미하므로 〈그림 10-5〉의 (b)에서 보는 바와 같이 화폐공급곡선은 '오른쪽'으로 이동한다. 반대로 정부가 화폐공급을 M_2에서 M_3로 감소시키는 경우, 화폐공급의 감소는 이자율 수준의 변화가 없는 상태에서 통화량이 감소함을 의미하므로 〈그림 10-5〉의 (c)에서 보는 바와 같이 화폐공급곡선은 '왼쪽'으로 이동한다.

2.3 화폐시장의 균형

화폐시장의 균형 역시 화폐시장에서 화폐수요곡선과 화폐공급곡선이 만나는 점에서 이루어진다. 〈그림 10-6〉에서 보는 바와 같이 화폐수요곡선과 화폐공급곡선이 만나는 E점에서 화폐시장의 균형이 이루어지고 균형이자율은 r_0로 결정된다. 화폐시장 역시 지금 이 순간 균형을 이루고 있다기보다는 균형을 향해 움직이고 있다고 하는 것이 가장 적절한 표현이다. 그리고 화폐시장이 균형을 향해 움직인다는 것은

그림 10-6 | 화폐시장의 균형

- 화폐수요곡선과 화폐공급곡선이 만나는 E점에서 화폐시장의 균형이 이루어지며, 균형이자율은 r_0임
- 화폐시장의 초과수요 ⇨ 이자율 상승 ⇨ 초과수요 해소 및 화폐시장 균형
- 화폐시장의 초과공급 ⇨ 이자율 하락 ⇨ 초과공급 해소 및 화폐시장 균형

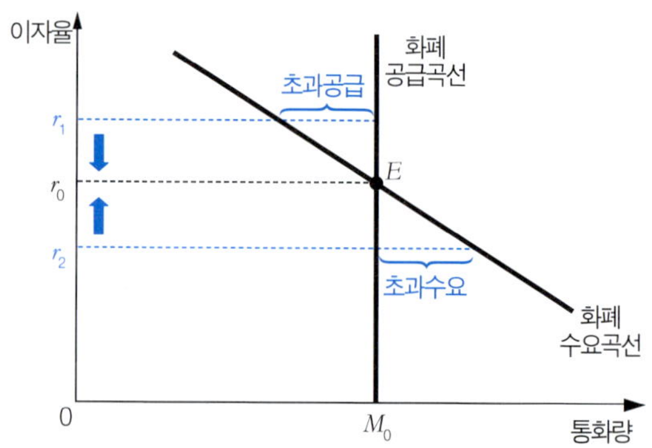

화폐시장에서도 보이지 않는 손이 작동되고 있음을 의미한다.

화폐시장에서 보이지 않는 손이 작동되는 원리를 〈그림 10-6〉을 이용하여 간략하게 설명하면 다음과 같다. 화폐시장이 균형을 이루지 못하고 이자율이 균형이자율보다 높은 r_1이라고 하자. r_1의 이자율 수준에서는 초과공급이 존재하며, 초과공급 상태에서는 이자율이 하락한다. 이자율 하락은 화폐시장에서 초과공급이 완전히 해소되는 이자율(r_0) 수준이 될 때까지 지속될 것이다. 반대로 화폐시장에서 초과수요가 존재하는 경우에도 보이지 않는 손에 의해 화폐시장은 균형에 도달한다. 화폐시장에서 보이지 않는 손이 작동하는 원리, 즉 초과공급 혹은 초과수요가 해소되는 과정이 명확하게 이해되지 않으면 제3장 제3절의 설명을 다시 읽어보기 바란다.

2.4 화폐시장 균형의 변화

이자율 이외에 화폐수요 혹은 화폐공급에 영향을 주는 요인이 변화하면 화폐의 수요곡선 혹은 공급곡선이 이동하므로 화폐시장의 균형도 변화한다. 화폐시장 균형의 변화도 화폐수요곡선이 이동하는 경우와 화폐공급곡선이 이동하는 경우로 구분할 수 있다. 우선 화폐수요곡선이 이동하는 경우를 살펴보자. 이자율 이외의 변화로 인해 이자율은 그대로인데 화폐수요가 증가하는 경우를 생각해 보자. 이와 같은 변화가 생긴다면 화폐수요곡선은 〈그림 10-7〉의 (a)에서 보는 것처럼 '오른쪽'으로 이동하여 화폐시장의 새로운 균형은 E_1점에서 이루어지고 이자율은 r_0에서 r_1으로 상승한다. 반대로 이자율 이외의 변화로 인해 화폐수요곡선이 '왼쪽'으로 이동하는 경우는 〈그림 10-7〉의 (b)에 제시하였으며, 이에 대한 설명 및 연습은 독자들의 몫으로 남긴다.

중앙은행, 즉 정부가 정책적으로 통화량을 변화시키는 경우에도 화폐시장의 균형은 변화한다. 정부가 정책적으로 통화량을 증가시키면 화폐공급곡선이 '오른쪽'으로 이동하고 〈그림 10-8〉의 (a)에서 보는 바와 같이 이자율이 하락한다. 반대의 논리로 중앙은행이 통화량을 축소시키면 화폐공급곡선이 '왼쪽'으로 이동하고 〈그림

그림 10-7 | 화폐수요곡선의 이동에 의한 화폐시장 균형의 변화

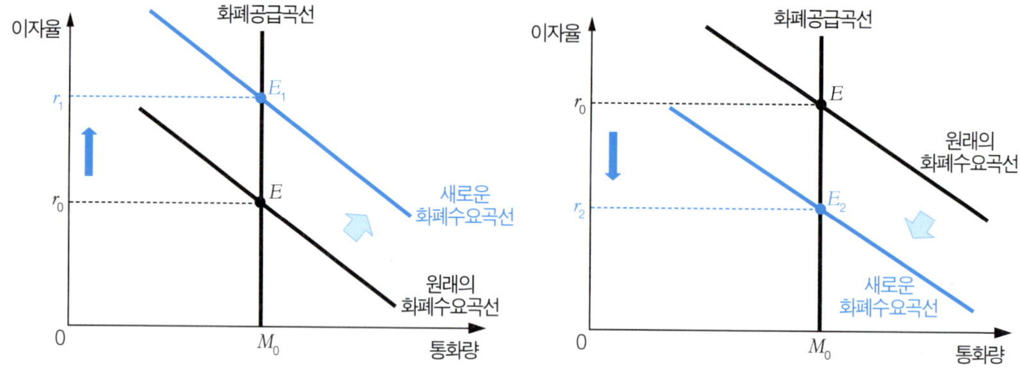

(a) 화폐수요가 증가하는 경우

- 화폐수요 증가 ⇨ 화폐수요곡선 '오른쪽'으로 이동 ⇨ 화폐시장의 새로운 균형점은 E_1 ⇨ 이자율 r_1으로 상승

(b) 화폐수요가 감소하는 경우

- 화폐수요 감소 ⇨ 화폐수요곡선 '왼쪽'으로 이동 ⇨ 화폐시장의 새로운 균형점은 E_2 ⇨ 이자율 r_2로 하락

그림 10-8 | 화폐공급곡선의 이동에 의한 화폐시장 균형의 변화

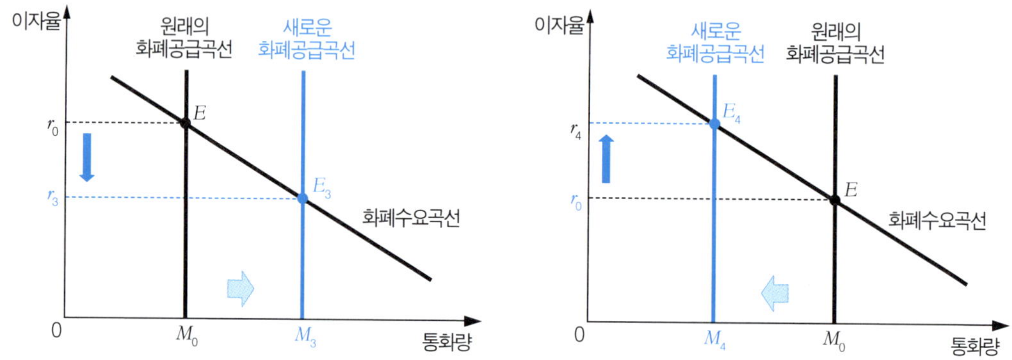

(a) 화폐공급이 증가하는 경우

- 화폐공급 증가 ⇨ 화폐공급곡선 '오른쪽'으로 이동 ⇨ 화폐시장의 새로운 균형점은 E_3 ⇨ 이자율 r_3로 하락

(b) 화폐공급이 감소하는 경우

- 화폐공급 감소 ⇨ 화폐공급곡선 '왼쪽'으로 이동 ⇨ 화폐시장의 새로운 균형점은 E_4 ⇨ 이자율 r_4로 상승

10-8〉의 (b)에서 보는 바와 같이 이자율은 상승한다. 화폐시장 균형의 변화도 명확하게 이해되지 않는 경우 제4장 제1절의 설명을 다시 읽어보기 바란다.

핵심포인트

① 화폐의 수요 동기는 거래적 동기, 예비적 동기, 투자적 동기로 구분
- 거래적 동기에 의한 화폐수요는 소득이 높아질수록, 물가가 상승할수록 증가
- 투자적 동기에 의한 화폐수요는 이자율과 물가가 상승할수록 감소

② 화폐수요곡선의 도출
- 이자율 상승 ⇨ 거래적 동기와 투자적 동기에 의한 화폐수요 감소 ⇨ 이자율과 화폐수요량 사이에는 '마이너스' 관계 존재 ⇨ 화폐수요곡선은 '마이너스' 기울기

③ 화폐수요곡선 위의 운동과 화폐수요곡선의 이동
- 이자율의 변화로 인한 화폐수요의 변화는 화폐수요곡선 위의 운동을 의미함
- 다른 변화로 인한 화폐수요의 변화는 화폐수요곡선의 이동을 의미함
- 다른 요인의 변화가 화폐수요를 증가(감소)시키면 화폐수요곡선은 '오른(왼)쪽'으로 이동

④ 화폐수요곡선과 화폐공급곡선이 만나는 점에서 화폐시장의 균형이 이루어지며, 이때의 이자율을 균형이자율이라 함
- 화폐시장 역시 지금 이 순간 균형을 이루고 있지는 않으며, 균형을 향해 움직이고 있음
- 이자율이 균형이자율보다 높음 ⇨ 초과공급 존재 ⇨ 이자율이 하락하기 시작 ⇨ 이자율 하락은 초과공급이 완전히 해소될 때까지 지속 ⇨ 화폐시장 균형 회복
- 이자율이 균형이자율보다 낮음 ⇨ 초과수요 존재 ⇨ 이자율이 상승하기 시작 ⇨ 이자율 상승은 초과수요가 완전히 해소될 때까지 지속 ⇨ 화폐시장 균형 회복

⑤ 화폐시장 균형의 변화
- 화폐수요가 증가(감소)하면 화폐수요곡선은 '오른(왼)쪽'으로 이동하여 균형이자율이 상승(하락)
- 화폐공급이 증가(감소)하면 화폐공급곡선은 '오른(왼)쪽'으로 이동하여 균형이자율이 하락(상승)

3 여러 가지 이자율

경제생활을 하다 보면 여유자금이 생길 때도 있고 돈(자금)이 부족한 경우도 생길 수 있다. 돈이 필요해 돈을 빌리고자 하는 경제주체(자금수요자)와 여유자금이 있어 돈을 빌려주려는 경제주체(자금공급자)가 서로 만나 자금의 거래가 이루어지는 시

장을 금융시장(혹은 자금시장)이라 한다. 돈을 빌리는 대가로 지급하는 금액을 이자라 하며, 이자의 원금에 대한 비율을 이자율(금리)이라 한다. 즉, 이자율은 금융시장에서 거래되는 돈(자금)의 가격인 셈이며, 금융시장에서 결정되는 이자율을 시장금리라 한다. 따라서 기본적으로 자금의 수요와 공급에 의해 결정되는 시장금리는 어떤 금융시장에서 결정되느냐에 따라 여러 가지 이자율이 존재할 수밖에 없다. 본서에서는 한국은행이 정책적으로 결정하는 이자율인 기준금리와 시장금리, 그리고 명목이자율과 실질이자율에 관해 간략하게 설명하고자 한다.

시장금리
금융시장에서 결정되는 이자율

기준금리와 시장금리

우리나라의 중앙은행인 한국은행이 정책적으로 결정하는 이자율을 기준금리라 하며, 기준금리는 한국은행의 예금은행에 대한 대출, 공개시장운영과 같은 정책을 시

기준금리
한국은행이 정책적으로 결정하는 이자율

자세히 알아보기 기준금리, 물가안정 목표달성 수단

금리의 기준이 되는 것이 기준금리(base rate)이다. 기준금리는 매월 초 한국은행 금융통화위원회에서 결정하여 발표하고 있다. 그렇다면 기준금리 변경은 우리 경제에 어떤 영향을 미치게 될까? 기준금리의 정의와 기준금리 변경에 따른 파급효과 등에 대해 알아보도록 하자.

대부분의 국가들은 경제성장과 물가안정 등을 경제목표로 설정하고, 이를 달성하기 위해 노력하고 있다. 물가안정목표를 달성하기 위해 대표적으로 사용되는 정책수단이 기준금리이다. 기준금리는 나라마다 명칭이 다른데 미국에서는 '연방기금금리(federal funds rate)', 한국에서는 '한국은행 기준금리(약칭 기준금리)'라고 지칭한다. 기준금리는 한국은행이 시중은행으로부터 자금을 흡수하거나 시중은행에 자금을 공급할 때 적용된다. 한국은행 금융통화위원회는 매월 물가동향, 국내외 경제상황, 금융시장 여건 등을 고려하여 기준금리를 결정하며, 결정된 기준금리는 초단기금리인 콜금리에 즉시 영향을 미치고, 장단기 시장금리, 예금 및 대출금리 등의 변동으로 이어져 궁극적으로는 실물경제에 영향을 미치게 된다.

출처: **click 경제교육**, 한국개발연구원(2014. 3)의 일부 내용 수정

행할 때 적용된다. 기준금리는 한국은행의 정책결정기구인 금융통화위원회가 매월 목표수준을 설정하고 있으며, 독자들도 '금융통화위원회가 기준금리를 0.5% 포인트 하락시켰다' 혹은 '금융통화위원회가 기준금리를 동결시켰다'라는 보도를 접한 기억이 있을 것이다.

금융시장은 돈의 거래기간에 따라 단기금융시장(만기 1년 이내)과 장기금융시장(만기 1년 이상)으로 구분한다. 단기금융시장에서 결정되는 여러 가지 이자율 중에서 가장 대표적인 이자율은 콜금리인데 콜금리(call rate)는 은행이나 보험사 또는 증권회사와 같은 금융기관들 사이에서 초단기(보통 2~3일)에 돈을 빌릴 때 적용되는 이자율을 말한다. 모든 금융기관들은 매일매일 중앙은행에 일정금액을 예치해야 하는데(이를 지불준비금이라 함) 어떤 금융기관은 현금이 남는 반면 어떤 금융기관은 현금이 모자라는 경우가 있다. 이런 경우 금융기관들 사이에서 현금을 빌리고 빌려주는 거래가 발생하는데 이때 적용되는 이자율을 콜금리라 한다.

콜금리
금융기관 사이의 초단기 거래에 적용되는 이자율

장기금융시장에서 결정되는 여러 가지 이자율 중에서 가장 대표적인 이자율로는 정부가 발행하는 채권인 국고채의 수익률(3년 만기)과 기업이 발행하는 채권인 회사채의 수익률(3년 만기)을 들 수 있다. 이와 같은 여러 가지 이자율의 수준과 변화 양상을 살펴보기 위해 〈그림 10-9〉의 (a)와 (b)에는 우리나라의 기준금리와 세 가지 시장금리(콜금리, 국고채수익률, 회사채수익률)의 변화추이를 제시하였다. 〈그림 10-9〉의 (a)에 제시된 기준금리는 일정기간 동일한 수준인 경우도 있는데 이는 금융통화위원회가 기준금리의 목표수준을 동결했던 시기에 해당한다. 한편 기준금리와 콜금리가 거의 비슷하게 움직이는 것을 볼 수 있는데, 이는 콜금리가 일반 경제주체가 아닌 금융기관들 사이의 거래에 적용되는 이자율이기 때문이다. 즉 콜금리가 시장금리로 분류되긴 하지만 성격상 기준금리와 유사하기 때문이라고 할 수 있다.

〈그림 10-9〉의 (b)에 제시된 세 가지 시장금리의 변화추이를 살펴보면 흥미로운 사실을 발견할 수 있다. 평균적인 관점에서 보면 세 가지 시장금리 중에서 콜금리가 가장 낮고, 국고채수익률이 중간이며, 회사채수익률이 가장 높다. 이와 같이 세 가지 시장금리가 다른 이유는 무엇일까? 여러 가지 이유가 있겠지만 가장 중요한

그림 10-9 | 우리나라의 기준금리와 시장금리

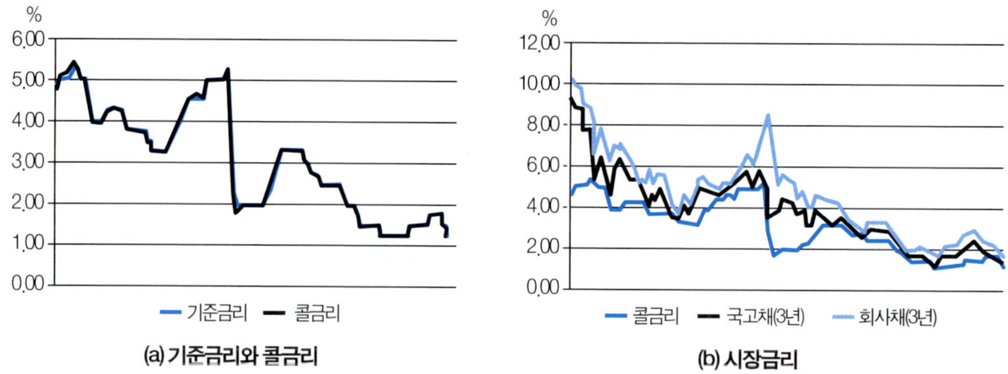

자료 한국은행 경제통계시스템(http://ecos.bok.or.kr)

이유는 위험도의 차이일 것이다. 콜금리는 금융기관 사이의 초단기 거래에 적용되는 이자율이므로, 즉 위험도가 거의 없기 때문에 낮을 것이고, 회사채는 국고채보다 안정성이 떨어지기 때문에 회사채수익률이 국고채수익률보다 높다고 할 수 있다.

명목이자율과 실질이자율

명목이자율
물가변동을 고려하지 않고 외부로 표현된 숫자상의 이자율

실질이자율
명목이자율에서 물가상승률을 뺀 물가변동을 고려한 이자율

이자의 구매력 즉 물가변동을 고려하는지 그렇지 않은지를 기준으로 이자율을 명목이자율과 실질이자율로 구분한다. 명목이자율은 물가변동을 고려하지 않고 외부로 표현된 숫자상의 이자율이며, 〈그림 10-9〉에 제시한 이자율이 모두 명목이자율이다. 한편, 실질이자율은 명목이자율에서 물가상승률을 뺀 이자율이며, 명목이자율과 실질이자율 사이에는 다음과 같은 관계가 성립한다.

$$\text{실질이자율} = \text{명목이자율} - \text{물가상승률}$$

예를 들어 어떤 정기예금의 2014년 이자율이 3.7%이고 소비자물가상승률이 3.5%이라면 이 정기예금의 2014년 실질이자율은 0.2%이다. 〈표 10-1〉에는 우리나라의

표 10-1 | 우리나라의 명목이자율과 실질이자율

(단위: %)

연도	명목이자율		소비자 물가 상승률	실질이자율	
	국고채(3년) 수익률	회사채(3년) 수익률		국고채(3년) 수익률	회사채(3년) 수익률
2005	4.270	4.680	2.8	1.470	1.88
2006	4.830	5.170	2.2	2.630	2.97
2007	5.240	5.700	2.5	2.740	3.20
2008	5.270	7.020	4.7	0.570	2.32
2009	4.040	5.810	2.8	1.240	3.01
2010	3.720	4.660	2.9	0.820	1.76
2011	3.620	4.410	4.0	-0.380	0.41
2012	3.130	3.770	2.2	0.930	1.57
2013	2.790	3.190	1.3	1.490	1.89
2014	2.589	2.983	1.3	1.289	1.68
2015	1.794	2.084	0.7	1.094	1.38
2016	1.442	1.886	1.0	0.442	0.89
2017	1.801	2.325	1.9	-0.099	0.43
2018	2.099	2.651	1.5	0.599	1.15

자료 한국은행 경제통계시스템(http://ecos.bok.or.kr)

국고채수익률(3년 만기)과 회사채수익률(3년 만기) 그리고 소비자물가상승률을 이용하여 계산한 우리나라의 실질이자율을 명목이자율과 같이 제시하였다. 〈표 10-1〉을 자세히 보면 2011년과 2017년에는 국고채수익률(3년 만기)로 계산한 실질이자율이 '마이너스'이기도 했다는 흥미로운 사실을 발견할 수 있을 것이다.

경제이야기 한국은행이 하는 일

금융기관의 정점을 차지하고 있는 것은 각국의 중앙은행이다. 1950년에 설립된 우리나라의 중앙은행인 한국은행의 설립 목적은 효율적인 통화정책의 수립과 집행을 통해 물가안정을 도모함으로써 나라경제의 건전한 발전을 달성하는 것이다. 한국은행의 역할과 기능에 대해 자세히 알아보자.

첫째, 한국은행은 우리나라의 화폐를 발행하는 기관이다. 즉 한국은행은 발권은행으로서의 기능을 수행한다. 돈을 인쇄하거나 주조하는 것은 조폐공사에서 담당하지만 만들어진 돈이 한국은행의 창구를 통해서 공급되는 것을 발행이라 한다. 둘째, 한국은행은 통화정책을 수립하고 집행하는 기관이다. 한국은행은 통화정책의 여러 수단을 통해 물가안정을 추구하고 있는데, 이는 주로 통화량의 조절이나 금리조절을 통해 이루어진다. 셋째, 한국은행은 '은행의 은행' 역할을 한다. 한국은행은 금융기관을 상대로 예금을 받고 대출을 하며, 금융기관이 자금이 부족할 때 긴급 자금을 빌려주는 '최종대부자'의 기능을 수행한다. 넷째, 한국은행은 정부의 은행이다. 한국은행은 정부를 대신하여 세금 등 정부의 수입을 국고금으로 받아두었다가 정부가 필요로 할 때 자금을 내준다. 자금이 부족한 경우 정부는 대출을 받거나 국채를 발행하는데, 이 경우 한국은행은 정부의 은행으로서 돈을 빌려주기도 하며 정부의 국채 발행업무를 대행한다. 다섯째, 한국은행은 지급결제제도를 총괄하고 감시하는 기관이다. 한국은행은 개인이나 기업의 경제활동 과정에서 생기는 채권, 채무관계가 신속하고 안전하게 마무리될 수 있도록 은행 사이의 자금결제를 완결시켜 주는 역할을 한다. 또한 지급결제제도 전반에 대한 감시업무를 수행한다.

한국은행은 이 밖에도 외화자산을 보유하고 운용하며 정부의 외환정책에 조언을 하는 역할을 한다. 또한 통화정책의 효과를 높이기 위해 금융기관의 경영실태를 분석하고 검사하기도 한다. 마지막으로 국내경제뿐만 아니라 세계경제의 전반적인 움직임을 파악하고, 국민소득 통계와 같은 중요한 통계를 작성하여 발표하고 있다.

출처: **한국은행 : 우리의 중앙은행**, 한국은행(2004. 4)의 일부 내용 수정

연습문제

01 아래 용어의 개념을 간략하게 설명하라.

① 유동성 ② 통화지표
③ 화폐수요곡선 ④ 본원통화
⑤ 화폐공급곡선 ⑥ 콜금리
⑦ 시장금리 ⑧ 실질이자율

02 유동성선호이론에 의한 화폐수요의 세 가지 동기를 제시하고 설명하라.

03 화폐수요곡선을 도출하라.

04 화폐시장이 균형을 이루지 못하고 초과공급 혹은 초과수요가 존재하는 경우 어떤 논리적 과정을 거쳐 화폐시장이 균형을 회복하는지 설명하라.

05 화폐시장이 균형을 이루고 있는데 아래와 같은 현상이 발생한다면 균형이자율은 어떤 영향을 받는지 그림을 이용하여 분석하라.

① 소득수준 향상
② 물가수준 하락
③ 중앙은행의 본원통화 공급 증가
④ 중앙은행의 본원통화 공급 감소

06 '마이너스'의 명목이자율 혹은 '마이너스'의 실질이자율이 현실적으로 가능한가? 만일 가능하다면 어떤 사람이 유리하고, 어떤 사람이 불리한가?

| 제11장 |

국민경제의 균형

1 총수요-총공급모형

돼지고기 가격과 거래량은 어떻게 결정되는가? 소고기 가격이 하락하면 혹은 돼지사료 가격이 상승하면 돼지고기 가격과 거래량은 어떤 영향을 받을까? 이런 질문에 답하기 위해서는 제3장과 제4장에서 설명하였듯이 돼지고기 시장을 분석하면 된다. 즉 돼지고기의 수요곡선과 공급곡선이 어떤 모양을 가지며 어떤 요인들에 의해 영향을 받는지 분석하면 된다. 이와 같이 돼지고기 시장을 분석하는 경제모형을 돼지고기 시장모형 혹은 돼지고기 수요-공급모형이라 하며, 〈그림 11-1〉의 (a)와 같이 표현할 수 있다.

특정 상품이 거래되는 시장이 아니라 국민경제 전체에 관심을 갖는다면 어떤가? 국민경제 전체의 물가수준이나 국민소득수준은 어떻게 결정되는가? 만일 수입 원자재 가격이 하락하면 혹은 환율이 하락하면 물가수준이나 국민소득수준은 어떤 영향을 받을까? 이런 질문에 답하기 위한 분석에서도 시장모형(수요-공급모형)을 이용할 수 있을까? 물론 아니다. 물가수준이나 국민소득수준이 어떻게 결정되고 어떤 요인들에 의해 어떻게 영향 받는지 설명하기 위해서는 새로운 경제모형이 필요하다.

총수요와 총공급
국민경제 전체의 수요와 공급

국민경제 전체의 수요와 공급을 각각 **총수요**(aggregate demand)와 **총공급**(aggregate supply)으로 부르기로 하자. 만일 〈그림 11-1〉의 (b)에서 보는 것처럼 물가가 '세로축'이고 국민소득이 '가로축'인 평면에 총수요곡선과 총공급곡선을 각각 '마이너스'와 '플러스' 기울기를 갖는 곡선으로 표현할 수 있다면 물가와 국민소득수준이 어떻게 결정되는지 쉽게 설명할 수 있을 것이다. 즉, 총수요곡선과 총공급곡선을 〈그림 11-1〉의 (b)처럼 표현할 수 있다면 제3장과 제4장에서 설명한 논리를 그대로 적용함으로써 물가수준과 국민소득수준의 변화를 쉽게 설명할 수 있을 것이다.

총수요-총공급모형
물가와 국민소득의 결정과 변화를 분석하기 위한 경제모형

〈그림 11-1〉의 (b)에서 보는 바와 같은 총수요곡선과 총공급곡선으로 이루어진 경제모형을 **총수요-총공급모형**이라 한다. 총수요-총공급모형을 이용하여 물가수준과 국민소득수준의 변화를 분석하기 위해서는 다음과 같은 세 가지 전제조건이 충족되어야 한다. 첫째, 하나의 단위로 측정된 총수요와 총공급을 정의할 수 있어야 한다.

그림 11-1 | 시장모형과 총수요-총공급모형

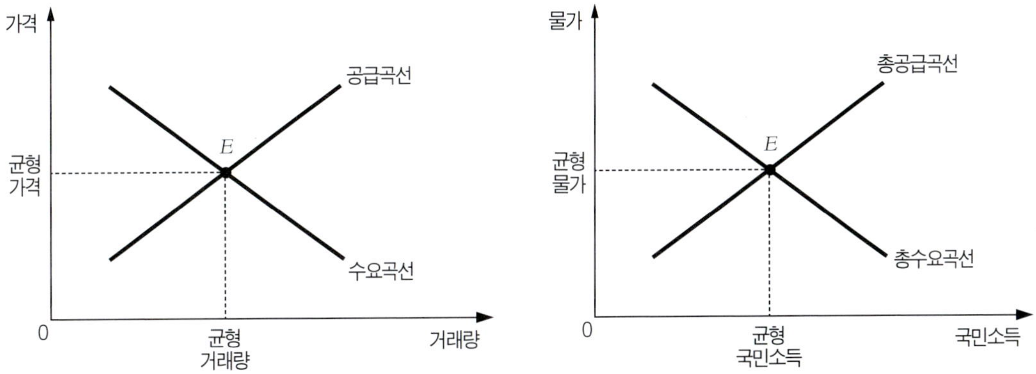

(a) 돼지고기 시장모형

◆ 돼지고기 시장모형: 돼지고기의 가격과 거래량 분석

(b) 총수요-총공급모형

◆ 총수요-총공급모형: 국민경제 전체의 물가수준과 국민소득수준 분석

둘째, 총수요와 총공급에 영향을 주는 요인들을 파악할 수 있어야 한다. 셋째, 〈그림 11-1〉의 (b)에서 보는 바와 같이 물가가 '세로축'이고 국민소득이 '가로축'인 평면에 총수요곡선과 총공급곡선이 각각 '마이너스'와 '플러스' 기울기의 곡선으로 표현될 수 있어야 한다.

이와 같은 세 가지 전제조건 중에서 첫째 전제조건을 충족시키는 것은 비교적 간단하게 설명할 수 있는 반면에 둘째와 셋째 전제조건을 충족시키기 위한 설명은 그렇지 못하다. 따라서 둘째와 셋째 전제조건을 충족시키기 위한 설명에 해당하는 내용은 제2절부터 제4절에서 설명하기로 하고 우선 첫째 전제조건에 관해 간략하게 살펴보기로 하자.

국내총생산은 생산, 분배, 지출측면에서 추계가 가능하다고 하였다. 이 중에서 생산측면에서 추계된 국내총생산이란 생산활동 부문별로 추계된 국내총생산(국민계정 용어로는 경제활동별 국내총생산)이며, 이는 국민경제 전체의 공급 즉 총공급을 의미한다. 마찬가지로 지출측면으로 추계된 국내총생산(국민계정 용어로는 국내총생산에 대한 지출)은 국민경제 전체의 지출을 나타내며, 이는 국민경제 전체의 수요 즉 총수요를 의미한다. 또한 국내총생산은 화폐단위로 추계되기 때문에 국민경제 전체의 수요와 공급은 하나의 통일된 단위를 갖는다. 따라서 화폐단위로 측정된 총수요와 총공급을 정의할 수 있다. 총수요-총공급모형을 이용하기 위한 세 가지 전제조건 중에서 첫째 전제조건은 충족되었으므로 이제부터는 총수요와 총공급의 결정 요인들과 총수요곡선, 총공급곡선의 도출에 관해 살펴보기로 하자.

핵심포인트

① 국민소득과 물가수준의 결정과 변화를 분석하기 위한 경제모형을 총수요-총공급모형이라 함
- 특정시장을 분석하기 위한 경제모형은 '○○시장모형'이라 함

② 총수요-총공급모형을 이용하여 국민소득과 물가수준의 결정과 변화를 분석하기 위해서는 세 가지 전제조건이 충족되어야 함
- 하나의 단위로 측정된 총수요와 총공급을 정의할 수 있어야 함
- 총수요와 총공급에 영향을 주는 요인들을 파악할 수 있어야 함
- 총수요, 총공급과 물가수준 사이에 존재하는 '마이너스'와 '플러스'의 인과관계를 도출할 수 있어야 함

2 총수요의 구성 요소

총수요는 지출측면으로 추계된 국내총생산이라고 하였으므로 소비지출(C), 투자지출(I), 정부지출(G) 그리고 순수출($X-M$)의 합으로 정의된다.

$$총수요=C+I+G+X-M$$

〈그림 11-2〉에는 2001년부터 2018년까지의 우리나라 총수요의 항목별 평균 구성비를 제시하였다. 〈그림 11-2〉에 의하면 총수요 중에서 구성비가 가장 큰 것은 소비지출(C)로서 50.7%를 점유하고 있다. 그 다음으로는 투자지출(I)과 정부지출(G)의 구성비가 큰데 각각 31.5%와 14.3%를 점유하고 있다. 한편 순수출은 3.5%에 불과한데,

그림 11-2 | 우리나라 총수요의 구성요소(2001~2018년 평균)

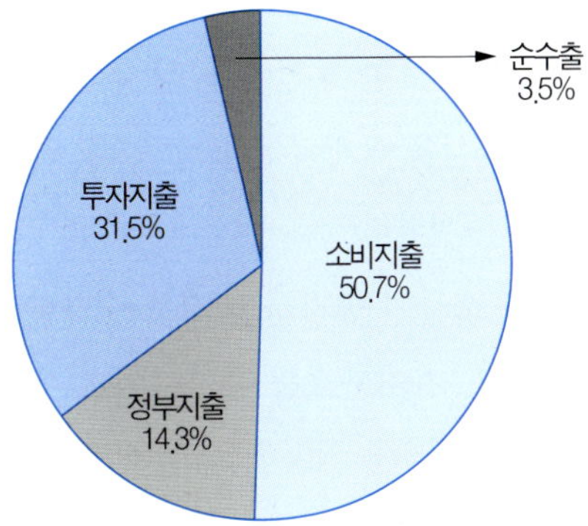

자료 한국은행 경제통계시스템(http://ecos.bok.or.kr)

이는 수출(X)과 수입(M)이 서로 상쇄되기 때문이다. 이제부터 총수요를 구성하는 소비지출(C), 투자지출(I), 정부지출(G) 그리고 순수출($X-M$)이 어떤 요인에 의해서 영향을 받는지 살펴보기로 하자.

2.1 소비지출

소비지출(C)이란 가계가 소비를 목적으로 지출하는 금액을 말한다. 대부분의 국가에서 소비지출은 총수요의 가장 높은 구성비를 갖는다는 측면에서 매우 중요한 구성요소이며, 소비지출은 완만한 증가추세를 보이는 것이 일반적이다. 소비지출에 영향을 주는 요인으로는 소득수준, 재산수준, 물가수준, 이자율 그리고 미래의 예상소득 등을 들 수 있다. 소비지출은 이러한 여러 가지 요인들에 의하여 영향을 받지만 그중에서 소비지출에 영향을 주는 가장 중요한 요인은 소득수준이다.

소득수준

소비지출에 직접적 영향을 주는 소득은 세금 공제후의 사용가능한 소득수준을 나

가처분소득
세금 공제후의 사용가능한 소득이며 처분가능소득이라고도 함. 즉 가처분소득 = 국민소득−조세

타내는 가처분소득(disposable income, *YD*)이다. 즉 소득에서 정부에 납부한 세금을 뺀 금액으로 정의되는 가처분소득(즉, 가처분소득=국민소득−조세)이 소비지출에 영향을 주는 가장 중요한 요인이다. 상식적으로도 가처분소득이 증가하면 소비지출도 증가한다는 사실을 쉽게 추론할 수 있다. 즉 가처분소득과 소비지출 사이에는 '플러스'의 관계가 존재한다.

그런데 가처분소득이 증가하는 경우 증가한 가처분소득 모두가 소비지출로 이어지는 것은 아니다. 가처분소득 증가분의 일부는 소비지출로 사용되고 나머지는 저축으로 남는 것이 일반적이라 할 수 있다. 따라서 국민경제 전체적으로 볼 때 소비지출의 증가분은 항상 가처분소득의 증가분보다 작게 된다. 이는 아래에서 보는 바와 같이 소비지출의 증가분을 가처분소득의 증가분으로 나눔으로써 정의되는 국민경제 전체의 한계소비성향이 '0'보다는 크지만 '1'보다는 작음을 의미한다.

한계소비성향
소득변화에 따른 소비지출의 변화 정도를 측정하는 개념

$$\text{한계소비성향} = \frac{\text{소비지출 증가분}}{\text{가처분소득 증가분}}$$

따라서 가처분소득의 증가는 소비지출을 증가시키는 요인으로 작용하며, 세금이 많아지면 가처분소득이 줄어들게 되므로 조세의 증가는 소비지출을 감소시키는 요인으로 작용한다.

소득수준 이외의 요인들

일반적으로 재산을 많이 보유한 사람은 그렇지 못한 사람에 비해 소비지출이 많다. 즉 소득수준과 관계없이 재산을 어느 정도나 갖고 있는지도 소비지출에 적지 않은 영향을 준다. 재산이 많으면 많을수록 소비지출도 증가하는데, 이와 같이 재산의 증가가 소비지출을 증가시키는 현상을 재산효과(wealth effect)라 한다.

재산효과
재산수준의 변화가 소비지출을 변화시키는 현상

물가수준의 변화도 소비지출에 영향을 주는 요인으로 작용한다. 물가가 오르면 가처분소득의 구매력이 떨어지므로 자연히 소비지출은 감소한다. 이자율의 변화도 소비지출에 영향을 주는 요인으로 작용할 수 있다. 이자율이 상승하면 저축으로 인한 이자소득이 많아지므로 저축을 늘리는 반면 소비지출은 줄일 것이므로 이자율의 상

승이 소비지출을 감소시킨다는 논리적 추론이 가능하다. 소비지출에 영향을 주는 또 하나의 요인으로 미래의 예상소득을 들 수 있다. 현재에는 별 소득이 없다고 하더라도 가까운 시일 내에 상당한 소득을 얻을 것이라고 예상한다면 현재의 소비지출을 늘리는 것이 일반적이기 때문이다. 이상의 논의를 종합하면 소비지출에 영향을 주는 요인으로는 국민소득, 조세, 재산수준, 물가수준, 이자율 그리고 미래의 예상소득을 들 수 있다.

2.2 투자지출

투자지출이란 기업이 생산활동에 사용할 목적으로 공장을 세우거나 기계를 구입하기 위해 지출하는 금액을 말한다. 즉 투자지출이란 국민경제에서 생산된 최종재 중에서 기업이 구입하는 자본재의 총가치를 말하며, 투자에는 고정투자(건설투자, 설비투자, 무형고정투자)와 재고투자가 있다. 우리나라를 포함한 대부분의 국가에서 투자지출은 소비지출보다 낮은 구성비를 차지하지만 경제상황에 따라 큰 폭으로 변화한다는 특징이 있다. 즉 투자지출은 경제상황에 따라 큰 폭으로 변화하여 단기적으로는 경기변동을 야기하며, 장기적으로는 경제 전체의 자본을 축적시켜 경제성장에 기여하는 특징이 있다. 이와 같은 투자지출에 영향을 주는 요인으로는 예상수익, 이자율, 자금조달의 용이성 등을 들 수 있다.

예상수익

어떤 기업이든지 투자를 할 것인지 말 것인지 혹은 어느 정도의 투자를 할 것인지 결정할 때 가장 우선적으로 고려하는 사항은 무엇일까? 그것은 바로 그 투자로 인해 얻을 수 있는 미래의 예상수익일 것이다. 독자 여러분이 어떤 기업의 회장이고 추가로 공장을 지을지 말지를 결정해야 한다고 행복한 상상을 해보자. 여러분은 투자 여부를 결정하기 위해 어떤 점들을 생각할까? 많은 요인들을 살펴보겠지만 그중에서 제일 중요한 것은 무엇일까? 만일 우리 기업의 상품이 잘 팔리지 않을 거라는 생각이

든다면 추가로 공장을 지을까? 당연히 아닐 것이다. 반면에 우리 상품이 잘 팔릴 것이라는 확신 혹은 소위 대박 날 거라는 확신이 있다면 어떤 어려움이 있더라도 추가로 공장을 지으려 할 것이다. 즉, 투자 여부와 투자규모를 결정하는 가장 중요한 요인은 그 투자로 얻을 수 있는 미래의 예상수익인 것이다.

투자로 인해 얻을 수 있는 예상수익은 미래의 수익이고 투자비용은 현재에 지출되는 비용이므로 이 둘을 직접적으로 비교하는 것은 불합리하다. 따라서 이 둘의 합리

자세히 알아보기 **현재가치와 미래가치**

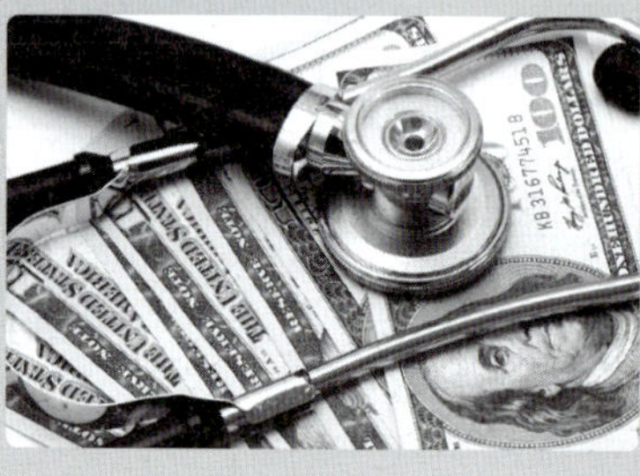

누군가가 여러분에게 10만원을 주는데 그 시기를 오늘 또는 10년 후로 한다면 여러분은 어떤 쪽을 선택하겠는가? 당연히 오늘 10만원을 선택할 것이다. 왜냐하면 오늘 10만원을 받아 은행에 예금하면 10년 후에는 원금 10만원에 이자가 불어나 10만원 이상이 되기 때문이다. 이제 누군가가 여러분에게 오늘 10만원을 주거나 10년 후에 20만원을 주는 것을 제시한다면 여러분은 어떤 쪽을 선택하겠는가? 상당히 고민해야만 해답을 구할 수 있는 문제이다. 현재의 10만원과 미래의 20만원을 비교하는 방법이 필요하다. 이를 위해 현재가치와 미래가치 개념을 이용하며, 이를 다음의 사례로 설명할 수 있다.

사례1: 오늘 은행에 10만원을 예금하면 10년 후에 얼마가 될까? 즉 현재 10만원의 10년 후 미래가치는 얼마일까? 이자율이 5%이고, 이자는 매년 지급되고, 복리방식으로 지급된다면 1년 후에는 원금과 이자가 $(1+0.05)\times$10만원이 되고, 2년 후에는 $(1+0.05)^2\times$10만원, 10년 후에는 $(1+0.05)^{10}\times$10만원이 될 것이다. 즉 $(1+0.05)^{10}\times$10만원 = 16만 3,000원이다.

사례2: 10년 후 20만원을 받는다면 이 금액의 현재가치는 얼마일까? 사례1에서 미래가치를 구하기 위해 현재금액에 $(1+0.05)^{10}$을 곱하였다. 반대로 미래 금액의 현재가치를 구하기 위해서는 미래금액을 $(1+0.05)^{10}$으로 나누면 된다. 즉, 10년 후에 받을 20만원의 현재가치는 20만원$\div(1+0.05)^{10}$이 된다. 즉 20만원$\div(1+0.05)^{10}$ = 12만3,000원이다.

현재가치의 개념은 기업이 투자 계획을 수립할 때에도 적용할 수 있다. 예를 들어 어떤 기업이 공장을 새로 짓는 데 1조원이 들고 공장에서 10년 후에 2조원의 수입을 얻을 수 있다면 이 공장을 건설해야 할까? 이 의사결정을 위해서는 현재의 비용 1조원을 미래의 수입 2조원과 비교해야 할 것이다. 앞에서 살펴보았듯이 이 기업의 의사결정은 이자율에 의해 좌우될 것이다. 만일 이자율이 5%라면 10년 후 수익 2조원의 현재가치는 약 1조 2,000억원이므로 공장을 짓는 편이 이익이다. 반면에 이자율이 8%라면 2조원의 현재가치는 9,300억원이므로 투자를 포기하는 편이 유리할 것이다.

출처: **일반인을 위한 알기쉬운 경제이야기**, 한국은행(2013. 3)의 일부 내용 수정

적 비교를 위해서는 미래의 예상수익을 현재의 가치로 환산해야 한다. 미래가치를 현재가치로 환산하는 과정을 할인(discounting)이라 하는데, 할인은 이자율을 이용하여 다음과 같은 방법으로 한다.

할인
미래가치를 현재가치로 환산하는 과정

$$\text{현재가치}(PV) = \frac{\text{1년 후 수익}}{1+\text{이자율}} + \frac{\text{2년 후 수익}}{(1+\text{이자율})^2} + \cdots + \frac{k\text{년 후 수익}}{(1+\text{이자율})^k}$$

예상수익의 현재가치가 투자비용보다 크다면 당연히 투자하기로 결정할 것이다. 그런데 예상수익의 현재가치를 정확하게 계산하는 것은 불가능하다. 왜냐하면 예상수익의 현재가치를 정확하게 계산하기 위해서는 예상수익을 정확하게 예측해야 하는데 이는 현실적으로 불가능하기 때문이다. 따라서 기업의 투자지출에 관한 의사결정에서 가장 중요한 역할을 하는 예상수익은 정확하게 예측할 수 없고, 철저하게 기업가의 주관적인 판단에 의해 결정된다. 케인즈는 이와 같은 투자에 관한 기업가의 주관적인 판단을 '동물적 본능(animal spirit)'이라 표현했다. 따라서 투자를 결정하는 가장 중요한 요인은 정확하게 측정된 경제변수(경제지표)가 아니라 측정 불가능한 기업가의 미래에 대한 예상인 셈이다.

이자율

투자를 결정하는 가장 중요한 요인은 예상수익이지만 예상수익 자체는 기업가의 주관적인 판단이므로 투자지출의 결정요인으로 사용할 수는 없다고 하였다. 그렇다면 투자지출의 결정요인으로 사용할 수 있는 경제지표는 무엇이 있을까? 대부분의 기업이 투자를 하는 경우를 생각해 보자. 어떤 기업도 투자에 소요되는 모든 비용을 기업 스스로 마련하는 경우는 없을 것이다. 즉 기업이 보유한 이익금이나 기업가의 사적인 재산 등으로 투자비용 모두를 충당하는 경우는 없다고 보아도 무방하다. 일반적으로 기업이 투자할 때 투자비용의 상당 부분은 금융기관으로부터 차입한다든지 혹은 추가적인 주식발행으로 주식시장에서 조달한다든지 하는 방법을 사용한다. 이와 같이 투자에 소요되는 비용의 상당부분을 금융기관으로부터 차입하는 경우 이자율이 투자지출에 영향을 주게 된다.

이자율이 투자지출에 어떤 영향을 주는지는 예상수익을 현재가치로 환산하는 과정을 상기하면 쉽게 이해할 수 있다. 즉 이자율의 상승은 예상수익의 현재가치를 하락시키므로 투자지출을 감소시키는 역할을 한다. 결과적으로 투자지출에 가장 중요한 영향을 주는 요인은 예상수익이지만 이는 측정불가능하기 때문에 투자의 결정요인으로 사용할 수 없고, 투자의 결정요인으로 사용할 수 있는 측정 가능한 경제변수는 이자율인 셈이다.

이자율뿐 아니라 투자비용을 얼마나 손쉽게 조달할 수 있는지의 여부, 즉 자금조달의 용이성도 투자지출에 영향을 주는 요인으로 작용한다. 기업이 투자를 위해 보유하고 있는 사내유보가 충분하지 못한 경우에 주식이나 채권의 발행 혹은 금융기관으로부터의 차입 등을 통해 투자재원을 마련하게 되는데, 이때 투자에 필요한 자금의 조달이 어느 정도나 용이한지의 여부가 투자지출에 적지 않은 영향을 준다는 말이다. 그러나 자금조달의 용이성 역시 객관적으로 측정할 수 없다. 따라서 투자지출의 결정요인으로 사용할 수 있는 경제지표는 이자율 하나인 셈이다.

2.3 정부지출

재정지출
정부가 지출한 총금액

정부지출
정부가 구입하는 상품의 총가치

정부가 여러 가지 목적으로 지출하는 총액을 재정지출이라 하며, 정부의 재정지출 중에서 국방이나 치안의 유지 혹은 사회간접자본의 확충 등을 위해 구입하는 상품(재화와 서비스)의 총가치를 정부지출(government expenditure, G)이라 한다. 따라서 정부가 한 해 동안 지출한 금액의 총액을 말하는 재정지출과 정부지출은 다른 개념이며, 정부지출은 재정지출의 일부이다. 참고로 제8장의 〈표 8-5〉에서 보았듯이 2018년도 우리나라의 정부지출은 305.5조원이었고, 2018년도 본 예산은 428.8조원, 그리고 2018년도 재정지출(총지출)은 434.1조원이었다.

정부지출도 당연히 여러 가지 요인들에 의해서 영향을 받지만 기본적으로 국가의 예산은 정부가 계획을 수립하고 집행한다는 측면에서 정부지출(G)의 크기는 정부가

정책적으로 결정한다고 가정하기로 하자. 즉 정부가 경제상황에 따라 정책적으로 정부지출을 대폭 증가시키기도 하고 정부지출의 증가가 억제되도록 조정한다고 가정하기로 한다. 독자들도 "정부가 경기부양을 위해 공공부문에 투자를 확대하는 등 내년도 예산규모를 대폭 증가시켰다" 등의 뉴스를 접한 기억이 있으리라 생각한다.

2.4 순수출

순수출은 외국에 상품을 수출한 총액에서 수입한 총액을 뺀 차액을 말하며 총수요를 구성하는 중요한 항목이다. 순수출의 정의상 수출과 수입은 서로 상쇄되기 때문에 대부분의 국가들에서 순수출이 총수요에서 차지하는 비중은 매우 낮다. 그러나 우리나라의 경우 외국과 거래가 매우 많고 〈그림 11-2〉의 논의에서 언급하였듯이 수출과 수입 각각은 총수요에서 차지하는 비중이 매우 크므로 순수출은 총수요의 중요한 항목이라 할 수 있다. 순수출은 수출과 수입의 차이로 정의되므로 수출 혹은 수입에 영향을 주는 모든 요인들이 순수출에 영향을 준다. 순수출에 영향을 주는 대표적인 요인으로는 우리나라와 외국의 국민소득, 우리나라와 외국의 물가수준 그리고 환율 등을 들 수 있다.

국민소득

우리나라가 외국으로부터 상품을 수입하는 경우를 생각해 보자. 수입은 여러 가지 요인들에 의해 영향을 받겠지만 다른 모든 여건이 좋다고 하더라도 우리나라 경기가 좋지 않으면 많이 늘어나지 않을 것이다. 마찬가지로 우리나라가 외국에 상품을 수출하는 경우에도 우리나라 상품을 수입하는 나라의 경기가 좋고 나쁨에 따라 수출이 큰 영향을 받을 것이다. 따라서 순수출에 영향을 주는 가장 중요한 요인 중 하나는 우리나라와 외국의 경기상태, 즉 우리나라와 외국의 국민소득이라 할 수 있다.

우리나라와 외국의 국민소득 변화는 다음과 같이 순수출을 변화시킨다. 우리나라 국민소득의 증가는 국내의 소비지출을 증가시키며 수입수요의 증가를 가져와 수입을 증가시켜 순수출은 감소한다. 또한 외국의 국민소득이 증가하면 외국의 소비지출이 증가하게 되고 외국의 수입수요가 증가하여 우리나라의 수출을 증가시키므로 순수출은 증가한다.

물가수준

우리나라와 외국의 상대적인 물가수준 역시 순수출에 영향을 주는 중요한 요인이다. 우리나라의 물가수준이 상승하면 우리나라 물가수준과 외국의 물가수준의 상대적인 비율이 상승한다. 즉 우리나라에서 생산된 상품은 상대적으로 비싸지며 외국에서 생산된 상품은 상대적으로 싸진다. 이런 현상이 발생하면 당연히 상대적으로 비싸진 우리나라 상품의 수출은 감소하고 상대적으로 저렴해진 외국 상품의 수입은 증가하여 순수출은 감소한다. 마찬가지 논리로 외국의 물가수준이 상승하면 순수출이 증가함도 쉽게 유추할 수 있을 것이다.

환율

순수출에 영향을 주는 또 하나의 중요한 요인은 환율이다. 가끔 대중매체를 통하여 환율하락으로 우리나라 상품의 가격경쟁력이 떨어져 수출에 어려움을 겪고 있다는 등의 소식을 접한다. 이는 두 나라 화폐의 교환비율인 환율이 변화하면 수출하는 상품의 외화표시 가격도 변화하게 되고 따라서 수출이 영향을 받는다는 의미이다. 환율이 1달러당 1,000원에서 1,200원으로 변화하는 경우를 생각해 보자. 이와 같은 환율의 변화로 인해 국내에서 생산되어 1달러에 수출하던 1,000원짜리 상품을 1달러 미만의 가격으로 수출하는 상황이 된다. 이런 상황에서는 수출은 당연히 증가할 것이다. 마찬가지로 상대적으로 비싸진 외국 상품의 수입은 감소할 것이므로 순수출은 증가한다.

핵심포인트

① 총수요는 국민경제 전체의 수요를 말함
- 총수요는 소비지출(C), 투자지출(I), 정부지출(G), 순수출($X-M$)로 구성됨

② 소비지출은 소득수준, 재산수준, 물가수준, 이자율, 미래의 예상소득 등에 의해 영향을 받음
- 가처분소득의 증가는 소비지출을 증가시키며, 조세의 증가는 소비지출을 감소시킴
- 소비지출은 재산이 많을수록, 물가와 이자율이 낮을수록 증가함

③ 미래의 예상수익이 투자를 결정하는 가장 중요한 요인임
- 미래의 예상수익을 정확하게 예측하는 것은 불가능함
- 투자에 영향을 주는 경제적 요인은 이자율이며, 투자와 이자율 사이에는 '마이너스'의 관계가 존재함

④ 순수출은 국민소득, 물가수준, 환율의 변화에 따라 영향을 받음
- 우리나라의 국민소득이 증가할수록, 물가수준이 상승할수록, 환율이 하락할수록 순수출은 감소함

3 총수요곡선

3.1 총수요곡선의 도출

제2절에서 논의한 총수요의 네 가지 구성요소별 결정요인들을 〈표 11-1〉에 요약하여 제시하였다. 〈표 11-1〉에 제시된 모든 결정요인들 중에서 다른 요인들은 모두

표 11-1 | 총수요 구성항목별 결정요인 요약

구성항목	주요 결정요인
소비지출	소득수준(+), 재산수준(+), 물가수준(−), 이자율(−), 미래의 예상소득(+), 조세(−)
투자지출	예상수익(+), 이자율(−), 자금조달의 용이성(+)
정부지출	없음(정책변수)
순수출	우리나라의 국민소득(−), 외국의 국민소득(+), 우리나라의 물가수준(−), 외국의 물가수준(+), 환율(+)

주 ( )안의 부호는 각 결정요인의 증가가 총수요의 구성항목에 영향을 주는 방향을 의미함

총수요곡선
다른 요인들은 모두 일정하다고 가정하고 물가수준과 총수요 사이의 관계를 나타낸 곡선

일정하다고 가정하고 물가수준과 총수요수준, 즉 물가수준과 국민소득 사이의 관계를 나타낸 것을 총수요곡선이라 한다. 총수요곡선이란 물가수준과 총수요 사이의 관계를 나타내는 것이므로 다른 결정요인들은 변화하지 않는 상태에서 물가수준의 변화가 총수요에 어떤 영향을 주는지 살펴봄으로써 총수요곡선을 유도할 수 있다. 총수요에 영향을 준다고 언급한 다른 모든 요인들은 변화하지 않는데 물가수준만 상승하는 경우를 생각해 보자. 물가수준이 상승하면 〈표 11-1〉에서 보는 바와 같이 총수요의 구성요소 중에서 소비지출, 투자지출 그리고 순수출이 영향을 받는다.

물가수준이 상승하면 가처분소득의 구매력이 떨어지므로 소비지출은 감소한다. 물가수준이 상승하면 사람들이 상품을 구입하기 위해 더 많은 화폐를 필요로 할 것이므로 거래적 동기에 의한 화폐수요가 증가해 이자율이 상승하고, 이자율 상승은 소비지출과 투자지출을 감소시킨다. 또한 물가수준의 상승은 우리나라 상품과 외국 상품의 상대적인 가격비율을 상승시켜 순수출을 감소시킨다. 즉 우리나라 상품은 상대적으로 비싸지는 반면 외국의 상품은 상대적으로 싸지므로 수출은 감소하고 수입은 증가하여 순수출도 감소한다.

물가수준이 상승하면 정책변수인 정부지출을 제외한 나머지 세 가지의 총수요 구

그림 11-3 | 총수요곡선

- 물가수준 상승 ⇨ 소비지출 감소, 투자지출 감소, 순수출 감소 ⇨ 총수요 감소 ⇨ 물가수준과 총수요 사이에는 '마이너스'의 관계 존재 ⇨ 총수요곡선은 '마이너스' 기울기

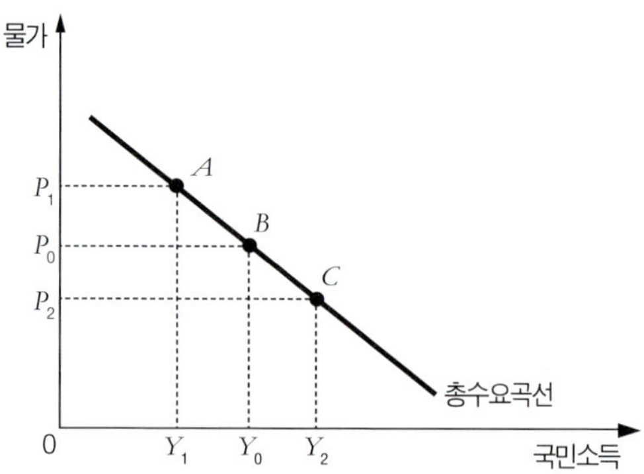

성항목(소비지출, 투자지출, 순수출)은 모두 감소한다. 따라서 물가수준이 상승하면 총수요는 감소하며 물가수준과 총수요 사이에는 '마이너스'의 관계가 성립함을 알 수 있다. 즉 〈그림 11-3〉에서 보는 바와 같이 물가가 '세로축'이고 국민소득이 '가로축'인 평면에 '마이너스' 기울기를 갖는 총수요곡선을 표현할 수 있다. 〈그림 11-3〉에 제시된 총수요곡선 위의 세 점이 각각 어떤 의미를 갖는지 제3장 제1절의 설명을 참고하며 독자들 스스로 생각해 보기 바란다.

3.2 총수요곡선 위의 운동과 총수요곡선의 이동

총수요에 영향을 주는 요인들이 변화하면 총수요곡선도 영향을 받으며, 총수요곡선이 영향을 받는 현상은 총수요곡선 위의 운동과 총수요곡선의 이동으로 구분할 수 있다. 총수요곡선은 총수요와 물가수준 사이의 관계를 표현한 것이므로 물가수준의 변화로 인해 총수요가 변화하면 총수요곡선 위의 운동으로 표현하며, 물가수준 이외의 다른 요인의 변화로 인해 총수요가 변화하면 총수요곡선 자체의 이동으로 표현한다.

총수요에 영향을 주는 다른 요인들은 변화하지 않는데 물가수준이 상승한다고 생각해 보자. 물가수준의 상승은 소비지출, 투자지출 그리고 순수출을 감소시키므로 총수요를 감소시킨다. 이와 같은 물가수준의 상승으로 인한 총수요의 감소는 〈그림 11-4〉의 B점에서 A점으로의 운동, 즉 총수요곡선 위의 운동을 의미한다. 반대로 총수요에 영향을 주는 다른 요인들은 변화하지 않는데 물가수준만 하락한다고 생각해 보자. 앞에서의 논리를 그대로 적용하면 물가수준의 하락은 소비지출, 투자지출 그리고 순수출을 증가시켜 총수요를 증가시킨다. 이와 같은 물가수준의 하락으로 인한 총수요의 증가는 〈그림 11-4〉의 B점에서 C점으로의 운동을 의미한다.

다음으로, 총수요곡선 자체가 이동하는 경우를 살펴보자. 예를 들어 가까운 미래에 경기가 좋아지리라고 예상한 기업들이 새로운 공장을 짓는 등 투자지출을 늘리

그림 11-4 | 총수요곡선 위의 운동

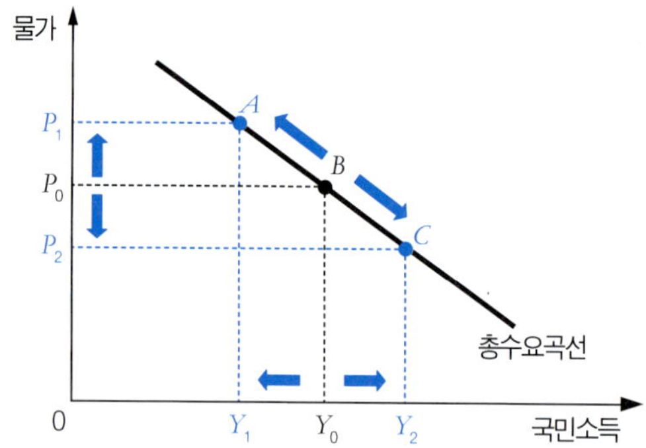

- 물가수준 P_0에서 P_1으로 상승 ⇨ 총수요 Y_0에서 Y_1으로 감소 ⇨ B점에서 A점으로 운동
- 물가수준 P_0에서 P_2로 하락 ⇨ 총수요 Y_0에서 Y_2로 증가 ⇨ B점에서 C점으로 운동

는 경우를 생각해 보자. 이는 물가수준은 변화가 없는데 미래 경기에 대한 낙관으로 투자지출이 증가하여 총수요가 증가함을 의미한다. 따라서 〈그림 11-5〉의 (a)에서 보는 바와 같이 총수요곡선은 '오른쪽'으로 이동한다. 또 다른 예를 들어 보자. 급격한 환율의 하락(예를 들어 1달러당 1,300원에서 1,000원으로 하락)으로 우리나라가 수출에 큰 어려움을 겪는다고 가정해 보자. 우리나라의 수출이 감소한다면 총수요의 구성항목 중 하나인 순수출이 감소하므로 주어진 물가수준에서 총수요는 감소하게 된다. 따라서 이 경우에는 〈그림 11-5〉의 (b)에서 보는 바와 같이 총수요곡선이 '왼쪽'으로 이동한다. 물가수준 이외의 다른 요인의 변화로 인해 총수요가 증가하면 총수요곡선은 '오른쪽'으로 이동하며, 총수요가 감소하면 총수요곡선은 '왼쪽'으로 이동한다.

〈표 11-1〉에 제시된 물가수준(우리나라의 물가수준)을 제외한 총수요 구성항목별 결정요인들 중에서 괄호 안에 '+' 표시가 있는 경제변수의 증가(상승)는 모두 〈그림 11-5〉의 (a)에서와 같이 총수요곡선을 '오른쪽'으로 이동시킨다. 반대로 괄호 안에 '−' 표시가 있는 경제변수의 증가(상승)는 모두 〈그림 11-5〉의 (b)에서와 같이 총수요곡선을 '왼쪽'으로 이동시킨다. 독자들 스스로 이에 관한 논리적 설명을 추가해 보기 바란다.

그림 11-5 | 총수요곡선의 이동

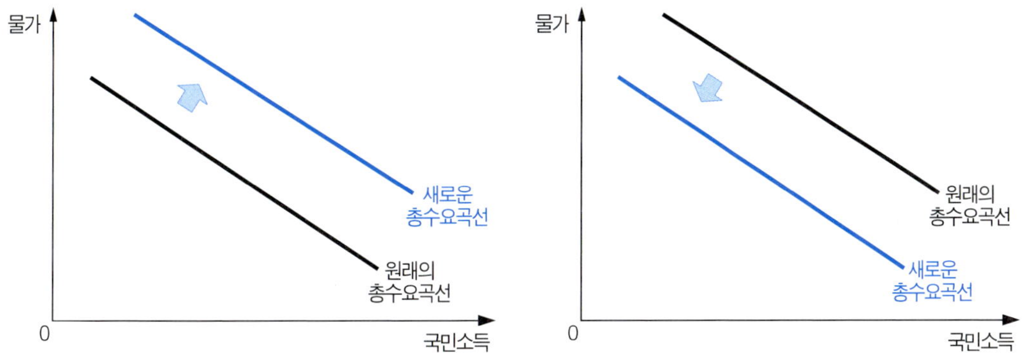

(a) 총수요가 증가하는 경우

◆ 물가수준 이외의 변화로 인해 총수요 증가 ⇨ 총수요곡선은 '오른쪽'으로 이동

(b) 총수요가 감소하는 경우

◆ 물가수준 이외의 변화로 인해 총수요 감소 ⇨ 총수요곡선은 '왼쪽'으로 이동

핵심포인트

① 총수요곡선의 도출

- 다른 요인들은 변화하지 않는데 물가수준만 상승 ⇨ 명목자산의 실질가치 하락으로 소비지출 감소, 화폐수요의 증가로 이자율이 상승하고 이자율 상승으로 투자지출 감소, 우리나라 상품과 외국 상품의 상대적인 가격비율 상승으로 순수출 감소 ⇨ 총수요 감소 ⇨ 물가수준과 총수요 사이에는 '마이너스' 관계 존재 ⇨ 총수요곡선은 '마이너스' 기울기

② 총수요곡선 위의 운동과 총수요곡선의 이동

- 물가수준의 변화로 인한 총수요의 변화는 총수요곡선 위의 운동을 의미함
- 물가수준 이외의 다른 요인의 변화로 인한 총수요의 변화는 총수요곡선의 이동을 의미함
- 물가수준 이외의 다른 요인의 변화로 인해 총수요가 증가하면 총수요곡선은 '오른쪽'으로, 총수요가 감소하면 '왼쪽'으로 이동함

4 총공급곡선

4.1 총공급곡선의 도출

총공급은 국민경제에서 생산되는 상품의 총합을 의미한다. 총공급은 어떤 요인들에 의해서 영향을 받을까? 총공급이란 개별상품 공급의 총합이므로 개별상품의 공급에 영향을 주는 요인은 모두 총공급에도 영향을 준다. 즉 물가수준, 임금수준 및 원자재가격과 같은 생산요소 가격, 그리고 기술수준 등 다양한 요인들이 총공급에 영향을 준다. 총공급곡선도 총공급에 영향을 주는 다른 요인들은 변화하지 않는다고 가정하고 물가수준과 총공급 사이의 관계를 나타내는 곡선이라 정의한다.

총공급곡선
다른 모든 요인들은 변화하지 않는다고 가정하고 물가수준과 총공급 사이의 관계를 표현한 곡선

총공급곡선은 물가수준과 총공급 사이의 관계를 나타내는 곡선이므로 물가수준의 변화에 따라 총공급이 어떻게 영향을 받는지 분석함으로써 총공급곡선을 유도할 수 있다. 물가수준과 총공급 사이의 관계를 알아보기 위해 일정한 물가수준에서 상품의 추가적 공급에 따른 기업의 이윤을 다음과 같이 정의하자.

$$\text{추가 공급에 따른 이윤} = \text{물가수준} - \text{추가 생산비용}$$

일정한 물가수준에서 상품의 추가적 공급에 따른 기업의 이윤을 위와 같이 정의한 상태에서 물가수준이 상승하면 총공급은 어떤 영향을 받을까? 추가 생산비용이 변화하지 않는다면 물가수준의 상승은 상품의 추가공급에 따른 기업의 이윤이 증가함을 의미한다. 따라서 기업은 공급량을 증가시키며 국민경제 전체의 총공급은 증가한다. 즉 추가 생산비용이 변화하지 않는다고 가정하면 물가수준과 총공급 사이에는 '플러스'의 관계가 성립한다. 따라서 〈그림 11-6〉의 (a)에서 보는 바와 같이 '플러스'의 기울기를 갖는 총공급곡선을 도출할 수 있다. 여기에서도 〈그림 11-6〉의 (a)에 제시된 총공급곡선 위의 세 점이 각각 어떤 의미를 갖는지 제3장 제2절의 설명을 참고하여 독자들 스스로 생각해 보기 바란다.

그림 11-6 | 총공급곡선

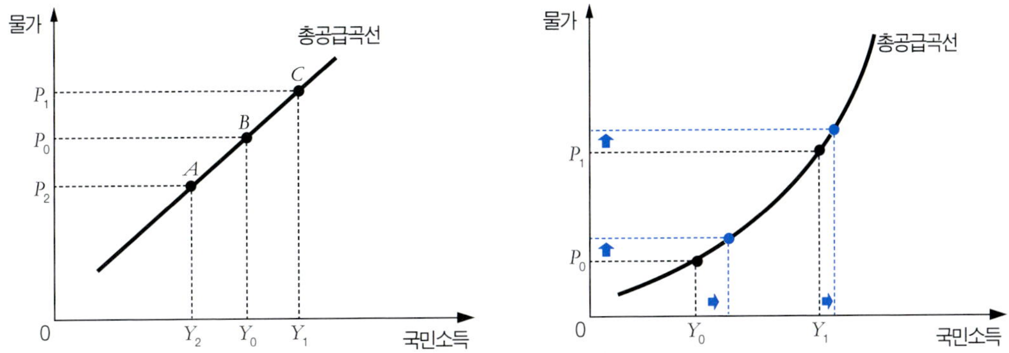

(a) 총공급곡선

- 물가수준 상승 ⇨ 상품의 추가공급에 따른 기업의 이윤 증가 ⇨ 국민경제 전체의 총공급 증가 ⇨ 물가수준과 총공급 사이에는 '플러스'의 관계 존재 ⇨ 총공급곡선은 '플러스' 기울기

(b) 총공급곡선의 모양

- 국민소득이 낮은 수준인 Y_0에서는 물가수준이 P_0에서 조금만 상승하더라도 총공급은 상당히 많이 증가할 수 있음
- 국민소득이 높은 수준인 Y_1에서는 물가수준이 P_1에서 상승하더라도 총공급이 많이 증가하기는 어려움

총공급곡선의 모양

총공급곡선은 어떤 모양을 가질까? 〈그림 11-6〉의 (b)에서 보는 것처럼 총공급곡선은 국민소득이 낮은 수준에서는 완만한 기울기, 그리고 국민소득이 높은 수준에서는 가파른 기울기를 갖는 것이 일반적이다. 이와 같이 국민소득이 낮은 수준과 높은 수준에서 총공급곡선이 각기 다른 기울기를 갖는 논리적 배경을 살펴보자.

국민소득이 낮은 수준에서 총공급곡선이 완만한 기울기를 갖는 이유는 다음과 같다. 국민소득이 낮은 수준이란 국민경제의 생산활동이 활발하지 못해 비교적 많은 유휴설비와 잉여 노동력이 존재함을 의미한다. 유휴설비와 잉여 노동력이 많은 상황에서는 물가가 조금만 상승하더라도 총공급이 많이 증가할 여지가 충분히 존재한다. 따라서 물가수준의 변화에 따라 총공급이 민감한 반응을 보일 수 있으므로 국민소득이 낮은 수준에서 총공급곡선은 완만한 기울기를 갖는다. 〈그림 11-6〉의 (b)에 의하면 국민소득이 낮은 수준인 Y_0에서는 물가수준이 P_0에서 조금만 상승하더라도 총공급은 상당히 많이 증가할 수 있음을 알 수 있다.

한편 국민소득이 높은 수준에서는 총공급곡선이 가파른 기울기를 갖는다. 국민소득이 높은 수준에서는 대부분의 생산시설이 가동되고 있으며 잉여 노동력도 거의 없는 상황이다. 이런 상황에서는 물가가 상승한다고 하더라도 총공급을 늘릴 수 있는 여지가 별로 없게 된다. 즉 국민소득이 높은 수준에서는 물가수준의 변화에 따라 총공급이 민감하게 반응할 수 없으므로 총공급곡선은 가파른 기울기를 가지며, 이 역시 〈그림 11-6〉의 (b)에서 확인할 수 있다. 즉 국민소득이 높은 수준인 Y_1에서는 물가수준이 P_1에서 같은 폭만큼 상승하더라도 총공급의 증가는 매우 작음을 알 수 있다.

총공급곡선의 기울기를 국민소득 수준에 따라 다르게 표현하는 것이 일반적이지만 본서에서는 〈그림 11-6〉의 (b)를 제외하곤 총공급곡선을 모두 직선으로 표현하기로 한다. 이는 총공급곡선을 직선으로 표현하더라도 총수요-총공급모형을 이용하여 물가수준과 국민소득수준의 변화 방향, 즉 물가수준이 상승하는지 하락하는지 그리고 국민소득수준이 증가하는지 감소하는지를 분석하는 데 아무런 지장이 없기 때문이다.

4.2 총공급곡선 위의 운동과 총공급곡선의 이동

총공급에 영향을 주는 요인들이 변화하면 당연히 총공급곡선도 영향을 받으며, 총공급곡선이 영향을 받는 현상은 총공급곡선 위의 운동과 총공급곡선의 이동으로 구분할 수 있다. 총공급곡선은 총공급과 물가수준 사이의 관계를 나타낸 것이므로 물가수준이 변화하여 총공급이 변화한다면 총공급곡선 위의 운동으로 표현한다. 또한 물가수준 이외의 다른 요인이 변화하여 총공급이 변화한다면 총공급곡선이 이동한다.

총공급에 영향을 주는 다른 요인들은 변화하지 않는데 물가수준만 하락한다고 생

그림 11-7 | 총공급곡선 위의 운동

- 물가수준 P_0에서 P_1으로 상승 ⇨ 총공급 Y_0에서 Y_1으로 증가 ⇨ E점에서 F점으로 운동
- 물가수준 P_0에서 P_2로 하락 ⇨ 총공급 Y_0에서 Y_2로 감소 ⇨ E점에서 D점으로 운동

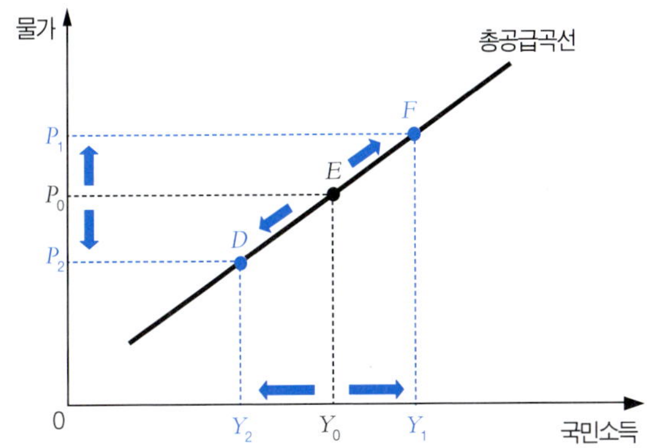

각해 보자. 추가 생산비용이 변화하지 않는 한 물가수준이 하락하면 상품의 추가공급에 따른 기업의 이윤이 감소하므로 기업은 공급량을 감소시키고, 따라서 총공급은 감소한다. 이와 같은 변화는 〈그림 11-7〉에서 보는 바와 같이 총공급곡선 위의 변화, 즉 총공급곡선 위의 E점에서 D점으로의 운동을 의미한다. 물가수준이 상승하는 경우, 즉 〈그림 11-7〉의 E점에서 F점으로의 운동은 독자들 스스로 연습해 보기 바란다.

물가수준 이외의 다른 요인의 변화가 총공급에 영향을 준다면 총공급곡선 자체가 이동한다. 예를 들어 새로운 기술이 개발되어 생산성이 향상된다면 생산비용은 낮아진다. 이와 같은 생산성의 향상은 주어진 물가수준에서 기업의 이윤을 확대시키므로 기업은 생산량을 늘리게 되고, 따라서 총공급은 증가한다. 즉 생산성 향상에 따른 총공급의 증가는 〈그림 11-8〉의 (a)에서 보는 바와 같이 총공급곡선을 '오른쪽'으로 이동시킨다. 한편 임금수준 혹은 원자재 가격이 상승하는 경우를 생각해 보자. 임금수준 혹은 원자재 가격의 상승으로 인해 생산비용은 높아질 것이기 때문에 주어진 물가수준에서 기업의 이윤은 감소하므로 기업은 생산량을 줄이게 되고, 따라서 총공급은 감소한다. 즉 〈그림 11-8〉의 (b)에서 보는 바와 같이 총공급곡선은 '왼쪽'

그림 11-8 | 총공급곡선의 이동

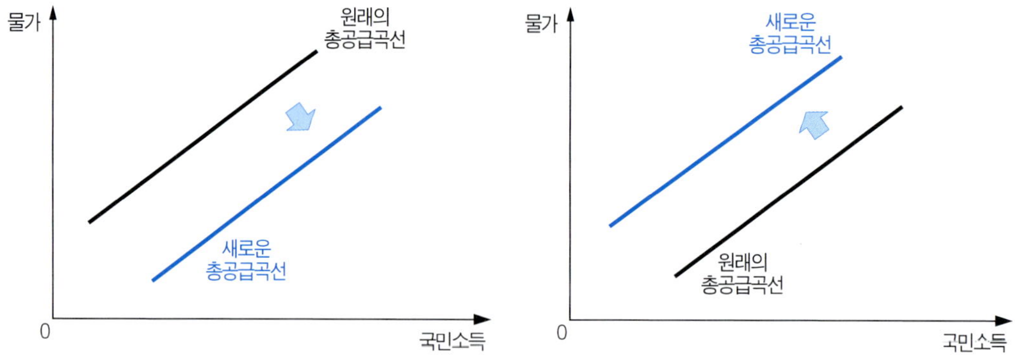

(a) 총공급이 증가하는 경우

◆ 물가수준은 변화가 없는데 총공급 증가 ⇨ 총공급곡선 '오른쪽'으로 이동

(b) 총공급이 감소하는 경우

◆ 물가수준은 변화가 없는데 총공급 감소 ⇨ 총공급곡선 '왼쪽'으로 이동

으로 이동한다. 일반적으로 물가수준 이외의 다른 요인의 변화로 인하여 총공급이 증가하면 총공급곡선은 '오른쪽'으로 이동하며, 총공급이 감소하면 총공급곡선은 '왼쪽'으로 이동한다.

핵심포인트

① 총공급곡선의 도출

- 물가수준의 상승 ⇨ 추가 공급에 따른 기업의 이윤 증가 ⇨ 기업의 공급량 증가 ⇨ 국민경제 전체의 총공급 증가 ⇨ 물가수준과 총공급 사이에는 '플러스' 관계 존재 ⇨ 총공급곡선은 '플러스' 기울기

② 총공급곡선의 모양

- 국민소득이 낮은 수준 ⇨ 유휴설비와 잉여 노동력 존재 ⇨ 물가수준이 조금만 상승하더라도 총공급이 많이 증가할 수 있음 ⇨ 총공급곡선은 완만한 기울기
- 국민소득이 높은 수준 ⇨ 대부분의 생산시설이 가동되고 있으며 잉여 노동력도 거의 없음 ⇨ 물가수준이 상승하더라도 총공급을 많이 늘릴 수 없음 ⇨ 총공급곡선은 가파른 기울기

③ 총공급곡선 위의 운동과 총공급곡선의 이동

- 물가수준의 변화로 인한 총공급의 변화는 총공급곡선 위의 운동을 의미함
- 물가수준 이외의 다른 요인의 변화로 인한 총공급의 변화는 총공급곡선의 이동을 의미함
- 물가수준 이외의 다른 요인의 변화로 인해 총공급이 증가하면 총공급곡선은 '오른쪽'으로, 총공급이 감소하면 총공급곡선은 '왼쪽'으로 이동.

5 국민경제의 균형

국민경제에서 균형국민소득과 균형물가수준이 어떻게 결정되는지 살펴보자. 국민경제의 균형도 총수요곡선과 총공급곡선이 만나는 점에서 이루어진다. 〈그림 11-9〉에서 보는 것처럼 국민경제의 균형은 총수요곡선과 총공급곡선이 만나는 E점에서 이루어지며, P_0와 Y_0를 각각 균형물가수준과 균형국민소득수준이라 한다. 국민경제도 지금 이 순간 균형을 이루고 있다기보다 균형을 향해 움직이고 있다고 하는 것이 가장 적절한 표현이다. 국민경제가 균형을 향해 움직인다는 것 역시 보이지 않는 손이 작동되고 있음을 의미한다.

그림 11-9 | 국민경제의 균형

- 총수요곡선과 총공급곡선이 만나는 E점에서 국민경제의 균형이 이루어지며, P_0와 Y_0를 각각 균형물가수준과 균형국민소득이라 함
- 물가수준이 P_1이라면 초과공급 상태 ⇨ 재고가 쌓임 ⇨ 물가수준 하락 ⇨ 물가수준의 하락은 총공급과 총수요가 같아질 때까지 지속 ⇨ 균형에 도달
- 물가수준이 P_2라면 초과수요 상태 ⇨ 재고 감소 ⇨ 물가수준 상승 ⇨ 물가수준의 상승은 총공급과 총수요가 같아질 때까지 지속 ⇨ 균형에 도달

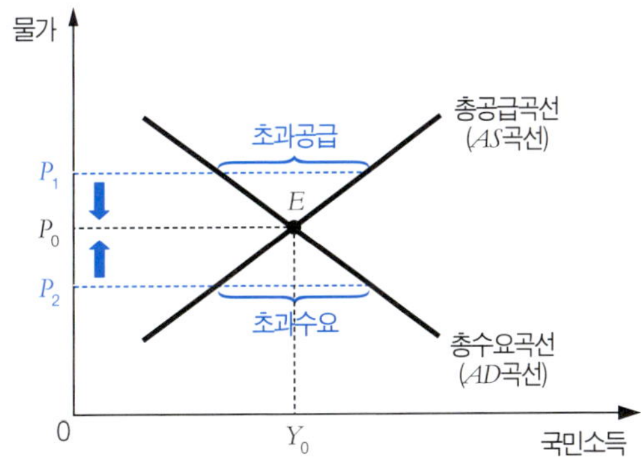

국민경제에서 보이지 않는 손이 작동되는 원리를 〈그림 11-9〉를 이용하여 설명하면 다음과 같다. 국민경제가 균형을 이루고 있지 못하며 물가수준이 균형물가수준보다 높은 경우를 생각해 보자. 즉 〈그림 11-9〉에서 물가수준이 P_1이라면 이 물가수준에서는 국민경제 전체의 총공급이 총수요보다 많은 초과공급 상태가 된다. 초과공급 상태에서는 공급된 상품이 모두 팔리지 않아 재고가 쌓이게 된다. 재고가 쌓이면 쌓일수록 기업은 재고를 처분하기 위해 상품의 가격을 낮출 것이므로 물가수준은 하락할 것이다. 물가수준의 하락은 총공급과 총수요가 같아질 때까지 지속되며, 국민경제의 균형은 E점에서 이루어진다. 반대로 물가수준이 균형물가수준보다 낮아 〈그림 11-9〉의 P_2라면 초과수요 상태가 된다. 초과수요 상황에서는 재고가 감소하고 물가수준은 상승할 것이다. 물가수준의 상승은 총공급과 총수요가 같아질 때까지 이어지며 국민경제의 균형은 E점에서 이루어진다.

핵심포인트

① 국민경제의 균형은 총수요곡선과 총공급곡선이 만나는 점에서 이루어짐
- 이때의 물가수준과 국민소득을 각각 균형물가수준과 균형국민소득이라 함

② 국민경제는 지금 이 순간 균형을 이루고 있다기보다 균형을 향해 움직이고 있음
- 국민경제가 균형을 향해 움직인다는 것은 보이지 않는 손이 작동되고 있음을 의미함
- 초과공급 상태 ⇨ 재고 증가 ⇨ 기업은 가격을 낮추고 생산량을 줄이기 시작 ⇨ 물가수준이 하락하기 시작 ⇨ 물가수준의 하락은 초과공급이 완전히 해소될 때까지 지속 ⇨ 국민경제의 균형 회복
- 초과수요 상태 ⇨ 재고 감소 ⇨ 기업은 가격을 높이고 생산량을 늘리기 시작 ⇨ 물가수준이 상승하기 시작 ⇨ 물가수준의 상승은 초과수요가 완전히 해소될 때까지 지속 ⇨ 국민경제의 균형 회복

6 국민경제 균형의 변화

국민경제에서 균형이 이루어지면 총수요곡선 혹은 총공급곡선의 이동을 초래하는 요인이 발생하지 않는 한 균형은 그대로 유지된다. 그러나 총수요곡선 혹은 총공

급곡선의 이동을 유발시킬 수 있는 요인이 변화한다면 국민경제의 균형도 당연히 변화할 것이다. 또한 국민경제가 새로운 균형을 이루는 과정에서 균형물가수준과 균형국민소득수준도 변화할 것이다. 국민경제균형의 변화에 따른 균형물가수준과 균형국민소득수준의 변화를 총수요곡선이 이동하는 경우와 총공급곡선이 이동하는 경우로 구분하여 살펴보기로 하자.

6.1 수요충격에 의한 균형의 변화

총수요에 영향을 주어 총수요곡선의 이동을 유발시키는 모든 경제적·비경제적 변화를 수요충격(demand shocks)이라 한다. 〈표 11-1〉에 제시된 물가수준을 제외한 총수요 구성항목별 결정요인 모두 총수요곡선의 이동을 유발하는 수요충격에 해당된다. 〈표 11-1〉에는 포함되지 않았지만 총수요를 증가시켜 총수요곡선을 '오른쪽'으로 이동시키는 수요충격의 예로는 미래의 경기에 대한 낙관론의 확산과 해외시장에서 우리나라 상품에 대한 평판 향상 등을 들 수 있다.

수요충격
총수요곡선의 이동을 유발시키는 모든 경제적, 비경제적 변화

해외시장에서 우리나라 상품에 대한 평판이 좋아지는 경우를 생각해 보자. 이 경우 수출이 늘어날 것이므로 순수출이 증가하고, 총수요곡선은 〈그림 11-10〉의 (a)에서 보는 바와 같이 '오른쪽'으로 이동한다. 총수요곡선이 '오른쪽'으로 이동한다는 것은 국민경제의 균형점이 E점에서 E_1점으로 이동하는 것을 의미한다. 따라서 해외시장에서 국내 상품에 대한 평판이 좋아지는 수요충격으로 인해 균형국민소득수준은 증가하는 한편 균형물가수준은 상승한다. 이와 같이 총수요곡선이 '오른쪽'으로 이동하여 발생하는 물가상승을 수요견인 인플레이션(demand-pull inflation)이라 한다.

수요견인 인플레이션
총수요곡선이 '오른쪽'으로 이동하여 발생하는 물가상승

이번에는 미래 경제에 대한 비관론이 확산되는 경우를 생각해 보자. 이 경우에는 투자지출이 급격하게 감소할 것이므로 〈그림 11-10〉의 (b)에서 보는 바와 같이 총수요곡선은 '왼쪽'으로 이동한다. 총수요곡선이 '왼쪽'으로 이동한 결과 국민경제의 균형점은 E점에서 E_2점으로 이동한다. 즉 미래 경제에 대한 비관론의 확산으로 인해 균형국민소득수준은 감소하고 균형물가수준은 하락한다.

그림 11-10 | 수요충격에 의한 국민경제 균형의 변화

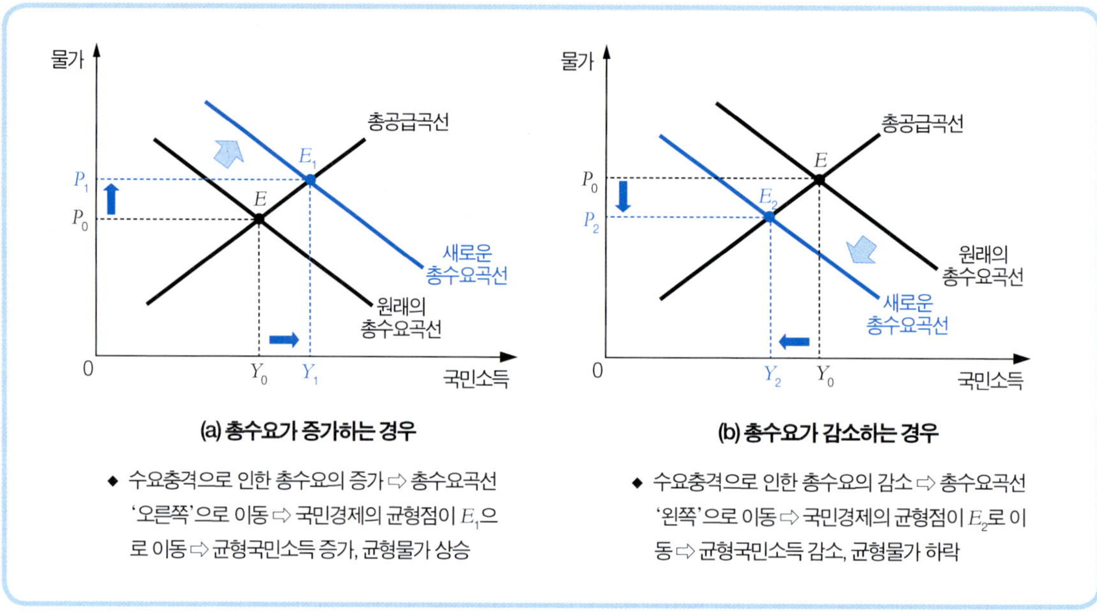

일반적으로 총수요의 증가를 유발하는 수요충격은 총수요곡선을 '오른쪽'으로 이동시켜 균형국민소득수준을 증가시키는 한편 균형물가수준은 상승시키는 결과를 가져온다. 반대로 총수요의 감소를 초래하는 수요충격은 총수요곡선을 '왼쪽'으로 이동시켜 균형국민소득수준은 감소하고 균형물가수준은 하락한다. 〈표 11-2〉에는 총수요곡선을 '오른쪽'으로 이동시킬 수 있는 요인들을 경제적 요인(국내, 해외)과 비경제적인 요인으로 구분하여 제시하였다. 물론 총수요곡선을 '왼쪽'으로 이동시

표 11-2 | 총수요곡선의 '오른쪽' 이동을 유발시키는 요인들(예)

구분		변화요인 사례
경제적 요인	(국내)	• 소득수준(국민소득) 증가 • 이자율 하락 • 환율 상승
	(해외)	• 외국의 국민소득 증가 • 외국의 물가수준 상승
비경제적 요인		• 해외시장에서 국내상품에 대한 평판 향상 • 미래의 경기에 대한 낙관론 확산

킬 수 있는 요인들은 〈표 11-2〉에 제시된 요인들의 변화 방향을 반대로 설명하면 된다. 〈표 11-2〉에 제시된 요인들의 변화가 어떤 논리적 추론 과정을 거쳐 총수요곡선을 이동시키는지는 독자들 스스로 연습해 보기 바란다.

6.2 공급충격에 의한 균형의 변화

총공급에 영향을 주는 요인들이 변화해도 국민경제의 균형은 영향을 받는다. 총공급에 영향을 주어 총공급곡선의 이동을 유발시키는 모든 경제적·비경제적 변화를 공급충격(supply shocks)이라 한다. 총공급을 위축시켜 총공급곡선을 '왼쪽'으로 이동시키는 공급충격의 예로는 국제원유가격의 상승, 임금수준의 상승, 원자재 가격의 상승, 빈번한 노사분규, 물류비용의 상승 등을 들 수 있다.

공급충격
총공급곡선의 이동을 유발시키는 모든 경제적, 비경제적 변화

노사분규가 잦아 기업의 생산활동이 큰 차질을 빚고 있다고 생각해 보자. 노사분규가 빈번하게 발생한다는 것은 기업의 생산비용이 증가함을 의미하고, 기업의 생산비용 증가로 인해 총공급은 감소한다. 따라서 총공급곡선은 〈그림 11-11〉의 (a)에서 보는 바와 같이 '왼쪽'으로 이동하고 국민경제의 균형점은 E점에서 E_3점으로 이동

자세히 알아보기 **스태그플레이션: 불경기속의 물가상승**

1970년대 초 석유수출국기구(OPEC)의 원유가격 대폭 인상으로 제1차 석유파동이 초래되어 우리나라를 포함한 세계 각국은 물가가 크게 상승하고 국민소득이 감소하는 스태그플레이션을 경험하였다. 불경기(stagnation)와 물가상승(inflation)의 합성어인 스태그플레이션(stagflation)은 주로 비용인상 인플레이션에 의해 유발된다. 원유는 자동차 등의 연료로 쓰일 뿐만 아니라 석유화학제품 등 여러 상품들을 만들기 위해 다양한 분야에서 중간재로 널리 사용되고 있어 국민경제 전체에 미치는 영향이 매우 크다. 스태그플레이션은 경제에 큰 고통을 안겨주지만 적절한 대응정책을 수립하기가 어렵다. 이에 따라 많은 국가들은 스태그플레이션이 발생되지 않도록 예방책 마련에 노력하고 있다.

출처: **일반인을 위한 알기쉬운 경제이야기**, 한국은행(2013. 3)의 일부 내용 수정

그림 11-11 | **공급충격에 의한 국민경제 균형의 변화**

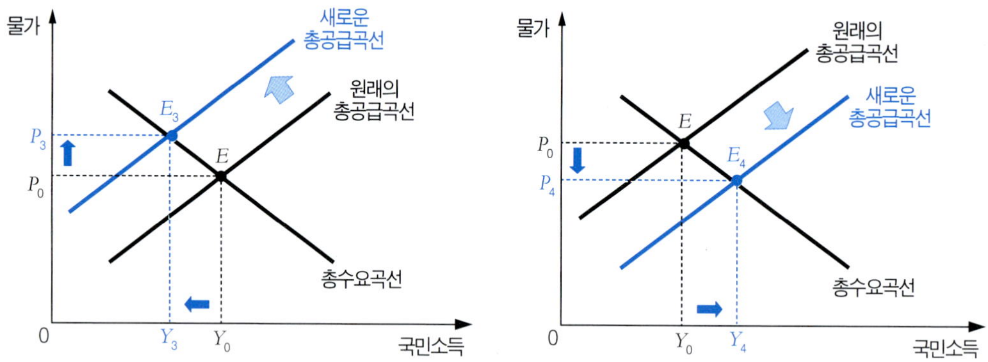

(a) 총공급이 감소하는 경우

- 공급충격으로 인한 총공급의 감소 ⇨ 총공급곡선 '왼쪽'으로 이동 ⇨ 국민경제의 균형점이 E_3로 이동 ⇨ 균형국민소득 감소, 균형물가 상승

(b) 총공급이 증가하는 경우

- 공급충격으로 인한 총공급의 증가 ⇨ 총공급곡선 '오른쪽'으로 이동 ⇨ 국민경제의 균형점이 E_4로 이동 ⇨ 균형국민소득 증가, 균형물가 하락

비용상승 인플레이션
총공급곡선이 '왼쪽'으로 이동하여 발생하는 물가상승

스태그플레이션
국민소득은 떨어지고, 실업률은 증가하며, 물가는 상승하는 현상

한다. 총공급곡선을 '왼쪽'으로 이동시키는 공급충격으로 인해 국민소득수준은 감소하고 물가수준은 상승한다. 이와 같이 공급충격으로 인해 총공급곡선이 '왼쪽'으로 이동하여 발생하는 물가상승을 **비용상승 인플레이션**(cost-push inflation)이라 한다. 일반적으로 국제원유가격의 상승, 임금상승, 원자재 가격 상승, 물류비용의 상승, 빈번한 노사분규 등과 같은 공급충격은 생산비용의 상승을 초래하므로 총공급곡선을 '왼쪽'으로 이동시켜 국민소득은 감소하고 물가도 상승한다. 이와 같이 국민소득은 감소하고, 실업률은 증가하며, 물가는 상승하는 현상을 **스태그플레이션**(stagflation)이라 한다.

반면에 원자재 가격의 하락, 새로운 생산기술의 도입 등과 같은 공급충격은 총공급곡선을 '오른쪽'으로 이동시켜 국민소득도 높아지고 물가는 낮아지는 가장 바람직한 결과를 가져온다. 국제원유가격이 큰 폭으로 하락하는 경우를 상상해 보자. 국제원유가격의 하락으로 인해 기업의 생산비용은 크게 절감될 수 있다. 기업의 생산비용이 크게 절감된다면 총공급은 증가할 것이고 총공급곡선은 〈그림 11-11〉의 (b)에서 보는 바와 같이 '오른쪽'으로 이동한다. 국민경제의 새로운 균형은 E_4점에서 이루어지므로 총공급곡선을 '오른쪽'으로 이동시키는 공급충격으로 인해 국민소득은 증가하고 물가는 하락한다. 지금까지 국민경제의 균형이 변화하는 네 가지 형태를 살펴보았다. 국민경제 전체적인 관점에서 어떤 변화가 가장 바람직한가? 독자들 스스로 생각해 보기 바란다.

〈표 11-3〉에는 총공급곡선을 '오른쪽'과 '왼쪽'으로 이동시킬 수 있는 요인들을 제시하였다. 〈표 11-3〉을 보면 가장 바람직한 상태인 총공급곡선의 '오른쪽' 이동을 가능하게 하는 국내의 경제적 요인은 없다. 물론 기술수준 향상을 위해 여러 가지 노력은 할 수 있지만 기술수준 향상이 빠른 시간 내에 이루어질 수 있는 것은 아니다. 결과적으로 총공급곡선을 '오른쪽'으로 이동시킬 수 있는 단기적 요인은 해외시장에서 결정되는 것들만 있는 셈이다. 〈표 11-3〉에 제시된 요인들의 변화가 어떤 논리적 추론과정을 거쳐 총공급곡선을 이동시키는지는도 독자들 스스로 연습해 보기 바란다.

표 11-2 | 총공급곡선의 이동을 유발시키는 요인들(예)

구분		'오른쪽' 이동 요인 사례	'왼쪽' 이동 요인 사례
경제적 요인	(국내)	없음	• 임금수준의 급격한 상승 • 물류비용 상승
	(해외)	• 국제원유가격 하락 • 원자재가격 하락	• 국제원유가격 상승 • 원자재가격 상승
비경제적 요인		• 기술수준 향상	• 빈번한 노사분규

주 현실적으로 불가능한 변화인 임금수준의 하락, 기술수준의 하락 등은 제시하지 않았음.

핵심포인트

① 수요충격에 의한 균형의 변화

- 총수요의 증가를 유발하는 수요충격은 총수요곡선을 '오른쪽'으로 이동시켜 균형국민소득을 증가시키고 균형물가는 상승시킴

- 총수요곡선이 '오른쪽'으로 이동하여 발생하는 물가상승을 수요견인 인플레이션이라 함
- 총수요의 감소를 초래하는 수요충격은 총수요곡선을 '왼쪽'으로 이동시켜 균형국민소득은 감소하고 균형물가는 하락함

② 공급충격에 의한 균형의 변화

- 생산비용의 상승을 초래하는 공급충격은 총공급곡선을 '왼쪽'으로 이동시켜 국민소득은 감소하고 물가는 상승함
- 총공급곡선이 '왼쪽'으로 이동하여 발생하는 물가상승을 비용상승 인플레이션이라 함
- 국민소득은 떨어지고, 실업률은 증가하며 물가는 상승하는 현상을 스태그플레이션이라 함
- 생산비용의 하락을 유도하는 공급충격은 총공급곡선을 '오른쪽'으로 이동시켜 국민소득은 증가하고 물가는 하락함

연습문제

01 아래 용어의 개념을 간략하게 설명하라.

① 총수요-총공급모형 ② 한계소비성향
③ 실질자산효과 ④ 할인
⑤ 재정지출 ⑥ 수요충격
⑦ 공급충격 ⑧ 수요견인인플레이션
⑨ 비용상승인플레이션 ⑩ 스태그플레이션

02 총수요를 정의하고, 총수요의 구성요소를 나열하라.

03 투자 여부나 투자의 규모를 결정하는 가장 중요한 요인은 무엇인가? 실제로 투자지출에 관한 분석을 할 때, 이 요인을 투자지출의 결정요인으로 사용하지 못하는 이유는 무엇인가?

04 '마이너스' 기울기를 갖는 총수요곡선을 도출하라.

05 '플러스' 기울기를 갖는 총공급곡선을 도출하라.

06 총공급곡선이 낮은 국민소득 수준과 높은 국민소득 수준에서 다른 기울기를 갖는 이유를 설명하라.

07 국민경제에서 초과공급 혹은 초과수요가 존재하는 경우 어떻게 균형을 회복하는지 논리적으로 설명하라.

08 어떤 국민경제가 균형을 이루고 있는데 아래와 같은 충격이 주어진다면 균형국민소득과 균형물가는 어떻게 변화하는지 그림을 이용하여 분석하라.

① 주요 교역국가의 물가수준 대폭 상승
② 경기가 더 나빠질 것이라는 비관론의 확산
③ 물류비용의 대폭 상승
④ 원자재가격 하락

12

| 제12장 |

경기변동과 경제안정정책

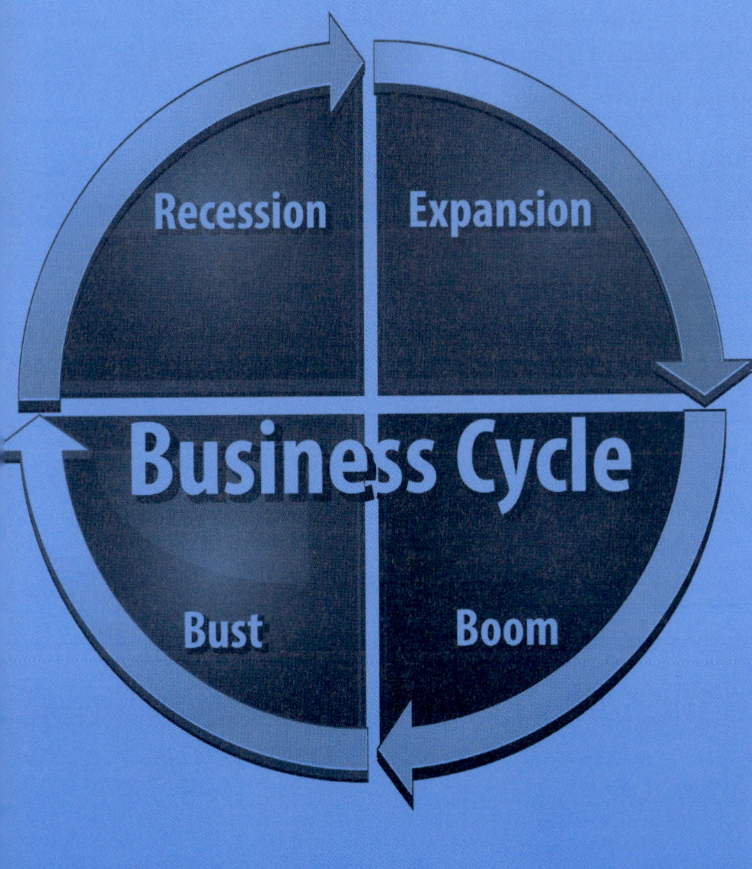

1. 경기변동: 국민경제의 단기적 변화
2. 경기변동과 총수요-총공급모형
3. 경제안정정책
4. 정부와 국민경제

1 경기변동: 국민경제의 단기적 변화

'경기가 좋다' 혹은 '경기가 나쁘다'는 표현을 자주 듣는다. 이 말들의 의미는 무엇일까? 개인의 입장에서는 '경제생활을 영위하기 수월하다' 혹은 '경제생활을 영위하기 어렵다' 정도의 의미로 해석하면 무난할 것이다. 그렇다면 국민경제 전체를 대상으로 한 의미는 무엇일까? 위의 표현들이 국민경제 전체를 대상으로 한다면 '생산, 소비 등 국민경제의 전반적인 경제활동이 활발하다' 혹은 '그렇지 못하다'의 의미를 갖는다고 해석할 수 있다. 즉, 경기란 국민경제의 총체적인 상황을 의미하며, 경기는 거시경제변수들의 움직임이 종합된 것이라고 할 수 있다.

경기
국민경제의 총체적인 상황

경기는 항상 일정한 것이 아니라 '좋을 때'와 '나쁠 때'를 반복적으로 되풀이한다. 즉 경기는 상승과 하락을 지속적으로 반복하는데 이를 경기순환 혹은 경기변동(economic fluctuation)이라 한다. 이와 같은 경기의 상황을 판단하기 위해서는 주요 거시경제변수들의 움직임이 집계된 자료(우리나라의 경우 통계청에서 작성 및 공표하는 경기종합지수)를 이용하거나 실질GDP를 이용하는데 본서에서는 실질GDP를 이용하여 경기변동을 설명하고, 경기종합지수와 GDP갭을 이용하여 우리나라 경기변동의 그래프를 제시할 것이다.

경기변동
실질GDP가 잠재GDP를 중심으로 상승과 하락을 반복하는 현상

그림 12-1 | 경기변동의 국면

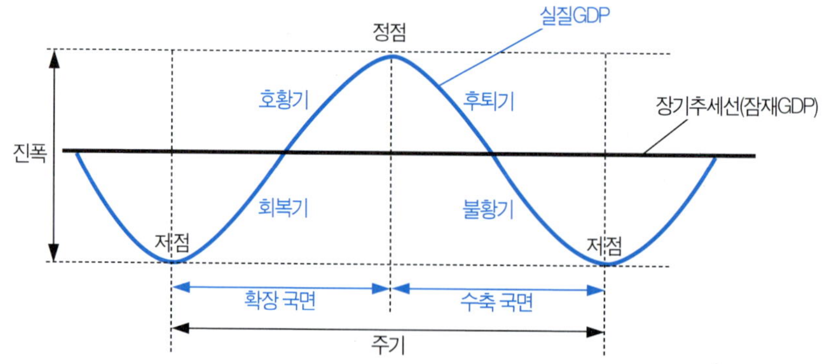

경기변동이란 실질GDP가 장기추세선(잠재GDP)을 중심으로 상승과 하락을 반복하는 현상을 말한다. 〈그림 12-1〉에서 보는 바와 같이 실질GDP는 장기추세선(잠재GDP)을 중심으로 끊임없이 상승(확장)과 하강(수축)을 반복하며 변동한다. 경기가 회복되기 시작하여 호황기에 접어들면 경제활동이 활발하게 이루어지는데 이 시기에는 생산·소비·투자·고용 등이 확대되며 재고와 실업은 감소한다. 이와 같은 호황기가 어느 정도 지속되면 경기가 정점(peek)에 이르게 되고 이후부터는 경제활동이 둔화되기 시작한다. 경제활동의 둔화가 시작된 이후에는 불황기에 접어들게 되는데 이 시기에는 생산·소비·투자·고용 등이 위축되며 재고와 실업은 증가한다. 이런 불황기가 어느 정도 지속되면 경기가 저점(trough)에 도달하게 되고 이후부터는 경제활동이 다시 활력을 띄게 된다. 이와 같이 경기가 파도처럼 지속적으로 출렁이는 현상을 경기순환 혹은 경기변동이라 한다.

〈그림 12-1〉에서 경기의 저점(정점)에서 다음 저점(정점)까지의 기간을 주기(cycle)라고 하고, 저점에서 정점까지의 높이를 진폭(amplitude)이라고 한다. 경기의 변동과정을 2단계로 구분하면 저점에서 정점까지를 확장국면(expansion), 정점에서 저점까

주기와 진폭
경기의 저점(정점)에서 다음 저점(정점)까지의 기간과 저점에서 정점까지의 높이

경제이야기 비공식적으로 경기변동을 판단하는 재미있는 방법들

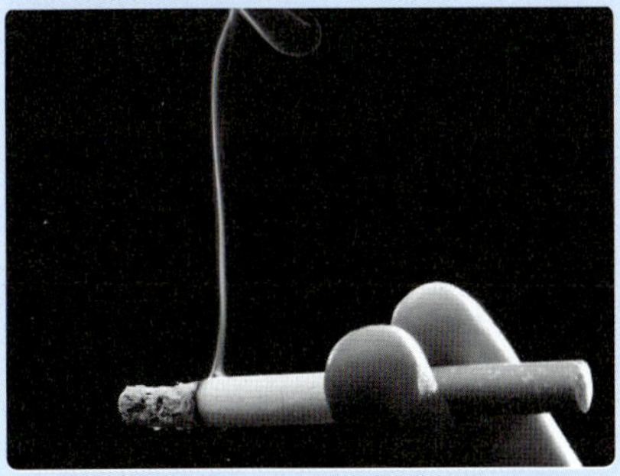

경기하면 어렵게만 느끼는 사람들이 있다. 그러나 복잡하고 전문적인 통계나 자료에 의존하지 않고도 다음과 같은 방법으로 경기상황을 나름대로 손쉽게 진단해 볼 수 있다. 경기의 상황에 따라 거리의 옷 색깔이 달라지는데 경기가 좋을 때에는 밝고 깨끗한 색깔의 옷이 많이 눈에 띄는 반면 경기가 나쁠 때에는 어둡고 우중충한 색깔이 주류를 이룬다고 한다. 뿐만 아니라 경기상황에 따라 여러 가지 독특한 현상도 나타나는데 경기나 나빠지면 길거리 담배꽁초의 길이가 짧아진다든지 위스키나 맥주보다는 소주의 판매량이 늘어난다는 것이다. 병원의 경우에도 경기가 좋을 때에는 성형외과를 찾는 사람들이 상당히 있으나 경기가 나쁠 때에는 성형외과를 찾는 사람들이 크게 줄어드는 반면 신경정신과는 더욱 붐비게 되는데 이는 불황에 따른 스트레스로 인해 상담 받는 사람들이 늘어나기 때문이다.

출처: **일반인을 위한 알기쉬운 경제이야기**, 한국은행(2013. 3)의 일부 내용 수정

그림 12-2 | 우리나라의 경기변동

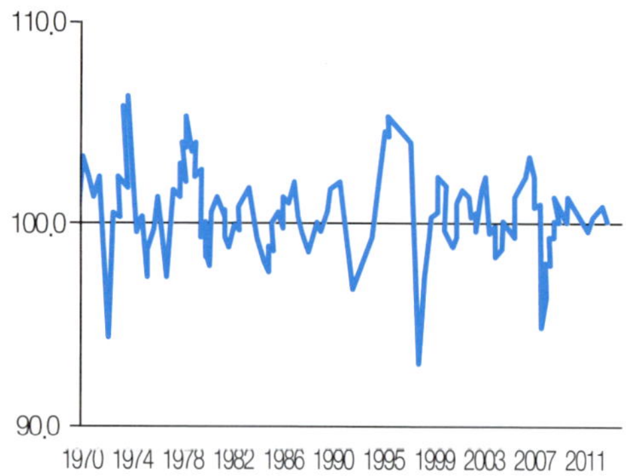

(a) 동행지수 순환변동치

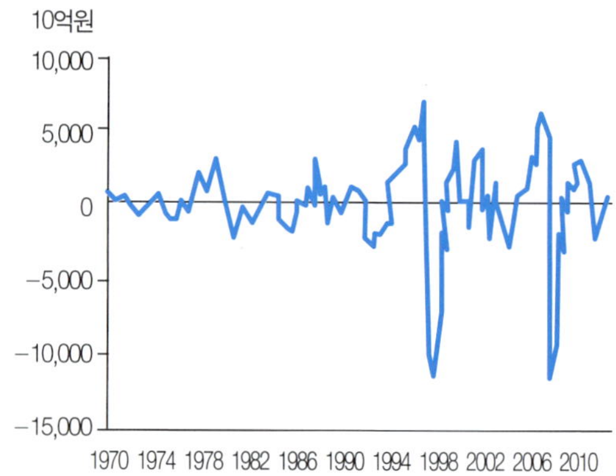

(b) GDP 갭

자료 통계청 국가통계포털(http://kosis.kr/), 한국은행 경제통계시스템(http://ecos.bok.or.kr)
주 GDP갭은 저자가 직접 추정한 잠재GDP와 실질GDP의 차이임

지를 수축국면(contraction)이라고 한다. 또한 확장국면을 회복기(recovery)와 호황기(boom)로, 수축국면을 후퇴기(recession)와 불황기(depression)로 구분하기도 한다.

〈그림 12-1〉에는 경기변동의 국면을 설명하기 위해 일정한 그래프를 제시하였지만 모든 국가들의 실제 경기변동을 측정하면 각 격기변동 과정의 주기와 진폭이 다르고, 한 주기 내에서도 확장국면과 수축국면의 길이도 다르다. 〈그림 12-2〉의 (a)에는 우리나라의 경기변동을 살펴보기 위해 통계청에서 작성하여 발표하는 경기종합지수 중 '동행지수 순환변동치'를 그래프로 제시하였다. 또한 〈그림 12-2〉의 (b)에는 GDP갭(실질GDP−잠재GDP)을 그래프로 제시하였다. 〈그림 12-2〉의 우리나라 경기변동을 보면 앞에서 언급한 바와 같이 주기와 진폭이 모두 다르고 확장국면과 수축국면의 길이도 모두 다름을 알 수 있다.

자세히 알아보기 경기변동이란 뭐고 어떻게 판단하나요

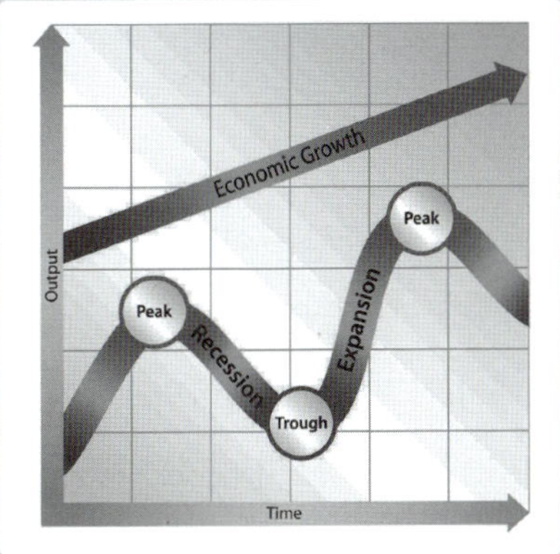

오르막이 있으면 내리막도 있다는 말을 들어봤을 겁니다. 어려운 때라도 시간이 지나면 좋은 일이 생기며, 반대로 모든 게 다 잘 되는 시기지만 시간이 지나면 나쁜 일이 생기기도 한다는 뜻이죠. 경제에도 이 같은 개념이 있습니다. 경제가 좋을 때와 나쁠 때를 번갈아 경험한다는 겁니다. 경제학자들은 이와 같은 경제활동 수준의 오르내림을 경기변동 또는 경기순환이라고 부릅니다.

경제의 성장 속도가 매년 일정하다면 경기변동은 일어나지 않습니다. 경제활동 수준을 나타내는 대표적 지표인 실질 국내총생산(GDP) 성장률을 예로 들어 볼까요. 한국은 1990년부터 2018년까지 연평균 5.1% 성장했습니다. 28년간 한국 경제 규모가 4배 가까이 성장한 것이죠. 하지만 외환위기로 고생했던 1998년에는 -5.5%의 성장률을 기록했고, 글로벌 금융위기를 경험했던 2009년의 성장률은 0.7%에 불과했습니다. 이렇듯 경제 상황은 좋고 나쁨 을 반복할 수밖에 없는 것이죠.

경기변동은 크게 두 가지 국면으로 구분할 수 있습니다. 경기가 정점에서 저점까지 위축되는 기간인 수축 국면, 반대로 저점에서 정점으로 개선되는 기간인 확장 국면으로 나뉩니다. 경기 저점에서 다음 저점까지의 기간을 주기(사이클)라고 합니다. 수축 국면을 정의하는 방법은 크게 두 가지가 있습니다. 첫 번째는 미국, 캐나다 등에서 사용하는 방식으로 총체적인 경제활동 수준의 하락이 지속되는 기간, 즉 마이너스(-) 성장률이 지속되는 기간을 수축 국면으로 정의하는 것입니다. 두 번째 방법은 장기추세를 이용하는 것입니다. 마이너스 성장률이 드물거나 연속적이지 않은 국가에서 주로 사용합니다. 한국은 통계청이 두 번째 방법을 이용해 사후적으로 공식적인 경기 판단을 수행하며, 이때 활용하는 지표가 동행종합지수입니다.

다만 통계청은 경기 흐름을 잘 포착하기 위해 통행종합지수 자체보다 동행종합지수에서 장기추세를 제거한 동행지수 순환변동치의 움직임을 주로 살펴봅니다. 동행지수 순환변동치는 동행지표의 복잡한 수치를 단순화해 경기순환만을 알기 쉽게 보여줍니다. 통계청은 이를 바탕으로 주요 거시변수의 움직임, 전문가 의견 등을 종합해 수축 국면을 사후적으로 판단합니다.

출처: **동아일보(2019.10.15)의 일부 내용 수정**

핵심포인트

① 경기변동이란 실질GDP가 장기추세치(잠재GDP)를 중심으로 상승과 하락을 반복하는 현상임
- 경기의 저점(정점)에서 다음 저점(정점)까지의 기간을 주기라 하고, 저점에서 정점까지의 높이를 진폭이라 함

② 경기변동의 특징
- 주기와 진폭이 다르고, 확장국면과 수축국면의 길이도 다름
- 확장에서 수축 또는 수축에서 확장국면으로 반전되면 누적적 확대현상을 보임

2 경기변동과 총수요-총공급모형

2.1 경기침체갭과 인플레이션갭

국민경제는 총수요곡선과 총공급곡선이 만나는 점에서 균형을 이룬다고 하였는데 이와 같이 총수요-총공급모형에서 결정되는 균형국민소득은 높은 수준일 수도 있고 낮은 수준일 수도 있다. 총수요-총공급모형에서 결정되는 균형국민소득이 높은 수준일 수도 있고 낮은 수준일 수도 있다는 의미는 무엇인가? 이 의미는 제8장 제5절에서 제시한 〈그림 8-5〉를 상기하면 명확해진다. 〈그림 8-5〉를 설명하면서 어느 국가를 막론하고 실질GDP의 그래프를 그리면 장기추세치를 중심으로 등락을 반복한다고 하였다. 따라서 균형국민소득수준이 높고 낮음은 실질GDP가 장기추세치보다 높은 상태인지 아닌지를 판단하면 된다. 이와 같이 균형국민소득이 높은 수준인지 혹은 낮은 수준인지 판단하기 위한 기준으로 사용되는 실질GDP의 장기추세치를 잠재GDP라 한다.

경기침체갭
균형국민소득이 잠재GDP보다 낮은 상태

총수요-총공급모형에서 결정된 균형국민소득이 잠재GDP보다 낮은 상태를 경기침체갭(recessionary gap)이라 한다. 〈그림 12-3〉의 (a)에서 보는 바와 같이 실질GDP가 잠재GDP보다 낮은 상태를 경기침체갭이라 하며, 경기침체갭은 주로 총수요의 부족 때문에 발생한다. 총수요가 부족하기 때문에 발생하는 경기침체갭 상황에서는 물가는 비교적 안정적인 반면에 국민소득은 낮다. 국민소득이 낮다는 것은 국민경제의 생산활동이 활발하지 못함을 의미하므로 경기침체갭 상황에서는 실업률이 높다. 즉 총수요의 부족이 투자의욕을 감소시키고 이로 인해 국민소득이 낮고 경기가 침체하는 경기침체갭이 발생한다.

인플레이션갭
균형국민소득이 잠재GDP보다 높은 상태

한편 총수요-총공급모형에서 결정된 균형국민소득이 잠재GDP보다 높은 상태를 인플레이션갭(inflation gap)이라 한다. 〈그림 12-3〉의 (b)에서 보는 바와 같이 실질GDP가 잠재GDP보다 높은 상태를 인플레이션갭이라 하며, 인플레이션갭은 주로

그림 12-3 | 경기침체갭과 인플레이션갭

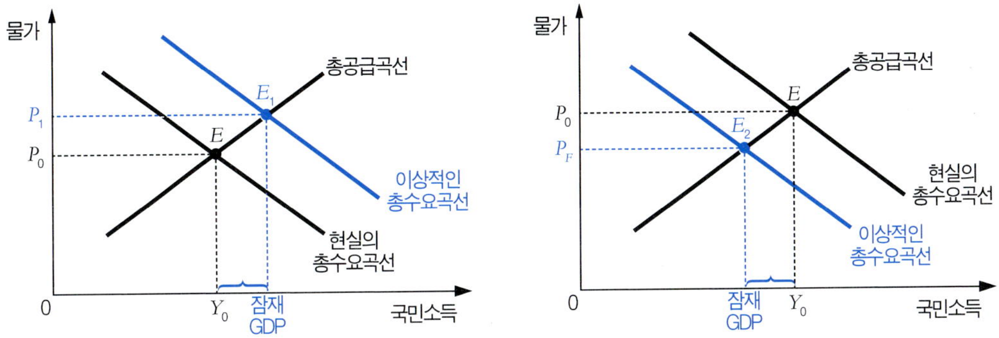

(a) 경기침체갭

- 경기침체갭: 총수요-총공급모형에서 결정된 균형 국민소득이 잠재GDP보다 낮은 상태

(b) 인플레이션갭

- 인플레이션갭: 총수요-총공급모형에서 결정된 균형국민소득이 잠재GDP보다 높은 상태

과다한 총수요 때문에 발생한다. 인플레이션갭 상황에서는 과다한 총수요 때문에 인플레이션이 발생하는 반면 생산활동이 활발하게 이루어지고 있으므로 실업률은 낮다.

2.2 경제의 자동조정기능

경제의 자동조정기능
균형국민소득이 잠재GDP 수준으로 회복되는 현상

경제의 자동조정기능이란 경기침체갭이나 인플레이션갭이 발생할 때 충분한 시간이 흐르면 균형국민소득이 잠재GDP 수준으로 회복되는, 즉 실질GDP와 잠재GDP가 같아지는 현상을 말한다. 총수요 부족으로 경기침체갭이 발생한 경우를 생각해 보자. 경기침체갭 상황에서는 생산활동이 위축되므로 실업률이 높다고 하였다. 실업률이 높은 상황에서는 저렴한 임금수준에서도 일하려는 사람들이 있을 것이므로 임금수준은 하락하게 된다. 만일 임금수준이 하락한다면 이는 기업의 생산비용이 감소함을 의미한다. 따라서 임금수준의 하락으로 인한 생산비용의 감소는 동일한

그림 12-4 | 경제의 자동조정기능

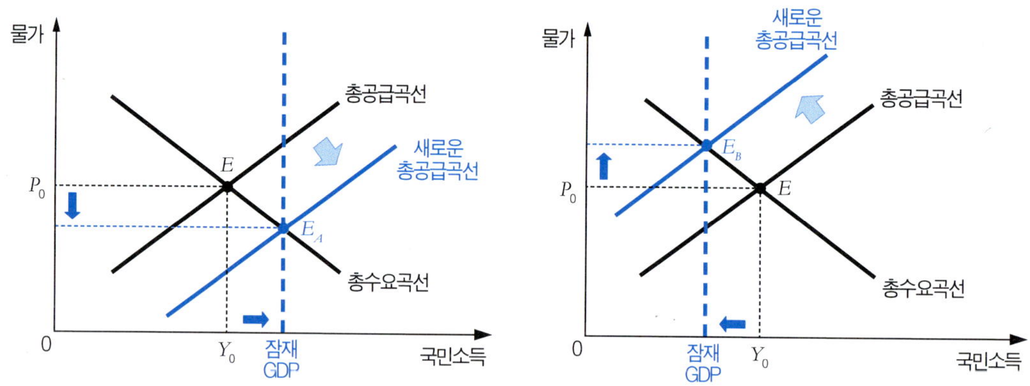

(a) 경기침체갭의 해소

◆ 경기침체갭 발생 ⇨ 실업률 높음 ⇨ 임금 등 생산요소 가격 하락 ⇨ 기업의 생산비용 감소 ⇨ 총공급곡선 '오른쪽' 이동 ⇨경기침체갭 해소

(b) 인플레이션갭의 해소

◆ 인플레이션갭 발생 ⇨ 실업률 낮음 ⇨ 임금 등 생산요소 가격 상승 ⇨ 기업의 생산비용 증가 ⇨ 총공급곡선 '왼쪽' 이동 ⇨ 인플레이션갭 해소

물가수준에서도 기업의 이윤을 증가시킬 수 있기 때문에 기업은 생산량을 늘릴 것이고, 이는 동일한 물가수준에서 국민경제 전체의 총공급이 증가함을 의미한다. 결국 경기침체갭 상황 때문에 발생한 임금수준의 하락은 〈그림 12-4〉의 (a)에서 보는 바와 같이 총공급곡선은 '오른쪽'으로 이동시키게 된다. 총공급곡선이 '오른쪽'으로 이동한다면 〈그림 12-4〉의 (a)에서 보는 바와 같이 국민경제의 새로운 균형은 E_A점에서 이루어져 경기침체갭이 해소되고 균형국민소득이 잠재GDP 수준과 같아지게 된다.

과다한 총수요 때문에 발생하는 인플레이션갭도 비슷한 논리로 경제의 자동조정기능이 작동함을 설명할 수 있다. 인플레이션갭 상황에서는 생산활동이 과열되어 실업률이 낮아 이미 많은 사람들이 일자리를 갖고 있기 때문에 임금수준은 상승하게 된다. 만일 임금수준이 상승한다면 이는 기업의 생산비용을 상승시켜 기업의 이윤을 감소시킬 수 있기 때문에 기업은 생산량을 줄일 것이다. 이는 결국 동일한 물가 수준에서 국민경제 전체의 공급량, 즉 총공급이 감소함을 의미하므로 총공급곡선은 〈그림 12-4〉의 (b)에서 보는 바와 같이 '왼쪽'으로 이동한다. 총공급곡선이 '왼쪽'으로 이동한다면 〈그림 12-4〉의 (b)에서 보는 바와 같이 국민경제의 새로운 균형은 E_B 점에서 이루어져 인플레이션갭이 해소되고 균형국민소득이 잠재GDP와 같아지게 된다.

경제의 자동조정기능에 대한 시각

경기침체갭 혹은 인플레이션갭이 해소되는 현상을 경제의 자동조정기능이라 하였고, 이 기능이 작동하는 원리를 살펴보았다. 앞에서의 논의를 종합하면 경기침체갭이나 인플레이션갭이 경제의 자동조정기능에 따라 자동적으로 치유되기 위해서는, 즉 경제의 자동조정기능이 제대로 작동하기 위해서는 두 가지의 전제조건이 필요함을 알 수 있다. 이 두 가지 전제조건은 바로 임금수준과 같은 생산요소 가격의 신축성과 충분히 긴 시간이다. 경기침체갭이나 인플레이션갭이 자동적으로 치유되는 경제의 자동조정기능의 핵심적 역할은 임금수준과 같은 생산요소 가격의 신축성이 담당한다. 즉 〈그림 12-4〉에서 살펴보았듯이 임금수준이 변화하고 이에 따라 총공급곡선이 이동함으로써 경기침체갭 혹은 인플레이션갭이 해소될 수 있었다. 또한 경제의 자동조정기능이 제대로 작동하기 위해서는 〈그림 12-4〉의 (a)와 (b)에서와 같이 총공급곡선이 이동해야 하는데 총공급곡선의 이동에 얼마나 긴 시간이 소요되는지도 알 수 없다.

가격의 신축성
수요와 공급의 변화에 따라 가격이 변화하는 속도가 빠른 특성

이 두 가지 전제조건이 잘 충족된다고 믿느냐 혹은 그렇지 않느냐에 따라 경제의 자동조정기능이 잘 작동한다고 믿는 경우와 그렇지 않은 경우로 구분할 수 있다. 시장의 기능을 전폭적으로 신뢰하는 일련의 경제학자들은 임금수준과 같은 생산요소 가격이 신축적으로 움직여 상당히 빠른 시간 내에 경제의 자동조정기능이 이루어진다고 믿는다. 따라서 이들의 견해에 따르면, 정부의 시장개입은 바람직하지 않으며 경제의 자동조정기능이 작동하도록 시장에 맡기는 것이 바람직하다고 한다.

반면에 일련의 경제학자들은 생산요소시장, 특히 노동시장에서 결정되는 임금수준은 신축적이지 못하며, 경제의 자동조정기능이 작동하기 위해서도 매우 긴 시간이 필요하다고 생각한다. 따라서 이들의 견해에 의하면, 경기침체갭이나 인플레이션갭이 존재하는 경우 정부가 시장개입을 적극적으로 시행하는 것이 바람직하다고 한다. 이와 같은 두 견해가 근본적으로 다른 것은 아니며 경제학자 모두 경제의 자동조정기능이 존재한다는 것에는 이의가 없다. 다만 경제의 자동조정 기능이 얼마나 원활하게 그리고 얼마나 빠른 시간 내에 이루어지는지에 대한 견해가 다를 뿐이다.

핵심포인트

① 총수요-총공급모형에서 결정된 균형국민소득이 잠재GDP보다 높을 수도 낮을 수도 있음
- 균형국민소득이 잠재GDP보다 낮은 상태를 경기침체갭, 그 반대인 상태를 인플레이션갭이라 함
- 경기침체갭은 총수요의 부족 때문에 발생 ⇨ 물가는 비교적 안정적, 국민소득은 낮은 수준 ⇨ 실업률이 높음
- 인플레이션갭은 과다한 총수요 때문에 발생 ⇨ 물가상승 압력 존재, 실업률 낮음

② 경제의 자동조정기능 작동원리
- 경기침체갭 발생 ⇨ 생산활동 위축으로 실업률 높음 ⇨ 임금 등 생산요소 가격 하락 ⇨ 기업의 생산비용 감소 ⇨ 총공급곡선 '오른쪽' 이동 ⇨ 경기침체갭 축소 및 해소
- 인플레이션갭 발생 ⇨ 생산활동 과열로 실업률 낮음 ⇨ 임금 등 생산요소 가격 상승 ⇨ 기업의 생산비용 증가 ⇨ 총공급곡선 '왼쪽' 이동 ⇨ 인플레이션갭 축소 및 해소
- 경제의 자동조정기능이 작동하기 위해서는 임금 등 생산요소의 가격이 신축적이어야 하며 충분히 긴 시간이 필요함

3 경제안정정책

3.1 경제안정정책이란?

총수요-총공급모형에서 결정되는 균형국민소득과 균형물가수준이 항상 적절한 수준은 아니다. 경우에 따라서는 지나치게 낮은 국민소득수준(즉, 경기침체와 높은

실업률)이 문제가 되기도 하며, 경우에 따라서는 지나치게 높은 물가수준(즉, 인플레이션)이 문제가 되기도 한다. 경기침체 혹은 인플레이션의 문제가 발생하는 등 경제가 불안정하다고 판단하는 경우 정부는 여러 가지 정책수단을 동원하여 경제를 안정시키려고 노력하며, 이런 노력의 일환으로 시행되는 경제정책들을 경제안정정책이라 한다.

경제안정정책
경제를 안정시키려는 의도에서 시행되는 경제정책으로 총수요조절정책이라고도 함

경제가 불안정한 양상을 보이는 이유는 무엇인가? 경제가 불안정한 양상을 보이는 이유는 총수요 측면에 문제가 있는 경우와 총공급 측면에 문제가 있는 경우로 나누어 생각할 수 있다. 먼저 〈그림 12-3〉의 (a)에서와 같이 총수요가 지나치게 낮으면 생산활동이 위축되어 경기침체와 실업의 문제가 발생하며, 〈그림 12-3〉의 (b)에서와 같이 총수요가 과도하게 높으면 인플레이션의 문제가 발생한다.

총공급 측면에 문제가 발생하는 경우로서 원유 및 원자재 가격의 상승 등으로 인해 총공급이 위축되는 현상이 발생하면 〈그림 11-11〉의 (a)에서 본 바와 같이 경기침체와 인플레이션이 동반되는 스태그플레이션 현상이 발생한다. 기술수준(생산성)의 향상 등으로 인해 총공급곡선이 '오른쪽'으로 이동하는 경우에는 〈그림 11-11〉의 (b)에서 본 바와 같이 낮은 물가수준에서 국민소득의 증가가 수반되는, 즉 인플레이션이 없는 성장을 누릴 수 있다.

국민경제의 총수요가 지나치게 낮거나 과도하게 높은 것은 주로 국내의 단기적 현상이다. 한편 〈표 11-3〉에서 살펴보았듯이 총공급곡선의 '오른쪽' 이동을 가능하게 하는 단기적 요인들은 모두 외부의 충격에 의한 것이며, 기술수준의 향상 등으로 인해 총공급곡선이 '오른쪽'으로 이동하는 것은 장기적인 현상이다. 따라서 경기침체 혹은 인플레이션의 문제가 발생하는 경우 그 원인이 총공급 측면에 있다면 국내의 경제안정정책에 의해 단기적으로 치유될 가능성이 희박하다.

반면에 경기침체 혹은 인플레이션 문제의 원인이 총수요 측면에 있다면 국내의 경제안정정책에 의해 단기적으로 치유될 가능성이 있다. 따라서 정부의 경제안정정책은 총수요 측면에 문제가 있다고 판단되는 경우에 초점이 맞추어질 수밖에 없다. 총수요가 부족하다고 판단되는 경우에는 총수요를 늘리기 위한, 그리고 총수요가 과도

자세히 알아보기 인플레이션의 사회적 비용

물가가 지속적으로 올라가는 현상을 인플레이션(inflation)이라 하며, 물가가 지속적으로 하락하는 현상을 디플레이션(deflation)이라 한다. 인플레이션이 발생하면 사회 전체적으로 어떤 비용을 지불해야 하는가? 인플레이션으로 인한 사회적 비용은 인플레이션을 완벽하게 예상할 수 있는 경우와 예상할 수 없는 경우 각각 다르게 나타날 수 있는데, 인플레이션을 완벽하게 예측한다는 것은 불가능하기 때문에 예상치 못한 인플레이션이 어떤 사회적 비용을 초래하는지 알아보자.

첫째, 소득재분배 효과이다. 인플레이션이 심하면 봉급생활자, 연금수혜자 및 연금가입자, 명목자산 보유자, 채권자 등은 뜻하지 않은 손해를 보게 된다. 한편 부동산, 금과 같은 실물자산을 보유하고 있는 사람은 이익을 보게 된다. 즉 예상치 못한 인플레이션은 경제활동과 무관한 소득재분배를 초래하게 된다. 둘째, 장기계약의 문제가 발생할 수 있다. 인플레이션이 심하면 채권자와 채무자 사이의 장기계약, 사용자와 근로자 사이의 장기계약, 그리고 각종 사회보장 관련 계약이 맺어지기 어렵고 이는 경제 전체의 효율성을 저해하는 요인으로 작용한다. 셋째, 투기가 성행할 수도 있다. 인플레이션이 발생한다고 하더라도 모든 상품의 가격이 동일한 비율로 상승하는 것이 아니므로 인플레이션으로 인해 상품 사이의 상대가격이 변화하게 된다. 이 경우 가격이 많이 오르는 상품에 대한 투기가 성행하게 되고 생산활동과 관련된 건전한 투자가 위협을 받게 된다.

하다고 판단되는 경우에는 총수요를 억제하기 위한 경제안정정책을 시행한다는 의미이다. 이런 의미에서 경제안정정책을 총수요조절정책이라고도 한다.

경제안정정책의 목표

국민의 경제적 복지라는 측면에서 일하기 원하는 사람에게 일자리를 제공해 주는 것과 물가를 안정시켜 국민들로 하여금 안심하고 경제생활을 영위하게 만들어 주는 것, 즉 실업률을 낮추는 것과 인플레이션을 방지하는 것은 국민경제가 우선적으로 해결해야 할 과제이다. 실업은 개인적인 관점에서는 소득 획득의 기회를 잃기 때문에 중요하고, 국민경제의 관점에서는 아까운 생산자원이 생산활동에 활용되지 못하고 낭비되는 것을 의미하기 때문에 중요하다. 인플레이션은 소득의 구매력을 떨어뜨려 국민경제 전체의 경제적 복지수준을 하락시키며, 자산의 보유형태에 따라 소

자세히 알아보기 통화량과 인플레이션

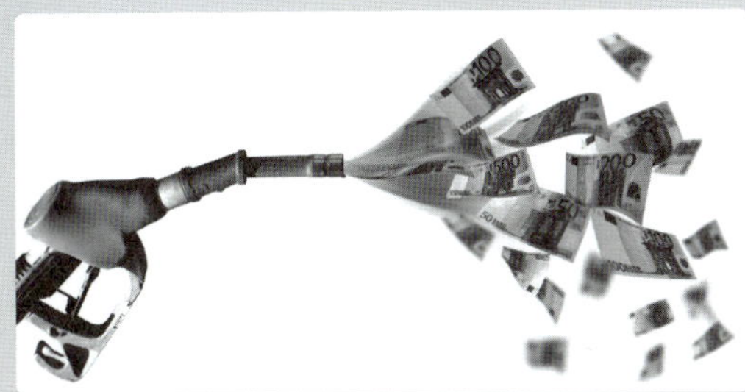

현실경제에서는 물가가 지속적으로 상승하며 물가가 하락하는 예는 찾아보기 어렵다. 일반적으로 시간이 지남에 따라 인구증가, 기술발전 등으로 인해 경제규모가 커지게 되고, 사회간접자본의 확충과 사회보장제도의 확대 등 정부의 역할도 커지게 된다. 이와 같이 경제규모와 정부의 역할이 커진다는 것은 곧 경제 전체의 거래액이 증가함을 의미하고, 이는 필연적으로 통화량의 증가를 수반한다. 경제에 공급되는 화폐공급량이 지속적으로 증가한다면 물가는 떨어지지 않고 지속적으로 상승할 것이다. 따라서 거의 모든 국가들에서 공통적으로 관찰할 수 있는 장기적 인플레이션 현상은 경제규모의 증가에 따른 화폐공급량의 증가 때문이라 할 수 있다.

득을 재분배시키기도 하는 등 경제의 안정성을 저해하는 요인으로 작용하기 때문에 중요하다. 따라서 경제안정정책의 가장 중요한 두 가지 정책목표는 고용안정과 물가안정이라 할 수 있다.

그렇다면 경제안정정책을 통해 낮은 실업률과 낮은 인플레이션을 동시에 달성하는 것은 불가능한가? 〈그림 11-11〉의 (b)에서 보았듯이 낮은 실업률과 낮은 인플레이션이 동시에 달성되기 위해서는 총공급곡선이 '오른쪽'으로 이동해야 하는데, 이는 기술진보 등 장기적인 요인 혹은 국제원유 가격이나 원자재 가격의 하락과 같은 외부적 요인에 의해서만 가능하다[〈표 11-3〉 참조]. 경기침체갭과 인플레이션갭은 총수요가 지나치게 부족하거나 과도한 경우에 발생한다고 하였다. 따라서 경기침체갭과 인플레이션갭을 치유하기 위해서는 총수요를 조절해야 하는데, 단기적으로 총수요를 조절한 결과, 즉 총수요곡선이 이동한 결과로 나타나는 현상은 〈그림 11-10〉의 (a)와 (b)에서 보았듯이 낮은 실업률과 높은 물가수준 혹은 높은 실업률과 낮은 물가수준의 결과로 나타난다. 따라서 총수요를 조절하는 경제안정정책으로 낮은 실업률과 낮은 인플레이션을 동시에 달성하는 것은 불가능하며 이를 잡을 수 없는 두 마리의 토끼에 비유한다.

경제이야기 경제고통지수

실업률과 관련하여 삶의 질을 평가해 보는 한 지표로서 경제고통지수(misery index)가 있다. 이는 미국의 경제학자 오쿤(Arthur Okun)이 날씨의 '불쾌지수'에 착안하여 고안한 것으로서 실업률과 소비자물가상승률을 더한 것이다. 경제고통지수가 클수록 피부로 느끼는 삶의 고통이 가중되고 작을수록 삶의 고통이 완화됨을 의미한다. 워싱턴 타임즈(2004년 6월)가 경제고통지수를 활용해 지난 반세기동안 역대 미국 대통령의 경제성적을 평가한 것을 보면 케네디, 레이건, 클린턴 행정부 때 임기 말의 경제고통지수가 전임자에 비해 크게 개선되었으며, 이 중에서 재임기간 중 가장 크게 줄어든 때는 카터 시절의 17.9에서 10.1로 하락한 레이건 시절이라고 한다.

출처: **일반인을 위한 알기쉬운 경제이야기**, 한국은행(2013. 3)의 일부 내용 수정

경제안정정책의 수단

총수요를 조절하는 경제안정정책의 수단은 크게 두 가지로 구분할 수 있다. 하나는 정부의 수입과 지출, 즉 정부의 재정과 관련된 경제변수를 조절하는 방법인데 이를 재정정책(fiscal policy)이라 한다. 다른 하나의 방법은 통화정책(monetary policy)이며, 통화정책은 통화량이나 이자율 등 화폐시장의 변화를 유도하는 정책을 말한다.

재정정책
정부의 재정과 관련된 경제변수를 조절하는 경제정책

통화정책
화폐시장의 변화를 유도하는 경제정책

재정정책과 통화정책은 다시 총수요를 증가시키기 위한 정책과 총수요 증가를 억제하기 위한 정책으로 구분할 수 있다. 총수요 증가를 목적으로 시행되는 정책을 확장적 정책이라 하며, 총수요 억제를 목적으로 시행되는 정책을 긴축적 정책이라 한다. 본서에서 다루고 있는 총수요-총공급모형에 포함된 경제변수 중에서 재정정책과 관련된 정책변수로는 정부지출(G)과 조세(T)가 있으며, 통화정책과 관련된 정책변수로는 통화공급(MS)이 있다. 세 가지의 정책변수 중에서 정부지출(G)은 총수요의 구성항목 중 하나인 정부지출의 크기, 즉 총수요의 크기를 직접적으로 조절하는 방법이다. 한편 조세(T) 혹은 통화공급(MS)은 각각 가처분소득과 이자율을 변화시켜 총수요 구성항목의 변화를 유도하는, 즉 총수요의 크기를 간접적으로 조절하는 방법이다.

경제이야기 존 메이나드 케인즈

케인즈(John Maynard Keynes)는 정부가 주도하는 유효수요 확대를 통해 불황을 극복할 수 있다는 거시경제이론으로 잘 알려져 있다. 그의 대표적 저서인 『고용, 이자 및 화폐에 관한 일반이론』은 지적인 측면에서는 아담 스미스(Adam Smith)의 『국부론』, 공공정책의 지침 측면에서는 맬더스(Thomas R. Malthus)의 『인구론』에 필적한다고 평가되고 있다.

케인즈는 『고용, 이자 및 화폐에 관한 일반이론』에서 두 가지 핵심적인 내용을 지적하였다. 첫째, 실업에 관한 기존의 이론이 불합리하다는 것이다. 불황에 실업을 제거할 정도로 낮은 임금이란 존재하지 않으므로 실업의 원인을 실업자에게 돌리는 것은 잘못된 일이라는 것이다. 둘째, 실업과 불황의 원인으로 총수요의 부족을 들고 있다. 즉 총수요는 소비, 기업의 투자 및 공공부문의 지출을 핵심으로 하는데 총수요가 낮으면 판매와 고용이 감소하며 반대로 높으며 판매와 고용이 증가한다는 것이다.

이와 같은 일반적인 설명으로부터 경제행위에 대한 케인즈의 강력하고 포괄적인 견해가 피력된다. 즉 소비자는 소득의 크기에 따라 지출이 제한되므로 총수요 부족의 원인이 될 수 없고, 총수요 부족의 중요한 요인은 바로 기업의 투자와 정부의 지출이다. 따라서 불황에 해야 할 일은 기업의 투자를 확대하거나 부족한 기업의 투자를 대체할 수 있는 공적 투자를 창출하는 것이다. 따라서 경제가 심각하게 위축된 시기에는 공공공사업이나 빈곤층에 대한 보조금 등의 형태로 적자재정을 유지하는 강력한 대책이 요구된다고 주장한다.

출처: **Daum 백과사전**(hyyp://100.daum.net/encyclopedia/)의 일부 내용 수정

본서에서 다루고 있는 총수요-총공급모형에서 분석이 가능한 경제안정정책은 확장적 정책인 정부지출(G)의 증가, 조세(T)의 감소, 통화공급(MS)의 증가 그리고 긴축적 정책인 정부지출(G)의 감소, 조세(T)의 증가, 통화공급(MS)의 감소 등 여섯 가지이다. 본서에서는 이 중에서 확장적 재정정책인 정부지출(G)의 증가와 확장적 통화정책인 통화공급(MS)의 증가만 언급하기로 한다. 즉 본서에서는 정부지출(G)의 증가와 통화공급(MS)의 증가가 각각 국민소득과 물가수준에 어떤 영향을 주는지만 분석하기로 한다. 나머지 네 가지의 경제안정정책들이 국민소득과 물가수준에 어떤 영향을 주는지 관심 있는 독자들은 다른 경제원론 혹은 거시경제학 교재를 참고하기 바란다.

3.2 재정정책

총수요의 부족으로 인해 경기가 침체되어 있다고 판단하면 정부는 총수요를 증가시키려는 경제안정정책을 시행할 것이다. 여기에서는 확장적 재정정책을 시행하는 경우, 즉 정부가 정부지출(G)을 증가시키는 경우 균형국민소득수준과 균형물가수준이 어떤 영향을 받는지 분석해 보기로 한다. 단, 정부지출의 증가에 필요한 재원은 전액 국채발행을 통해 마련한다고 가정한다. 만일 정부지출의 증가에 필요한 재원의 일부 혹은 전부를 조세의 증가를 통해 마련한다면 어떤 현상이 발생할까? 조세의 증가는 가처분소득의 감소로 이어지므로 소비지출을 감소시키고 총수요도 감소시킨다. 즉, 정부지출의 증가로 인한 총수요의 증가와 조세의 증가를 통한 총수요의 감소가 동시에 이루어지는 셈이다. 이 경우 정부지출의 증가로 정부가 의도한 만큼의

경제이야기 대공황과 재정정책

1929년 10월 24일(목요일)과 10월 29일(화요일) 두 차례에 걸쳐 일어난 미국 월가의 주가 대폭락이 세계경제의 공황을 알리는 신호탄이 되리라고 예상한 사람은 거의 없었다. 주식시장이 붕괴되면서 금융기관이 파산했고 공장들은 문을 닫기 시작했다. 1932년 미국의 GDP는 1929년의 절반 수준인 587억달러로 줄어들었으며, 1929년 3.2%에 불과했던 실업률은 1932년 25%까지 치솟았다. 이렇게 시작된 공황은 이후 독일, 영국, 프랑스 등 유럽 전역으로 번져 전세계 제조업 생산액을 40%나 감소시키는 괴력을 보였다. 이러한 공황은 경기침체의 정도와 지속기간 등에 있어 전례가 없었던 것이어서 이를 대공황(Great Depression)이라 부르게 되었다.

대공황은 정부의 적극적인 재정정책을 이용해 유효수요를 증대시켜야 한다는 케인즈(J. M. Keynes)의 처방을 반영한 루즈벨트 대통령의 뉴딜(New Deal)정책이 실시되면서 차츰 해결의 기미를 보이기 시작했다. 뉴딜정책의 핵심은 심각한 불황을 타개하기 위해 정부가 경제에 적극적으로 개입해야 한다는 것이었다. 이 정책은 정부가 재정지출을 확대해 유효수요를 늘림으로써 불황을 타개하고 고용을 늘리고자 하는 경제안정정책의 전형이 되었다. 대표적인 사업이 미국 테네시 강 유역의 대규모 댐 건설이었는데 막대한 재정지출을 통해 유효수요를 창출하고 고용을 늘릴 수 있었다.

출처: **일반인을 위한 알기쉬운 경제이야기**, 한국은행(2013. 3)의 일부 내용 수정

총수요 증가를 달성할 수 없기 때문에 재원의 전액을 국채발행으로 마련한다고 가정한다.

정부지출(G)은 총수요를 구성하는 항목 중 하나이므로 정부지출의 증가는 직접적으로 총수요를 증가시킨다. 정부지출의 증가로 인해 동일한 물가수준에서 총수요가 증가하였으므로 총수요곡선은 '오른쪽'으로 이동할 것이다. 즉 정부지출의 증가는 〈그림 12-5〉의 (a)에서 보는 것처럼 총수요곡선을 '오른쪽'으로 이동시키고, 그 결과 균형국민소득은 Y_0에서 Y_1으로 증가하고 균형물가는 P_0에서 P_1으로 상승한다.

이와 같은 균형국민소득수준과 균형물가수준의 상승은 거래적 동기에 의한 화폐수요를 증가시켜 화폐시장에서 화폐수요곡선을 '오른쪽'으로 이동시킨다. 화폐수요곡선이 '오른쪽'으로 이동한 결과 〈그림 12-5〉의 (b)에서 보는 바와 같이 균형이자율이 r_0에서 r_1으로 상승하며, 이자율의 상승은 투자지출을 감소시킨다. 이자율 상승으로 인한 투자지출의 감소는 동일한 물가수준에서 총수요의 감소를 의미하므로 〈그

그림 12-5 | 정부지출 증가의 효과

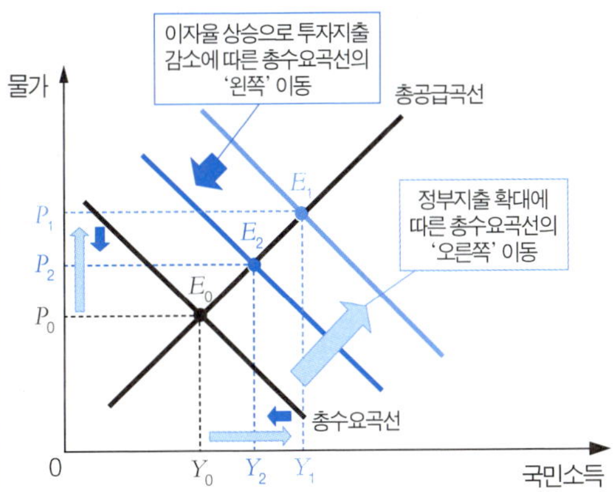

(a) 총수요-총공급모형

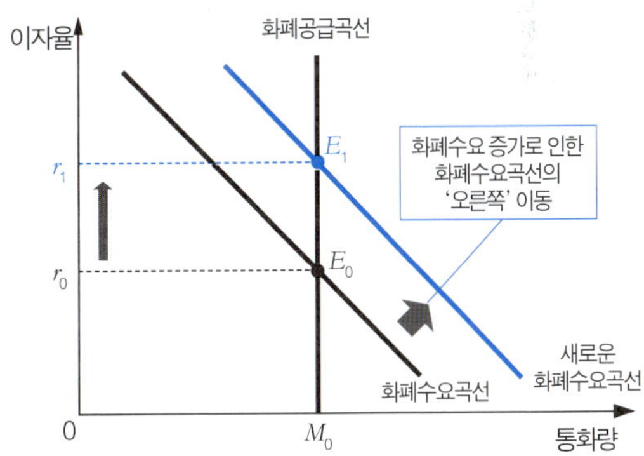

(b) 화폐시장

◆ 정부지출 증가 ⇨ 총수요 증가 ⇨ 총수요곡선 '오른쪽'으로 이동 ⇨ 국민소득 Y_1으로 증가, 물가수준 P_1으로 상승 ⇨ 거래적 동기에 의한 화폐수요 증가 ⇨ 화폐수요곡선 '오른쪽'으로 이동 ⇨ 균형이자율 r_1으로 상승 ⇨ 투자지출 감소로 총수요 감소 ⇨ 총수요곡선 다시 '왼쪽'으로 이동 ⇨ 결과적으로 국민소득 Y_0에서 Y_2로 증가, 물가수준 P_0에서 P_2로 상승

림 12-5〉의 (a)에서 보는 바와 같이 총수요곡선을 다시 '왼쪽'으로 이동시킨다. 이와 같이 정부지출의 증가로 인해 이자율이 상승하고, 이자율의 상승이 투자지출을 감소시키는 현상을 구축효과 혹은 밀어내기효과(crowding-out effect)라 한다.

구축효과
정부지출의 증가로 상승한 이자율이 투자지출을 감소시켜 총수요를 감소시키는 효과

〈그림 12-5〉의 (a)에서 보는 바와 같이 일반적으로 이자율 상승에 따른 총수요의 감소폭은 정부지출의 증가에 의한 총수요의 증가폭보다 작다. 결과적으로 정부지출의 증가는 〈그림 12-5〉의 하단부에 제시한 변화과정을 거쳐 균형국민소득의 증가(Y_0에서 Y_2)와 균형물가의 상승(P_0에서 P_2)을 가져오게 된다. 따라서 만일 경제안정정책의 목표가 경기부양, 경기침체 해소, 고용안정 혹은 고용확대에 있었다면 정부지출을 증가시키는 경제안정정책은 단기적으로 어느 정도 성과를 거둘 수 있다.

3.3 통화정책

정부, 즉 통화당국인 중앙은행이 통화공급(MS)을 늘리는 확장적 통화정책을 시행하는 경우 국민소득수준과 물가수준이 어떻게 영향을 받는지 살펴보자. 정부가 통화공급(MS)을 증가시키면 화폐시장에서 화폐공급곡선은 '오른쪽'으로 이동하고 균형이자율은 하락한다. 즉 〈그림 12-6〉의 (a)에서 보는 바와 같이 화폐공급곡선은 '오른쪽'으로 이동하고 균형이자율은 r_0에서 r_1으로 하락한다. 이자율의 하락은 총수요 구성항목 중의 하나인 투자지출을 증가시키고, 이는 총수요의 증가로 이어져 총수요곡선을 '오른쪽'으로 이동시킬 것이다. 즉 화폐공급의 증가로 이자율이 하락하여 투자지출이 증가함으로써 총수요가 증가하면 〈그림 12-6〉의 (b)에서 보는 것처럼 총수요곡선이 '오른쪽'으로 이동하게 된다. 총수요곡선이 '오른쪽'으로 이동한 결과, 균형국민소득수준은 Y_0에서 Y_1으로 증가하고 균형물가수준은 P_0에서 P_1으로 상승하게 된다. 따라서 만일 경제안정정책의 목표가 경기부양, 경기침체 해소, 고용안정 혹은 고용확대에 있었다면 통화공급을 증가시키는 경제안정정책도 단기적으로 어느 정도 성과를 거둘 수 있다.

정부지출을 증가시키는 확장적 재정정책과 통화량을 증가시키는 확장적 통화정

그림 12-6 | 통화공급 증가의 효과

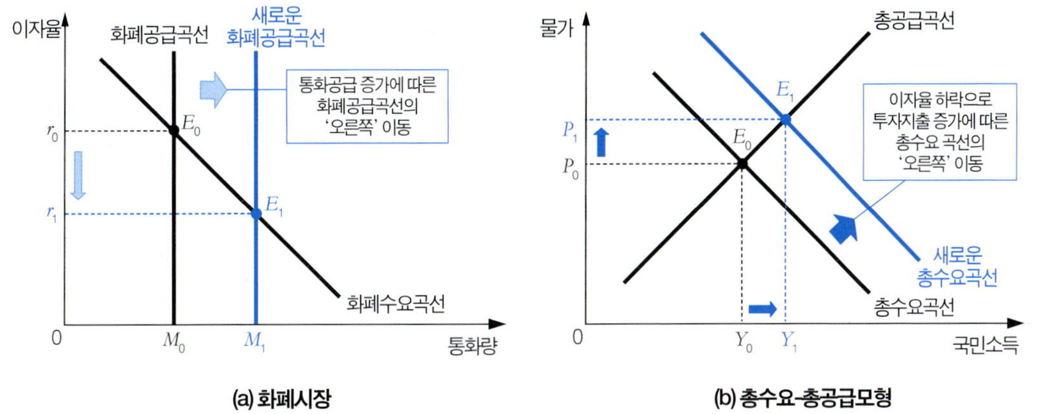

◆ 통화공급 증가 ⇨ 화폐공급곡선 '오른쪽'으로 이동 ⇨ 균형이자율 r_1으로 하락 ⇨ 투자지출 증가 ⇨ 총수요곡선 '오른쪽'으로 이동 ⇨ 국민소득 Y_0에서 Y_1으로 증가, 물가수준 P_0에서 P_1으로 상승

책 모두 국민소득을 증가시키는 동일한 효과를 나타낸다. 하지만 두 경제안정정책이 국민소득의 구성에 미치는 영향은 서로 다른 점에 주의해야 한다. 즉 정부지출의 증가는 투자지출을 감소시키는 반면 통화공급의 증가는 투자지출을 증가시킨다. 따라서 어떤 정책을 시행하느냐에 따라 국민소득에서 투자지출이 차지하는 비중이 다르다는 점에 유의하기 바란다.

통화정책의 효율성

통화공급의 변화는 이자율 변화, 투자지출 변화, 총수요 변화로 이어져 국민소득과 물가수준에 영향을 준다. 이와 같이 통화공급의 변화가 국민소득과 물가수준에 영향을 주는 과정을 **통화정책의 전달경로**(transmission mechanism)라 한다. 통화정책이 효과적으로 총수요에 영향을 주기 위해서는 〈그림 12-7〉에 제시된 통화정책의 단계별 전달경로가 원활하게 작동해야 한다.

통화정책의 전달경로
통화공급의 변화가 국민소득과 물가수준에 영향을 주는 과정

통화정책의 1단계 전달경로는 통화공급의 변화에 따라 화폐시장에서 균형이자율

자세히 알아보기 양적완화

2008년 금융위기 이후 자주 접하게 된 경제용어가 있다면 무엇일까? 여러 가지가 있겠지만 '양적완화(quantitative easing)'를 빼놓을 수 없다. 양적완화가 어떤 정책이기에 금융시장 혼란과 경기침체 위험에 시달리는 국가들이 앞다퉈 시행했는지 살펴보도록 하자.

경기가 침체 국면에 빠졌을 때 중앙은행은 일반적으로 기준금리를 인하한다. 금리를 인하하면 대출이 늘어나고 채무자의 이자부담이 줄어들며 주식·부동산 등 자산가격이 상승하는 등 여러 변화가 나타나면서 일반적으로 소비와 투자가 늘어나 경제가 활력을 되찾기 때문이다. 그런데 기준금리를 제로 또는 제로에 근접한 수준까지 인하했지만 대출이 의도했던 만큼 증가하지 않거나 실제 시장금리가 하락하지 않는 경우, 중앙은행은 경제에 유동성을 직접 공급하기도 한다. 즉 중앙은행이 국채·회사채 또는 금융기관의 대출자산 등을 매입하고 그 대가를 새로이 화폐를 찍어서 지급하거나, 대출여력이 늘어나도록 은행들이 중앙은행에 예치한 지급준비금을 감액해 주는 방식 등으로 지불하는 조치를 양적완화라고 한다.

출처: **click 경제교육**, 한국개발연구원(2013. 8)의 일부 내용 수정

이 민감하게 반응해야 한다는 것인데, 이는 화폐시장이 원활하게 작동해야 한다는 의미이다. 만일 화폐시장이 만성적 초과수요에 시달리고 있다면 통화공급이 늘어나도 이자율이 떨어지지 않을 것이며 이런 경우에는 통화정책이 효율적으로 작동될 수 없다. 이와 같이 화폐수요의 이자율탄력성이 매우 높아 통화공급이 증가해도 이자율이 하락하지 않는 특수한 경우를 유동성함정(liquidity trap)이라 한다.

> **유동성함정**
> 화폐수요의 이자율탄력성이 매우 높아 통화공급이 증가해도 이자율이 하락하지 않는 현상

통화정책의 2단계 전달경로는 투자지출이 이자율 변화에 민감하게 반응해야 한다는 것이다. 투자지출을 결정하는 가장 중요한 요인은 이자율이 아니라 예상수익이라고 하였는데, 이자율 변화가 과연 투자지출을 얼마나 큰 폭으로 변화시킬지에 관해서도 세심한 주의가 필요하다는 의미이다. 통화정책의 3단계 전달경로는 투자지출의 변화가 큰 승수효과를 나타내 총수요 수준을 큰 폭으로 변화시킬 수 있어야 한다는 것이다. 승수효과란 정부지출 혹은 통화공급 등의 변화가 총수요 수준을 연쇄적으로 변화시켜 궁극적으로는 정부지출 혹은 통화공급 변화의 몇 배에 이르는 국민소득을 변화시키는 효과를 말한다. 예를 들면 이자율 하락으로 인한 투자지출 증

> **승수효과**
> 정부지출 혹은 통화공급 등의 변화가 총수요 수준을 연쇄적으로 변화시키는 효과

그림 12-7 | 통화정책의 전달경로

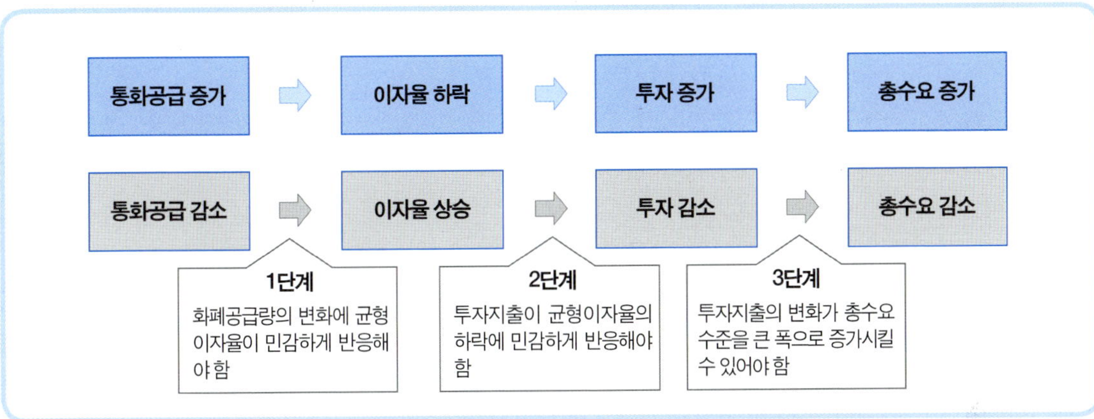

가로 인한 금년도 국민소득 증가, 내년도 소비지출 증가로 인한 내년도 국민소득 증가, 내후년도 소비지출 증가를 통한 내후년도 국민소득 증가 등으로 이어지는 연쇄적인 효과를 말한다.

핵심포인트

① 총수요가 지나치게 낮거나 과도하게 높은 것은 주로 국내의 단기적 현상임
- 총공급이 위축되는 것은 외부의 충격에 의한 것이고, 총공급곡선이 '오른쪽'으로 이동하는 것은 장기적인 현상임

② 실업률을 낮추는 것과 인플레이션을 방지하는 것은 국민경제가 우선적으로 해결해야 할 과제임
- 경기침체와 높은 실업률 혹은 인플레이션을 치유할 목적으로 시행되는 경제정책을 경제안정정책이라 함
- 경제안정정책은 총수요 수준에 문제가 있다고 판단되는 경우에 초점을 맞추며, 경제안정정책을 총수요조절정책이라고도 함
- 단기적 경제안정정책으로 낮은 실업률과 낮은 인플레이션을 동시에 달성하는 것은 불가능함

③ 경제안정정책의 수단
- 재정정책: 정부의 재정과 관련된 경제변수를 조절하는 방법
- 통화정책: 화폐시장의 변화를 유도하는 방법
- 총수요 증가를 목적으로 시행되는 정책을 확장적 정책이라 하며, 총수요 억제를 목적으로 시행되는 정책을 긴축적 정책이라 함

- 총수요-총공급모형에 포함된 경제변수 중에서 재정정책과 관련된 정책변수로는 정부지출과 조세가 있으며, 통화정책과 관련된 정책변수로는 통화공급이 있음

④ 정부지출을 증가시키는 확장적 재정정책의 시행

- 총수요 증가 ⇨ 총수요곡선 '오른쪽'으로 이동 ⇨ 국민소득수준 증가, 물가수준 상승 ⇨ 거래적 동기에 의한 화폐수요 증가⇨ 화폐수요곡선 '오른쪽'으로 이동⇨ 균형이자율 상승 ⇨ 투자지출 감소 ⇨ 총수요 감소 ⇨ 총수요곡선 다시 '왼쪽'으로 이동 ⇨ 결과적으로 국민소득 증가, 물가 상승

⑤ 화폐의 공급량을 늘리는 확장적 통화정책의 시행

- 화폐공급곡선 '오른쪽'으로 이동 ⇨ 균형이자율 하락 ⇨ 투자지출 증가 ⇨ 총수요곡선 '오른쪽'으로 이동 ⇨ 국민소득 증가, 물가수준 상승

⑥ 통화정책이 효율적이기 위해서는 통화정책의 전달경로가 원활하게 작동해야 함

- 화폐공급량의 변화에 균형이자율이 민감하게 반응해야 함
- 투자지출이 균형이자율의 하락에 민감하게 반응해야 함
- 투자지출의 변화가 총수요 수준을 큰 폭으로 증가시킬 수 있어야 함

4 정부와 국민경제

정부의 경제안정정책은 적극적 정책, 소극적 정책, 재량적 정책 그리고 준칙에 의한 정책 등으로 구분할 수 있다. 적극적 정책(active policy)은 정부가 경제안정을 위해 적극적으로 국민경제에 개입하는 정책을 말하며, 소극적 정책(passive policy)은 정부가 국민경제에 소극적으로 대처하는 정책을 말한다. 재량적 정책(discretionary policy)은 상황에 따라 적절한 정책을 선택하여 대응하는 유형을 말한다. 준칙(rule)에 의한 정책이란 사전에 정책 운영방식을 결정해 놓고 상황이 변하더라도 그 준칙에 따라 정책을 운영하는 방식을 말한다.

정부가 어떤 형태로 경제안정정책을 시행하느냐는 경제가 어느 정도나 불안정한 상황에 있다고 판단하느냐에 따라 결정된다. 실업률이 매우 높다든지 혹은 인플레이션이 너무 심각하다든지 하는 등 경제가 매우 불안정하다고 판단하는 경우에는

적극적 정책을 시행할 것이며, 경제의 불안정 정도가 그리 심각하지 않다고 판단하는 경우에는 소극적 정책을 시행할 것이다. 어떤 정부이든지 각종 정책수단을 동원하여 경제를 안정된 상태로 유지시키기 위해 노력할 텐데 이와 같은 노력을 미세조정정책(fine tuning policy)이라고도 한다. 즉 미세조정정책이란 재정정책이나 통화정책, 즉 총수요조절정책의 방향과 강도를 조절함으로써 경제를 안정된 상태로 유지시키려는 정책을 말한다.

경제학자들 사이에는 총수요의 조절을 통해 경제의 안정을 도모할 수 있다고 생각하는 학자들이 있는가 하면 그렇지 않다고 생각하는 학자들도 있다. 총수요의 조절을 통해 경제의 안정을 도모할 수 있다고 생각하는 학자들을 일반적으로 케인즈학파 경제학자라 한다. 이들의 견해에 따르면 국민경제의 안정을 위해서는 정부가 적극적으로 경제안정정책을 시행해야 하며 재정정책이 가장 빠르고 직접적인 효과를 거둘 수 있다고 한다.

반면에 정부가 총수요의 조절을 통해 경제를 미세조정할 수 없으며 정부가 국민경제에 적극적으로 개입하는 것이 오히려 더 나쁜 결과를 초래할 수도 있다고 생각하는 일련의 경제학자들도 있는데 이들을 일반적으로 시카고학파 경제학자라고 한다. 두 견해의 차이는 국민경제를 구성하는 각 경제주체들이 경제행위를 함에 있어 경제정책과 경제상황에 관한 정보를 어느 정도나 이용하며 미래를 얼마나 정확하게 예측하고 행동한다고 보느냐의 시각차에 기인한다. 즉 경제안정정책에 관해서는 서로 상반되는 두 견해가 존재하며 모두 논리적 타당성을 갖고 있다.

연습문제

01 아래 용어의 개념을 간략하게 설명하라.

① 경기변동
② 경기침체갭
③ 인플레이션갭
④ 경제의 자동조정기능
⑤ 가격의 신축성
⑥ 경제안정책
⑦ 구축효과
⑧ 통화정책의 전달경로
⑨ 유동성함정
⑩ 승수효과

02 경기침체갭과 인플레이션갭인 상태에서 경제의 자동조정기능이 작동하는 원리를 그림을 이용하여 설명하라.

03 경제의 자동조정기능이 원활하게 작동하기 위한 전제조건은 무엇인가?

04 단기적 경제안정정책으로 낮은 실업률과 낮은 인플레이션을 동시에 달성하는 것이 불가능한 이유를 설명하라.

05 높은 인플레이션이 발생하면 사회적으로 어떤 바람직하지 못한 현상들이 생기는가?

06 총수요-총공급모형에 의하면 물가가 하락할 수도 있는데, 왜 현실에선 물가가 지속적으로 상승하는가?

07 정부가 재정적자를 메우기 위해 소득세율을 인상한다고 한다. 소득세율의 인상이 균형국민소득과 균형물가에 주는 영향을 그림을 이용하여 분석하라.

08 인플레이션갭이 심해 물가안정을 위해 한국은행에서 통화량을 줄이기로 결정하였다고 하자. 통화량의 감소가 국민소득과 물가에 주는 영향을 그림을 이용하여 분석하라.

09 통화정책이 물가와 국민소득에 효과적으로 영향을 주기 위해서는 어떤 전제조건이 필요한가?

연습문제 풀이

제1장

01
생략

02
대학원 진학의 편익(학문적 욕구충족에 따른 만족감의 가치, 대학원을 마친 후 받을 수 있는 연봉 등의 합)이 대학원 진학에 따른 기회비용(대학원 등록금 등 대학원을 다니는 데 소요되는 제반 비용, 2년간 A회사에 다닐 경우 얻을 수 있는 소득 4,000만원 등의 합)보다 크다고 판단하였기 때문

03
학비, 용돈 등 대학생활에 소요되는 제반 경비, 대학을 다니지 않고 4년간 일할 경우 벌 수 있는 소득 등

04
① 구두쇠가 포기한 것은 국채매입에 따른 기대이익 7만원과 정기예금의 이자 6만원이다. 이 경우 기회비용은 13만원이 아니라 7만원이다. 기회비용을 계산할 때는 포기한 것의 가치 중 가장 높은 것 하나만을 인정하기 때문이다.
② 2시간의 아르바이트를 포기함에 따라 아르바이트 수입 4,000원이 포기되었고, PC방 사용료 2,000원을 지불했기 때문에 PC방에서 게임을 하는 기회비용은 6,000원이다.
③ 명석이가 대학 진학을 선택한다면 대학 진학에 따른 기회비용은 취업에서 얻을 수 있는 소득과 대학 다니는 데 드는 비용을 합친 것이다. 따라서 1,600만원이다.

05
너무나도 피곤해서 집에서 편히 쉬고 싶음에도 불구하고 미리 구입한 표가 아까워 야구장에 가는 경우 등

06
풍부한 자연자원, 충분한 자본축적, 국가경제를 잘 관리할 수 있는 제도와 능력 등

07
성장에 초점을 맞추는 것은 자원배분의 효율성을 강조하는 것이고, 분배에 초점을 맞추는 것은 자원배분의 형평성을 강조하는 것임

08
가설: '가격이 상승하면 수요는 감소한다'
가정: '소비자는 합리적 의사결정을 함', '많은 소비자들의 의사결정에는 일정한 규칙이 있음', '가격 이외의 다른 요인은 변화하지 않음' 등의 전제조건
변수: 가격, 수요량

09
① A점은 모든 생산요소를 100% 효율적으로 사용하여 최대한의 소비재와 자본재를 생산하는 경우이며, C점은 생산요소가 100% 효율적으로 사용되지 못하여 소비재와 자본재의 생산이 최대한 이루어지지 못하는 상태임. D점은 현재의 생산요소와 생산기술로는 생산할 수 없는 소비재와 자본재의 생산수준을 의미함
② 기회비용체증의 법칙이 작용하기 때문
③ 실업의 존재, 가동되지 않은 공장설비의 존재, 비효율적인 생산 및 경영관리 등

④
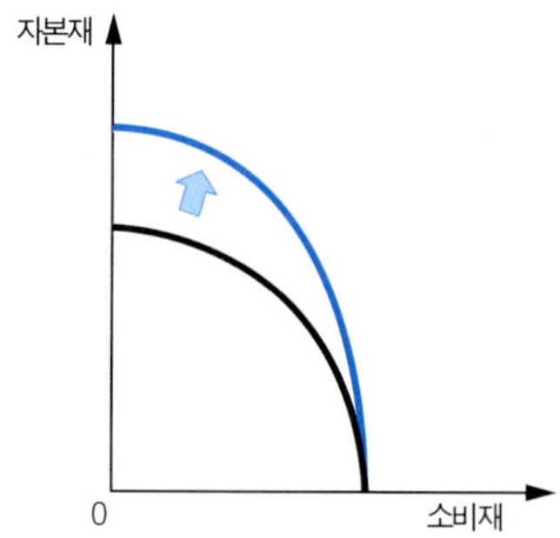

⑤
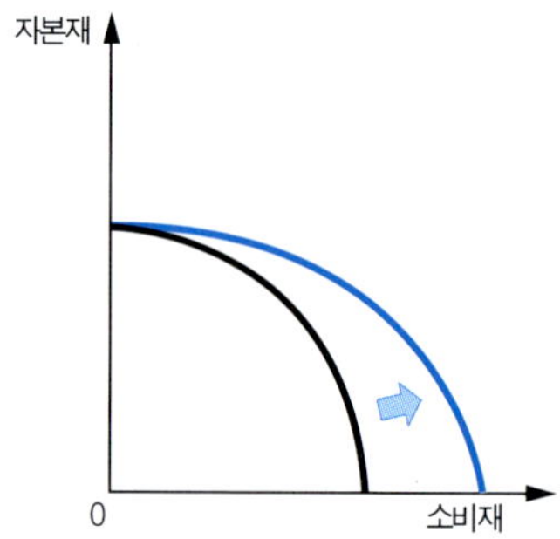

⑥

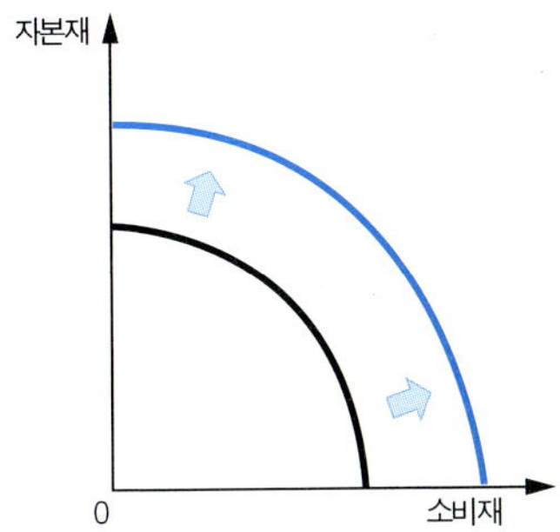

제2장

01

생략

02

①

	갑	을	
사과 1kg 생산의 소요시간	2시간	1시간	을이 절대우위
쌀 1kg 생산의 소요시간	2시간	4시간	갑이 절대우위
사과 1kg의 기회비용	쌀 1kg	쌀 0.25kg	
쌀 1kg의 기회비용	사과 1kg	사과 4kg	
	쌀 생산에 비교우위	사과 생산에 비교우위	

② 갑은 사과 2.5kg과 쌀 2.5kg을 생산하여 소비하고, 을은 사과 5kg과 쌀 1.25kg을 생산하여 소비한다. 따라서 경제 전체적으로는 사과 7.5kg과 쌀 3.75kg이 생산된다.

③ 갑은 쌀 생산에 비교우위가 있으므로 쌀 5kg을 생산하고, 을은 사과 생산에 비교우위가 있으므로 사과 10kg을 생산한다. 따라서 자급자족하는 경우와 비교하면 쌀은 1.25kg이 더 생산되고, 사과는 2.5kg이 더 생산된다.

④

	교환 이전		교환 이후		소비량의 증가분	
	갑	을	갑	을	갑	을
사과(kg)	2.5	5	4	6	+1.5	+1
쌀(kg)	2.5	1.25	3	2	+0.5	+0.75

03

① 절대우위는 경제주체 사이의 생산성을 비교하기 위한 개념이고, 비교우위는 경제주체 사이의 상대적인 기회비용을 비교하기 위한 개념이다. 어떤 경제주체가 모든 상품의 생산에 절대우위를 가질 수는 있지만 모든 상품의 생산에 비교우위를 가질 수는 없다.

② 비교우위가 있는 상품을 생산하는 기회비용이 다른 국가보다 저렴하기 때문에 비교우위가 있는 상품을 수출한다. 이와 같은 교역의 결과 교역에 참여하는 모든 국가는 생산가능곡선 밖의 점에서 소비할 수 있다.

③ 절대우위는 어떤 국가가 어떤 상품을 생산하는 데 더 적은 생산요소를 사용하는지만 알려 주기 때문에 절대우위는 어떤 상품을 수입할지 수출할지에 대해서는 아무것도 알려 주지 못한다. 즉 절대우위는 어떤 국가가 어떤 상품의 생산에 더 효율적인지 아닌지만 의미할 뿐이다. 모든 국가는 비교우위가 있는 상품을 수출하고 그렇지 않은 상품을 수입한다.

04

① 맞다. 어떤 국가가 모든 상품의 생산에 절대우위가 있는 경우에도 다른 한 국가가 다른 상품의 생산에 비교우위가 있다면 교역을 통해 이득을 얻을 수 있다. 본서에서 예로 든 남섬의 경우가 이에 해당한다.

② 틀리다. 어떤 경제주체도 모든 상품의 생산에 비교우위를 가질 수는 없다. 비교우위는 어떤 경제행위를 다른 대안적인 경제행위로 평가한 기회비용 개념이다. 따라서 어떤 한 경제행위에 비교우위가 있다면 다른 경제행위에는 비교열위가 있기 마련이다.

③ 맞기도 하고 틀리기도 하다. 즉 거래가격이 두 상품 생산의 기회비용 사이에서 형성된다면 거래에 참여하는 모든 사람은 이득을 보지만 거래가격이 두 상품 생산의 기회

비용 밖에서 결정된다면 어떤 사람은 이득을 보지만 다른 사람은 그렇지 못하기 때문이다.

④ 맞기도 하고 틀리기도 하다. 이유는 위 ③과 동일하다.

⑤ 틀리다. 한 국가 안에서 비교우위가 있는 분야의 사람들은 이득을 보지만 비교우위가 없는 분야의 사람들은 손해를 보게 된다.

④

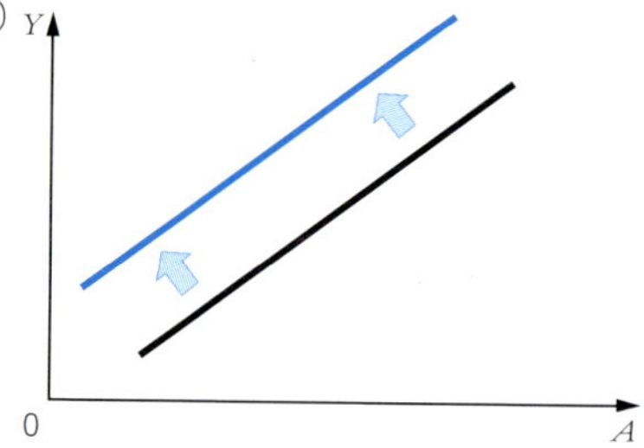

05

[①~④에서 세로축을 A, 가로축을 Y로 설정해도 무방함]

①

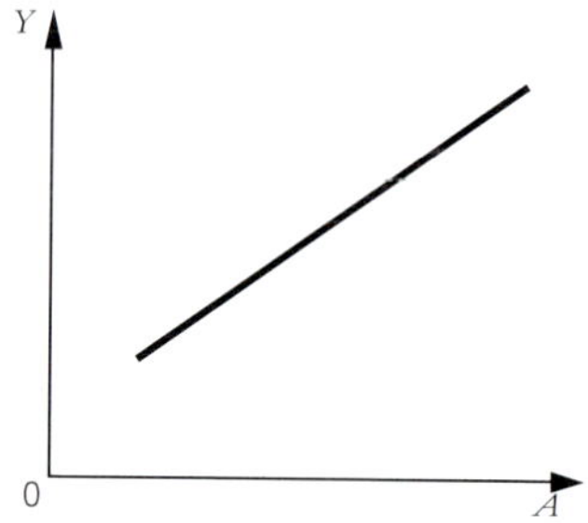

②

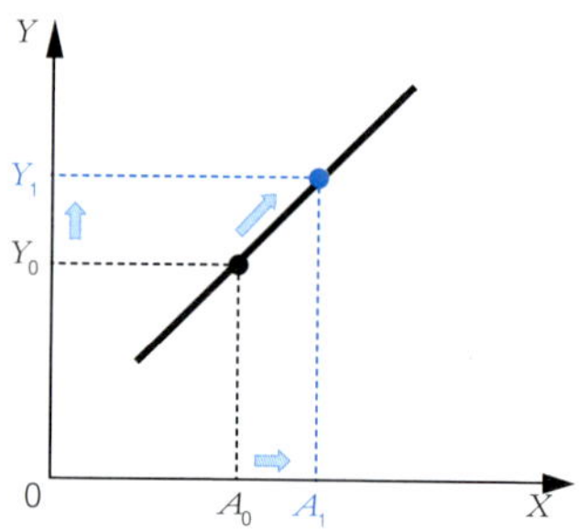

③

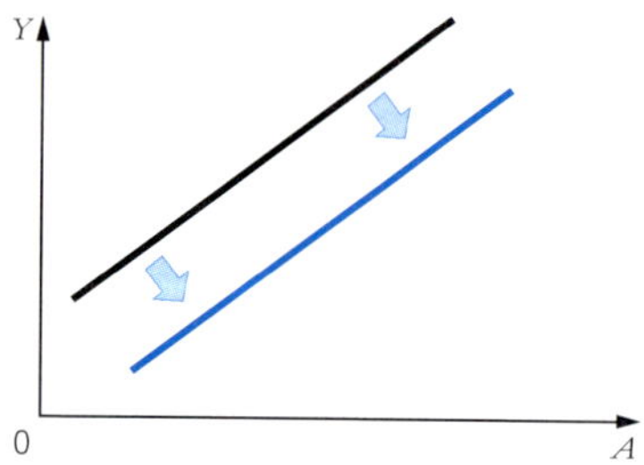

06

[①~④에서 세로축을 X, 가로축을 Y로 설정해도 무방함]

①

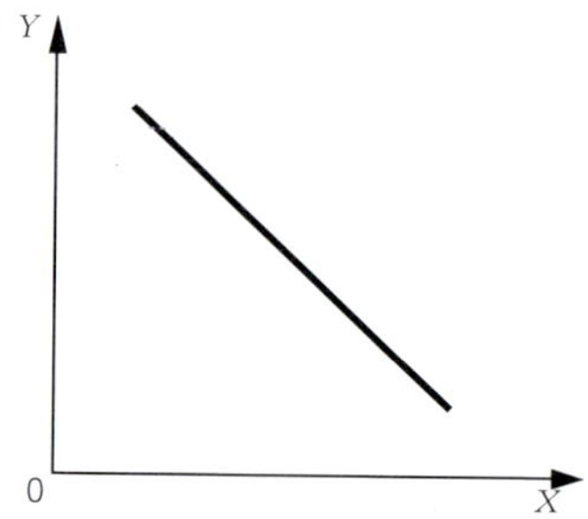

②

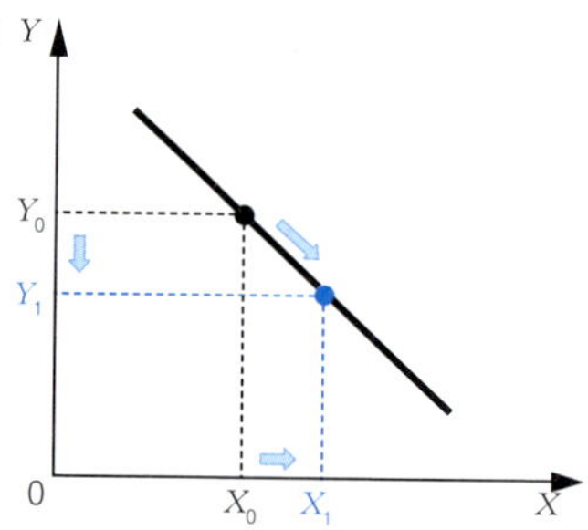

③

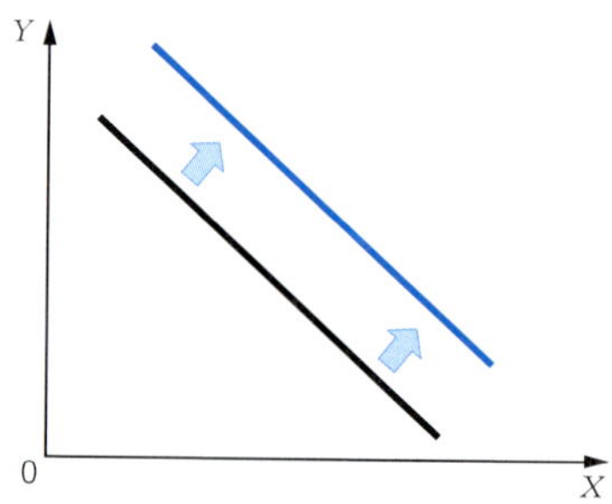

④ 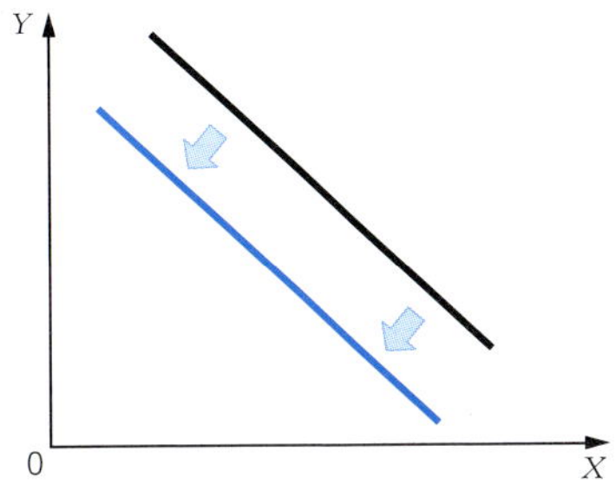

제3장

01

생략

02

① 아이스크림 1통의 가격이 1,500원이면 한 달에 5통까지 수요하고자 함을 의미함. 또한 아이스크림을 5통째 소비할 때 지불할 용의가 있는 금액이 1,500원임을 의미하기도 함

② 이 여학생의 아이스크림 수요량은 8(통/월)에서 5(통/월)로 감소함. 이는 제시된 그림의 *B*점에서 *A*점으로의 운동으로 표현함

③ 이 여학생의 용돈이 증가했으므로 아이스크림 수요량은 증가할 것임. 즉 아이스크림의 가격은 변화하지 않았는데 용돈의 증가로 인해 아이스크림 수요량이 증가했으므로 제시된 수요곡선이 '오른쪽'으로 이동하게 됨

④ 아이스크림 1통의 가격이 1,000원과 1,500원일 때의 소비자잉여는 각각 *CB1,000*과 *CA1,500*임. 결과적으로 아이스크림 1통의 가격이 1,000원에서 1,500원으로 상승한다면 소비자잉여는 *1,500AB1,000*만큼 감소하게 됨

03

① 이온음료 1병의 가격이 1,000원이면 한 달에 10병까지 수요하고자 함을 의미함. 또한 이온음료를 10병째 소비할 때 지불할 용의가 있는 금액이 1,000원임을 의미하기도 함

② 이 남학생의 이온음료 수요량은 10(병/월)에서 15(병/월)로 증가. 이는 제시된 그림의 *D*점에서 *F*점으로의 운동으로 표현함

③ 이 남학생이 좋아하는 새로운 음료가 판매된다면 기존의 이온음료에 대한 수요는 감소할 것이라 예상할 수 있음. 즉 이온음료의 가격은 변화하지 않았는데 이온음료 수요량이 감소했으므로 제시된 수요곡선이 '왼쪽'으로 이동하게 됨

④ 이온음료 1병의 가격이 1,000원과 700원일 때의 소비자잉여는 각각 *ED1,000*과 *EF700*임. 결과적으로 이온음료 1병의 가격이 1,000원에서 700원으로 하락한다면 소비자잉여는 *1,000DF700*만큼 증가하게 됨

04

① 닭고기 1마리의 가격이 5,000원이면 20마리까지 공급할 의사가 있음을 의미함. 또한 닭고기를 20마리째 공급할 때 최소한 받아야 한다고 생각하는 금액, 즉 닭고기 생산의 한계비용이 5,000원임을 의미하기도 함

② 이 양계업자의 닭고기 공급량은 20마리에서 50마리로 증가. 이는 제시된 그림의 *B*점에서 *C*점으로의 운동으로 표현함

③ 양계사료 가격의 상승은 닭고기 생산의 한계비용이 상승함을 의미하므로 이 양계업자의 닭고기 공급은 감소할 것임. 즉 닭고기의 가격은 변화하지 않았는데 닭고기 공급량이 감소했으므로 제시된 공급곡선이 '왼쪽'으로 이동하게 됨

④ 닭고기 1마리의 가격이 5,000원과 10,000원일 때의 생산자잉여는 각각 *5,000BA*와 *10,000CA*임. 결과적으로 닭고기 1마리의 가격이 5,000원에서 10,000원으로 상승한다면 생산자잉여는 *10,000CB5,000*만큼 증가하게 됨

05

① 시장의 균형은 *E*점에서 이루어지고 균형가격과 균형거래량은 각각 P_0와 Q_0임

② 가격이 P_1이라면 *AB*만큼의 초과공급 발생 ⇨ 가격이 하락하기 시작 ⇨ 수요량은 증가하고 공급량은 감소하기 시작 ⇨ 초과공급 축소 ⇨ 가격하락과 초과공급 축소는

초과공급이 완전히 해소될 때까지 지속 ⇨ 균형에 도달

③ 가격이 P_2라면 CD만큼의 초과수요 발생 ⇨ 가격이 상승하기 시작 ⇨ 수요량은 감소하고 공급량은 증가하기 시작 ⇨ 초과수요 축소 ⇨ 가격 상승과 초과수요 축소는 초과수요가 완전히 해소될 때까지 지속 ⇨ 균형에 도달

제4장

01

생략

02

①

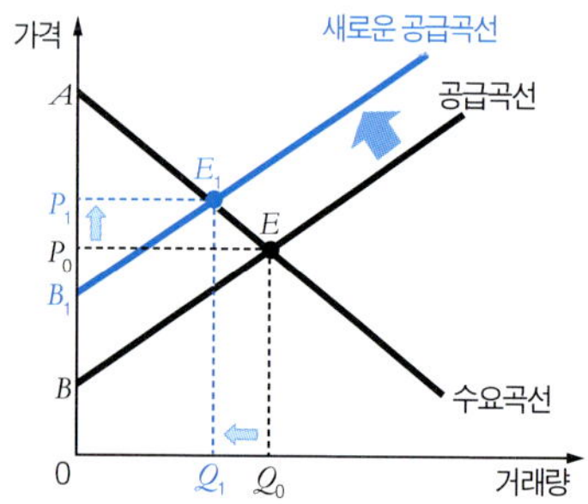

양돈사료 가격의 인상 ⇨ 돼지사육 비용 상승 ⇨ 돼지고기 공급 감소 ⇨ 돼지고기 공급곡선 '왼쪽'으로 이동 ⇨ 돼지고기 가격 상승, 거래량 감소

소비자잉여: AEP_0에서 AE_1P_1으로 변화

생산자잉여: BEP_0에서 $B_1E_1P_1$으로 변화

순사회편익: AEB에서 AE_1B_1으로 변화

②

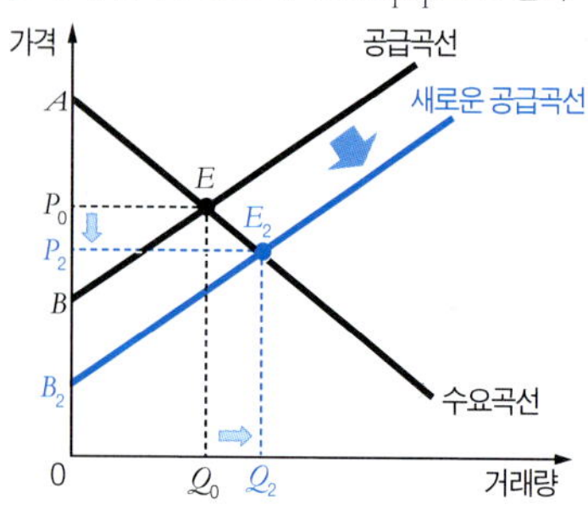

국제무역에 관한 협정 체결로 돼지고기 수입량의 급격한 증가 ⇨ 돼지고기 공급 증가 ⇨ 돼지고기 공급곡선 '오른쪽'으로 이동 ⇨ 돼지고기 가격 하락, 거래량 증가

소비자잉여: AEP_0에서 AE_2P_2로 변화

생산자잉여: BEP_0에서 $B_2E_2P_2$로 변화

순사회편익: AEB에서 AE_2B_2로 변화

③

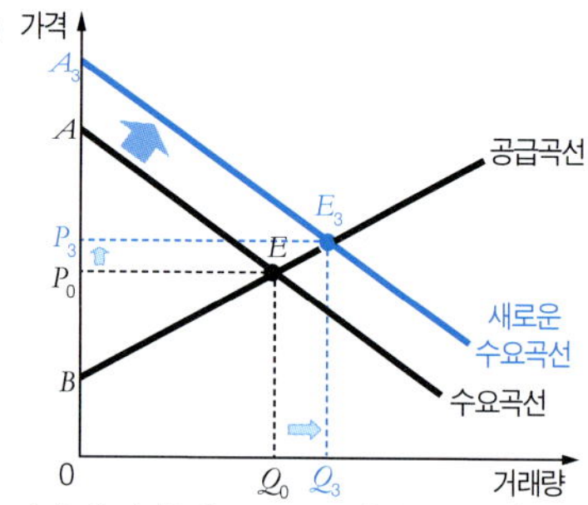

광우병의 확산 ⇨ 소고기 수요는 감소하고, 돼지고기 수요는 증가 ⇨ 돼지고기 수요곡선 '오른쪽'으로 이동 ⇨ 돼지고기 가격 상승, 거래량 증가

소비자잉여: AEP_0에서 $A_3E_3P_3$로 변화

생산자잉여: BEP_0에서 BE_3P_3로 변화

순사회편익: AEB에서 A_3E_3B로 변화

④

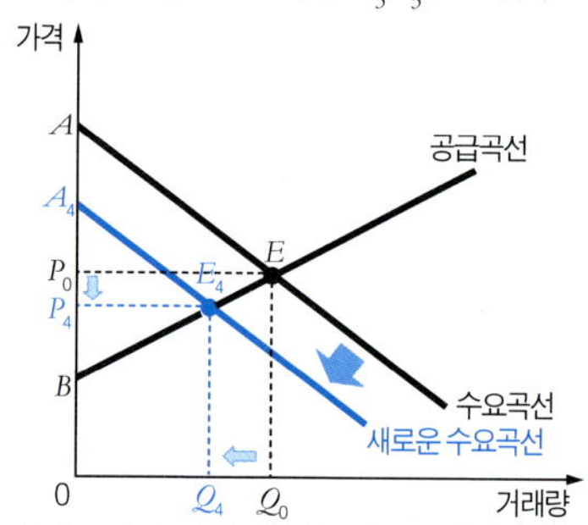

돼지고기의 과다섭취는 각종 성인병의 원인이 된다는 연구결과의 발표 ⇨ 돼지고기 수요 감소 ⇨ 돼지고기 수요곡선 '왼쪽'으로 이동 ⇨ 돼지고기 가격 하락, 거래량 감소

소비자잉여: AEP_0에서 $A_4E_4P_4$로 변화

생산자잉여: BEP_0에서 BE_4P_4로 변화

순사회편익: AEB에서 A_4E_4B로 변화

03

① 가격이 10% 상승하면 이 상품의 수요량은 7% 감소함

② 가격이 10% 상승하면 이 상품의 수요량은 18% 감소함

③ 소득이 10% 증가하면 이 상품의 수요량은 16% 증가함

④ 소득이 10% 증가하면 이 상품의 수요량은 4% 감소함

⑤ 상품1의 가격이 10% 상승하면 상품2의 수요량은 13% 감소함
⑥ 상품1의 가격이 10% 상승하면 상품2의 수요량은 8% 증가함
⑦ 가격이 10% 상승하면 이 상품의 공급량은 6% 증가함
⑧ 가격이 10% 상승하면 이 상품의 공급량은 36% 증가함

04
생략

05
수요의 소득탄력성이 매우 높은 상품을 생산하는 A회사는 경제성장을 선도하는 기업으로 성장할 잠재력이 매우 높은 반면에 수요의 소득탄력성이 매우 낮은 상품을 생산하는 B회사는 경제가 성장함에 따라 도태될 가능성이 높다. 따라서 두 회사의 연봉수준이 같다면 김군은 A회사를 선택하는 것이 현명한 의사결정일 것이다.

06
웰빙 붐을 타고 수요가 늘어나는 각종 건강식품, 레저생활 관련 상품, 고급스런 옷이나 전자제품 등

07
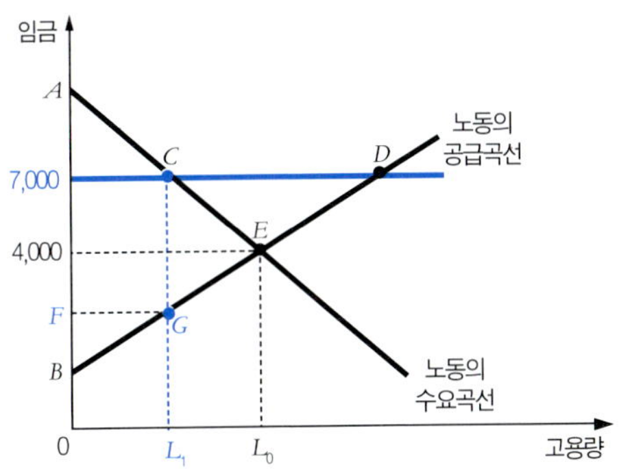

최저임금제 시행 이전의 소비자잉여와 생산자잉여는 각각 $AE4,000$과 $BE4,000$이고, 순사회편익은 AEB이다. 최저임금제 시행 이후의 소비자잉여와 생산자잉여는 각각 $AC7,000$과 BGF이다. 한편 $7,000CGF$는 최저임금제가 100% 지켜지는 경우에는 소비자잉여가 되고, 최저임금제가 100% 지켜지지 않는 경우에는 일부는 소비자잉여가 되고 나머지 일부는 생산자잉여가 된다. 따라서 최저임금제가 시행되는 경우 순사회편익은 $ACGB$이다. 결과적으로 최저임금제 시행으로 인해 CEG만큼의 자중손실이 발생한다.

제5장

01
생략

02
한계효용균등의 법칙은 소비하는 각 상품의 1원당 한계효용이 모두 같을 때 효용극대화가 이루어진다는 내용임. 이는 만일 각 상품의 1원당 한계효용이 다르면, 1원당 한계효용이 낮은 상품의 소비를 줄이고 1원당 한계효용이 높은 상품의 소비를 늘림으로써 더 높은 총효용을 얻을 수 있기 때문임

03
다른 조건은 변화하지 않는데 오직 X상품의 가격만 하락 ⇨ X상품의 1원당 한계효용이 Y상품의 1원당 한계효용보다 커짐 ⇨ 한계효용균등의 법칙을 회복하기 위해서는 X상품의 한계효용이 감소해야 함 ⇨ 이는 X상품의 소비량(수요량)이 증가함을 의미 ⇨ X상품의 가격과 수요량 사이에는 '마이너스' 관계가 존재함 ⇨ X상품의 수요곡선은 '마이너스' 기울기를 가짐

04
한계효용균등의 법칙을 적용하여 설명하면, 명품을 소유함으로써 얻는 한계효용이 다른 유사제품을 소유함으로써 얻는 한계효용보다 월등히 높기 때문임. 즉 명품의 1원당 한계효용과 다른 유사제품의 1원당 한계효용이 같기 위해서는 명품의 가격이 매우 높아야 하기 때문임. 한편 이와 같은 명품에 대한 소비는 베블렌효과에 해당하는, 즉 과시하기 위한 소비로 볼 수도 있음

05
동일한 상품인데 가격이 상승함에 따라 수요량이 늘어난 것이므로 수요의 법칙에 위반된다고 생각할 수도 있음. 그러

나 잘못된 가격표로 인하여 소비자의 인식이 변화하였기 때문에, 즉 '명품'이라는 인식에서 수요량이 증가하였다고 보는 것이 더 타당할 것이므로 이는 4번의 설명에서와 같이 한계효용균등의 법칙과 베블렌효과로 설명할 수 있음. 또한 이와 같이 수요의 법칙에 위반되는 현상은 일시적인 것임

06

열등재란 소득효과는 '플러스'이지만 소득효과와 대체효과를 합친 가격효과는 '마이너스'인 상품을 말하는 데 반해, 기펜재는 '플러스'의 소득효과가 '마이너스'의 대체효과를 압도하여 소득효과와 대체효과를 합친 가격효과가 '플러스'인 상품을 말함. 즉 열등재란 수요의 법칙을 만족하지만 기펜재는 수요의 법칙에 위배되는 상품임

제6장

01

생략

02

한계비용곡선이 '우상향'하는 이유는 수확체감의 법칙 때문임. 즉 생산요소 투입이 증가할수록 총생산은 증가하지만 한계생산은 감소하므로, 생산량 증가에 따른 한계비용은 증가하기 때문에 한계비용곡선은 '우상향'함

03

〈그림 6-1〉에서 본 바와 같이 한계비용곡선은 항상 평균비용곡선의 최저점을 통과하며, 평균비용이 감소하는 영역에서는 평균비용이 한계비용보다 높고, 평균비용이 감소하는 영역에서는 한계비용이 평균비용보다 높음

04

생산활동에 투자한 자금, 건물이나 공장설비 등을 다른 용도로 활용해서 얻을 수 있는 가장 큰 소득, 기업가가 다른 일을 함으로써 얻을 수 있는 가장 큰 소득 등이 암묵적 비용에 해당됨

05

기업의 이윤극대화는 한계수입과 한계비용이 일치하는($MR=MC$) 상태에서 이루어짐. 이는 만일 한계수입이 한계비용보다 크다면 생산량을 늘림으로써, 그리고 한계수입이 한계비용보다 적다면 생산량을 줄임으로써 더 많은 이윤을 얻을 수 있기 때문임

06

우리나라의 재벌은 여러 산업에 속하는 기업의 모임을 말하므로 규모의 경제 때문에 형성되었다고 볼 수 없음. 즉 삼성전자에는 규모의 경제 특성이 있지만 삼성그룹은 규모의 경제와 아무런 관련이 없음

07

기업이 속한 시장의 상황에 따라 이윤극대화를 위한 의사결정 자체가 달라질 수 있기 때문임. 즉 시장에 하나의 기업만 존재하는 경우의 의사결정과 무수히 많은 기업이 존재하는 경우의 의사결정은 다르기 때문에 이윤극대화 조건으로부터 기업의 공급곡선을 일률적으로 도출할 수는 없음

제7장

01

생략

02

시장의 분류기준으로는 공급자의 수, 개별기업이 가격에 영향을 주는지의 여부, 상품의 동질성 여부, 진입장벽의 존재 여부, 가격 이외의 경쟁수단 존재 여부 등이 있음

03

규모의 경제, 정부의 정책, 공격적인 광고, 차별화된 상품의 개발, 불공정 행위, 특별한 생산기술의 보유 등으로 인해 진입장벽이 발생함

04

완전경쟁시장의 수요곡선은 시장 전체의 수요곡선이므로 '마이너스' 기울기를 갖지만, 완전경쟁기업이 느끼는 수요

곡선은 수평임. 그 이유는 완전경쟁시장에는 무수히 많은 공급자가 존재하여 어떤 한 공급자가 시장 전체의 공급량과 균형가격에 영향을 줄 수 없고, 시장에서 결정된 가격을 그대로 받아들이는 가격수용자이기 때문임

05

기업이 속한 시장형태에 관계없이 모든 기업의 이윤극대화 조건은 한계수입과 한계비용이 같아야 한다는 것임

06

완전경쟁기업의 장기균형은 그림의 C점에서 이루어짐. 기업의 측면에서는 장기평균비용곡선의 최저점에서 생산활동이 이루어지기 때문에 생산활동 과정에서 자원이 가장 효율적으로 배분되고 있음을 의미함. 또한 사회적인 측면에서 살펴보면 한계편익과 한계비용이 같으므로 시장에서 얻을 수 있는 순사회편익이 가장 큰 상태임

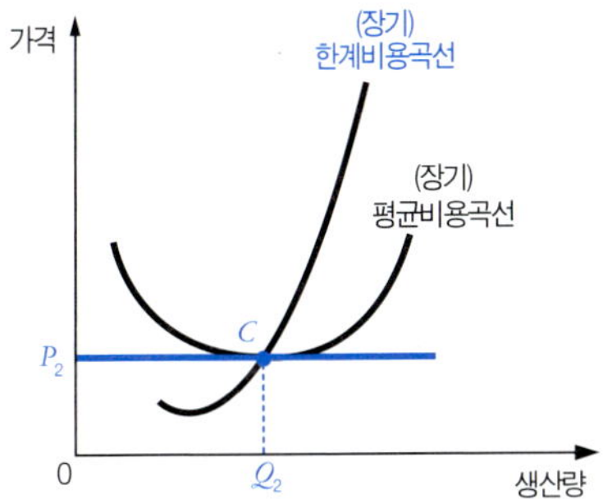

07

그림에 의하면 완전경쟁시장의 균형은 F점에서 이루어지며 독점시장의 균형은 E점에서 이루어짐. 따라서 독점시장의 가격은 완전경쟁시장보다 높고, 거래량은 완전경쟁시장보다 작으므로 비효율적임. 또한 독점시장에서의 거래량 수준을 완전경쟁시장에서의 거래량 수준으로 증가시키는 경우 얻을 수 있는 사회적 편익의 증가분인 Q_mEFQ_0가 소요되는 비용의 증가분인 Q_mAFQ_0보다 더 커서 완전경쟁시장과 비교하면 독점시장에서는 AEF만큼의 자중손실이 발생함

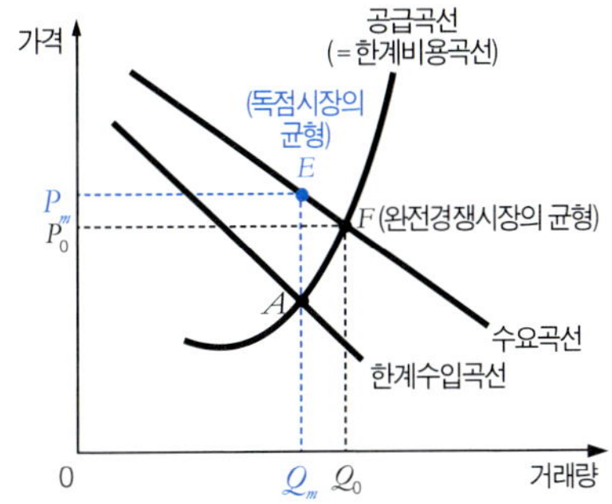

08

소비자 중에는 특정기업의 제품을 선호하는 사람이 반드시 있음 ⇨ 차별화된 상품을 생산하는 기업의 상품은 어느 정도의 독점력을 보유함 ⇨ 독점적 경쟁기업이 직면하는 수요곡선이 '마이너스'의 기울기를 가짐 ⇨ 독점적 경쟁기업의 단기균형은 독점기업의 단기균형과 비슷함

09

과점시장에는 몇 개의 기업만 존재하여 어떤 한 기업의 행동이 다른 기업의 의사결정에 많은 영향을 주기 때문에 경우의 수가 많이 존재할 수밖에 없음

10

수요의 가격탄력성이 높은 시장, 즉 탄력적인 시장에서는 가격인하율보다 수요량증가율이 더 크므로 가격을 낮게 책정함으로써 얻는 기업의 총수입은 증가할 수 있으므로 낮은 가격을 책정함으로써 더 많은 판매수입, 즉 더 많은 이윤을 확보할 수 있음

제8장

01

생략

02

한 국가가 일정기간 동안 생산한 부가가치의 총합을 '그 나라 국민'이 생산한 관점에서 측정한 것이 국민총생산(GNP)이고, '그 나라 안에서' 생산된 관점에서 측정한 것은 국내

총생산(GDP)임. 다국적기업이 존재하고, 생산비용이 적게 드는 다른 나라에 공장을 설립하는 등 현재에는 세계 각국의 생산활동이 매우 밀접하게 관련되어 있기 때문에, 국민총생산보다는 국내총생산이 한 나라의 경제상황을 더 잘 반영함. 따라서 일반적으로 국내총생산을 사용하는 것이 더 바람직함

03

명목GDP는 해당시점의 가격을 기준으로 부가가치의 총합을 계산한 것이며, 실질GDP는 특정시점의 가격을 기준으로 부가가치의 총합을 계산한 것임. 따라서 명목GDP에는 물가와 생산량의 변화에 따른 부가가치의 변화가 포착되며, 실질GDP에는 물가의 변화에 의한 부가가치의 변화는 배제되고 오직 생산량의 변화에 따른 부가가치의 변화만 반영됨

04

대표적 물가지수로는 소비자물가지수, 생산자물가지수, GDP 디플레이터를 들 수 있음. 소비자물가지수는 인플레이션이나 소비활동과 관련된 현상을 분석할 때, 생산자물가지수는 기업의 생산활동과 관련된 현상을 분석할 때, GDP 디플레이터는 경제 전반적인 상황을 분석할 때 사용하는 것이 바람직함

05

첫째, 우리나라는 노동력 표본조사통계를 이용하고 있어 구직등록통계를 이용하는 유럽 국가들에 비해 실업률이 상대적으로 낮게 나타나는 경향이 있음. 둘째, 농림어업부문의 취업자 비중이 상대적으로 높음. 셋째, 자영업주 및 무급가족종사자가 상대적으로 많음. 넷째, 실업보험제도 및 직업알선기관이 상대적으로 발달하지 못하였음. 다섯째, 고등교육을 받은 상당수 여성들이 경제활동에 참여하고 있지 않음

06

① 틀림. 경제성장률이 높다는 것은 실질GDP의 증가율이 높다는 것이며 국민의 소득수준이 높다는 말과는 다른 의미임. 많은 경우 개발도상국의 경제성장률은 높지만 국민의 소득수준은 낮은 반면에 선진국의 경제성장률은 개발도상국에 비해 상대적으로 낮지만 국민의 소득수준은 높은 것이 일반적임

② 틀림. 경제규모가 크다는 것은 명목GDP가 크다는 의미인 데 반해 국민의 소득수준이 높다는 것은 1인당 명목GDP가 높다는 의미임. 〈그림 8-2〉에서 보았듯이 중국의 경제규모는 매우 크지만 소득수준은 낮으며, 싱가포르의 경제규모는 매우 작지만 소득수준은 매우 높음

③ 틀림. 물가수준이 높다는 것과 물가상승률이 높다는 것은 전혀 관계가 없음. 물가수준이 아무리 높더라도 그 수준에 머물러 있다면 물가상승률은 0%임

④ 틀림. 실업률은 경제활동인구 중 실업자 수의 비율(%)임

⑤ 틀림. 완전고용이란 자연실업률 정도가 존재하는 경우이므로 실업률이 0%는 아님. 현실적으로 실업률 0%는 실현 불가능함

07

① 명목GDP는 해당시점의 가격을 기준으로 부가가치의 총합을 계산한 것이므로 계산결과는 다음과 같음

2010년: 명목GDP $=20\times50+100\times20=3{,}000$(원)

2011년: 명목GDP $=30\times60+110\times30=5{,}100$(원)

2012년: 명목GDP $=40\times70+120\times30=6{,}400$(원)

② 실질GDP는 2010년의 가격을 기준으로 부가가치의 총합을 계산한 것이므로 계산결과는 다음과 같음

2010년: 실질GDP $=20\times50+100\times20=3{,}000$(원)

2011년: 실질GDP $=20\times60+100\times30=4{,}200$(원)

2012년: 실질GDP $=20\times70+100\times30=4{,}400$(원)

③ GDP디플레이터는 해당기간의 명목GDP를 해당기간의 실질GDP로 나눈 값이므로 계산결과는 다음과 같음

$$2010\text{년: GDP디플레이터}=\frac{\text{명목GDP}_{2010\text{년}}}{\text{실질GDP}_{2010\text{년}}}=\frac{3{,}000}{3{,}000}=1$$

$$2011\text{년: GDP디플레이터}=\frac{\text{명목GDP}_{2011\text{년}}}{\text{실질GDP}_{2011\text{년}}}=\frac{5{,}100}{4{,}200}=1.21$$

$$2012\text{년: GDP디플레이터}=\frac{\text{명목GDP}_{2012\text{년}}}{\text{실질GDP}_{2012\text{년}}}=\frac{6{,}400}{4{,}400}=1.45$$

④ $2011\text{년: 경제성장률}=\dfrac{\text{실질GDP}_{2011\text{년}}-\text{실질GDP}_{2010\text{년}}}{\text{실질GDP}_{2010\text{년}}}\times100$

$$=\frac{4{,}200-3{,}000}{3{,}000}\times100=40\%$$

$$2012년: 경제성장률=\frac{실질GDP_{2012년}-실질GDP_{2011년}}{실질GDP_{2011년}}\times100$$

$$=\frac{4{,}400-4{,}200}{4{,}200}\times100\fallingdotseq4.8\%$$

제9장

01

생략

02

국민경제의 생산함수는 국민소득과 노동투입량, 자본투입량의 함수관계이므로 '국민소득=f(노동,자본)'와 같이 표현할 수 있음. 또한 국민경제의 생산함수를 국민소득과 노동투입량 그리고 국민소득과 자본투입량의 2차원 평면에 그리면 각각 아래와 같음

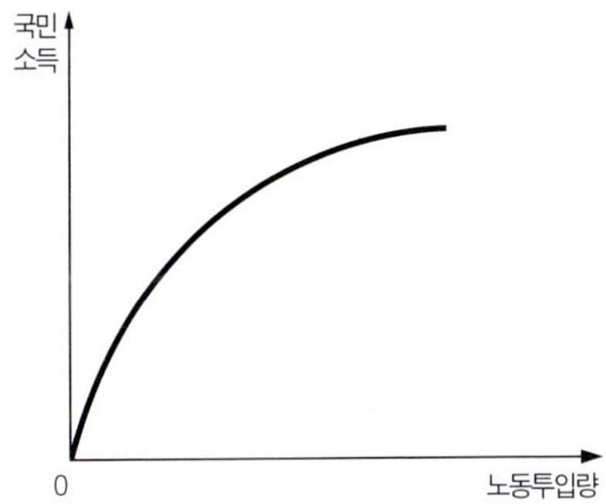

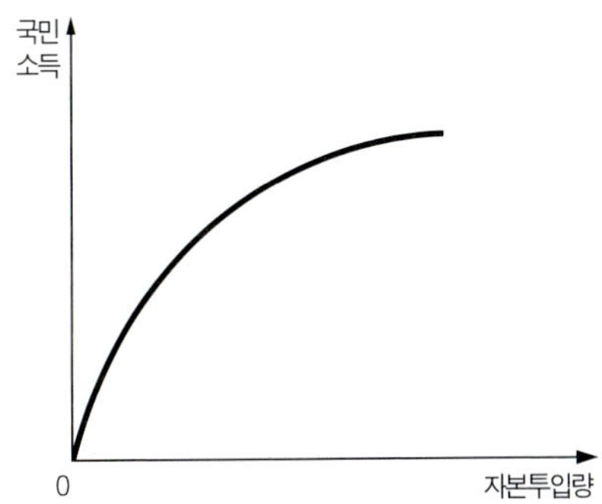

03

경제성장이란 노동투입량의 증가, 자본투입량의 증가 그리고 기술수준의 발전으로 인해 국민경제의 생산규모가 확대되는 현상이므로, 이는 위 2번의 그림에서 생산함수가 '위쪽'으로 이동하게 됨. 즉 국민소득과 노동투입량의 2차원 평면에 표현된 생산함수에서 노동투입량은 고정되어 있는데 자본투입량이 증가하거나 기술수준의 발전으로 인해 생산규모가 확대되었다면 다음 그림에서 보는 것처럼 국민경제의 생산함수는 '위쪽'으로 이동하게 됨. 마찬가지로 국민소득과 자본투입량의 2차원 평면에 표현된 생산함수에서 자본투입량은 고정되어 있는데 노동투입량이 증가하거나 기술수준의 발전으로 인해 생산규모가 확대되었다면 다음 그림에서 보는 것처럼 국민경제의 생산함수는 '위쪽'으로 이동하게 됨

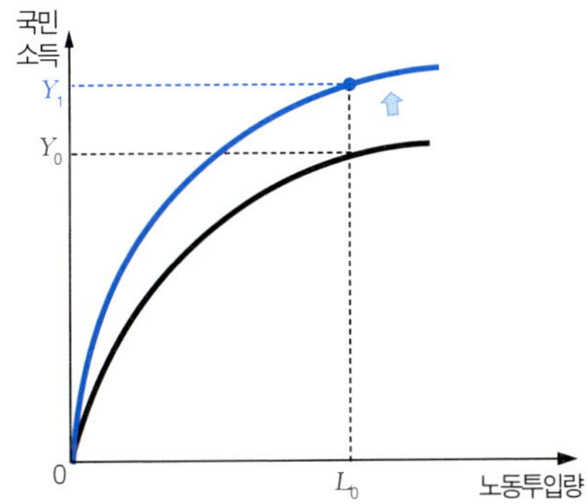

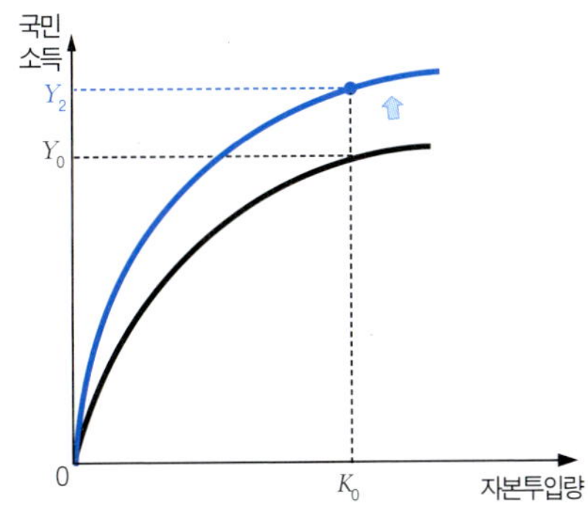

04

외생적 성장이론(솔로우 모형)에서는 국민소득과 생산요소 사이의 관계만을 표현하는 생산함수를 이용하고 기술수준이 외생적으로 주어진다고 가정하기 때문에 국가별 기술수준의 차이에 따른 국가별 소득의 차이를 설명하지 못함

05

내생적 성장이론이란 기술수준을 생산함수에 포함시켜 국가별 소득 차이를 설명하려는 이론을 말함. 국가별 기술수준의 차이에 영향을 주는 요인으로는 연구개발 투자의 차이, 인적자본에 대한 투자의 차이, 이전효과 등을 들 수 있음

06

수출주도경제발전전략이란 수출산업을 우선적으로 육성해서 수출을 증가시키고 이를 통해 국내의 다른 산업도 함께 발전시키고자 하는 전략을 말하며, 수입대체경제발전전략이란 수입하여 사용하고 있는 상품과 관련된 산업을 우선적으로 육성하여 국내의 산업을 보호함과 동시에 경제발전을 추구하는 전략을 말함. 이 두 가지 전략 중에서 어느 전략이 더 효과적인지는 한마디로 평가할 수 없음. 다만 지금까지의 경험에 비추어 볼 때 일반적으로 대외개방도가 높고 부존자원이 풍부하지 못한 국가일수록 수출주도경제발전전략이 더 효과적이었음

제10장

01

생략

02

유동성선호이론의 화폐수요 동기는 거래적 동기, 예비적 동기, 투자적 동기임. 거래적 동기에 의한 화폐수요는 거래의 지불수단으로 화폐를 사용하기 위해 화폐를 보유하려는 수요를 말하고, 예비적 동기에 의한 화폐수요는 예기치 않게 일어날 일에 대비할 목적으로 화폐를 보유하려는 수요를 말하며, 투자적 동기에 의한 화폐수요는 자산의 보유형태로서 화폐가 금융자산보다 상대적으로 더 유리하다는 관점에서 화폐를 보유하려는 수요를 말함

03

이자율 상승 ⇨ 거래적 동기와 투자적 동기에 의한 화폐수요 감소 ⇨ 이자율과 화폐의 수요량 사이에는 '마이너스' 관계 존재 ⇨ 화폐수요곡선은 '마이너스' 기울기

04

- 이자율이 균형이자율보다 높음 ⇨ 초과공급 존재 ⇨ 이자율이 하락하기 시작 ⇨ 이자율 하락은 화폐시장에서 초과공급이 완전히 해소될 때까지 지속 ⇨ 화폐시장 균형에 도달
- 이자율이 균형이자율보다 낮음 ⇨ 초과수요 존재 ⇨ 이자율이 상승하기 시작 ⇨ 이자율 상승은 화폐시장에서 초과수요가 완전히 해소될 때까지 지속 ⇨ 화폐시장 균형에 도달

05

①
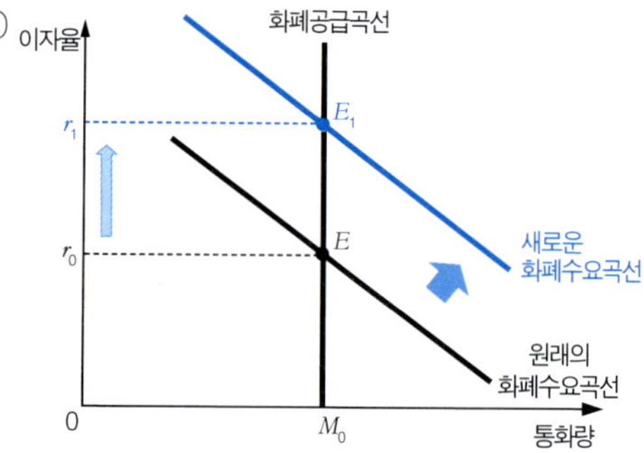

소득수준 향상 ⇨ 거래적 동기에 의한 화폐수요 증가 ⇨ 화폐수요곡선 '오른쪽'으로 이동 ⇨ 균형이자율 상승

②
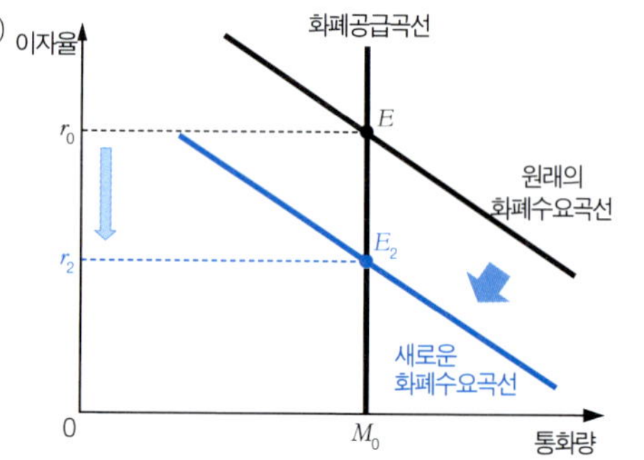

물가수준 하락 ⇨ 거래적 동기와 투자적 동기에 의한 화폐수요 감소 ⇨ 화폐수요곡선 '왼쪽'으로 이동 ⇨ 균형이자율 하락

③ 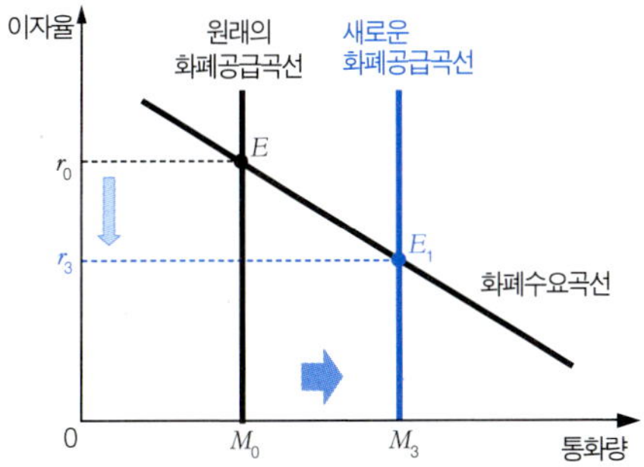

중앙은행의 본원통화공급 증가 ⇨ 화폐공급 증가 ⇨ 화폐공급곡선 '오른쪽'으로 이동 ⇨ 균형이자율 하락

④ 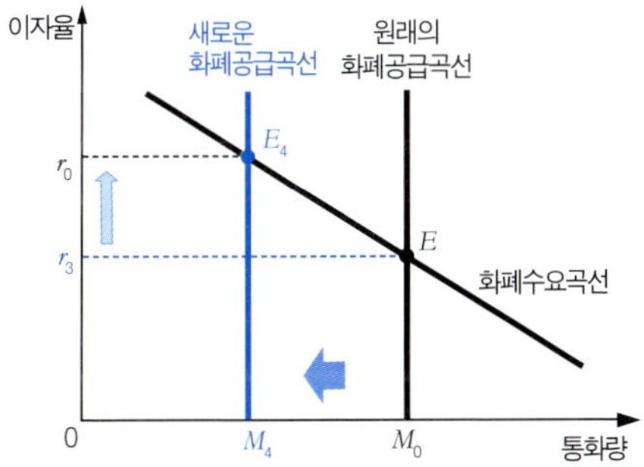

중앙은행의 본원통화공급 감소 ⇨ 화폐공급 감소 ⇨ 화폐공급곡선 '왼쪽'으로 이동 ⇨ 균형이자율 상승

06

돈을 빌려주는 대가로 받는 원금의 비율이 이자율이므로 현실적으로 명목이자율이 '마이너스'가 되는 것은 불가능함. 한편 물가상승률이 명목이자율보다 높은 경우에는 실질이자율이 '마이너스'가 될 수 있음. 만일 실질이자율이 '마이너스'이면 이자소득으로 생활하는 사람, 돈을 빌려주는 사람 등은 손해를 보고, 돈을 빌리는 사람은 이득을 보게 됨

제11장

01

생략

02

총수요란 국민경제 전체의 수요를 말하고, 총수요는 소비지출, 투자지출, 정부지출, 순수출로 구성됨

03

투자 여부나 투자의 규모를 결정하는 가장 중요한 요인은 투자로 얻을 수 있는 미래의 예상수익임. 그러나 미래의 예상수익은 기업가의 주관적인 판단에 따라 달라질 수 있기 때문에 경제모형에서는 사용할 수 없고 그 대신 사용하는 경제변수가 이자율임

04

다른 요인들은 변화하지 않는다는 가정은 유지한 상태에서 물가수준 상승 ⇨ 명목자산의 실질가치 하락으로 소비지출 감소, 이자율 상승으로 투자지출 감소, 우리나라와 외국 상품의 상대적인 가격비율 상승으로 순수출 감소 ⇨ 총수요 감소 ⇨ 총수요곡선은 '마이너스' 기울기

05

다른 요인들은 변화하지 않는다는 가정은 유지한 상태에서 물가수준 상승 ⇨ 추가공급에 따른 기업의 이윤 증가 ⇨ 기업의 공급량 증가 ⇨ 국민경제 전체의 총공급량 증가 ⇨ 물가수준과 총공급 사이에는 '플러스' 관계 존재 ⇨ 총공급곡선은 '플러스' 기울기

06

- 국민소득이 낮은 수준 ⇨ 유휴설비와 잉여노동력 존재 ⇨ 물가수준이 조금만 상승하더라도 총공급이 많이 증가할 수 있음 ⇨ 총공급곡선은 완만한 기울기
- 국민소득이 높은 수준 ⇨ 대부분의 생산시설이 가동되고 있으며 잉여노동력도 거의 없음 ⇨ 물가수준이 상승하더라도 총공급을 많이 늘릴 수 없음 ⇨ 총공급곡선은 가파른 기울기

07

- 초과공급 상태 ⇨ 재고 증가 ⇨ 기업은 가격을 낮추고 생산량을 줄이기 시작 ⇨ 물가수준이 하락하기 시작 ⇨ 물가수준의 하락은 초과공급이 완전히 해소될 때까지 지속 ⇨ 국민경제의 균형 회복
- 초과수요 상태 ⇨ 재고 감소 ⇨ 기업은 가격을 높이고 생산량을 늘리기 시작 ⇨ 물가수준이 상승하기 시작 ⇨ 물가수준의 상승은 초과수요가 완전히 해소될 때까지 지속 ⇨ 국민경제의 균형 회복

08

①

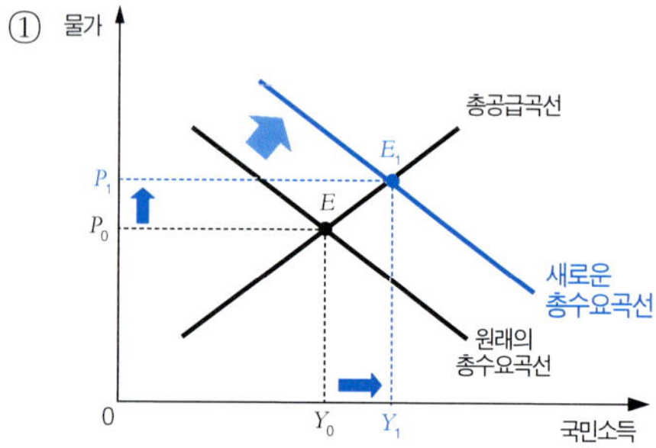

주요 교역국가의 물가수준 대폭 상승 ⇨ 우리나라 상품이 상대적으로 저렴해짐 ⇨ 수출 증가, 수입 감소 ⇨ 순수출 증가 ⇨ 총수요 증가 ⇨ 총수요곡선 '오른쪽'으로 이동 ⇨ 균형국민소득 증가, 균형물가 상승

②

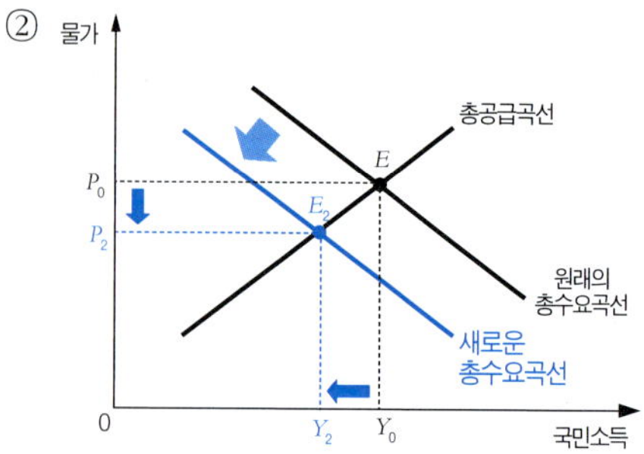

경기에 대한 비관론 확산 ⇨ 투자지출 감소 ⇨ 총수요 감소 ⇨ 총수요곡선 '왼쪽'으로 이동 ⇨ 균형국민소득 감소, 균형물가 하락

③

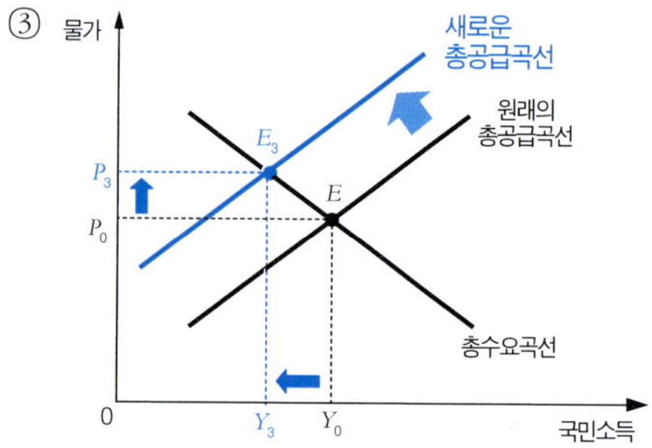

물류비용 대폭 상승 ⇨ 기업의 생산비용 상승 ⇨ 추가공급에 따른 기업의 이윤 감소 ⇨ 기업은 공급량 축소 ⇨ 총공급 감소 ⇨ 총공급곡선 '왼쪽'으로 이동 ⇨ 균형국민소득 감소, 균형물가 상승

④

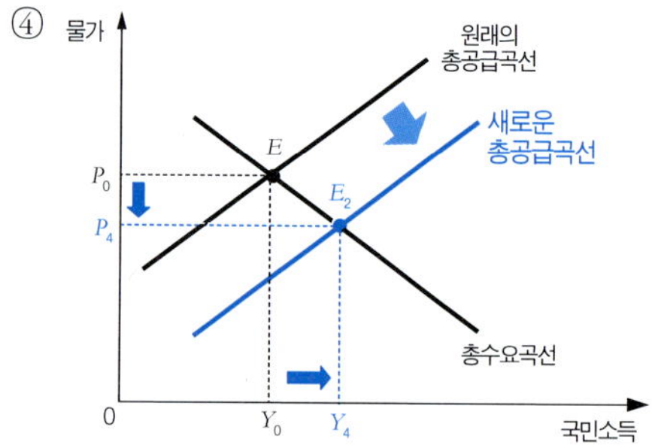

원자재가격 하락 ⇨ 기업의 생산비용 하락 ⇨ 추가공급에 따른 기업의 이윤 증가 ⇨ 기업은 공급량 확대 ⇨ 총공급 증가 ⇨ 총공급곡선 '오른쪽'으로 이동 ⇨ 균형국민소득 증가, 균형물가 하락

제12장

01

생략

02

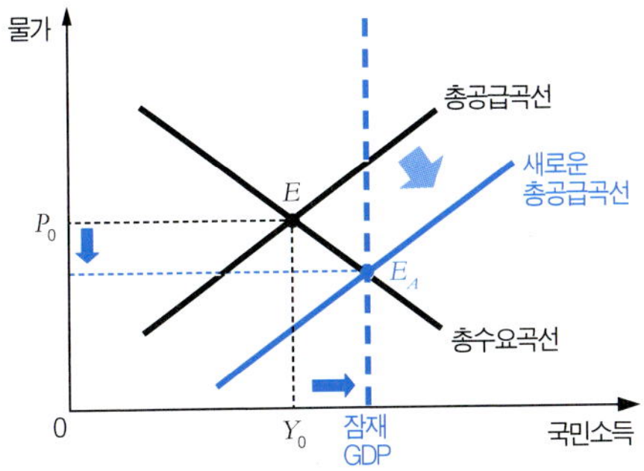

경기침체갭 발생 ⇨ 생산활동 위축으로 실업률 높음 ⇨ 임금 등 생산요소가격 하락 ⇨ 기업의 생산비용 감소 ⇨ 총공급곡선 '오른쪽' 이동 ⇨ 경기침체갭 축소 및 해소

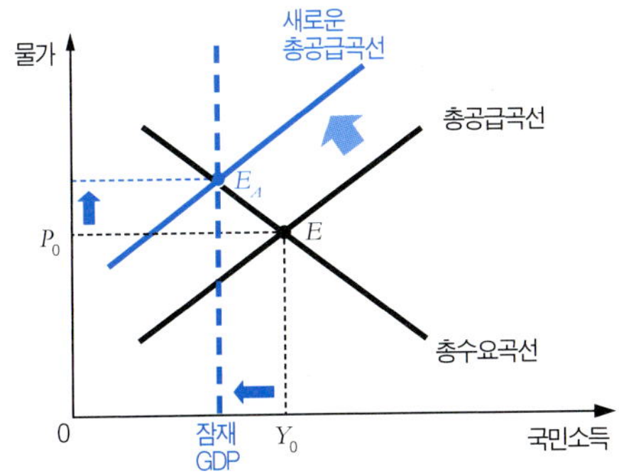

인플레이션갭 발생 ⇨ 생산활동 과열로 실업률 낮음 ⇨ 임금 등 생산요소가격 상승 ⇨ 기업의 생산비용 증가 ⇨ 총공급곡선 '왼쪽' 이동 ⇨ 인플레이션갭 축소 및 해소

03

경제의 자동조정기능이 원활하게 작동하기 위해서는 임금 등 생산요소의 가격이 신축적이어야 하며 충분히 긴 시간이 필요함

04

단기적 경제안정정책은 총수요-총공급모형에서 총수요곡선의 이동을 통해 국민소득수준과 물가수준의 변화를 유도하는 정책임. 총수요곡선의 '오른쪽' 이동은 실업률을 감소시키지만 물가수준은 상승하고, 총수요곡선의 '왼쪽' 이동은 물가수준은 낮추지만 실업률은 상승하기 때문에 단기적으로 경제안정정책을 통해 낮은 실업률과 낮은 인플레이션을 동시에 달성하는 것은 불가능함

05

높은 인플레이션이 발생하면 경제활동과 관계없는 소득재분배, 장기적인 계약 체결의 곤란, 투기 성행 등의 바람직하지 못한 현상들이 생김

06

시간이 흐름에 따라 경제의 거래규모가 커지고, 정부의 역할도 커짐에 따라 경제에 공급되는 통화량이 지속적으로 증가하기 때문임. 즉 통화량의 지속적인 증가로 인해 물가는 떨어지지 않고 지속적으로 상승함

07

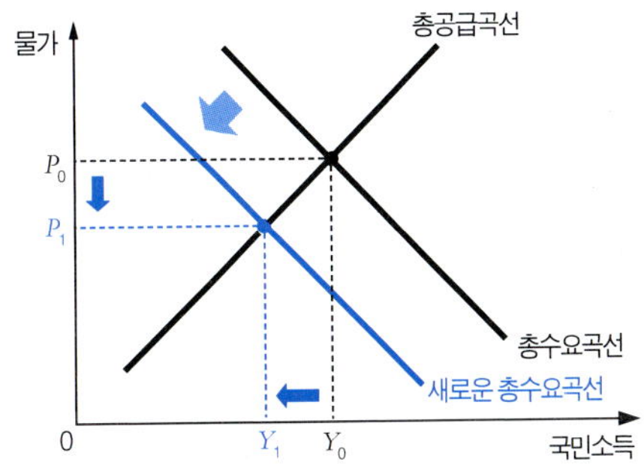

〈총수요-총공급 모형〉

소득세율의 증가 ⇨ 가처분소득의 감소로 소비지출 감소 ⇨ 총수요 감소 ⇨ 총수요곡선 '왼쪽'으로 이동 ⇨ 균형물가 하락, 균형국민소득 감소

08

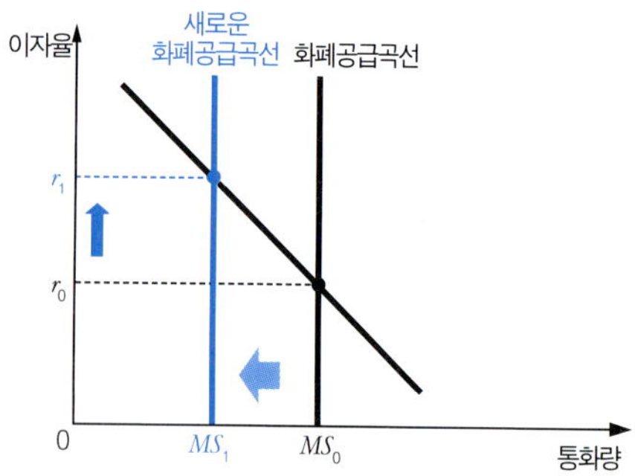

〈화폐시장〉

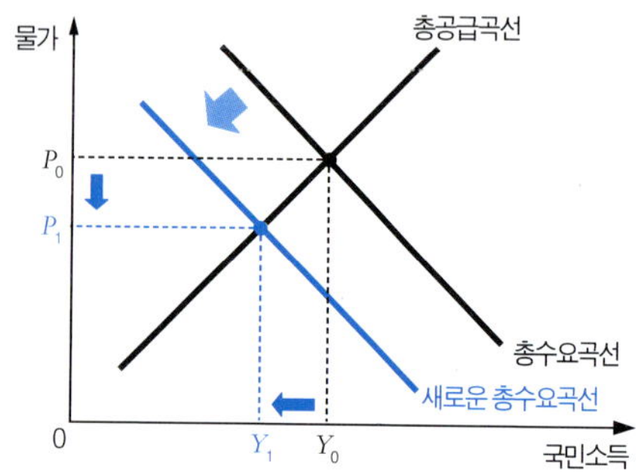

〈총수요-총공급 모형〉

통화량 감소 ⇨ 화폐공급곡선 '왼쪽'으로 이동 ⇨ 균형이자율 상승 ⇨ 투자지출 감소 ⇨ 총수요 감소 ⇨ 총수요곡선 '왼쪽'으로 이동 ⇨ 균형국민소득 감소, 균형물가 하락

09

화폐공급량의 변화에 따라 이자율이 민감하게 영향을 받아야 하고, 이자율의 변화가 투자지출에 영향을 줄 수 있어야 하며, 투자지출의 변화가 큰 승수효과를 가져야 함

찾아보기

ㄱ

ㅅ

ㅇ

저자약력

박진석

고려대학교 정경대학 경제학과 졸업(경제학사)
The University of Texas at Austin 졸업(경제학박사)
Florida State University 방문교수
각종 공무원시험 출제 및 선정위원
현, 조선대학교 경상대학 경제학과 교수

경제학 맛보기(제3판)

2005년 8월 27일 초판 인쇄
2018년 3월 16일 개정판 4쇄
2020년 2월 24일 3판 인쇄
2026년 2월 27일 3판 8쇄 발행

저 자 : 박 진 석
발행인 : 정 광 식
발행처 : **비앤엠북스**
서울시 금천구 가산디지털1로 70 B1-103(호서대벤처타워)
등 록 2004. 12. 29. / 제313-2004-00298호
전 화 2627-5710~13, 팩스 2627-5720
홈페이지 www.대학교재.net
이 메 일 bnmbook@daum.net

정가 27,000원 ISBN 978-89-6821-102-7